KB089804

子平眞詮

자평진전

초판발행   2020년 03월 01일
초판 3쇄   2024년 07월 01일

지은이   무공無空 김낙범
펴낸이   김민철
펴낸곳   문원북
디자인   정한얼
등록번호   제 4-197호
등록일자   1992년 12월 5일
주소   서울시 마포구 토정로 222 한국출판콘텐츠센터 422
대표전화   02-2634-9846 팩스02-2365-9846
이메일   wellpine@hanmail.net
홈페이지   http://cafe.daum.net/samjai
ISBN 978-89-7461-459-1

* 파손된책은구입처에서교환해드립니다

자평진전

격국용신론의 체계적 이론을 세운 명저 名著

문원북 BOOK

들어가며

자평진전은 격국론을 체계있게 정리한 교과서라고 할 수 있습니다.
사주명리학의 역사를 들여다보면 중국 당나라(서기 618-907년) 이전 구법
명리시대에는 년간을 위주로 하는 관법으로 하는 납음오행과 신살을 위주
로 한 삼명학이 유행하였다고 합니다.

자평학은 중국 오대(서기 907-960년)의 서자평에 의하여 일간을 위주로
하는 관법으로 연월일시 간지의 팔자로써 월령을 위주로 하고 생극제화와
형충회합을 운용하는 신법명리라고 할 수 있습니다.

이후 사주명리학은 삼명학과 자평학이 혼잡되면서 이름도 모호한 수백 개
의 무분별한 격국이 양산되자 명대의 유백온(1311-1375)의 적천수와 청
대의 심효첨(1696- ?)의 자평진전에 의하여 자평학의 격국 이론을 명확하
게 체계화하여 혼란을 정리하는 계기가 되었다고 합니다.

명나라를 세운 주원장을 도와 천하를 통일시킨 유백온은 경도가 지은 적천
수에 주석을 달면서 삼명학과 자평학의 구분을 명확하게 제시하였고 월령
을 중심으로 한 팔격을 제시하고 기세를 중심으로 한 종화격을 제시하며
격국의 체계를 세우는데 공헌하였으며

이후 청나라 심효첨은 세간에 삼명학과 자평학이 혼잡된 격국이 여전히 유행하고 있는 것을 탄식하면서 자평진전의 전신인 자평수록 39편을 내놓으며 자평학의 격국의 체계를 순용과 역용의 팔격으로 구분하고 용신은 오직 월령에서만 찾을 것을 강조하면서 격국의 체계를 세운 공헌이 있다고 할 것입니다.

이들의 공헌에 의하여 자평학의 격국 체계는 어느 정도 정리가 되었으나 현대에 이르기까지 세간에서는 적천수와 자평진전을 해설하는 사람들의 서로 다른 관점으로 인하여 공부하는 사주명리학도들이 길을 찾지 못하고 헤매는 어려움을 겪게 됩니다.

심효첨의 관점으로 자평진전을 공부해야 하는 이유
필자는 사주명리학을 공부하면서 자평학의 근본 이론이 여러 사람들에 의하여 왜곡되어 있는 것을 모르고 공부하였기에 많은 혼란을 겪었으므로 공부하는 이들의 어려움을 잘 알고 있습니다.

어느 날 적천수와 자평진전의 원문을 접하고 한자 한자를 해석하고 이해하기를 거듭하면서 자평학의 격국 체계에 대한 근본 이론을 정리하고 깨우치는 계기가 되었으며
여러 해설서들이 저자들의 견해가 가미되어 왜곡되어 있는 것을 발견하고는 사주명리학을 공부하는 것이 왜 어려운지를 알게 되었던 것입니다.

그러므로 적천수는 유백온의 관점으로 공부하여야 하고
자평진전은 심효첨의 관점으로 공부하여야 비로소 자평학의 근본 이론을 깨우칠 수 있다고 감히 자신 있게 이야기 할 수 있는 것입니다.

자평진전평주는 서락오의 관점으로 쓰여진 해설서입니다.

심효첨이 자평진전의 원저자로 알려져 있으나 심효첨은 명대 말기에 지어진 경촌집(국립대만도서관 소장, 작자 미상)을 기초로 하여 자평수록 39편을 저술하였고 이후 1776년에 호공보가 자평진전이라는 이름으로 발간하면서 세상에 알려지게 되었다고 합니다.

이후 근대에 들어서며 대만의 서락오가 1936년에 자평진전평주를 해설하였고 1990년대 초에 우리나라에도 자평진전평주의 번역서가 나오고 사주명리를 공부하는 이들에게 자평학 교과서로 활용되면서 우리나라의 자평학 발전에 많은 공헌을 하였습니다.

그러나 자평진전평주는 서락오의 관점으로 자평진전을 이해하고 해설하였으므로 심효첨의 관점과 다소 다른 점이 있다고 할 수 있습니다.
결국 공부하는 이들이 서락오의 관점으로 자평진전을 이해하는 결과를 낳게 되고 현실적으로 많은 논란의 대상이 되었던 것입니다.

이 책은 심효첨의 관점으로 해설하였습니다.

자평학의 올바른 격국 체계를 이해하고자 한다면 심효첨의 관점으로 자평진전을 이해하여야 한다고 필자가 제시하는 이유는

필자가 공부하던 사주명리이론들이 삼명학과 자평학이 혼잡된 것을 모르고 무작정 받아들이며 공부하다가 너무나 복잡하고 혼란스러워 심지어 사주명리공부를 포기하기에 이르렀으나

적천수와 자평진전의 원문을 얻으면서 모든 해설서를 배제하고 독학으로 연구하여 자평학의 이론을 체계적으로 정리할 수 있었던 것은 유백온과 심효첨의 관점으로 공부하는 소중한 경험을 하였기 때문입니다.

더구나 삼명학과 자평학이 혼잡된 명리이론이 난무하는 요즈음은 공부하는 사람들에게 더욱 더 어려움으로 작용하고 있는 실정이므로
자평학에 대한 진수를 깨닫지 못하고 헤매고 있는 사람들에게 올바른 지침을 전해주어야 한다는 사명감마저 느끼게 하고 있는 것입니다.

그러므로 필자는 심효첨의 관점으로 자평진전을 바라보는 해설서가 필요함을 직감하고 명리를 공부하는 사람들에게 올바른 지침을 전해주어야 한다는 사명감으로 이 책을 세상에 내놓고자 하는 것입니다.

이 책에서는 필자를 비롯한 어느 누구의 관점도 모두 배제시키고 순전히 심효첨의 정신을 그대로 담고 심효첨의 관점으로 해설하였으므로
자평학을 공부하는 사람들에게 올바른 지침을 전하고자 하였습니다.

따라서 사주명리를 공부하는 사람들은 이 책으로 자평학의 진수를 깨달아 삼명학과 구분을 하고 올바른 통변과 상담을 통하여 삶의 어려운 기로에 서있는 사람들에게 희망을 주고 밝음을 전해주는 등불이 되어 주기를 필자는 간절히 바라는 것입니다.

庚子年　無空 김낙범

목차

제1장 간지론

제2장 용신론

제3장 육친론

제4장 행운론

제5장 격국론

제1장
간지론 干支論

1. 자평진전 간지론의 특징

天地之間 一氣而已。惟有動靜 遂分陰陽。有老少 遂分四象。
천 지 지 간   일 기 이 이   유 유 동 정   수 분 음 양   유 노 소   수 분 사 상

老者極動靜之時 是爲太陽太陰; 少者初動初靜之際 是爲少陽少陰。
노 자 극 동 정 지 시 시 위 태 양 태 음   소 자 초 동 초 정 지 제 시 위 소 양 소 음

천지간에는 하나의 기가 이미 있을 뿐이고 오로지 기의 움직임과 고요함에 따라 음양으로 구분하며 기의 노소에 따라 사상이 구분되어지는 것이다. 노老란 기의 움직임과 고요함이 극에 이른 시기로서 태양과 태음이라고 하며 소少란 기의 움직임과 고요함이 처음으로 자라나는 시기로서 소음과 소양이라 하는 것이다.

천지간에 하나의 기가 이미 있다고 합니다.
하나의 기란 무극無極의 상태를 말합니다. 무극에서는 음양이 구분되어지지 않은 상태이므로 하나의 기라고 표현하고 있습니다. 이를 혼돈混沌이라고도 하며 태초에 하늘과 땅이 구분되어지지 않은 우주의 모습이기도 합니다.

오로지 기의 움직임과 고요함에 따라 음양이 구분된다고 합니다.
하나의 기에서 음양이 구분되어지는 과정을 설명하고 있습니다.
움직이는 기는 양이고 고요한 기는 음이라고 하는 것입니다. 그러므로 오로지 기가 움직이고 고요함에 따라 음양이 구분되어지고 있다고 하는 것입니다.

기의 노소에 따라 사상이 구분되어 진다고 합니다.
음양의 기가 생성되고 소멸되는 단계를 노소老少로 표현하는데 소少는 음양이 처음으로 자라나며 생성되는 단계로서 소양少陽 소음少陰이라고 하며 노老는 음양이 극에 다다르며 소멸되는 단계로서 태양太陽 태음太陰이라고 합니다. 그러므로 음양의 노소에 따라 사상四象이 구분되어 진다고 하는 것입니다.

1) 사상과 오행

有是四象而五行具於其中矣。水者 太陰也; 火者 太陽也;
유 시 사 상 이 오 행 구 어 기 중 의   수 자 태 음 야   화 자 태 양 야

木者 少陽也; 金者 少陰也; 土者 陰陽老少 木火金水沖氣所結也。
목 자 소 양 야   금 자 소 음 야   토 자 음 양 노 소 목 화 금 수 충 기 소 결 야

사상이 있고 그 중에 오행이 구비되는 것이니 水는 태음이라고 하고 火
는 태양이라고 하며 木은 소양이라고 하고 金은 소음이라고 하며 土는
음양노소와 木火金水를 가운데에서 기를 연결하는 역할을 한다.

사상이 있고 오행이 구비된다고 합니다.
태초에 하나의 기가 움직임과 고요함으로 음양이 구분되어지고 음양의 노소
에 따라 사상이 만들어진 것이며 사상에서 오행이 비롯된다고 하는 것입니다.

태음은 지극한 음이므로 水라고 한 것이며
태양은 지극한 양이므로 火라고 한 것이며
소양은 자라나는 양이므로 木이라고 한 것이며
소음은 자라나는 음이므로 金이라고 한 것입니다.

土는 음양노소와 木火金水를 연결하여 줍니다.
土는 가운데에 있는 기로서 음양의 노소를 연결하여 주는 역할을 하고
木火와 金水를 연결하여 주는 역할을 한다고 합니다.

하도에서 보듯이 土는 중앙에 있는 충기沖氣라고 하는 것입니다.
충沖은 가운데라는 뜻이 있습니다.

음양의 노소에서는 사상을 연결하는 지지의 辰戌丑未를 말하고
오행에서는 木火와 金水의 가운데에서 연결하는 역할을 하는 土를
충기라고 하며 木火土金水의 오행 체계를 갖추어 주기도 합니다.

◆ 사상과 오행은 하도에서 그 체계를 볼 수 있습니다.

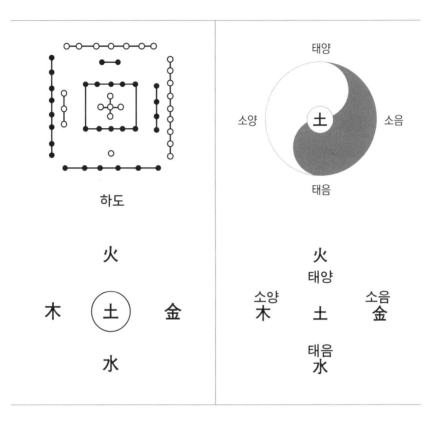

하도河圖는 고대 중국의 전설의 황제인 복희씨伏羲氏시절에 황허강에서
용마가 지고 나왔다는 그림으로 오행과 사상의 기본 이치입니다.
그림에서 보면 사상을 오행으로 표시하고 있으며 土는 중앙에 위치하여
사상과 오행을 연결하는 위치에 있음을 보여주고 있는 것입니다.

土는 지구를 상징하기도 하며
소양 木은 아침에 태양이 떠오르는 모습이며 봄의 계절이기도 하고
태양 火는 태양이 하늘에 높이 걸려 있는 모습이며 여름이기도 하며
소음 金은 태양이 지는 저녁의 모습이며 가을의 계절이기도 하고
태음 水는 태양이 없는 어두운 밤의 모습이며 겨울이기도 합니다.

2) 천간의 음양

有是五行 何以又有十干十二支乎? 蓋有陰陽 因生五行 而五行之中
유시오행 하이우유십간십이지호 개유음양 인생오행 이오행지중

各有陰陽。卽以木論 甲乙者 木之陰陽也。甲者 乙之氣; 乙者 甲之質。
각유음양 즉이목론 갑을자 목지음양야 갑자 을지기 을자 갑지질

在天爲生氣而流行於萬物者 甲也; 在地爲萬物而承茲生氣者 乙也。
재천위생기이유행어만물자 갑야 재지위만물이승자생기자 을야

又細分之生氣之散佈者 甲之甲 而生氣之凝成者 甲之乙; 萬木之所以有
우세분지생기지산포자 갑지갑 이생기지응성자 갑지을 만목지소이유

枝葉者 乙之甲 而萬木之枝枝葉葉者 乙之乙也。方其爲甲而乙之氣已備;
지엽자 을지갑 이만목지지지엽엽자 을지을야 방기위갑이을지기이비

及其爲乙而甲之質乃堅。
급 기 위 을 이 갑 지 질 내 견

오행이 있는데 어찌하여 십간 십이지가 또 있는 것인가? 대개 음양이 있고
이로 인하여 오행이 생기는 것인데 오행 중에도 각각 음양이 있는 것이다.
木으로 말한다면 甲乙이 木의 음양이다. 甲은 乙의 기이며 乙은 甲의 질이
다. 하늘에 있는 생기를 만물에게 흐르도록 하는 것이 甲이고 땅에 있는 만
물이 무성하게 자라도록 생기를 잇는 것이 乙이다. 더욱 세분한다면 생기를
퍼뜨리는 것은 甲의 甲이고 생기를 응결시켜 완성하는 것은 甲의 乙인 것이
다. 모든 나무들에게 가지와 잎이 생기게 하는 것은 乙의 甲이고 모든 나무
들의 가지와 잎들은 乙의 乙인 것이다. 甲은 乙의 기로써 이미 구비된 것이
고 乙은 甲의 질로써 견고한 것이다.

천간의 음양론을 설명하고 있습니다.
오행을 음양으로 다시 구분하면 천간이 된다고 합니다.
이로써 양간과 음간이 만들어진 배경을 설명하고 있습니다.

木을 음양으로 구분하면 甲은 木의 양이고 乙은 木의 음이며
火를 음양으로 구분하면 丙은 火의 양이고 丁은 火의 음이며
土를 음양으로 구분하면 戊는 土의 양이고 己는 土의 음이며
金을 음양으로 구분하면 庚은 金의 양이고 辛은 金의 음이며
水를 음양으로 구분하면 壬은 水의 양이고 癸는 水의 음입니다.

천간의 기질론을 설명하고 있습니다.
양간은 생기生氣이고 음간은 형질形質이라고 합니다.

甲木은 하늘의 생기를 만물에 흐르게 하는 생명력이고
乙木은 만물이 무성하게 자라도록 甲木의 생기를 만물에게
이어주는 역할을 하는 것이라고 합니다.

그러므로 양간은 하늘의 생기이며
음간은 양간의 생기로써 성장하는 형질이라고 하는 것입니다.
즉, 음간으로서 이루어지는 만물의 생명력은 양간의 생기라고
할 수 있습니다.

더욱 세분한다면
甲의 甲은 하늘의 생기를 만물에게 뿌려주는 것이라고 하며
甲의 乙은 생기로써 응결되어 이루어진 것이라고 합니다.

乙의 甲은 모든 나무에 가지와 잎이 있게 하는 것이며
乙의 乙은 모든 나무의 가지와 잎이라고 하는 것입니다.

그러므로 甲은 이미 구비된 乙의 생기라고 하며
乙은 견고하게 완성된 甲의 형질이라고 하는 것입니다.

양간은 음간에게 생기를 주어 오행을 완성하게 합니다.
甲木은 乙木에게 생기를 주어 木을 완성시키며
丙火는 丁火에게 생기를 주어 火를 완성시키며
戊土는 己土에게 생기를 주어 土를 완성시키며
庚金은 辛金에게 생기를 주어 金을 완성시키며
壬水는 癸水에게 생기를 주어 水를 완성시키게 됩니다.
그러므로 음간은 양간의 생기로써 오행의 형질을 견고하게 하여
오행을 완성시키는 역할을 하는 것이라고 합니다.

3) 지지의 음양

有是甲乙而木之陰陽具矣。何以復有寅卯? 寅卯者 又與甲乙分陰陽天地
유 시 갑 을 이 목 지 음 양 구 의   하 이 부 유 인 묘   인 묘 자 우 여 갑 을 분 음 양 천 지

而言之者也。以甲乙而分陰陽 則甲爲陽 乙爲陰 木之行於天而爲陰陽者
이 언 지 자 야   이 갑 을 이 분 음 양 즉 갑 위 양 을 위 음 목 지 행 어 천 이 위 음 양 자

也。以寅卯而分陰陽 則寅爲陽 卯爲陰 木之存乎地而爲陰陽者也。
야   이 인 묘 이 분 음 양 즉 인 위 양 묘 위 음 목 지 존 호 지 이 위 음 양 자 야

甲乙로서 木의 陰陽이 구비되었는데 어찌하여 寅卯가 또 있는 것인가?
寅卯도 甲乙과 더불어 음양과 천지로 구분하여 말할 수 있는 것이다. 甲
乙을 음양으로 구분하면 甲이 양이고 乙이 음으로서 木이 천간에서 행
하는 음양이다. 寅卯를 음양으로 구분하면 寅이 양이고 卯가 음으로서
木이 지지에서 존재하는 음양이다.

지지의 음양론을 설명하고 있습니다.
오행이 음양으로 구분되면서 하늘과 땅에서 구분되며 행하고 있다고 합니다.

하늘에서 행하는 천간의 木을 음양으로 구분하면
甲이 양이고 乙이 음이 되는 것이며

땅에서 행하는 지지의 木을 음양으로 구분하면
寅이 양이고 卯가 음이 된다고 하는 것입니다.

지지의 음양은 아래와 같이 구분되는 것입니다.
지지의 木에서 寅은 양지이고 卯는 음지가 되는 것이며
지지의 火에서 午가 양지이고 巳가 음지가 되는 것이며
지지의 土에서 辰戌이 양지이고 丑未가 음지가 되는 것이며
지지의 金에서 申이 양지이고 酉가 음지가 되는 것이며
지지의 水에서 子가 양지이고 亥가 음지가 되는 것입니다.

4) 간지의 음양

以甲乙寅卯而統分陰陽 則甲乙爲陽寅卯爲陰 木之在天成象而在地成形
이 갑 을 인 묘 이 통 분 음 양　즉 갑 을 위 양 인 묘 위 음　목 지 재 천 성 상 이 재 지 성 형

者也。甲乙行乎天 而寅卯受之; 寅卯存乎地 而甲乙施焉。時故甲乙如官
자 야　갑 을 행 호 천　이 인 묘 수 지　인 묘 존 호 지　이 갑 을 시 언　시 고 갑 을 여 관

長 寅卯如該官地方。甲祿於寅 乙祿於卯 如府官之在郡 縣官之在邑而各
장　인 묘 여 해 관 지 방　갑 록 어 인　을 록 어 묘　여 부 관 지 재 군　현 관 지 재 읍 이 각

司一月之令也。
사 일 월 지 령 야

甲乙과 寅卯로 구분하면 甲乙이 양이고 寅卯가 음인 것이다. 木이 천간에서 상을 이루고 지지에서 형을 이루는 것이다. 甲乙이 천간에서 행하면 寅卯가 기운을 받으며 寅卯가 지지에 있으면 甲乙이 시행하는 것이다. 그러므로 甲乙이 관서의 장이고 寅卯는 해당 관서이다. 甲의 록은 寅이고 乙의 록은 卯로서 부관은 군에서 현관은 읍을 맡아 각각 한 달씩 명령을 집행하는 것과 같다.

천간과 지지의 음양 관계를 설명하고 있습니다.
천간은 상象이고 양이며 지지는 형形이고 음이라고 합니다.
상象이란 형이상학적 이미지로서 기적 요소가 강하며
형形이란 형이하학적 실체로서 질적 요소가 강하다고 할 수 있습니다.
사람에 비유하면 천간은 정신이고 지지는 육체라고 할 수 있습니다.

천간은 관서의 장으로서 관서에 명령을 하는 관리이며
지지는 관청으로서 군청이나 읍에 비유하고 있습니다.

甲은 寅에 소속되어 있으므로 록祿이라고 하는 것이며
정부 관리가 군청에서 한 달씩 명령을 집행하는 것과 같다고 하며

乙은 卯에 소속되어 있으므로 록祿이라고 하는 것이며
지방 관리가 읍에서 한 달씩 명령을 집행하는 것과 같다고 하는 것입니다.

甲乙在天 故動而不居。建寅之月 豈必當甲? 建卯之月 豈必當乙?
갑 을 재 천 고 동 이 불 거 건 인 지 월 개 필 당 갑 건 묘 지 월 개 필 당 을

寅卯在地 故止而不遷。甲雖遷易 月必建寅; 乙雖遷易 月必建卯。
인 묘 재 지 고 지 이 불 천 갑 수 천 역 월 필 건 인 을 수 천 역 월 필 건 묘

甲乙은 천간에서 움직이므로 머무르지 아니한다. 寅월에는 반드시 甲이
해당되고 卯월에는 반드시 乙이 해당되는 것은 무슨 까닭인가? 寅卯는
지지에 있으므로 머무르며 옮겨 다니지 않는다. 甲이 비록 옮겨 다녀도
반드시 寅이 월건이며 乙은 卯가 월건이 된다.

천간은 동적이고 지지는 정적입니다.

구분	양	음
천간	甲 丙 戊 庚 壬	乙 丁 己 辛 癸
지지	子 寅 辰 午 申 戌	亥 丑 卯 巳 未 酉

양간은 반드시 양지만을 타고 옮겨 다니며
음간은 반드시 음지만을 타고 옮겨 다닙니다.

甲丙戊庚壬양간은 음간이 타고 다니는 亥丑卯巳未酉지지로는 옮겨 다니지
아니하고 乙丁己辛癸음간은 양간이 타고 다니는 子寅辰午申戌지지로는 옮
겨 다니지 않는다고 하는 것입니다.

양간은 양지에서만 작용하며 활동하고 음간은 음지에서만 작용하며 활동
하게 됩니다. 양간이 음지에서 활동하는 일은 없고 음간이 양지에서 활동하
는 일이 없다고 하는 것입니다.

월건은 천간의 소속과 같으므로 甲木이 비록 子寅辰午申戌의 지지를 옮겨
다녀도 월건은 寅木이라고 하는 것이며 乙木이 비록 亥丑卯巳未酉의 지지를
옮겨 다녀도 월건은 卯木이라고 하는 것입니다.

5) 간지의 기질

以氣而論 甲旺於乙; 以質而論 乙堅於甲。而俗書謬論 以甲爲大林
이 기 이 론 갑 왕 어 을 이 질 이 론 을 견 어 갑 이 속 서 류 론 이 갑 위 대 림

盛而宜斬 乙爲微苗 脆而莫傷 可爲不知陰陽之理者矣。以木類推 余者可知
성 이 의 참 을 위 미 묘 취 이 막 상 가 위 부 지 음 양 지 리 자 의 이 목 류 추 여 자 가 지

惟土爲木火金水沖氣 故寄旺於四時 而陰陽氣質之理 亦同此論。
유 토 위 목 화 금 수 충 기 고 기 왕 어 사 시 이 음 양 기 질 지 리 역 동 차 론

欲學命者 必須先知干支之說 然後可以入門。
욕 학 명 자 필 수 선 지 간 지 지 설 연 후 가 이 입 문

기로 논하면 甲은 乙보다 왕성하고 질로 논하면 乙은 甲보다 견고하다. 그러나 속서에서 甲은 큰 숲으로 마땅히 잘라야 하고 乙은 미약한 싹이니 상하게 해서는 안 된다고 말하니 이는 음양의 이치를 모르는 것이라고 할 수 있다. 木으로 유추해보면 나머지도 알 수 있다. 오로지 土만이 木火金水의 가운데 기이므로 사계절에 붙어서 왕성한 것이다. 음양 기질의 이치가 이와 같으니 명리를 공부하는 학자는 반드시 간지를 미리 알고 난후에 입문할 수 있다.

천간은 기로 논하고 음간은 질로 논하여 이치에 맞다고 합니다.
甲木의 기는 무형으로서 乙木보다는 왕성하다고 하며
乙木의 질은 유형으로서 甲木보다 견고하다고 하는 것입니다.

그러나 시중의 일부 서적에서 말하기를 甲木은 큰 나무이니 잘라서 써야 한다고 하며 乙木은 여린 새싹이니 상하게 하여서는 안 된다고 말하고 있으니 이는 음양의 이치도 모르는 것이라고 하는 것입니다.

나머지 火水金의 오행도 木과 같이 유추해보면 알 수 있다고 하는 것입니다. 다만 土의 경우는 木火金水의 가운데에 있는 충기沖氣로서 사계절에 왕성하게 작용하는 것이 다르다고 합니다.

음양의 이치가 이러하므로 명리에 입문하는 학자들은 음양의 이치에 의한 간지론을 미리 공부하여야 함을 강조하고 있는 것입니다.

2. 오행의 생극

四時之運 相生而成 故木生火 火生土 土生金 金生水 水復生木 卽相生之序
사시지운 상생이성 고목생화 화생토 토생금 금생수 수복생목 즉상생지서

迴圈疊運 而時行不匱。然而有生又必有剋 生而不剋 則四時亦不成矣。
회권첩운 이시행불궤 연이유생우필유극 생이불극 즉사시역불성의

剋者 所以節而止之 使之收斂 以爲發泄之機 故曰"天地節而四時成"。
극자 소이절이지지 사지수렴 이위발설지기 고왈 천지절이사시성

卽以木論 木盛于夏 殺於秋 殺者 使發泄于外者藏收內 是殺正所以爲生
즉이목론 목성우하 살어추 살자 사발설우외자장수내 시살정소이위생

大易以收斂爲性情之實 以兌爲萬物所說 至哉言乎! 譬如人之養生 固以飮食
대역이수렴위성정지실 이태위만물소설 지재언호 비여인지양생 고이음식

爲生 然使時時飯食 而不使稍饑以待將來 人壽其能久乎? 是以四時之運
위생 연사시시반식 이불사초기이대장래 인수기능구호 시이사시지운

生與剋同用 剋與生同功。
생여극동용 극여생동공

사계절의 운행은 서로 상생하며 이루어지는 것이므로 목생화 화생토 토생금 금생수 수생목이 반복하여 이어지니 이것이 상생하는 순서로서 돌아가며 번갈아 운행하므로 계절이 멈추지 않는 것이다. 생이 있으면 반드시 극이 있는 것인데 생하기만 하고 극이 없으면 사계절은 역시 성립되지 않는 것이다. 극이란 절제하고 그치게 하는 것이니 수렴을 하여 발설하는 기틀이 되는 것이다. 그러므로 천지가 절제하여 사계절을 이룬다고 말하는 것이다. 木으로 말한다면 木이 왕성하면 여름으로 행하는 것이고 가을에는 살기가 있는 것이니 살기란 외부로 발설하는 기운을 안으로 거두어 저장하는 것으로서 살기가 바르게 작용하여야 생이 되는 것이다. 주역에서 말하기를 수렴으로써 성정의 실체를 이루어야 가을에 만물이 존재한다고 설명하는 것은 지극한 말이 아닌가! 비유하면 사람이 살기 위하여 음식을 먹는 것인데 쉬지 않고 먹기만 하면 사람이 어찌 오래 살 수 있겠는가? 이처럼 사계절의 운행도 생과 극은 동시에 작용하는 것이고 극과 생이 동시에 공을 이루는 것이다.

1) 오행의 생극 관계

생生	木生火	火生土	土生金	金生水	水生木
극剋	木剋土	土剋水	水剋火	火剋金	金剋木

2) 오행의 생극에 의하여 순환하는 사계절

봄에는 木이 왕성하므로 火를 생하여 여름의 기운을 만들고 있으며
여름은 火가 왕성하므로 土를 생하여 양의 기운을 모으고
土는 양의 기운을 모아 왕성해진 기운으로 가을의 기운을 만들고
가을은 金이 왕성하므로 水를 생하여 겨울의 기운을 만들고
겨울은 水가 왕성하므로 木을 생하여 봄의 기운을 만들어 가면서 계절이 순
환하는 것이라고 합니다.

극이란 절제하여 생으로 잇게 하는 것이라고 합니다.
생하기만 하고 극이 없으면 계절은 성립되지 않는다고 합니다.
가을에 결실을 맺고자 한다면 만물의 성장을 멈추게 하여야 하므로
부득이 金의 숙살지기肅殺之氣가 필요하다고 합니다.

숙살지기肅殺之氣란 봄과 여름에 만물을 성장시키기 위하여 발설한 기운을
거두어들이며 결실을 완성하고 씨앗을 만들어 다시 봄을 준비하기 위하여
필요한 것이라고 합니다.

木은 생기로서 여름에 만물을 번성하게 하는 기운이라고 한다면 金은 살기
로서 생기를 극하여 만물이 번성하게 자라는 것을 멈추게 하고 결실을 성
장시키는 기운이라고 할 수 있습니다.

金의 살기가 작용하는 것은 씨앗을 만들기 위함이며 봄이 오면 씨앗이 발아
하여 새로운 생명이 탄생하므로 살기가 바로 생이 된다는 이치를 설명하고
있습니다. 생과 극이 작용하면서 조화롭게 조절되어야 사계절이 원활하게
흐르며 만물이 생명을 이어가는 것이라고 합니다.

사람에 비유하면 음식을 먹는 것은 살기 위한 것인데 시시때때로 쉬지 않
고 계속 먹기만 하고 멈추지 않는다면 비만으로 오래 살기 어려울 것이므
로 절제하여야 하는 것과 같다고 하는 것입니다.

3) 오행의 생극의 음양

然以五行而統論之 則水木相生 金木相剋。以五行之陰陽而分配之
연 이 오 행 이 통 론 지   즉 수 목 상 생   금 목 상 극   이 오 행 지 음 양 이 분 배 지
則生剋之中 又有異同。此所以水同生木 而印有偏正; 金同剋木
즉 생 극 지 중   우 유 이 동   차 소 이 수 동 생 목   이 인 유 편 정   금 동 극 목
而局有官煞也。印綬之中 偏正相似 生剋之殊 可置勿論; 以相剋之內
이 국 유 관 살 야   인 수 지 중   편 정 상 사   생 극 지 수   가 치 물 론   이 상 극 지 내
一官一煞 淑慝判然 其理不可不細詳也。
일 관 일 살   숙 특 판 연   기 리 불 가 불 세 상 야

오행을 모두 논한다면 水木은 상생하고 金木은 상극한다고 한다. 오행의
음양으로써 나누어 보면 생극 중에도 같음과 다름이 있다. 水가 동일하게
木을 생하지만 정인과 편인이 있고 金이 동일하게 木을 극하지만 정관과
칠살이 있는 것이다. 인수는 정인과 편인이 서로 비슷하므로 생극의 다른
점을 따로 말할 수 없지만 상극에서 정관과 칠살은 선악이 판이하게 다르
므로 그 이치를 상세히 살피지 않을 수 없는 것이다.

오행으로 水와 木은 서로 상생하지만 木과 金은 서로 상극하게 됩니다. 그러
나 이러한 상생과 상극도 음양에 따라 같음과 다름으로 나누어진다고 하는
것입니다.

일간이 甲木이라면 水는 일간을 생하므로 육신으로 인성印星 또는 인수印綬
라고 합니다. 水를 음양으로 나누어보면 壬水는 편인이고 癸水는 정인이라
고 합니다.

일간이 甲木이라면 金은 일간을 극하므로 육신으로 관성官星이라고 합니다.
金을 음양으로 나누어보면 庚金은 편관 또는 칠살이라고 하며 辛金은 정관
이라고 합니다.

인성은 정인과 편인 모두 일간을 생하므로 정편을 구분하지 않지만
관성은 정관과 칠살의 선악이 판이하게 다르므로 그 이치를 상세히 살펴야
한다고 하는 것입니다.

卽以甲乙庚辛言之。甲者 陽木也 木之生氣也; 乙者 陰木也 木之形質也。
즉 이 갑 을 경 신 언 지 갑 자 양 목 야 목 지 생 기 야 을 자 음 목 야 목 지 형 질 야

庚者 陽金也 秋天肅殺之氣也; 辛者 陰金也 人間五金之質也。
경 자 양 금 야 추 천 숙 살 지 기 야 신 자 음 금 야 인 간 오 금 지 질 야

木之生氣 寄於木而行於天 故逢秋天肅殺之氣 則銷剋殆盡 而金鐵刀斧
목 지 생 기 기 어 목 이 행 어 천 고 봉 추 천 숙 살 지 기 즉 소 극 태 진 이 금 철 도 부

反不能傷 木之形質遇金鐵刀斧 則斬伐無餘 而肅殺之氣 只外掃落葉而
반 불 능 상 목 지 형 질 우 금 철 도 부 즉 참 벌 무 여 이 숙 살 지 기 지 외 소 락 엽 이

根底愈固 此所以甲以庚爲殺以辛爲官 而乙則反是 庚官而辛殺也。
근 저 유 고 차 소 이 갑 이 경 위 살 이 신 위 관 이 을 즉 반 시 경 관 이 신 살 야

甲乙과 庚辛으로 말하자면 甲은 양목이고 木의 생기이며 乙은 陰木이고 木의 형질이다. 庚은 양금이고 가을 하늘의 숙살지기이며 辛은 음금으로 인간이 만든 다섯 가지 철제의 질이다. 木의 생기는 하늘에서 행하므로 가을의 숙살지기를 만나면 극을 당하여 위태하지만 철제의 도끼와 칼로는 상하게 할 수 없는 것이다. 木의 형질은 철제의 도끼와 칼을 만나면 남김없이 잘리지만 숙살지기는 단지 낙엽이 떨어질 뿐 뿌리는 더욱 단단하게 된다. 이로써 甲에게는 庚이 칠살이 되고 辛이 정관이 되는 것이며 乙에게는 반대로 庚이 정관이 되고 辛이 칠살이 되는 것이다.

甲乙木에게 庚辛金이 정관과 칠살이 다른 이유입니다.

甲木은 만물을 살리는 무형無形의 생기이고 乙木은 가지와 잎으로서 有形유형의 형질입니다. 庚金은 만물을 죽이는 무형의 살기이며 辛金은 도끼와 칼로서 유형의 형질입니다.

庚金의 무형의 살기로서는 甲木의 무형의 생기를 없앨 수 있지만 乙木의 유형의 가지와 잎을 자를 수 없습니다. 그러므로 甲木에게 庚金은 칠살이 되지만 乙木에게는 庚金이 정관이 되는 이유라고 합니다.

辛金의 유형의 도끼와 칼로서는 乙木의 유형의 가지와 잎을 자를 수 있지만 甲木의 생기를 자를 수 없습니다. 그러므로 乙木에게 辛金은 칠살이 되지만 甲木에게는 辛金이 정관이 되는 이유라고 합니다.

又以丙丁庚辛言之。丙者 陽火也 融和之氣也; 丁者 陰火也 薪傳之火也。
우 이 병 정 경 신 언 지 병 자 양 화 야 융 화 지 기 야 정 자 음 화 야 신 전 지 화 야

秋天肅殺之氣 逢陽和而剋去 而人間之金不畏陽和 此庚以丙爲煞
추 천 숙 살 지 기 봉 양 화 이 극 거 이 인 간 지 금 불 외 양 화 차 경 이 병 위 살

而辛以丙爲官也。人間金鐵之質 逢薪傳之火而立化 而肅殺之氣不畏薪傳
이 신 이 병 위 관 야 인 간 금 철 지 질 봉 신 전 지 화 이 입 화 이 숙 살 지 기 불 외 신 전

之火。此所以辛以丁爲煞 而庚以丁爲官也。則此以推 而餘者以相剋可
지 화 차 소 이 신 이 정 위 살 이 경 이 정 위 관 야 즉 차 이 추 이 여 자 이 상 극 가

知矣。
지 의

丙丁과 庚辛으로 말하자면 丙은 양화로서 융화하는 기운이며 丁은 음화로서 장작불이다. 가을 하늘의 숙살지기가 양화를 만나면 극하여 없어지지만 인간의 金은 양의 따뜻한 기를 두려워하지 않는다. 이로써 庚에게 丙이 칠살이 되는 것이고 辛에게 丙이 정관이 되는 것이다. 인간의 철제는 장작불을 만나면 변하지만 숙살지기는 장작불을 두려워하지 않는다. 이로써 辛에게 丁이 칠살이고 庚에게 丁이 정관이 되는 것이다. 이와 같이 추리하면 나머지 천간의 상극도 알 수 있는 것이다.

庚辛金에게 丙丁火가 칠살과 정관이 다른 이유입니다.

庚金은 만물을 죽이는 무형無形의 숙살지기肅殺之氣이며 辛金은 인간이 만든 철제인 도끼와 칼로서 유형有形의 형질입니다. 丙火는 만물을 번성하게 하는 무형의 융화지기融和之氣이고 丁火는 장작불로서 유형의 형질입니다.

丙火의 무형의 융화지기로서 庚金의 무형의 숙살지기를 없앨 수 있지만 辛金의 유형의 철제인 도끼와 칼을 녹일 수 없습니다. 그러므로 丙火는 庚金에게 칠살이 되지만 辛金에게는 정관이 되는 이유라고 합니다.

丁火의 유형의 장작불로서 辛金의 유형의 철제인 도끼와 칼을 녹일 수 있지만 庚金의 숙살지기를 녹일 수는 없습니다. 그러므로 丁火는 辛金에게는 칠살이 되지만 庚金에게는 정관이 되는 이유라고 합니다.

3. 음양의 생사와 십이운성

干動而不息 支靜而有常。以每干流行於十二支之月 而生旺墓絶繫焉。
간 동 이 불 식 지 정 이 유 상   이 매 간 류 행 어 십 이 지 지 월 이 생 왕 묘 절 계 언

陽主聚 以進爲進 故主順; 陰主散 以退爲退 故主逆。此長生沐浴等項
양 주 취 이 진 위 진 고 주 순 음 주 산 이 퇴 위 퇴 고 주 역   차 장 생 목 욕 등 항

所以有陽順陰逆之殊也。四時之運 功成者去 待用者進 故每流行於十二
소 이 유 양 순 음 역 지 수 야   사 시 지 운 공 성 자 거 대 용 자 진 고 매 류 행 어 십 이

支之月 而生旺墓絶 又有一定 陽之所生 卽陰之所死 彼此互換 自然之運也。
지 지 월 이 생 왕 묘 절 우 유 일 정 양 지 소 생 즉 음 지 소 사 피 차 호 환 자 연 지 운 야

천간은 쉬지 않고 움직이며 지지는 항상 고요하다. 천간이 십이지지의 월을
흐르며 생왕묘절로 이어지는 것이다. 양이 주로 모이고 나아가는 것을 순이
라고 하며 음이 주로 흩어지며 물러나는 것을 역이라고 한다. 이것이 장생
목욕 등의 항목인데 이로써 양순음역이 정하여 지는 것이다. 사계절이 운
행하며 공을 이룬 것은 물러가고 쓰임을 기다리는 것은 나아가는 것이므로
매번 십이지지의 월에 생왕묘절이 일정하게 흐르는 것이다. 양이 생하면 음
이 죽는 것은 피차가 호환하는 자연의 운행이다.

천간이 십이지지의 월을 흐르며 생왕묘절로 이어진다고 합니다.
천간은 십이지지의 월을 운행하면서 기의 생왕묘절로써 장생 목욕 등의 십
이운성의 흐름을 겪는다고 하는 것입니다.
그러므로 사계절이 운행하며 할 일을 다한 것은 공을 이룬 것이므로 물러
가는 것이고 쓰임을 기다리며 대기하는 것은 나아가는 것이라고 하는 것입
니다.

음양의 순역으로 양순음역이 정하여 진다고 합니다.
양은 주로 모이고 나아가는 것으로 순이라고 하며 음은 주로 흩어지며 물
러가는 것으로 역이라고 하는 것입니다. 이로써 십이운성에서 양은 순행하
고 음은 역행한다고 하는 양순음역이 정해진다고 하는 것입니다. 이로써 양
이 생生하면 음이 사死한다는 양생음사陽生陰死의 이론은 음양이 서로 호
환하는 자연의 이치라고 합니다.

1) 양생음사와 음생양사의 이치

即以甲乙論 甲爲木之陽 天地生氣流行萬木者 是故生於亥而死於午
즉 이 갑 을 론 갑 위 목 지 양 천 지 생 기 유 행 만 목 자 시 고 생 어 해 이 사 어 오

乙爲木之陰 木之枝枝葉葉 受天生氣 是故生於午而死於亥 夫木當亥
을 위 목 지 음 목 지 지 지 엽 엽 수 천 생 기 시 고 생 어 오 이 사 어 해 부 목 당 해

月 正枝葉剝落 而內之生氣 已收藏飽足 可以爲來春發泄之機 此其所
월 정 지 엽 박 락 이 내 지 생 기 이 수 장 포 족 가 이 위 래 춘 발 설 지 기 차 기 소

以生於亥也。木當午月 正枝葉繁盛之候 而甲何以死? 却不知外雖繁盛
이 생 어 해 야 목 당 오 월 정 지 엽 번 성 지 후 이 갑 하 이 사 　 각 부 지 외 수 번 성

而內之生氣發泄已盡 此其所以死於午也。乙木反是 午月枝葉繁盛
이 내 지 생 기 발 설 이 진 차 기 소 이 사 어 오 야 　 을 목 반 시 오 월 지 엽 번 성

即爲之生 亥月枝葉剝落 即爲之死 以質而論 自與氣殊也。
즉 위 지 생 해 월 지 엽 박 락 즉 위 지 사 이 질 이 론 자 여 기 수 야

以甲乙爲例 餘可知矣。
이 갑 을 위 예 여 가 지 의

甲乙로써 말하자면 甲은 木의 양이고 천지의 생기를 모든 나무에 흐르게 하므로 亥에서 생하고 午에서 죽는 것이다. 乙은 木의 음이고 나무의 가지와 잎으로서 하늘의 생기를 받으므로 午에서 생하고 亥에서 죽는 것이다. 대개 나무는 亥월에 잎이 떨어지는 것이 당연하지만 생기는 안으로 이미 저장되므로 봄이 오면 발설하는 기틀이 되는 것이다. 이로써 亥에서 생한다는 것이다. 나무가 午월에는 가지와 잎이 번성하는 계절인데 甲이 어찌하여 죽는다고 하는가? 외부로는 이미 번성하여도 내부로는 이미 생기가 소진되었다는 것을 모르는 것이다. 이로써 午에서 죽는다는 것이다. 乙木은 이와 반대로 午월에 가지와 잎이 번성하므로 생한다는 것이며 亥월에는 가지와 잎이 떨어지므로 죽는다는 것이다. 질과 기의 다른 점이다. 甲乙을 예로 하였는데 나머지 천간도 마찬가지이다.

양간과 음간의 기질차이로서 양생음사陽生陰死와 음생양사陰生陽死의 이치를 설명하고 있습니다.
양생음사陽生陰死는 양간의 기가 새로이 생기면 음간의 형질은 죽게 되고 음생양사陰生陽死는 음간의 형질이 새로이 생기면 양간의 기는 죽는다는 이치라고 합니다.

木을 예로 하여
甲木은 하늘의 생기를 받아 나무를 자라게 하는 기운이고
乙木은 하늘의 생기로써 성장하며 자라나는 형질로서 나무의 가지와 잎이
라고 비유하고 있습니다.

甲木의 생기는 亥월에 생겨나기 시작하므로 생한다고 하는 것이며
乙木의 형질인 가지와 잎은 亥월에 떨어지므로 죽는다고 표현하고 있습니
다. 이로써 양생음사의 이치를 설명하고 있는 것입니다.

乙木의 형질인 가지와 잎은 午월에 번성하므로 생한다고 하는 것이며
甲木의 생기는 午월에 이미 소진이 되므로 죽는다고 표현하고 있는 것입니
다. 이로써 음생양사의 이치를 설명하고 있는 것입니다.

양생음사의 이치는 음양의 기질의 다른 점이라고 합니다.
甲木이 亥월에 생한다고 하는 것은 午월에 소진되었던 하늘의 생기를 새로
이 받는다는 것이며
午월에 죽는다고 하는 것은 亥월에 받은 하늘의 생기를 乙木을 성장시키는
데 모조리 써버리니 생기가 소진되어 죽는다고 하는 것입니다.

이는 甲木은 양기로서 乙木의 형질을 완성시키기 위한 기이며 乙木은
형질로서 甲木의 생기를 받아 성장하는 질이라고 하는 것입니다.

甲木은 생기로서 겨울에 생겨서 봄에 번성하고 여름에 죽으므로
양간은 순행하는 것이며
乙木은 가지와 잎으로서 여름에 생겨서 번성하고 겨울에는
낙엽이 떨어지며 죽는 것이므로 음간은 역행하다고 하는 것입니다.

이로써 음양의 순역의 이치와 양생음사 음생양사의 이치를 설명하고 있는
것입니다.
나머지 천간도 이와 같이 유추하면 알 수 있는 것이라고 합니다.

2) 십이운성의 단계

支有十二月 故每干長生至胎養 亦分十二位。氣之由盛而衰 衰而復盛
지 유 십 이 월 고 매 간 장 생 지 태 양 역 분 십 이 위 　 기 지 유 성 이 쇠 쇠 이 부 성

逐節細分 遂成十二。而長生沐浴等名 則假借形容之詞也。長生者 猶
축 절 세 분 수 성 십 이 　 이 장 생 목 욕 등 명 즉 가 차 형 용 지 사 야 　 장 생 자 유

人之初生也。沐浴者 猶人旣生之後 而沐浴以去垢 如果核旣爲苗 則
인 지 초 생 야 　 목 욕 자 유 인 기 생 지 후 이 목 욕 이 거 구 여 과 핵 기 위 묘 즉

前之靑穀 洗而去之矣。冠帶者 形氣漸長 猶人之年長而冠帶也。臨官
전 지 청 곡 세 이 거 지 의 　 관 대 자 형 기 점 장 유 인 지 년 장 이 관 대 야 　 임 관

者 由長而壯 猶人之可以出仕也。帝旺者 壯盛之極 猶人之可以輔帝而
자 유 장 이 장 유 인 지 가 이 출 사 야 　 제 왕 자 장 성 지 극 유 인 지 가 이 보 제 이

大有爲也。衰者 盛極而衰 物之初變也。病者 衰之甚也。死者 氣之盡
대 유 위 야 　 쇠 자 성 극 이 쇠 물 지 초 변 야 　 병 자 쇠 지 심 야 　 사 자 기 지 진

而無餘也。墓者 造化收藏 猶人之埋於土者也。絶者 前之氣已絶 後之
이 무 여 야 　 묘 자 조 화 수 장 유 인 지 매 어 토 자 야 　 절 자 전 지 기 이 절 후 지

氣將續也。胎者 後之氣續而 結聚成胎也。養者 如人養母腹也。自是
기 장 속 야 　 태 자 후 지 기 속 이 결 취 성 태 야 　 양 자 여 인 양 모 복 야 　 자 시

以後 長生循環無端矣。
이 후 장 생 순 환 무 단 의

지지에는 12달이 있으므로 천간마다 장생에서부터 태와 양까지 12가지의 자리로 나누어진다. 기는 왕성하여지면 쇠약해지고 쇠약해지면 다시 왕성해지면서 12마디로 세분하여 이루어진다. 장생 목욕 등의 이름은 형용하기 위하여 만든 것이다. 장생은 사람이 처음 태어난 것과 같다. 목욕은 사람이 태어난 후 목욕하며 때를 벗기는 것으로 마치 씨에서 싹이 나오면 푸른 껍질을 벗는 것과 같다. 관대는 형질과 기가 점차 자라는 것으로 사람이 장성하여 결혼하는 것과 같다. 임관은 장성하여 건장한 것으로 사람이 사회에 나아가는 것과 같다. 제왕은 지극히 장성한 것으로 사람이 제왕을 보필하며 대업을 이루는 것과 같다. 쇠는 왕성함이 극에 이르러 쇠약해지는 것으로 사물이 처음으로 변하는 것이다. 병은 쇠약함이 심한 것이다. 사는 기가 소진되어 남아 있는 것이 없는 것이다. 묘는 수장된 것으로 사람이 흙에 묻히는 것이다. 절은 앞의 기운이 이미 끊어지고 다음 기운이 장차 이어지는 것이다. 태는 다음 기운이 이어져 모이며 태아를 만드는 것이다. 양은 사람이 어머니의 뱃속에서 길러지는 것과 같은 것이다. 이후 장생부터 순환하며 끊임없이 이어지는 것이다.

십이운성十二運星은 기의 성쇠를 12단계로 표현한 것으로 사람의 일생에 비유하여 아래와 같이 설명한 것입니다.

장생은 어머니 뱃속에서 갓 태어난 어린아이에 비유한 것이며
목욕은 어린아이를 목욕시키며 기른다는 것이고
관대는 성장하여 사모관대를 쓰고 결혼하는 것이며
임관은 사회에 나아가 자신의 직업을 가지고 활동을 하는 것이며
제왕은 가장 왕성한 장년의 시기로서 사회적인 뜻을 이루는 것이며
쇠는 기운이 쇠약해지며 사회에서 은퇴하는 시기이며
병은 늙어서 병이 드는 시기이며
사는 병이 들어 죽어가는 시기이며
묘는 죽어 묘지에 묻히는 것입니다.
절은 육체가 없어지므로 영혼의 기가 끊어졌다고 하는 것이며
태는 어머니 뱃속에서 태아가 새로이 잉태하는 시기이며
양은 어머니 뱃속에서 태아로서 길러지는 시기라고 할 수 있습니다.

십이운성은 기의 성쇠를 나타내므로 계절의 왕상휴수를 세분한 것이라고 보면 될 것입니다.

성盛		쇠衰	
상相	왕旺	휴休	수囚
장생 목욕 관대	임관 제왕 쇠	병 사 묘	절 태 양

甲木이 亥월에 장생하여 기가 왕성하다가 辰월에 기가 쇠약해지면서 午월에 죽고 未월에 묘지에 묻히고 申월에 기가 끊어지는 것입니다.
丙火가 寅월에 장생하여 기가 왕성하다가 未월에 기가 쇠약해지면서 酉월에 죽고 戌월에 묘지에 묻히고 亥월에 기가 끊어지는 것입니다.

나머지 천간도 이와 같이 월지에 의하여 변화하는 기의 성쇠를 12운성으로 나타내는 것입니다.

양간의 십이운성

천간		甲		丙		戊		庚		壬	
봄	寅	왕	임관	상	장생	상	장생	수	절	휴	병
	卯		제왕		목욕		목욕		태		사
	辰		쇠		관대		관대		양		묘
火	巳	휴	병	왕	임관	왕	임관	상	장생	수	절
	午		사		제왕		제왕		목욕		태
	未		묘		쇠		쇠		관대		양
金	申	수	절	휴	병	휴	병	왕	임관	상	장생
	酉		태		사		사		제왕		목욕
	戌		양		묘		묘		쇠		관대
水	亥	상	장생	수	절	수	절	휴	병	왕	임관
	子		목욕		태		태		사		제왕
	丑		관대		양		양		묘		쇠

음간의 십이운성

천간		乙		丁		己		辛		癸	
봄	寅	왕	제왕	휴	사	휴	사	수	태	상	목욕
	卯		임관		병		병		절		생
	辰		관대		쇠		쇠		묘		양
여름	巳	상	목욕	왕	제왕	왕	제왕	휴	사	수	태
	午		장생		임관		임관		병		절
	未		양		관대		관대		쇠		묘
가을	申	수	태	상	목욕	상	목욕	왕	제왕	휴	사
	酉		절		장생		장생		임관		병
	戌		묘		양		양		관대		쇠
겨울	亥	휴	사	수	태	수	태	상	목욕	왕	제왕
	子		병		절		절		장생		임관
	丑		쇠		묘		묘		양		관대

3) 천간의 기의 왕쇠

人之日主 不必生逢祿旺 即月令休囚 而年日時中 得長生祿旺 便不爲
인지일주 불필생봉록왕 즉월령휴수 이년일시중 득장생록왕 편불위

弱 就便逢庫 亦爲有根 時說謂投庫而必沖者 俗書之謬也。但陽長生有
약 취편봉고 역위유근 시설위투고이필충자 속서지류야 단양장생유

力 而陰長生不甚有力 然亦不弱 若是逢庫 即陽爲有根 而陰爲無用 蓋
력 이음장생불심유력 연역불약 약시봉고 즉양위유근 이음위무용 개

陽大陰小 陽得兼陰 陰不能兼陽 自然之理也。
양대음소 양득겸음 음불능겸양 자연지리야

사람의 일주가 살아가는데 반드시 록왕이 필요한 것이 아니다. 즉 월령이
휴수되어도 년일시에 장생이나 록왕이 있다면 약하다고 하지 않으며 고를
만나도 역시 뿌리가 있다고 한다. 고를 만나면 반드시 충해야 한다는 것은
속서의 오류이다. 단지 양의 장생은 유력하고 음의 장생은 유력하지는 않
지만 약하지도 않은 것이다. 고를 만나면 양은 뿌리가 있다고 하고 음은 쓸
모가 없다고 한다. 대체로 양은 크고 음은 작으므로 양은 음을 겸할 수 있
지만 음은 양을 겸할 수 없는 것이니 자연의 이치이다.

일간이 월지에 반드시 건록과 제왕을 만나야 하는 것은 아니라고 합니다.
건록이란 사회에 진출하여 직업을 수행하는 것이고 제왕은 사회적으로 왕
성하게 직업을 수행하여 성취를 이루는 것이므로 매우 필요한 기운이지만
반드시 월지에 있어야만 하는 것은 아니라고 합니다.
월지가 휴수되어도 년지와 일지 또는 시지에 건록과 제왕이 있다면 직업적
으로 충분히 살아갈 수 있는 역량이 생긴다고 하는 것입니다.

시	일	월	년	구분
	甲			천간
卯	寅	申	卯	지지

甲木 일간이 申월에 절지가 되어 기가 끊어져 있어 매우 쇠약하지만
일지에 寅木의 건록이 있고 년지와 시지에 卯木의 제왕이 있으므로 살아갈
수 있는 역량이 있다고 하는 것입니다.

천간이 고庫를 만나면 뿌리가 있다고 하는 것입니다.

고庫란 辰戌丑未로서 지장간을 저장한 창고라고 합니다.

시중에 전해지는 속서에서 창고는 반드시 충해서 열어야 안에 있는 지장간을 꺼내어 쓸 수 있다고 말하고 있지만 이는 잘못된 견해로서 오류라고 부정하고 있습니다.

辰戌을 충해야 창고문이 열리면서 辰중에 있는 乙癸戊와 戌중에 있는 辛丁戊를 꺼내어 쓸 수 있다고 하고

丑未를 충해야 창고문이 열리면서 丑중에 있는 癸辛己와 未중에 있는 丁乙己를 꺼내어 쓸 수 있다고 하는 것은 잘못된 이론이라고 하는 것입니다.

辰戌丑未는 충해서 창고문을 열어 지장간을 꺼내어 쓰는 것이 아니라 천간이 고를 만나면 지장간에 통근하여 뿌리가 있다고 하는 것입니다.

양간의 장생과 음간의 장생은 다르다고 합니다.

양간의 장생은 오행의 생지에서 새로이 태어나는 시기로서 왕성한 기운을 나타내며 지장간에 통근하여 기세가 있다고 합니다.

음간의 장생은 오행의 휴수지에 있으며 통근하지 못하므로 기세가 약하다고 하지만 자연의 이치에 의하여 음의 형질은 견고함을 유지하므로 세력은 없어도 약하지는 않다고 하는 것입니다.

丙火는 寅木에서 양간의 장생으로서 지장간에 통근하므로 기세가 있다고 하는 것이며

丁火는 酉金에서 음간의 장생이지만 지장간에 통근하지 못하여 기세가 없어도 열기를 유지하므로 힘이 약하지는 않다고 하는 것입니다.

양간은 음간을 대신하여도 음간은 양간을 대신할 수 없다고 합니다.

양은 크고 음은 작으므로 양간은 음간을 대신할 수 있어도 음간이 양간을 대신하지 못하는 것은 자연의 이치라고 합니다.

4. 천간합

合化之義 以十干陰陽相配而成。河圖之數 以一二三四五配六七八九十
합화지의 이십간음양상배이성 하도지수 이일이삼사오배육칠팔구십
先天之道也。故始於太陰之水 而終於沖氣之土 以氣而語其生之序也。蓋
선천지도야 고시어태음지수 이종어충기지토 이기이어기생지서야 개
未有五行之先 必先有陰陽老少 而後沖氣 故生以土 終之旣有五行 卽萬
미유오행지선 필선유음양노소 이후충기 고생이토 종지기유오행 즉만
物又生於土 而水火木金 亦寄質焉 故以土先之。是以甲己相合之始 則化
물우생어토 이수화목금 역기질언 고이토선지 시이갑기상합지시 즉화
爲土; 土則生金 故乙庚化金次之; 金生水 故丙辛化水又次之; 水生木 故
위토 토즉생금 고을경화금차지 금생수 고병신화수우차지 수생목 고
丁壬化木又次之; 木生火 故戊癸化火又次之 而五行遍焉。先之以土 相
정임화목우차지 목생화 고무계화화우차지 이오행편언 선지이토 상
生之序 自然如此。此十干合化之義也。
생지서 자연여차 차십간합화지의야

합화의 뜻은 십간의 음양이 서로 짝을 이루는 것이다. 하도의 수에 일이삼
사오와 육칠팔구십이 짝을 짓는 것은 선천의 도이다. 고로 태음의 水에서
시작하여 가운데 土에서 끝이 나는 것이며 기가 생하는 순서가 되는 것이
다. 대개 오행이 있기 전에 반드시 음양의 노소가 먼저 있고 이후에 가운데
에서 土가 생기고 마지막에 오행이 있는 것이다. 만물은 다시 土에서 생겨
나고 水火木金이 질에 의지하므로 土가 우선이다. 이로써 甲己합을 시작으
로 土가 화하며 土가 金을 생하므로 乙庚합이 화하여 金이 되며 金이 水를
생하므로 丙辛이 합하여 水가 되며 水가 木을 생하므로 丁壬이 합하여 木이
되며 木이 火를 생하므로 戊癸가 합하여 火가 되어 오행이 두루 펼쳐지면서
土로써 시작하여 상생하는 순서가 되니 자연이 이와 같다. 이것이 십간이
합화하는 뜻이다.

천간합의 이치를 설명하고 있습니다.

천간합	甲己	乙庚	丙辛	丁壬	戊癸
화化오행	土	金	水	木	火

양간과 음간이 서로 합하여 짝을 이루면서 화化오행을 만들고 있으며
이는 선천의 도리로서 자연의 이치라고 합니다.

사상이 먼저 생겨나고 오행이 생겼다고 합니다.

하도와 낙서에서 보면 土는 중앙에 위치하고 木火金水가 사방으로 배치되어 사상을 이루고 있음을 볼 수 있습니다.

이로써 태음 水 소양 木 태양 火 소음 金의 사상이 먼저 생기고
나중에 가운데에서 土가 생기면서 오행이 갖추어진 것입니다.

천간합의 순서는 선천수의 음양 결합에 의한다고 합니다.

구분	양					음				
선천수	1	2	3	4	5	6	7	8	9	10
천간	甲	乙	丙	丁	戊	己	庚	辛	壬	癸

양간과 음간이 합하는 배합은 하도의 선천수의 짝에 의하며
만물은 土에서 생기므로 甲己가 합하여 土로 화하면서 시작된다고 합니다.

양의 1과 음의 6이 결합하여 甲己합이 되어 土로 화하면서
천간합이 시작되고 土가 金을 생하므로
양의 2과 음의 7이 결합하여 乙庚합이 되어 金으로 화하고
다음으로 金이 水를 생하므로
양의 3과 음의 8이 결합하여 丙辛합이 되어 水로 화하고
다음으로 水가 木을 생하므로
양의 4과 음의 9이 결합하여 丁壬합이 되어 木으로 화하고
다음으로 木이 火를 생하므로
양의 5과 음의 10이 결합하여 戊癸합이 되어 火로 화하는 것입니다.

土로부터 만물이 생겨나므로 甲己합을 선두로 하여 土로 화하고 이후로 상극의 음양간이 만나면서 金水木火의 오행이 차례대로 화하는 것이라고 합니다.
음양간의 상극을 합화오행의 상생으로 전환하면서 만물을 구성하니 이는 자연의 이치에 의하여 십간이 합화合化하는 뜻이라고 합니다.

1) 천간합의 성정

其性情何也? 蓋旣有配合 必有向配。如甲用辛官 透丙作合 而官非其
기 성 정 하 야　　개 기 유 배 합　 필 유 향 배　　여 갑 용 신 관　 투 병 작 합　 이 관 비 기

官; 甲用癸印 透戊作合 而印非其印; 甲用己財 己與別位之甲作合 而
관　 갑 용 계 인　 투 무 작 합　 이 인 비 기 인　　갑 용 기 재　 기 여 별 위 지 갑 작 합　 이

財非其財。如年己月甲 年上之財 被月合去 而日主之甲乙無分; 年甲月
재 비 기 재　　여 년 기 월 갑　 년 상 지 재　 피 월 합 거　 이 일 주 지 갑 을 무 분　 년 갑 월

己 月上之財 被年合去 而日主之甲乙不與是也。甲用丙食與辛作合 而
기　 월 상 지 재　 피 년 합 거　 이 일 주 지 갑 을 불 여 시 야　　갑 용 병 식 여 신 작 합　 이

食非其食 此四喜神因合而無用者也。又如甲逢庚爲煞 與乙作合 以煞
식 비 기 식　 차 사 희 신 인 합 이 무 용 자 야　　우 여 갑 봉 경 위 살　 여 을 작 합　 이 살

不功身 甲逢乙爲劫 與庚作合 而乙不劫財 甲逢丁爲傷 與壬作合 而丁
불 공 신　 갑 봉 을 위 겁　 여 경 작 합　 이 을 불 겁 재　 갑 봉 정 위 상　 여 임 작 합　 이 정

不爲傷官 甲逢壬爲梟 與丁作合 而壬不奪食 此四忌神因合化吉者也。
불 위 상 관　 갑 봉 임 위 효　 여 정 작 합　 이 임 불 탈 식　 차 사 기 신 인 합 화 길 자 야

그 성정은 어떠한가? 대개 배합하면 반드시 짝을 바라보게 된다. 甲
이 辛을 정관으로 쓰는데 丙이 투간하여 합하면 정관 역할을 하지 못
한다. 甲이 癸를 인성으로 쓰는데 戊가 투간하여 합하면 인성 역할을
하지 못한다. 甲이 己를 재성으로 쓰는데 己가 다른 甲과 합한다면 재
성 역할을 하지 못한다. 년에 己가 있고 월에 甲이 있어 년의 재성이
월에 합거 된다면 甲乙일간은 나누어 갖지 못한다. 년에 甲이 있고 월
에 己가 있어 월의 재성이 년에 합거 된다면 甲乙일간은 관여하지 못
한다. 甲이 丙을 식신으로 쓰는데 辛과 합한다면 식신의 역할을 하지
못한다. 이것이 네 가지 희신이 합으로 인하여 쓰지 못하는 경우이다.
또 甲이 庚을 만나면 칠살이 되는데 乙과 합을 이루면 칠살이 일간을
공격하지 못한다. 甲이 乙을 만나면 겁재인데 庚과 합을 하면 乙은 일
간의 재물을 빼앗지 못한다. 甲이 丁을 만나면 상관인데 壬과 합을 이
루면 丁은 정관을 상하게 하지 못한다. 甲이 壬을 만나면 효신인데 丁
과 합을 이루면 식신을 빼앗지 못한다. 이것이 네 가지 기신이 합화
로 인하여 길하게 되는 경우이다.

천간합으로 인하여 육신의 역할을 하지 못한다고 합니다.

천간합이 되면 양간과 음간이 결합하여 음양간이 서로 짝만을 바라보므로 자신의 임무를 잊어버리고 사랑만을 하게 됩니다.

그러므로 육신의 역할을 하지 못한다고 하는 것입니다.

이를 합거合去 또는 기반羈絆이라고 합니다.

합거는 합하여 사라진다는 뜻으로 없는 것과 같고 기반은 소나 말을 묶는다는 뜻으로 천간합으로 묶이어 꼼짝을 하지 못한다는 뜻입니다.

천간합으로 인하여 용신으로 쓰지 못하는 경우

시	일	월	년	구분
	甲	丙	辛	천간
				지지

甲木일간이 辛金정관을 용신으로 쓰는데 丙火가 투출하여 丙辛합을 하므로 辛金정관은 더 이상 정관으로서 역할을 하지 못한다고 합니다.

시	일	월	년	구분
	甲	癸	戊	천간
				지지

甲木일간이 癸水인성을 용신으로 쓰는데 戊土가 투출하여 戊癸합을 하므로 癸水인성은 더 이상 인성으로서 역할을 하지 못한다고 합니다.

시	일	월	년	구분
	甲	己	甲	천간
				지지

甲木일간이 己土재성을 용신으로 쓰는데 甲木이 투출하여 甲己합을 하므로 己土재성은 더 이상 재성으로서 역할을 하지 못한다고 합니다.

천간합으로 인하여 네 가지 희신이 쓸모없게 되는 경우

네 가지 희신이란 정관, 재성, 인성, 식신으로서 일간에게 좋은 작용을 하는 육신이지만 천간합으로 인하여 합거나 기반이 된다면 일간에게 더 이상 희신으로서의 역할을 하지 못하므로 쓸모가 없어진다고 하는 것입니다.

시	일	월	년	구분
	甲	甲	己	천간
				지지

년간에 己土재성이 있고 월간에 甲木비견이 있다면 甲己합이 되는데 甲木비견에 의하여 己土재성이 합거되어 년간의 己土재성을 甲木비견에게 빼앗기는 것이 되므로 甲木일간에게 己土재성을 나누어줄 수 없다고 하는 것입니다.

시	일	월	년	구분
	甲	己	甲	천간
				지지

년간에 甲木비견이 있고 월간에 己土재성이 있다면 甲己합이 되는데 甲木비견에 의하여 己土재성이 합거되어 년간의 甲木비견에게 己土재성을 빼앗기는 것이 되므로 甲木일간은 더 이상 己土재성에 대하여 관여하지 못한다고 합니다.

시	일	월	년	구분
	甲	辛	丙	천간
				지지

년간에 丙火식신이 있고 월간에 辛金정관이 있다면 丙辛합이 되는데 丙火식신이 辛金정관과 더불어 천간합을 하여 기반이 되므로 丙火식신은 더 이상 식신의 노릇을 하지 못한다고 하는 것입니다.

천갑합으로 인하여 네 가지 기신이 길하게 작용하는 경우

네 가지 기신이란 칠살, 상관, 겁재, 효신으로서 일간에게 나쁜 작용을 하는 육신이지만 천간합으로 인하여 합거나 기반이 된다면 일간에게 더 이상 기신으로서의 역할을 하지 못하므로 오히려 길하게 된다고 하는 것입니다.

시	일	월	년	구분
	甲	庚	乙	천간
				지지

甲木일간이 월간에 庚金칠살을 만나면 공격을 당하므로 일간에게 기신으로 작용하지만 년간에 乙木겁재가 있다면 이들이 乙庚합을 하면서 기반이 되므로 더 이상 일간을 공격하지 않으니 오히려 길하게 되었다고 하는 것입니다.

乙木겁재는 甲木일간의 재물을 빼앗는 겁재로서 기신의 작용을 하지만 庚金칠살을 만나면 서로 천간합을 하면서 기반이 되므로 일간의 재물을 빼앗지 않으니 오히려 길하게 되었다고 하는 것입니다.

시	일	월	년	구분
	甲	壬	丁	천간
				지지

甲木일간에게 丁火상관은 정관을 상하게 하는 기신으로서 작용을 하지만 壬水를 만나면 丁壬합으로 인하여 기반이 되므로 더 이상 정관을 상하게 하지 못하니 길하게 되었다고 하는 것입니다.

또한 壬水편인은 효신梟神으로서 식신을 극하여 빼앗는 기신으로 작용하지만 丁火를 만나면 丁壬합으로 인하여 기반이 되므로 더 이상 식신을 빼앗는 기신으로 작용하지 못하니 길하게 되었다고 하는 것입니다.

蓋有所合則有所忌 逢吉不爲吉 逢凶不爲凶。 即以六親言之 如男以財
개 유 소 합 즉 유 소 기　봉 길 불 위 길　봉 흉 불 위 흉　　즉 이 육 친 언 지　여 남 이 재

爲妻 而被別干合去 財妻豈能親其夫乎? 女以官爲夫 而被他干合去 官
위 처　이 피 별 간 합 거　재 처 개 능 친 기 부 호　　여 이 관 위 부　이 피 타 간 합 거　관

夫豈能愛其妻乎? 此謂配合之性情 因向背而殊也。
부 개 능 애 기 처 호　차 위 배 합 지 성 정　인 향 배 이 수 야

대개 합하는 것이 있으면 꺼리는 것도 있는 것이니 길한 것을 만나도
길하지 않고 흉한 것을 만나도 흉하지 않은 것이다. 육친으로 말한다
면 남자에게 재성은 처인데 다른 천간에 의하여 합거가 된다면 재성인
처가 어찌 그 남편과 친할 수 있겠는가? 여자에게 관성은 남편인데 다
른 천간에 의하여 합거가 된다면 남편이 어찌 그 처를 사랑할 수 있겠
는가? 이것은 배합의 성정을 일컬은 것이며 위치에 따라 달라지기도
한다.

천간합이 되면 길흉도 함께 작용을 하지 못한다고 합니다.

재성이 희신으로 작용하여도 합이 되어 기반이 되면 더 이상 희신으로 작
용을 하지 못하고 칠살이나 상관이 기신으로 작용하여도 합이 되어 기반이
되면 역시 더 이상 기신으로 작용을 하지 못하는 것입니다.

재성을 쓰고자 하는데 천간합이 되어 기반이 되므로 천간합을 꺼리는 것이
며 길한 것을 만나도 길하지 않은 것이 되는 것입니다.
칠살이 있어 일간에게 위협이 되는데 천간합이 되어 기반이 되므로 흉한
것을 만나도 흉하지 않은 것이 되는 것입니다.

육친에 대입하여 부부관계를 이야기한다면

남자에게 재성은 처인데 다른 천간이 처인 재성과 합을 하여 합거가 된다
면 재성인 처가 어찌 그 남편과 친하게 지낼 수 있느냐고 하는 것입니다.

여자에게 정관은 남편인데 다른 천간이 남편인 관성과 합을 하여 합거가
된다면 관성인 남편이 어찌 그 처와 사랑할 수 있느냐고 하는 것입니다.

2) 천간의 합과 불합

十干化合之義 前篇旣明之矣。然而亦有合而不合者 何也? 蓋隔於有所
십간화합지의 전편기명지의 연이역유합이불합자 하야 개격어유소

間也。譬如人彼此相好 而有人從中間之 則交必不能成。假如甲餘己合
간야 비여인피차상호 이유인종중간지 즉교필불능성 가여갑여기합

而甲己中間 以庚間隔之 則甲豈能越剋我之庚而合己? 又以乙間隔之
이갑기중간 이경간격지 즉갑개능월극아지경이합기 우이을간격지

則己豈能越剋我之乙而合甲? 此制於勢然也 合而不敢合也 有若無也。
즉기개능월극아지을이합갑 차제어세연야 합이불감합야 유약무야

십간이 화합하는 뜻은 이미 전편에서 밝혔으나 합이 되어도 합을 하지 못
하는 것이 있는데 어떠한 것인가? 대개 서로 떨어져 있기 때문이다. 사람
으로 비유하면 피차 서로 좋아하는데 중간에서 다른 사람이 따라다닌다면
사귈 수 없는 것과 같다. 가령 甲이 己와 합하고자 하는데 중간에 庚이 있
다면 어찌 甲이 자신을 극하는 庚을 넘어 己와 합할 수 있겠는가? 또한 乙
이 중간에 있다면 어찌 己는 자신을 극하는 乙을 넘어 甲과 합할 수 있겠는
가? 이것은 세력으로 억제된 것으로서 합이 되어도 감히 합을 하지 못하는
것이니 있으나 마나 한 것이다.

중간에 극을 하는 천간이 있다면 합을 하지 못한다고 합니다.

시	일	월	년	구분
	甲	庚	己	천간
				지지

甲木이 己土와 합하고 싶어도 자신을 극하는 庚金이 중간에 있으므로 庚金
을 넘어서 감히 己土와 합을 하지 못한다고 합니다.

시	일	월	년	구분
	甲	乙	己	천간
				지지

己土가 甲木과 합하고 싶어도 자신을 극하는 乙木이 중간에 있으므로 乙木
을 넘어서 감히 甲木과 합을 하지 못한다고 합니다.

又有隔位太遠 如甲在年干 己在時上 心雖相契 地則相遠 如人天南地
우유격위태원 여갑재년간 기재시상 심수상계 지즉상원 여인천남지

北 不能相合一般。然於有所制而不敢合者 亦稍有差 合而不能合也 半
북 불능상합일반 연어유소제이불감합자 역초유차 합이불능합야 반

合也 其爲禍福得十之二三而已。
합야 기위화복득십지이삼이이

또한 멀리 떨어져 있는 경우이다. 甲이 년간에 있고 己가 시상에 있다
면 마음은 비록 서로 합하고자 하나 너무 먼 것이다. 마치 남쪽 하늘과
북쪽 땅에 있는 사람이 서로 합할 수 없는 것과 같은 것이다. 그러므로
제한 된 장소로 인하여 감히 합하지도 못하는 것이다. 약간의 차이는
있어도 합하려고 하여도 합을 할 수 없는 것이 반합이니 그 화복이 십
분의 이삼 정도일 뿐이다.

너무 멀리 있어도 합을 하지 못하고 반합으로 작용한다고 합니다.

시	일	월	년	구분
己			甲	천간
				지지

甲木이 년간에 있고 己土가 시간에 있다면 서로 합하고자 하는 마음은 있어
도 멀리 떨어져 합하지 못하고 마음만 애태운다고 합니다.
그러나 비록 멀리 떨어져 있어 합하지는 못한다고 하여도 서로 합하고자
그리워하는 마음은 항상 있으므로 이를 반합이라고 하며 화복길흉의 작용
력이 십분의 이나 십분의 삼 정도에 불과할 뿐이라고 합니다.

시	일	월	년	구분
己	辛		甲	천간
				지지

甲木은 시간 己土인성에게 마음이 있으나 멀리 떨어져 있어 실제 합하지 못
하게 되므로 甲木은 辛金 일간의 정재로서 작용을 할 수밖에 없고 己土는
辛金일간의 인성으로 작용할 수밖에 없지만 반합의 작용으로 인하여 화복
이 십분의 이삼정도에 불과하다고 하는 것입니다.

又有合而無傷於合者 何也? 如甲生寅卯 月時兩透辛官 以年丙合月辛
우 유 합 이 무 상 어 합 자 하 야   여 갑 생 인 묘   월 시 양 투 신 관   이 년 병 합 월 신
是爲合一留一 官星反清。甲逢月刃 庚辛竝透 丙與辛合 是爲合官留煞
시 위 합 일 류 일 관 성 반 청   갑 봉 월 인 경 신 병 투 병 여 신 합 시 위 합 관 류 살
而煞刃依然成格 皆無傷於合也。
이 살 인 의 연 성 격 개 무 상 어 합 야

또한 합하여도 상함이 없는 합이란 어떠한 것인가? 甲이 寅卯월에 태어
나 월시에 辛정관이 두 개나 투출하였다면 년의 丙과 월의 辛이 합하여
하나가 합하고 하나가 남아 관성이 맑아졌다고 하는 것이다. 甲이 월에
양인을 만나고 庚辛이 모두 투출하였다면 丙과 辛이 합을 하여 합관류살
이 되므로 살인격이 성격되는 것으로서 모두 상함이 없는 합인 것이다.

합하여도 상함이 없는 합이라고 하는 경우

대개 관살이 혼잡되거나 이중으로 투출하여 무겁다면 관살이 탁하므로 맑
지 못하다고 합니다. 이때 합으로 관살을 하나 제거하여준다면 관살이 맑아
지며 격국이 성격되어 상함이 없다고 하는 것입니다.

시	일	월	년	구분
辛	甲	辛	丙	천간
		寅		지지

월시에 辛金정관이 두 개나 투출하여 탁하다고 하는 것입니다. 마침 년월에
서 丙辛합으로 하나가 기반되므로 정관이 맑아지는 경우입니다.

시	일	월	년	구분
庚	甲	辛	丙	천간
		卯		지지

卯월 양인격인데 관살이 동시에 투출하여 혼잡되므로 탁하다고 합니다. 마
침 년월에서 丙辛합으로 辛金정관을 합하여 기반시키고 庚金칠살을 남기는
합관류살로서 양인격이 맑아지는 경우입니다.

又有合而不以合論者 何也? 本身之合也。蓋五陽逢財 五陰遇官 俱是
우유합이불이합론자 하야 본신지합야 개오양봉재 오음우관 구시

作合 惟是本身十干合之 不爲合去。假如乙用庚官 日干之乙 與庚作
작합 유시본신십간합지 불위합거 가여을용경관 일간지을 여경작

合。是我之官 是我合之 何爲合去? 若庚在年上乙在月上 則月上之乙
합 시아지관 시아합지 하위합거 약경재년상을재월상 즉월상지을

先去合庚 而日干反不能合 是爲合去也。又如女以官爲夫 丁日逢壬 是
선거합경 이일간반불능합 시위합거야 우여여이관위부 정일봉임 시

我之夫 是我合之 正如夫妻相親 其情愈密。惟壬在月上 而年丁合之
아지부 시아합지 정여부처상친 기정유밀 유임재월상 이년정합지

日干之丁 反不能合 是以己之夫星 被姉妹合去 夫星透而不透矣。
일간지정 반불능합 시이기지부성 피자매합거 부성투이불투의

또한 합이 되어도 합을 하지 못하는 것이 있으니 어떠한 것인가? 일간의 합이 그러하다. 대개 양간이 재성을 만나거나 음간이 정관을 만나면 모두 합을 이루는데 오로지 일간의 합은 합거가 되지 않는다. 가령 乙이 庚을 정관으로 쓰는데 일간 乙은 庚과 합을 이룬다. 일간은 나의 정관이라고 하며 내가 합한 것인데 어찌 합거라고 하겠는가? 만약에 庚이 년에 있고 乙이 월에 있다면 월에 있는 乙이 庚을 먼저 합거하므로 일간은 합할 수 없으니 이것을 합거라고 하는 것이다. 또한 여성에게 정관이 남편인데 丁일간이 壬을 만나면 나의 남편이므로 내가 합한 것이기에 부부가 서로 친하여 정이 더욱 가까워지는 것이다. 그런데 壬이 월에 있어 년의 丁과 합을 이루면 일간 丁은 합할 수 없는 것이다. 이것은 자신의 남편이 자매에 의하여 합거가 되었으므로 남편이 투출하여도 투출하지 않은 것과 같은 것이다.

일간의 합은 합거가 되지 않는다고 합니다.
대개 양간은 재성과 합하고 음간은 관성과 합하는 법인데
오직 일간이 합하는 것은 합거가 되지 않는다고 합니다.

이것은 일간이 자신의 재성이나 관성과 합한 것이므로 쓰임이 있기에 합거라고 하지 않는다고 하는 것입니다.

시	일	월	년	구분
	乙		庚	천간
				지지

년간의 庚金정관은 乙木일간이 쓰는 정관으로서 천간합이 된다고 하여도 합거라고 하지 않는다는 것입니다. 오히려 더욱 친밀하게 조직에 소속되어 권한을 행사할 수 있는 것입니다.

시	일	월	년	구분
	乙	乙	庚	천간
				지지

월간에 乙木비견이 있어 년간의 庚金과 천간합을 한다면 庚金정관은 비견에 의하여 합거되므로 일간은 庚金정관을 쓰지 못하게 됩니다.

시	일	월	년	구분
	丁	壬		천간
				지지

丁火일간이 여성이라면 壬水정관은 남편이 됩니다. 가까이 있으므로 합이 되면서 친밀하여 정이 더욱 두텁다고 합니다.

시	일	월	년	구분
	丁	壬	丁	천간
				지지

丁火일간 여성에게 壬水정관이 남편인데 년간에 있는 丁火비견이 壬水정관과 합을 한다면 합거가 되는 것이라고 합니다.
이는 마치 자매가 남편과 합하여 자매에게 남편을 빼앗기는 것과 같으므로 정관이 합거가 되었다고 하는 것입니다.
壬水정관은 丁火비견과 합하여 합거가 되므로 남편이 있다고 하지만 남편 노릇을 하지 못한다고 하는 것입니다.

然又有爭合妬合之設 何也? 如兩辛合丙 兩壬合丁之類 一夫不娶二妻
연 우 유 쟁 합 투 합 지 설 하 야   여 양 신 합 병 양 임 합 정 지 류 일 부 불 취 이 처

一女不配二夫 所以有爭合妬合之設。然到底終有合意 但情不專耳。
일 여 불 배 이 부 소 이 유 쟁 합 투 합 지 설   연 도 저 종 유 합 의   단 정 불 전 이

若以兩合一而隔位 則全無爭妬。如庚午 乙酉 甲子 乙亥 兩乙合庚
약 이 양 합 일 이 격 위 즉 전 무 쟁 투   여 경 오 을 유 갑 자 을 해 양 을 합 경

甲日隔之 此高太尉命 仍作合煞留官 無滅福也。
갑 일 격 지 차 고 태 위 명 잉 작 합 살 류 관 무 감 복 야

또한 쟁합과 투합이 있다고 하는데 어떠한 것인가? 두 개의 辛이 하나
의 丙과 합하거나 두 개의 壬이 하나의 丁과 합하는 것으로서 한 남편
이 두 처를 맞이하지 못하고 한 부인이 두 남편을 맞이하지 못하므로
쟁합하고 투합하는 것이라고 한다. 결국 합하고자 하는 뜻이 있어도 단
지 정이 한결같지 않을 뿐이다. 만약에 둘이 하나와 합하려고 해도 떨
어져 있다면 완전한 쟁투는 없을 것이다. 가령 庚午 乙酉 甲子 乙亥의
경우 두 개의 乙이 하나의 庚과 합하려고 하나 甲일간이 사이에 있는
고태위의 명조로서 합살류관이 되므로 복이 감소되지 않았다.

천간합에는 쟁합과 투합이 있다고 합니다.

쟁합은 두 남성이 여성 하나를 두고 경쟁하며 합하려고 하는 것이고
투합은 두 여성이 남성 하나를 두고 질투하며 합하려고 하는 것으로
모두 경쟁하며 상대와 합하려고 하는 것이라고 합니다.

시	일	월	년	구분
乙	甲	乙	庚	천간
亥	子	酉	午	지지

甲木일간이 酉月생으로 정관격인데 庚金칠살이 년간에 투출하여 관살혼잡
으로 격국이 탁하다고 합니다.

그러나 월간의 乙木비견이 庚金칠살을 합거하고 정관을 남기어 격국이 맑
아지니 귀하게 된 고태위의 명조라고 합니다.

비록 두 개의 乙木비견이 庚金칠살을 투합하고 있지만 월간의 乙木이 庚金
칠살을 합으로 제거하므로 복이 감소되지 않았다고 합니다.

今人不知命理 動以本身之合 妄論得失; 更有可笑者 書云"合官非爲
금인부지명리 동이본신지합 망론득실 갱유가소자 서운 합관비위

貴取"本是至論 而或以本身之合爲合 甚或以他支之合爲合 如辰與酉
귀 취 본시지론 이혹이본신지합위합 심혹이타지지합위합 여진여유

合 卯與戌合之類 皆作合官。一謬至此子平之傳掃地矣！
합 묘여술합지류 개작합관 일류지차자평지전소지의

오늘날 사람들은 명리를 알지 못하여 일간의 합으로 득실이 나타난다
고 망언을 한다. 더욱 가소로운 것은 고서에서 정관이 합하면 귀하지
않다고 하는 말은 지당한 말이지만 혹자는 일간의 합도 합으로 여기고
심지어 혹자는 지지의 합도 합으로 여긴다는 것이다. 예를 들어 辰酉합
이나 卯戌합 등을 모두 합관되었다고 한다. 모든 오류들이 이러한 지경
에 이르므로 자평명리에서 전하는 이치로 청소하여야 할 것이다.

일간은 천간합을 하지 않는다고 강조하고 있습니다.
일간이 합하면 재관을 합하는 것인데 그러면 천간합의 특성상 일간과 재관
이 기반되어 역할을 하지 못하는 모순적인 결과가 됩니다. 그러므로 일간은
재관을 합하여 득실을 계산할 수 없는 것이라고 합니다.

천간합은 음양간이 합하면서 기반이 되면서 득실을 따지지만
일간의 합은 기반이 되지 않으므로 득실을 따질 수 없는 것이며 단지 재관
을 더욱 친밀하게 운용하는 개념이라고 하는 것입니다.

그러나 명리를 알지 못하는 사람들이 일간의 합으로 인하여 득실이 나타난
다고 망언을 하고 있으니 가소롭다고 하는 것입니다.

천간합과 지지합은 다름을 설명하고 있습니다.
또한 지지의 합을 천간합과 같이 취급하여 지지합으로 정관을 합하여 합관
하면 귀하지 않다고 명리에 무지한 혹자들이 말하지만
辰酉합이나 卯戌합 등의 지지합은 천간합과 개념이 같지 않다고 하는 것을
강조하며 이러한 오류는 자평진전에서 깨끗이 청소해야 할 것이라고 하는
것입니다.

5. 천간의 왕쇠와 통근

論十干得時不旺失時不弱 書云 得時俱爲旺論 失時便作衰看 雖是至理 亦死
논십간득시불왕실시불약 서운 득시구위왕론 실시편작쇠간 수시지리 역사
法也。然亦可活看。夫五行之氣 流行四時 雖日干各有專令 而其實專令之中
법야 연역가활간 부오행지기 류행사시 수일간각유전령 이기실전령지중
亦有竝存者在。假若春木司令 甲乙雖旺 而此時休囚之戊己 亦嘗豔於天地
역유병존자재 가약춘목사령 갑을수왕 이차시휴수지무기 역상염어천지
也。特時當退避 不能爭先 而其實春土何嘗不生萬物 冬日何嘗不照萬國乎?
야 특시당퇴피 불능쟁선 이기실춘토하상불생만물 동일하상부조만국호

십간이 계절을 얻어도 왕성하지 않고 계절을 얻지 못하여도 약하지 않다고
하는 이론이 있다. 고서에서 계절을 얻으면 왕성하고 얻지 못하면 쇠약하다
고 간명하는데 이 말은 지극히 이치에 맞는 말이지만 역시 죽은 법이므로
살펴보아야 한다. 무릇 오행의 기는 사계절로 흐르는데 비록 일간마다 전
담하는 월령이 있다고 할지라도 실제로 전담하는 월령 중에 함께 존재하는
것이 있다. 가령 봄에는 木이 사령하므로 甲乙이 비록 왕성하지만 이때 戊
己는 휴수가 되어도 역시 천지에는 존재하고 있는 것이다. 다만 계절이 다
르므로 물러나서 나설 수 없는 것뿐이지만 실제로 봄의 土가 어찌 만물을
생하지 않으며 겨울의 태양이 어찌 온 누리를 비추지 않겠는가?

1) 천간의 왕쇠

천간은 자신의 계절에 기가 왕성하다고 합니다. 그러나 자신의 계절에도 기
가 왕성하지 않은 경우가 있다고 하는 것이며 자신의 계절이 아니므로 휴
수되어도 쇠약하지 않은 경우가 있다고 하는 것입니다.

봄에는 木기가 사령하며 甲乙木의 기가 왕성하다고 하지만 戊己土는 휴수
되어 쇠약하다고 하는 것입니다. 그러나 戊己土가 비록 봄에 쇠약하다고 하
여도 봄의 흙으로서 만물을 생하게 할 수 있다는 것이며

겨울에 비록 水기가 왕성하여 火기가 휴수되어도 태양의 火기는 온 누리를
비출 수 있는 것이므로 각자의 역할이 있다고 하는 것입니다.

況八字雖以月令爲重 而旺相休囚 年月日時 亦有損益之權 故生月卽不値
황 팔자수이월령위중 이왕상휴수 년월일시 역유손익지권 고생월즉불치

令 而年時如値祿旺 豈便爲衰? 不可執一而論。猶如春木雖强 金太重而木
령 이년시여치록왕 개편위쇠 불가집일이론 유여춘목수강 금태중이목

亦危。干庚辛而支酉丑 無火制而晃富 逢土生而必夭 是以得時而不旺也。
역위 간경신이지유축 무화제이황부 봉토생이필요 시이득시이불왕야

秋木雖弱 木根深而木亦强。干甲乙而支寅卯 遇官透而能受 逢水生而太
추목수약 목근심이목역강 간갑을이지인묘 우관투이능수 봉수생이태

過 是失時不弱也。
과 시실시불약야

팔자가 비록 월령으로써 왕상휴수를 중하게 여기나 연월일시 역시 손익의 권리가 있으므로 생월에 득령하지 못하여도 년시에 록왕이 있다면 어찌 쇠약하다고 하겠는가? 한 가지 이론에만 집착해서는 안 되는 것이다. 봄에 木이 비록 강하다고 하지만 金이 많으면 木 역시 위태한 것이다. 천간에 庚辛이 있고 지지에 酉丑이 있는데 火의 제함이 없다면 부유함이 한순간이고 土가 생하게 되면 반드시 요절하게 된다. 이것이 계절을 얻어도 왕성하지 않은 것이다. 가을에 木이 비록 약하지만 木의 뿌리가 깊다면 木 역시 강한 것이다. 천간에 甲乙이 있고 지지에 寅卯가 있다면 정관이 투출하여도 능히 수용할 수 있으며 水의 생함을 받으면 태과한 것이므로 이것이 계절을 얻지 못하여도 약하지 않다고 하는 것이다.

계절을 얻어도 왕성하지 않은 경우

봄 木이 강하다고 하지만 팔자에 金이 많으면 木은 위태하다고 하며
천간에 庚辛이 있고 지지에 酉丑이 있어 金이 강한데 金을 제어하는 火가 없으면 부유하여도 모두 사라지므로 한순간이라고 합니다.
더구나 강한 金을 土가 생한다면 더욱 더 강해지므로 반드시 요절한다고 하는 것입니다.

계절을 얻지 못하여도 약하지 않은 경우

가을 木이 비록 약하지만 지지에 寅卯가 있어 뿌리가 깊다면 木은 강하다고 하는 것이며 金관살이 투출하여도 능히 감당할 수 있다고 합니다. 이에 水마저 있어 木을 생하면 木은 태과하다고 합니다.

2) 천간의 통근

是故十干不論月令休囚 只要四柱有根 便能受財官食神而當傷官七煞。
시고십간불론월령휴수 지요사주유근 편능수재관식신이당상관칠살

長生祿旺 根之重者也; 墓庫餘氣 根之輕者也。得一比肩 不如得支中
장생록왕 근지중자야 묘고여기 근지경자야 득일비견 불여득지중

一墓庫 如甲逢未 丙逢戌之類。乙逢戌 丁逢丑 不作此論 以戌中無藏木
일묘고 여갑봉미 병봉술지류 을봉술 정봉축 불작차론 이술중무장목

丑中無藏火也。得二比肩 不如得一餘氣 如乙逢辰 丁逢未之類。得三
축중무장화야 득이비견 불여득일여기 여을봉진 정봉미지류 득삼

比肩 不如得一長生祿刃 如甲逢亥子寅卯之類。陰長生不作此論 如乙
비견 불여득일장생록인 여갑봉해자인묘지류 음장생불작차론 여을

逢午 丁逢酉之類 然亦爲明根 比得一餘氣。蓋比劫如朋友之相扶 通根
봉오 정봉유지류 연역위명근 비득일여기 개비겁여붕우지상부 통근

如室家之可柱; 干多不如根重 理固然也。
여실가지가주 간다불여근중 리고연야

십간은 월령의 휴수로만 논해서는 안 된다. 사주에 뿌리가 있다면 재관과 식신을 수용할 수 있고 상관과 칠살을 감당할 수 있는 것이다. 장생과 록왕은 뿌리가 무거운 것이고 묘고의 여기는 뿌리가 가벼운 것이다. 하나의 비견을 얻는 것이 하나의 묘고를 얻는 것보다 못하다. 甲이 未를 만나고 丙이 戌을 만나는 것이다. 乙이 戌을 만나고 丁이 丑을 만난 것은 그렇게 말하지 않는다. 戌중에는 지장간에 木이 없고 丑중에는 지장간에 火가 없기 때문이다. 두 개의 비견을 얻는 것이 하나의 여기를 얻는 것보다 못하다. 乙이 辰을 만나고 丁이 未를 만나는 것이다. 세 개의 비견을 얻는 것은 하나의 장생과 건록 양인을 얻는 것보다 못하다. 甲이 亥子寅卯를 만나는 것이다. 음장생은 이렇게 말하지 않는다. 乙이 午을 만나고 丁이 酉를 만나는 것과 같다. 다만 뿌리가 명확하다면 하나의 여기를 얻는 것과 같다. 대개 비겁은 친구가 서로 돕는 것과 같고 통근은 집안에 있는 것과 같다. 천간이 많아도 뿌리가 무거운 것보다 못하다는 것으로 이치가 확고하기 때문이다.

천간이 비록 계절을 만나지 못하여 휴수가 되었다고 할지라도 지지에 통근하고 있다면 재성과 정관 그리고 식신을 수용할 수 있다고 하는 것이며 상관과 칠살을 감당할 수 있는 세력이 있다고 하는 것입니다.

통근이 깊어야 세력이 있다고 하는 것입니다.
천간이 지지에 통근한 것을 뿌리가 있다고 하는 것입니다.
장생과 록왕은 통근으로 뿌리가 깊어 세력이 강하다고 하는 것이며
묘고와 여기는 뿌리가 가벼우므로 세력이 약하다고 하는 것입니다.

천간		甲乙	丙丁	戊己	庚辛	壬癸
통근 뿌리	장생 록왕	亥子 寅卯	寅卯 巳午	寅卯 巳午	巳午 申酉	申酉 亥子
	묘고 여기	未 辰	戌 未	戌 未	丑 戌	辰 丑

하나의 비견보다 하나의 묘고를 얻는 것이 세력이 있다고 합니다.
甲木이 지지에 未土가 있다면 묘墓지이지만 뿌리를 내릴 수 있으므로
하나의 비견을 가지고 있는 것보다 세력이 있다고 하는 것입니다.

丙火가 지지에 戌土가 있다면 묘墓지이지만 뿌리를 내릴 수 있으므로 하나의 비견을 가지고 있는 것보다 세력이 있다고 하는 것입니다.

음간의 묘고에는 통근하지 못하므로 세력이 없다고 합니다.
乙木에게 戌土가 음간의 십이운성으로 묘지이지만 戌중에 木의 지장간이 없어 통근하지 못하므로 세력이 있다고 하지 않는다고 합니다.

丁火에게 丑土가 음간의 십이운성으로 묘지이지만 丑중에 火의 지장간이 없어 통근하지 못하므로 세력이 있다고 하지 않는다고 합니다.

두개의 비견보다 하나의 여기를 얻는 것이 세력이 있다고 합니다.
乙木이 지지에 辰土가 있다면 지장간의 여기를 얻는 것으로 두 개의 비견을 가지고 있는 것보다 세력이 있다고 하는 것입니다.

丁火가 지지에 未土가 있다면 지장간에 여기를 얻는 것으로 두 개의 비견을 가지고 있는 것보다 세력이 있다고 하는 것입니다.

세 개의 비견이 하나의 장생록왕를 얻는 것보다 못하다고 합니다.
甲木이 亥子寅卯의 지지를 하나만 가지고 있어도 천간에 세 개의 비견을 가지고 있는 것보다 세력이 있다고 하는 것입니다.
亥子는 甲木의 생지이고 寅卯는 甲木의 록왕지이므로 지장간에 통근하여 세력이 있다고 하는 것입니다.

양간의 장생은 세력이 있으나 음간의 장생은 세력이 없다고 합니다.
乙木에게 午는 음간의 십이운성으로 생지이지만 지장간에 통근하지 못하므로 세력이 없다고 하는 것입니다. 그러나 辰未등의 지장간에 통근하면 한 개의 여기를 얻었다고 하는 것으로 세력이 있다고 하는 것입니다.

비겁은 친구가 돕는 것이고 통근은 집안이 돕는 것이라고 합니다.
천간에 있는 비겁은 친구가 돕는 것과 같으며 지지에 통근하는 것은 집안에서 돕는 것과 같으므로 천간이 많아도 지지에 뿌리가 깊은 것만도 못하다고 하니 이는 자연의 이치라고 합니다.

今人不知命理 見夏水冬火 不問有無通根 便爲之弱。更有陽干逢庫
금 인 부 지 명 리 견 하 수 동 화 불 문 유 무 통 근 편 위 지 약   갱 유 양 간 봉 고

如壬逢辰 丙坐戌之類 不以爲水火通根身庫 甚至求刑沖開之。
여 임 봉 진 병 좌 술 지 류 불 이 위 수 화 통 근 신 고 심 지 구 형 충 개 지

此種謬論 必宜一切掃除也。
차 종 류 론 필 의 일 체 소 제 야

요즘 사람들은 명리의 이치를 모르고 여름의 水나 겨울의 火를 보면 통근의 유무를 묻지 않고 약하다고 한다. 양간이 고를 만나는 경우로서 壬이 辰을 만나거나 丙이 戌에 앉아있으면 水火가 통근하였다고 하지 않고 심지어 형충으로 고를 열어야 한다고 하니 이러한 오류는 반드시 모두 청소하여 제거해야 할 것이다.

통근의 유무로서 세력을 판단하여야 한다고 합니다.
양간이 고를 만나면 통근하여 세력이 있다고 하지 않고 형충으로 열어야 한다는 오류는 반드시 제거해야 한다고 강조하고 있습니다.

6. 형충회합

刑者 三刑也 子卯巳申類是也。沖者 六沖也 子午卯酉之類是也。會者
형자 삼형야 자묘사신류시야   충자 육충야 자오묘유지류시야   회자

三會也 申子辰之類是也。合者 六合也 子與丑合之類是也。此皆以地支宮
삼회야 신자진지류시야   합자 육합야 자여축합지류시야   차개이지지궁

分而言 斜對爲沖擊射之意也。三方爲會 朋友之意也。竝對爲合 比鄰之
분이언 사대위충격사지의야   삼방위회 붕우지의야   병대위합 비인지

意也。至於三刑取意 姑且闕疑 雖不知其所以然 於命理亦無害也。
의야   지어삼형취의 고차궐의 수부지기소이연 어명리역무해야

형은 삼형이고 子卯형이나 巳申형 등이고 충은 육충이고 子午충이나 卯酉
충 등이고 회는 삼회이니 申子辰 등이고 합은 육합이니 子丑합 등이다. 이
것은 모두 지지의 궁에서 구분되어진 말이다. 충은 비스듬히 마주하여 공격
한다는 뜻이다. 세 방위에서 모이는 것은 친구의 뜻이며 나란히 대하며 합
하는 것은 이웃의 뜻이다. 삼형을 취한 뜻이 잠시 의심스럽지만 비록 그 연
유를 모른다고 하여도 명리를 하는데 해가 없는 것이다.

1) 지지의 형충회합

형은 寅巳申, 丑戌未 삼형과 子卯, 寅巳, 巳申, 丑戌, 戌未 등이 있고
충은 寅申, 巳亥, 子午, 卯酉, 辰戌, 丑未 등이 있으며
회는 亥卯未, 寅午戌, 巳酉丑, 申子辰 등이 있으며
합은 子丑, 寅亥, 卯戌, 辰酉, 巳申, 午未 등이 있다고 하는 것입니다.

형충회합은 지지에서 이루어지는 것이라고 합니다.
충은 상대의 지지궁에 비스듬히 있는 상대끼리 공격하는 것이라고 합니다.
즉, 寅卯辰 방위와 申酉戌 방위에 있는 寅과 申 또는 卯와 酉가 서로 상대가
되어 공격하는 것이라고 하는 것입니다.
회는 세 방위에서 모였다는 것으로 삼합이라고 하며
육합은 이웃이 모여 나란히 합하였다고 하는 것입니다.
단지 삼형의 뜻은 의문이 들지만 삼형을 모른다고 하여도 명리를 공부하는
데 해가 될 것이 없다고 하는 것입니다.

2) 형충의 해소

八字支中 刑沖俱非美事 而三合六合 可以解之。假如甲生酉月 逢卯則沖
팔자지중 형충구비미사 이삼합육합 가이해지 가여갑생유월 봉묘즉충

而或支中有戌 則卯與戌合而不沖; 有辰 則酉與辰合而不沖; 有亥與未
이혹지중유술 즉묘여술합이불충 유진 즉유여진합이불충 유해여미

則卯與亥未會而不沖; 有巳與丑 則酉與巳丑會而不沖。是會合可以解沖
즉묘여해미회이불충 유사여축 즉유여사축회이불충 시회합가이해충

也。又如丙生子月 逢卯則刑 而或之中有戌 則與戌合而不刑; 有丑 則子
야 우여병생자월 봉묘즉형 이혹지중유술 즉여술합이불형 유축 즉자

與丑合而不刑; 有亥與未 則卯與亥未會而不刑; 有申與辰 則子與申辰會
여축합이불형 유해여미 즉묘여해미회이불형 유신여진 즉자여신진회

而不刑。是會合可以解刑也。又有因解而反得刑沖者 何也? 假如甲生子
이불형 시회합가이해형야 우유인해이반득형충자 하야 가여갑생자

月 之逢二卯相竝 二卯不刑一子 而支又逢戌 戌與卯合 本爲解刑 而合去
월 지봉이묘상병 이묘불형일자 이지우봉술 술여묘합 본위해형 이합거

其一 則一合而一刑 是因解而反得刑沖也。
기일 즉일합이일형 시인해이반득형충야

팔자의 지지에 형충이 있으면 좋은 일은 아니나 삼합과 육합으로 해소
할 수 있다. 가령 甲이 酉월생으로 卯와 충이 되는데 지지에 戌이 있어
卯戌합이 되면 충이 되지 않는다. 辰이 있어도 辰酉합으로 충이 되지 않
는다. 亥未가 있어서 亥卯未로 회합하여도 충이 되지 않는다. 巳丑이 있
어서 巳酉丑으로 회합하여도 충이 되지 않는다. 이것이 회합으로 충을
해소할 수 있다는 것이다. 또 丙이 子월생인데 卯를 만나면 형이 되는데
혹 지지에 戌이 있다면 戌과 합하여 형이 되지 않는다. 丑이 있으면 子
丑합으로 형이 되지 않는다. 亥未가 있으면 亥卯未로 회합하여도 형이
되지 않는다. 申辰이 있어서 申子辰으로 회합하여도 형이 되지 않는다.
이것이 회합으로 형을 해소할 수 있는 것이다. 또 해소함으로 인하여 오
히려 형충이 되는 것은 어떠한 것인가? 가령 甲이 子월생인데 지지에 卯
가 두 개 있다면 하나의 子를 형하지 못한다. 그러나 戌이 있다면 卯戌
합이 되어 본래 형을 해소하지만 하나는 합거되고 하나가 남아서 형이
되는 것이다. 이것이 해소함으로 인하여 오히려 형충이 되는 것이다.

삼합과 육합으로 충을 해소할 수 있다고 합니다.

시 일 월 년	酉월에 卯가 오면 卯酉충이 되지만
○ 甲 ○ ○	일지에 戌이 있어 卯戌합이 되므로
○ 戌 酉 ○ ← 卯	卯酉충은 성립이 되지 않는다고 합니다.

시 일 월 년	酉월에 卯가 오면 卯酉충이 되지만
○ 甲 ○ ○	일지에 辰이 있어 辰酉합이 되므로
○ 辰 酉 ○ ← 卯	卯酉충은 성립이 되지 않는다고 합니다.

시 일 월 년	酉월에 卯가 오면 卯酉충이 되지만
○ 甲 ○ ○	년시지에 亥未가 있어 亥卯未합이 되므로
未 ○ 酉 亥 ← 卯	卯酉충은 성립이 되지 않는다고 합니다.

시 일 월 년	酉월에 卯가 오면 卯酉충이 되지만
○ 甲 ○ ○	년시지에 巳丑이 있어 巳酉丑합이 되므로
丑 ○ 酉 巳 ← 卯	卯酉충은 성립이 되지 않는다고 합니다.

삼합과 육합으로 형을 해소할 수 있다고 합니다.

시 일 월 년	子월에 卯가 오면 子卯형이 되지만
○ 丙 ○ ○	일지에 戌이 있어 卯戌합이 되므로
○ 戌 子 ○ ← 卯	子卯형은 성립이 되지 않는다고 합니다.

시 일 월 년	子월에 卯가 오면 子卯형이 되지만
○ 丙 ○ ○	년지에 丑이 있어 子丑합이 되므로
○ ○ 子 丑 ← 卯	子卯형은 성립이 되지 않는다고 합니다.

시 일 월 년	子월에 卯가 오면 子卯형이 되지만
○ 丙 ○ ○	년시지에 亥未가 있어 亥卯未합이 되므로
未 ○ 子 亥 ← 卯	子卯형은 성립이 되지 않는다고 합니다.

시 일 월 년	子월에 卯가 오면 子卯형이 되지만
○ 丙 ○ ○	년일지에 申辰이 있어 申子辰합이 되므로
○ 辰 子 申 ← 卯	子卯형은 성립이 되지 않는다고 합니다.

해소로 인하여 오히려 형충이 되는 경우

시 일 월 년 ○ 甲 ○ ○ 卯 戌 子 卯	두 개의 卯가 있어 子卯형이 성립되지 않아도 일시에서 卯戌합으로 하나의 卯를 합하므로 합으로 형을 해소하는 것처럼 보이지만 오히려 년월의 子卯형이 성립되는 경우입니다.

又有刑沖而會合不能解者 何也? 假如子年午月 日坐丑位 丑與子合
우 유 형 충 이 회 합 불 능 해 자 하 야   가 여 자 년 오 월   일 좌 축 위   축 여 자 합

可以解沖 而時逢巳酉 則丑與巳酉會 而子複沖午; 子年卯月 日坐戌位
가 이 해 충   이 시 봉 사 유   즉 축 여 사 유 회   이 자 복 충 오   자 년 묘 월   일 좌 술 위

戌與卯合 可以解刑 而或時逢寅午 則戌與寅午會 而卯複刑子。
술 여 묘 합   가 이 해 형   이 혹 시 봉 인 오   즉 술 여 인 오 회   이 묘 복 형 자

是會合而不能解刑沖也。
시 회 합 이 불 능 해 형 충 야

또한 형충이 있는데 회합으로 해소하지 못하는 것은 어떠한 것인가? 가령 子년 午월생인데 일지가 丑으로서 子丑합이 되면 충이 해소될 수 있는데 시에 巳酉를 만나면 巳酉丑으로 회합이 되어 다시 子午충이 된다. 子년 卯월인데 일지가 戌로서 卯戌합이 되면 형을 해소할 수 있으나 시에 寅午가 있다면 寅午戌로 회합이 되어 다시 子卯형이 된다. 이것이 회합으로도 형충을 해소할 수 없다고 하는 것이다.

회합으로도 형충을 해소하지 못하는 경우

시 일 월 년 ○ ○ ○ ○ 酉 丑 午 子	子丑합으로 子午충이 해소되는 것처럼 보이지만 일시에서 酉丑합이 되므로 년월의 子午충이 성립되는 경우라고 합니다.
시 일 월 년 ○ ○ ○ ○ 午 戌 卯 子	卯戌합으로 子卯형이 해소되는 것처럼 보이지만 일시에서 午戌합이 되므로 년월의 子卯형이 성립되는 경우라고 합니다.

更有刑沖而可以解刑沖者 何也? 蓋四柱之中 刑沖俱不爲美 而刑沖用神
갱 유 형 충 이 가 이 해 형 충 자 하 야   개 사 주 지 중 형 충 구 불 위 미 이 형 충 용 신

尤爲破格 不如以另位之刑沖 解月令之刑沖矣。假如丙生子月 卯以刑子
우 위 파 격 불 여 이 령 위 지 형 충 해 월 령 지 형 충 의   가 여 병 생 자 월 묘 이 형 자

而支又逢酉 則又與酉沖不刑月令之官。甲生酉月 卯日沖之 而時逢子位
이 지 우 봉 유 즉 우 여 유 충 불 형 월 령 지 관   갑 생 유 월 묘 일 충 지 이 시 봉 자 위

則卯與子刑 而月令官星 沖之無力 雖於別宮刑沖 六親不無刑剋 而月官猶在
즉 묘 여 자 형 이 월 령 관 성 충 지 무 력 수 어 별 궁 형 충 육 친 불 무 형 극 이 월 관 유 재

其格不破。是所謂以刑沖而解刑沖也。
기 격 불 파   시 소 위 이 형 충 이 해 형 충 야

또한 형충이 있는데 형충으로 해소할 수 있는 경우는 어떠한 것인가?
대개 사주에 형충이 있으면 좋지 않은 것인데 용신을 형충하면 더구나
파격이 되어 다른 자리에 형충이 있는 것보다 못하므로 월령의 형충은
해소되어야 하는 것이다. 가령 丙이 子월생으로 子卯형인데 지지에 酉
를 만나서 卯酉충이 된다면 월령의 정관을 형하지 않게 된다. 甲이 酉월
생으로 卯일과 충하는데 시지에 子를 만나서 子卯형이 된다면 월령의
관성에 대한 충은 무력하게 된다. 비록 다른 궁에서 형충한다면 육친의
형극이 없지는 않지만 월령의 정관이 남는다면 파격이 되지는 않는다.
이것이 소위 형충으로 형충을 해소한다는 것이다.

형충이 있는데 형충으로 해소할 수 있는 경우

시 일 월 년 ○ 丙 ○ ○ 酉 卯 子 ○	子는 월령으로 丙火일간의 정관격인데 월일의 子卯형으로 인하여 파격이 될 처지에 있습니다. 다행히 시지에 酉가 있어 卯酉충을 하므로 子卯형이 해소되어 파격되지 않는다고 합니다.
시 일 월 년 ○ 甲 ○ ○ 子 卯 酉 ○	酉는 월령으로 甲木일간의 정관격인데 월일의 卯酉충으로 인하여 파격이 될 처지에 있습니다. 다행히 시지에 子가 있어 子卯형을 하므로 卯酉충이 해소되어 파격되지 않는다고 합니다.

제 2 장
용 신 론
用 神 論

1. 자평진전 용신론의 특징

八字用神 專求月令 以日干配月令地支 而生剋不同 格局分焉。財官印
팔자용신 전구월령 이일간배월령지지 이생극부동 격국분언 재관인

食 此用神之善而順用之者也; 煞傷劫刃 用神之不善而逆用之者也。
식 차용신지선이순용지자야 살상겁인 용신지불선이역용지자야

當順而順 當逆而逆 配合得宜 皆爲貴格。
당순이순 당역이역 배합득의 개위귀격

팔자의 용신은 오직 월령에서 구하는 것으로서 일간을 월령의 지지에
배합하는 것이며 생극이 같지 아니하므로 격국이 구분되는 것이다. 재
관인식은 용신이 선하므로 순용하고 살상겁인은 용신이 선하지 아니하
므로 역용하는 것이다. 순용할 것은 마땅히 순용하고 역용할 것은 마땅
히 역용하여 배합이 적당하면 모두 귀격이 되는 것이다.

용신은 오직 월령에서 구한다고 합니다.
자평진전 격국론의 대원칙은 용신은 오직 월령에서 구한다고 합니다.
월령은 사주팔자가 태어난 계절로서 월지를 말합니다.
그러므로 월지에서 용신을 구한다고 하는 것입니다.

일간을 월령의 지지에 배합하여 생극으로 정하여지는 육신의 명칭에 따라
인수격, 재격, 식상격, 관살격, 록겁격, 양인격 등의 격국이 구분된다고 합
니다.

격국은 순용의 격국과 역용의 격국으로 구분합니다.

순용順用	재격, 정관격, 인수격, 식신격
역용逆用	칠살격, 상관격, 록겁격, 양인격

순용의 격국이란 일간에게 용신이 선한 역할을 하는 격국이며
역용이란 일간에게 용신이 선하지 않은 역할을 하는 격국이라고 합니다.

2. 순용과 역용의 격국 운용

是以善而順用之 則財喜食神以相生 生官以護財; 官喜透財以相生 生
시 이 선 이 순 용 지   즉 재 희 식 신 이 상 생   생 관 이 호 재   관 희 투 재 이 상 생   생
印以護官; 印喜官煞以相生 劫財以護印; 食喜身旺以相生 生財以護
인 이 호 관   인 희 관 살 이 상 생   겁 재 이 호 인   식 희 신 왕 이 상 생   생 재 이 호
食。不善而逆用之 則七煞喜食神以制伏 忌財印以資扶; 傷官喜佩印以
식   불 선 이 역 용 지   즉 칠 살 희 식 신 이 제 복   기 재 인 이 자 부   상 관 희 패 인 이
制伏 生財以化傷; 陽刃喜官煞以制伏 忌官煞之俱無; 月劫喜透官以制
제 복   생 재 이 화 상   양 인 희 관 살 이 제 복   기 관 살 지 구 무   월 겁 희 투 관 이 제
伏 利用財而透食以化劫。此順逆之大路也。
복   이 용 재 이 투 식 이 화 겁   차 순 역 지 대 로 야

선하여 순용하는 것으로 재성은 식신과 상생하는 것을 반기며 정관을 생하여 재성을 보호한다. 정관은 투간된 재성과 상생하는 것을 반기며 인성을 생하여 정관을 보호한다. 인성은 관살과 상생하는 것을 반기며 겁재로 인성을 보호한다. 식신은 왕성한 일간과 상생하는 것을 반기며 재성을 생하여 식신을 보호한다. 선하지 않아 역용하는 것으로 칠살은 식신의 제복을 반기며 재성과 인성이 돕는 것을 꺼린다. 상관은 인성으로 제복하는 것을 반기며 재성을 생하여 상관을 화하게 한다. 양인은 관살의 제복을 반기며 관살이 모두 없는 것을 꺼린다. 월겁은 정관이 투간하여 제복함을 반기며 재성을 쓸 때 투간된 식신으로 겁재를 화하게 하여 이롭게 한다. 이것이 순용과 역용의 큰 흐름이다.

순용과 역용의 방법을 설명하고 있습니다.

순용順用			역용逆用		
용신	상생	생하여 용신을 보호	용신	제복	생하여 용신이 화함
재격	식신	정관	칠살격	식신	인성과 재성을 모두 꺼림
정관격	재성	인성	상관격	인성	재성
인수격	관살	겁재	록겁격	정관	식신생재
식신격	왕성한 일간	재성	양인격	관살	관살이 없는 것을 꺼림

순용의 격국은 재격, 정관격, 인수격, 식신격으로서

재격은 일간이 극하는 육신의 격국으로서 정편을 구분하지 아니하고 일간의 소유가 되므로 일간을 이롭게 한다고 합니다.

그러므로 재성이 약하면 식신으로 생하여 재성을 돕는 것이며

재성을 빼앗으려는 비겁이 있을 경우에는 관성을 생하여 비겁을 억제하도록 하여 재성을 보호하는 것입니다.

정관격은 일간을 극하는 육신의 격국이지만 일간과 음양이 다르므로 일간을 극하지 아니하고 일간을 이롭게 한다고 합니다.

그러므로 정관이 약하면 재성으로 생하여 정관을 돕는 것이며

정관을 빼앗으려는 식상이 있을 경우에는 인성을 생하여 식상을 억제하도록 하여 정관을 보호하는 것입니다.

인수격은 일간을 생하는 육신의 격국으로서 정편을 구분하지 아니하고 일간을 도와주므로 일간을 이롭게 한다고 합니다.

그러므로 인성이 약하면 관살로 생하여 인성을 돕는 것이며

인성을 빼앗으려는 재성이 있을 경우에는 비겁을 생하여 재성을 억제하도록 하여 인성을 보호하는 것입니다.

식신격은 일간을 설기하는 육신의 격국이지만 일간과 음양이 같으므로 역시 일간과 음양이 같아 일간을 공격하는 칠살을 억제하여 주는 역할을 하므로 일간을 이롭게 한다고 합니다.

그러나 일간이 왕성하여야 하며 일간의 기세를 받아 식신격도 왕성한 기세를 유지할 수 있는 것이고 칠살을 억제할 수 있는 기세를 확보할 수 있는 것입니다.

만약 재성이 있다면 식신격은 재성을 생하면서 스스로 재성으로 화化하여 재성을 확대할 수 있으므로 일간의 소유물을 크게 만들 수 있는 것입니다. 또한 재성을 생하므로서 편인이 식신격을 파괴할 수 있는 효신탈식梟神奪食을 방지할 수 있는 효과를 얻을 수도 있습니다.

역용의 격국은 칠살격, 상관격, 록겁격, 양인격으로서

칠살격은 일간과 음양이 같으므로 일간을 공격하는 격국으로서 무정하다고 하며 일간에게 위협이 되는 존재입니다.

그러므로 칠살과 음양이 같은 식신으로 하여금 칠살을 억제하는 역용의 방법을 운용하여 일간을 보호하는 것입니다.

이때 재성이나 인성이 있다면 재성은 칠살의 기세를 강화시키므로 일간에게 불리하여 꺼리는 것이며 인성은 식신을 극제하여 칠살을 보호하는 역할을 하므로 역시 일간에게 불리하므로 꺼리는 것입니다.

상관격은 일간과 음양이 다르지만 일간을 돕는 정관과는 음양이 같으므로 정관을 상하게 하는 존재입니다.

그러므로 인성으로 하여금 상관을 억제하도록 하는 역용의 방법을 운용하여 정관을 보호하는 것입니다.

이때 일간의 기세가 강하고 재성이 있다면 상관은 일간의 기세를 받아 재성을 생하면서 스스로 재성으로 화化하므로 오히려 일간의 소유물을 크게 키울 수 있는 역할을 하면서 일간을 이롭게 하는 작용도 합니다.

록겁격은 일간과 오행이 같은 격국으로서 스스로 용신이 되지 못하므로 재관을 용신으로 채용하여 격국을 운용하게 됩니다.

그러므로 정관으로 하여금 강한 기세를 가진 록겁격을 억제하는 역용의 방법을 운용하여 기세의 균형과 조화를 이루고자 하는 것입니다.

만약에 재성이 있다면 강한 기세의 록겁격에게 빼앗길 것이므로 식상으로써 록겁격의 기세를 설기하여 재성을 생하는 작용으로 일간에게 도움을 줄 수 있는 것입니다.

양인격은 양간에만 적용되는 격국으로서 일간의 재성을 겁탈하는 작용이 크므로 일간을 해롭게 한다고 합니다.

그러므로 관살을 용신으로 하여 양인을 제어하므로서 재성을 보호해야 하는 것이 최선이라고 합니다.

이때 재성은 관살을 도와주는 역할을 하면서 자신을 보호하게 됩니다.

3. 격국의 주체

今人不知專主提綱 然後將四柱干支 字字統歸月令 以觀喜忌 甚至見正
금 인 부 지 전 주 제 강 연 후 장 사 주 간 지 자 자 통 귀 월 령 이 관 희 기 심 지 견 정

官佩印 則以爲官印雙全 與印綬用官者同論; 見財透食神 不以爲財逢
관 패 인 즉 이 위 관 인 쌍 전 여 인 수 용 관 자 동 론 견 재 투 식 신 불 이 위 재 봉

食生 而以爲食神生財 與食神生財同論; 見偏印透食 不以爲泄身之秀
식 생 이 이 위 식 신 생 재 여 식 신 생 재 동 론 견 편 인 투 식 불 이 위 설 신 지 수

而以爲梟神奪食 宜用財制 與食神逢梟同論; 見煞逢食制而露印者 不
이 이 위 효 신 탈 식 의 용 재 제 여 식 신 봉 효 동 론 견 살 봉 식 제 이 로 인 자 불

爲去食護煞 而以爲煞印相生 與印綬逢煞者同論; 更有煞格逢刃 不以
위 거 식 호 살 이 이 위 살 인 상 생 여 인 수 봉 살 자 동 론 갱 유 살 격 봉 인 불 이

爲刃可幇身制煞 而以爲七煞制刃 與陽刃露煞者同論。此皆由不知月
위 인 가 방 신 제 살 이 이 위 칠 살 제 인 여 양 인 로 살 자 동 론 차 개 유 부 지 월

令而妄論之故也。
령 이 망 론 지 고 야

오늘날 사람들은 오직 월령을 주체로 하여 사주의 간지 한자 한자를 월령
에 대입하여 희기를 살펴야 함을 알지 못한다. 심지어 정관패인을 관인쌍
전이라고 하며 인수용관과 같은 것으로 말한다. 재투식신을 재봉식생이라
고 하지 않고 식신이 재성을 생하는 것이라고 하며 식신생재와 같은 것으
로 말한다. 편인투식을 일간이 설기되어 총명하다고 하지 않고 효신탈식이
라 여기며 마땅히 재성으로 극제하여야 한다고 하고 식신봉효와 같은 것으
로 말한다. 살봉식제인데 인성이 드러난 것을 거식호살이라고 하지 않고 살
인상생이라고 하며 인수봉살과 같은 것으로 말한다. 또한 살격봉인을 양인
이 일간을 도와 제살을 하는 것이라고 하지 않고 칠살이 양인을 극제한다
고 하며 양인로살과 같은 것으로 말한다. 이와 같은 것은 모두 월령을 모르
기 때문에 망령되이 말하는 것이다.

월령이 주체가 되어 격국이 정해진다고 합니다.
격국의 희기는 월령을 주체로 하여 사주의 간지 한자 한자를 월령에 대입
하여 살펴야 함을 강조하고 있습니다.
그러므로 일간을 월령에 대입하여 정하여 지는 격국이 주체가 되어야 하
며 순용과 역용의 이론에 의하여 격국의 명칭을 정하게 되는 것이리고 합
니다.

정관패인과 인수용관은 격국의 주체가 다르다고 합니다.

정관패인이란 정관격이 월령의 주체로서 인수를 부여하는 격국입니다.
패인佩印이란 인수를 지닌다는 뜻으로 인수는 관청의 직인과 같은 것으로서 관청의 장이 직위를 부여받는 것이라고 합니다.

인수용관이란 인수격이 월령의 주체로서 정관에서 쓰이는 격국입니다.
인수인 직위를 가지고 관청을 다스리는 것으로서 모두 갖추었다고 하여 관인쌍전이라고 부르기도 합니다.
그러므로 정관패인과 인수용관은 주체가 다른데도 불구하고 모두 관인쌍전이라고 하면서 마음대로 틀을 만든다고 하는 것입니다.

재투식신과 식신생재은 격국의 주체가 다르다고 합니다.

재투식신은 재격이 월령의 주체로서 재성이 천간에 투출하여 식신을 만난 것으로 재격이 식신의 생을 받으므로 재봉식생이라고도 합니다.

식신생재란 식신격이 월령의 주체로서 재성을 생하는 것입니다.
그러므로 재투식신과 식신생재는 주체가 다른데도 불구하고 재투식신을 식신생재와 같은 격국이라고 하면서 마음대로 틀을 만든다고 하는 것입니다.

편인투식과 식신봉효은 격국의 주체가 다르다고 합니다.

편인투식이란 편인격이 월령의 주체이고 식신이 천간에 투출하여 일간을 설기하는 격국으로서 기세의 흐름이 잘 유통되므로 우수한 격국이라고 하는 것입니다.

식신봉효는 식신격이 월령의 주체인데 편인이 효신이 되어 식신격을 극제하여 파격시키므로 재성으로 편인을 극제하여 제거해야 성격이 되는 것입니다.
그러므로 편인투식과 주체가 다른데도 불구하고 편인투식에서도 식신봉효와 마찬가지로 효신이 탈식하는 것이라고 여기면서 재성으로 극제하여야 한다고 마음대로 틀을 만든다고 하는 것입니다.

살봉식제와 인수봉살은 격국의 주체가 다르다고 합니다.
살봉식제는 칠살격이 월령의 주체로서 식신의 제함을 받는 격국입니다. 칠살격은 역용의 격국이므로 식신으로 제살을 하는 것이 마땅하지만 일간이 신강하여야 성격이 되는 격국입니다.
그러나 일간이 신약하다면 인성으로 하여금 일간을 도와야 하므로 부득이 신약한 일간의 기세를 설기하는 식신을 극제하여 제거하고 칠살격을 보호하여 성격시키기도 합니다.

인수봉살은 인수격이 월령의 주체로서 칠살을 만난 격국입니다.
인수격은 일간을 공격하는 칠살의 기세를 설기하여 일간을 보호하므로 살인상생이라고 하는 것입니다.
인수봉살의 격국은 일간이 신약할 때 효과적이라고 합니다.
그러므로 살봉식제와 인수봉살은 각자 격국의 주체가 다르고 작용이 다른 데도 불구하고 모두 살인상생이라고 여기면서 마음대로 틀을 만든다고 하는 것입니다.

살격봉인과 양인로살은 격국의 주체가 다르다고 합니다.
살격봉인은 칠살격이 월령의 주체로서 양인을 만난 격국입니다.
칠살격은 일간을 공격하므로 역용을 하는 격국이고 양인은 일간의 재물을 빼앗는 겁재로서 모두 일간에게 좋지 않은 작용을 하지만
일간이 신약하다면 칠살격을 감당하기 어려우므로 양인이 일간을 도와 칠살격을 제살하고 성격이 되는 격국입니다.

양인로살은 양인격이 월령의 주체로서 칠살이 드러난 격국입니다.
양인격이 일간의 재물을 겁탈하고자 하므로 칠살로 하여금 양인을 제압하여 칠살이 일간을 보호하는 작용을 하는 것입니다.
그러므로 살격봉인과 양인로살은 각자 격국의 주체가 다르고 작용이 다른 데도 불구하고 모도 칠살제인이라고 하며 칠살이 양인을 제압한다고 여기면서 마음대로 틀을 만든다고 하면서 이러한 것은 모두 월령을 알지 못하고 망령되이 논하였기 때문이라고 하는 것입니다.

然亦有月令無用神者 將若之何? 如木生寅卯 日與月同 本身不可爲用
연 역 유 월 령 무 용 신 자 장 약 지 하   여 목 생 인 묘   일 여 월 동   본 신 불 가 위 용

必看四柱有無財官煞食透干會支 另取用神; 然終以月令爲主 然後尋用
필 간 사 주 유 무 재 관 살 식 투 간 회 지   영 취 용 신   연 종 이 월 령 위 주   연 후 심 용

是建祿月劫之格 非用而即用神也。
시 건 록 월 겁 지 격 비 용 이 즉 용 신 야

월령에 용신이 없다는 것은 어떠한 경우인가? 木이 寅卯월에 태어나 일간과 월령이 같다면 일간 자신을 용신으로 쓸 수 없는 것이니 반드시 사주에서 재성 관살 식신의 투간 유무와 지지에서 회국을 이루었는가를 살펴서 별도로 용신을 취하는 것이다. 그러나 결국 월령이 주체가 되어 용신을 찾아야 하는 것이므로 건록 월겁격의 경우에는 용신이 아닌 것이 용신이 되는 것이다.

건록 월겁격의 경우에는 별도의 용신을 찾아야 합니다.
건록 월겁격은 월령이 일간과 오행이 같으므로 일간이 자신을 용신으로 쓸 수 없으므로 재성, 관살, 식신 등으로 용신을 취하여야 합니다.

甲木일간이 寅월생이라면 월령이 木으로서 일간과 오행이 같으므로 월령을 용신으로 쓰지 못하고 사주의 천간에 투간되어 있거나 지지에서 이루어진 회국을 살펴서 별도의 용신을 찾아서 취하여야 한다는 것입니다.
건록 월겁격을 합쳐서 록겁격이라고 부르기도 합니다.

월령이 주체가 되므로 용신이 아닌 것이 용신이 된다고 합니다.
록겁격이 일간과 오행이 같아서 용신으로 삼을 수 없다고 하지만 결국 월령이 주체가 되어 용신을 찾아야 하는 것이므로 록겁격은 용신이 아닌 것이 용신이 된다고 하는 것입니다.

즉, 록겁격을 용신으로 삼을 수 없어 천간에 투출하거나 지지에서 회합한 재성이나 관살 또는 식상을 별도의 용신을 채용하고 있지만 결국 자신이 용신이 되고 별도의 용신을 구하여 상신의 역할을 하도록 한다는 것입니다.

4. 용신의 성패와 구응

用神專尋月令 以四柱配之 必有成敗。何謂成? 如官逢財印 又無刑沖
용 신 전 심 월 령 이 사 주 배 지 필 유 성 패 하 위 성 여 관 봉 재 인 우 무 형 충

破害 官格成也。財生官旺 或財逢食生而身强帶比 或財格透印而位置
파 해 관 격 성 야 재 생 관 왕 혹 재 봉 식 생 이 신 강 대 비 혹 재 격 투 인 이 위 치

妥貼 兩不相剋 財格成也。印輕逢煞 或官印雙全 或身印兩旺而用食傷
타 첩 양 불 상 극 재 격 성 야 인 경 봉 살 혹 관 인 쌍 전 혹 신 인 양 왕 이 용 식 상

泄氣 或印多逢財而財透根輕 印格成也。食神生財 或食神帶煞而無財
설 기 혹 인 다 봉 재 이 재 투 근 경 인 격 성 야 식 신 생 재 혹 식 신 대 살 이 무 재

棄食就煞而透印 食格成也。身强七煞逢制 煞格成也。傷官生財 或傷
기 식 취 살 이 투 인 식 격 성 야 신 강 칠 살 봉 제 살 격 성 야 상 관 생 재 혹 상

官佩印而傷官旺 印有根 或傷官旺 身主弱而透煞印 或傷官帶煞而無財
관 패 인 이 상 관 왕 인 유 근 혹 상 관 왕 신 주 약 이 투 살 인 혹 상 관 대 살 이 무 재

傷官格成也。陽刃透官煞而露財印 不見傷官 陽刃格成也。建祿月劫
상 관 격 성 야 양 인 투 관 살 이 로 재 인 불 견 상 관 양 인 격 성 야 건 록 월 겁

透官而逢財印 透財而逢食傷 透煞而遇制伏 建祿月劫之格成也。
투 관 이 봉 재 인 투 재 이 봉 식 상 투 살 이 우 제 복 건 록 월 겁 지 격 성 야

용신은 오직 월령에서 찾는데 사주의 배치에 따라 반드시 성패가 있게
된다. 성격이란 무엇인가? 가령 정관격이 재인을 만나고 형충파해가 없
어야 정관격이 성격된 것이다. 재생관왕하거나 혹 재봉식생에 신강하
고 비견이 있거나 혹 재격투인에 위치가 적절하여 서로 극하지 않는다
면 재격이 성격된 것이다. 인경봉살이거나 혹 관인쌍전이거나 혹 일간
과 인성이 모두 왕성한데 식상으로 설기하거나 혹 인다봉재인데 뿌리
가 약한 재성이 투출한다면 인수격이 성격된 것이다. 식신생재이거나
혹 식신대살에 재성이 없거나 기식취살에 인성이 투출하면 식신격이 성
격된 것이다. 신강하고 칠살을 제복해야 칠살격이 성격된 것이다. 상관
생재이거나 혹 상관패인인데 상관이 왕성하고 뿌리가 있는 인성이 있거
나 혹 상관이 왕성한데 일간이 약하고 칠살과 인성이 투출하거나 혹 상
관대살에 재성이 없다면 상관격이 성격된 것이다. 양인투관살에 재성과
인성이 드러나 있고 상관이 보이지 않는다면 양인격이 성격된 것이다.
건록 월겁격은 정관이 투출하면 재성과 인성을 만나고 재성이 투출하면
식상을 만나고 칠살이 투출하면 제복이 되어야 건록 월겁격이 성격된
것이다.

1) 용신의 성격

용신이 상신과 결합하여 격국을 이루면 성격되었다고 합니다.
성격成格이란 용신이 상신과 결합하여 격국을 이루는 것입니다.
월령의 용신과 사주팔자를 구성하고 육신의 상호 작용에 의하여 성격의 조건이 충족되고 적절한 조화를 이루면 격국이 성립되는 것입니다.

(1) 정관격의 성격

격국	월령 – 용신	상신
관봉재인官逢財印	정관	재성과 인성

정관격은 일간을 극하는 육신의 격국이지만 일간과 음양이 다르고 일간을 도우므로 유정하다고 하여 순용하는 격국이라고 합니다.

정관격은 기세가 강하여야 품격이 높아지는 것이며 안전하게 보호되어야 하므로 재성과 인성이 필요하게 됩니다.
재성은 정관격을 생하여 강하게 만들어 주는 역할을 하며
인성은 정관격을 식상의 극제로부터 보호하는 역할을 하므로
정관격에서는 재성과 인성의 보좌가 반드시 필요하게 되는 것입니다.

정관격에서 재성과 인성이 없다면 고관무보라고 하여 정관격은 주위의 도움을 받지 못하므로 고독하다고 합니다.
고관무보孤官無輔의 정관격은 조직에서 발전하지 못하므로 승진 등에서 어려움을 겪으므로 한 직책에 오래 머무는 경우가 많습니다.

정관격에서 형충파해는 파격의 원인이 되므로 극히 꺼려합니다.
당시의 시대상황으로 정관은 국가이며 임금이므로 이를 형충파해한다는 것은 불경스러운 것이며 상관에 버금가는 행위이므로 파격의 원인이 된다고 하는 것입니다.

(2) 재격의 성격

격국	월령 - 용신	상신
재생관왕財生官旺	재성	관성
재봉식생財逢食生	재성	식신
재격투인財格透印	재성	인성

재격은 일간이 극하는 육신의 격국으로서 일간의 소유라고 할 수 있으므로 정재와 편재를 구분하지 않으며 순용한다고 합니다.

재생관왕은 재격이 정관을 생하여 강하게 만들어주는 대신에 정관은 비겁으로부터 재격을 보호하여 주는 상생의 작용이 있습니다.
재격에서는 자신의 강한 기세를 정관으로 흐르게 하므로 재격이 맑아지는 한편 정관의 기세를 강하게 하므로 조직을 확대할 수 있는 것입니다. 다만 일간의 기세가 신강하고 비겁이 함께 있어야 성격이 될 수 있다고 하는 것입니다.

재봉식생은 재격이 식신을 만나는 것으로 재격은 식신의 생함을 받아 강하여 지므로 식신의 노력으로 재성의 영역을 확대하고자 하는 의지가 있는 격국입니다.
다만 역시 일간의 기세가 신강하고 비겁이 있어야 식신으로 비겁의 기세를 설기하여 재격을 강하게 만들어야 성격이 될 수 있다고 합니다.

재격투인은 재격이 인성을 만나는 것으로 일간의 기세가 미약할 때 인성으로 하여금 일간을 돕게 만들어 신왕재왕의 구조를 만들고자 하는 것입니다.
신왕재왕의 구조는 일간과 재격의 강한 기세가 균형을 이루면서 조화를 꾀하므로 발전하는 격국입니다.
이때 재격과 인성이 서로 극하는 위치에 있다면 파격이 되므로 멀리 떨어져 있으면서 인성이 일간을 도울 수 있는 위치에 있어야 성격이 된다고 하는 것입니다.

(3) 인수격의 성격

격국	월령 – 용신	상신
인경봉살印輕逢煞	인성	칠살
인용식상印用食傷	인성	식상
인다용재印多用財	인성	재성

인수격은 일간을 생하는 육신의 격국으로서 일간을 도와주므로 정인과 편인을 구분하지 않으며 순용한다고 합니다.

인경봉살은 인수격이 가벼워 약한데 칠살을 만난 것으로 칠살의 기세를 설기하여 인수격을 강하게 만드는 격국입니다.
혹은 인수격과 관살의 기세가 같아 관인쌍전이 된다면 인수격은 관살의 기세와 동등한 기세를 가지면서 일간을 도울 수 있는 것입니다.
칠살이란 일간을 공격하는 육신이지만 인수격에서는 오히려 칠살을 인성으로 화化하여 가벼운 인수격을 강하게 만들어 살인상생하면서 일간을 도우니 성격이 된다고 하는 것입니다.

인용식상은 인수격이 식상을 만나는 격국으로서 일간의 기세가 강하여 신강한데 인수격이 일간을 생하면 오히려 격국이 탁하게 됩니다.
이때 식상이 있어 기세가 왕성한 인수격과 일간의 기세를 설기하여 준다면 오행의 흐름이 좋아지며 성격이 된다고 하는 것이며 일간은 식상의 설기로 인하여 총명한 기를 나타낼 수 있다고 합니다.

인다용재는 인수격의 기세가 강하고 세력이 많아 일간이 감당하기 어렵다면 재성으로 인성을 극제하여 인수격의 기세를 덜어주어야 일간이 인수격의 기세를 감당할 수 있는 것입니다.
이때 재성의 뿌리가 깊어야 성격이 될 수 있다고 합니다. 재성의 뿌리가 약하다면 기세가 강한 인수격을 극제하기 어려워지므로 인다용재격으로 성격될 수 없기 때문입니다.

(4) 식신격의 성격

격국	월령 - 용신	상신
식신생재食神生財	식신	재성
식신제살食神制煞	식신	칠살
기식취살棄食就煞	식신	칠살, 인성

식신격은 일간을 설기하는 육신의 격국이지만 일간을 공격하는 칠살을 억제하는 역할을 하면서 일간을 보호하여 주므로 순용한다고 합니다.

식신생재는 식신격이 재성을 생하는 격국으로서 일간의 소유인 재물을 늘려주므로 일간에게는 희신으로서 도움을 주게 됩니다.
다만 식신격은 일간의 기세를 설기하는 작용을 하므로 일간이 신강하여야 하며 비견이나 겁재가 있어 일간 대신에 식신의 설기를 감당할 수 있어야 성격이 될 수 있다고 합니다.

식신제살은 식신격이 칠살과 함께 있는 것으로 식신대살食神帶煞이라고도 합니다. 칠살은 일간을 공격하므로 식신격이 칠살을 극제하여 일간을 보호하는 격국으로서 재성이 없어야 성격이 된다고 합니다.
이때 재성이 있다면 식신격의 기세를 설기하여 칠살을 생하여 주므로 칠살은 강하여지고 식신격은 재성의 방해로 인하여 제살을 하지 못하므로 일간이 위험하게 되어 파격이 된다고 합니다.

기식취살은 식신격이 가볍고 칠살이 무거운데 인성마저 있다면 식신격은 칠살을 제대로 억제하지도 못하고 인성에게 극제를 당하므로 일간을 보호할 수 없게 됩니다.
그러므로 일간은 식신격을 포기하고 무거운 칠살을 채용하면서 인성으로 화하여 일간을 돕게 만들어 성격시키는 격국이라고 합니다.
기식棄食이란 식신격을 포기한다는 뜻이며 취살就煞이란 칠살을 채용한다는 뜻입니다.

(5) 칠살격의 성격

격국	월령 - 용신	상신
살용식제煞用食制	칠살	식신
살격용인煞格用印	칠살	인성
살격봉인煞格逢刃	칠살	양인

칠살격은 일간을 극제하는 육신의 격국으로서 일간에게는 위협이 되는 존재입니다. 그러므로 일간이 신강하여야 하고 칠살격을 제복하여야 성격되는 역용의 격국으로 운용하게 되는 것입니다.

살용식제는 칠살격이 식신의 제복을 받는 격국입니다.
칠살과 식신은 음양이 같으므로 식신은 칠살을 효과적으로 제복하여 일간을 보호할 수 있습니다.
이때 일간은 식신이 칠살격을 제살하는 기세를 감당할 수 있어야 성격이 될 수 있으므로 일간이 신강하여야 한다는 것입니다.

살격용인은 칠살격이 인성을 쓰는 격국입니다.
일간의 기세가 미약하다면 일간은 칠살격의 위협으로부터 벗어나기 어려우므로 부득이 인성으로 하여금 칠살격의 기세를 설기하여 일간을 돕도록 하여야 성격이 될 수 있다고 합니다.
이때 인성을 극제하는 재성이 있다면 파격이 불가피하게 됩니다.

살격봉인은 칠살격이 양인을 만나는 격국입니다.
칠살이나 양인은 모두 일간에게 좋지 않은 작용을 하므로 역용을 하는 육신이지만 서로를 견제하여 오히려 일간을 도울 수 있는 역할을 하므로서 성격이 되는 격국이라고 합니다.
이때 양인이 일시지에 있어야 효력을 발휘할 수 있으며 양인이 아닌 지지에서 천간에 투출한 겁재는 양인이라고 하지 않으므로 단지 일간을 도울 뿐이지 양인으로서의 역할을 하지 못합니다.

(6) 상관격의 성격

격국	월령 – 용신	상신
상관생재傷官生財	상관	재성
상관패인傷官佩印	상관	인성
상관대살傷官帶煞	상관	칠살

상관격은 일간을 설기하는 육신의 격국으로서 일간과 유정한 정관을 극제하여 위협하는 존재이므로 일간에게 해롭다고 하여 역용의 격국으로서 운용하게 되는 것입니다.

상관생재는 상관격이 재성을 생하는 격국으로서
식신생재보다 적극적으로 일간에게 재성의 소유권을 확대하여 주므로 오히려 일간에게 커다란 재물을 안겨주기도 하는 작용을 합니다.
이때 일간이 신강하고 비겁이 있어야 상관격의 설기를 감당할 수 있으므로 성격이 된다고 합니다.

상관패인은 상관격이 인성을 쓰는 격국으로서
일간이 신약하다면 인성으로 하여금 일간을 돕게 하는데 상관격의 기세가 왕성하다면 인성의 뿌리가 있어야 성격이 된다고 합니다.
또한 상관격이 왕성한데 일간이 신약하여 상관격의 기세를 감당하지 못할 때에는 칠살과 인성이 투출하여 일간을 도와야 성격된다고 하는 것입니다.

상관대살은 상관격에 칠살이 함께 있는 격국으로서
칠살이 일간을 위협하며 공격하는 것을 상관격이 억제하며 일간을 보호하고 있는데
이때 재성이 있다면 재성이 상관격의 기세를 설기하여 칠살의 기세를 강하게 하므로 일간에게 위협이 되는 것입니다. 그러므로 재성이 없어야 성격이 된다고 하는 것입니다.

(7) 양인격의 성격

격국	월령 - 용신	상신
양인로살陽刃露煞	양인	칠살
양인로관陽刃露官	양인	정관

양인격은 양간에만 있는 격국으로서 겁재월을 양인격이라고 합니다.
양인은 강한 기세로서 일간의 재성을 겁탈하는 흉신이므로 역용으로 운용
하는 격국입니다.

양인격을 효과적으로 제어할 수 있는 육신은 오로지 관살이라고 할 수 있
습니다. 일간에게 위협적인 관살이지만 양인이 있을 경우에는 오히려 관살
이 경찰력의 역할을 하며 일간의 재물을 보호할 수 있기 때문입니다.
그러므로 관살의 기세를 생하여주는 재성과 관살을 보호하는 인성이 드러
나 있어야 하며 관살을 극제하는 상관이 보이지 않아야 성격이 된다고 하
는 것입니다.

양인로살은 양인격에 칠살이 투출한 격국입니다.
칠살이 천간에 투출하여 양인의 흉의를 제어하는 경찰로서의 역할을 수행
하게 됩니다.
이때 식상이 있다면 칠살을 극제하여 역할을 제한시키므로 파격의 원인이
되며 재성이 있어 칠살을 생하여 강하게 해주고 인성이 있어 식상을 견제
하여 보호하여주면 성격이 된다고 하는 것입니다.

양인로관은 양인격에 정관이 투출한 격국입니다.
정관도 칠살과 마찬가지로 경찰력의 역할을 하며 양인을 규제하고 제어할
수 있는 능력이 있다고 할 수 있습니다.
역시 재성과 인성으로 정관을 생하고 보호하여주어야 하며 상관이 있다면
파격이 되므로 상관이 없어야 성격이 된다고 하는 것입니다.

(8) 록겁격의 성격

격국	월령 – 용신	상신
록겁용관祿劫用官	정관	재성 인성
록겁용살祿劫用煞	칠살	식신
록겁용재祿劫用財	재성	식신 상관

록겁격은 일간과 같은 오행의 월령을 가진 격국입니다.

일간과 같은 오행을 가지므로 용신으로 채용하지 못하고 투출한 관살이나 재성을 용신으로 쓴다고 하는 격국의 형태입니다.

록겁격은 일간의 계절이므로 일간의 기세가 매우 강하다고 할 수 있습니다. 그러므로 관살로 일간의 기세를 덜어주거나 재성으로 일간의 기세를 설기하여 주어야 성격이 된다고 하는 것입니다.

록겁용관격은 록겁격이 정관을 용신으로 채용하는 격국입니다.

록겁격의 기세가 강하므로 정관의 기세도 상대적으로 강하여야 합니다. 그러므로 정관이 재성과 인성을 대동하여야 하는 조건이 필요합니다. 재성으로 정관을 생하여 강하게 만들고 인성으로 하여금 정관을 보호하여야 성격이 된다고 하는 것입니다.

록겁용살격은 록겁격이 칠살을 용신으로 채용하는 격국입니다.

록겁격의 기세가 강하다고 하여도 칠살은 일간을 위협하는 존재이므로 반드시 제복을 하여야 쓸 수 있다고 합니다. 그러므로 칠살을 쓰고자 한다면 식신으로 제복을 하여야 성격이 된다고 하는 것입니다.

록겁용재격은 록겁격이 재성을 용신으로 채용하는 격국입니다.

록겁격에서 재성이 투출하였다고 하여도 식상이 없으면 재성을 용신으로 쓸 수 없다고 합니다. 재성이 록겁격의 기세를 감당할 수 없기 때문입니다. 그러므로 식상으로 록겁격의 기세를 설기하여 재성을 생하여 강하게 만들어 주어야 성격이 된다고 하는 것입니다.

2) 용신의 패격

何謂敗? 官逢傷剋刑沖 官格敗也。財輕比重 財透七煞 財格敗也; 印輕
하위패 관봉상극형충 관격패야 재경비중 재투칠살 재격패야 인경

逢財 或身强印重而透煞 印格敗也; 食神逢梟 或生財露煞 食神格敗也;
봉재 혹신강인중이투살 인격패야 식신봉효 혹생재로살 식신격패야

七煞逢財無制 七煞格敗也; 傷官非金水而見官 或生財生帶煞 或佩印
칠살봉재무제 칠살격패야 상관비금수이견관 혹생재생대살 혹패인

而傷輕身旺 傷官格敗也; 陽刃無官煞 刃格敗也; 建祿月劫 無財官 透
이상경신왕 상관격패야 양인무관살 인격패야 건록월겁 무재관 투

煞印 建祿月劫之格敗也。
살인 건록월겁지격패야

무엇을 패격이라고 하는가? 정관격인데 극을 당하거나 형충을 만나 상하면
정관격은 패격이다. 재격이 가벼운데 비견이 무겁거나 재격에 칠살이 투출
하면 재격은 패격이다. 인수격이 가벼운데 재성을 만나거나 혹 일간이 신강
한데 인수격이 무겁고 칠살이 투출하면 인수격은 패격이다. 식신격이 효신
을 만나거나 혹 재성을 생하는데 칠살이 드러나면 식신격은 패격이다. 칠살
격에 재성을 만나고 제살함이 없으면 칠살격은 패격이다. 상관격이 金水가
아닌데 정관을 만나거나 혹 재성을 생하는데 칠살을 함께 생하거나 혹 패
인하는데 상관격이 가볍고 일간이 강하다면 상관격은 패격이다. 양인격에
관살이 없다면 양인격은 패격이다. 건록월겁격에 재관이 없고 칠살과 인성
이 투출하였다면 건록월겁격은 패격이다.

격국을 성격시키지 못하면 패격이라고 합니다.
패격敗格이란 격국을 이루는데 실패하였다는 것입니다.
이를 파격破格이라고도 하며 격국이 깨졌다고 말하기도 합니다.

용신은 상신과 결합하여 순용과 역용의 법칙에 의하여 적절한 조화를 이루
면서 격국을 성격시키는 것인데 이러한 법칙이 어긋나거나 기세의 태과불
급에 의하여 균형이 한쪽으로 기울어지거나 용신이나 상신을 극제하여 파
괴할 경우에 격국은 성립하기 어려우므로 격국을 이루는데 실패하거나 격
국이 깨지게 되므로 이를 패격 또는 파격이라고 하는 것입니다.

(1) 정관격의 패격

용신	패격의 원인
정관격	정관격이 극을 당하여 상하는 경우 정관격이 형충을 당하여 상하는 경우

정관격을 극하여 상하게 하는 육신은 상관傷官입니다.
상관이라는 이름 자체가 정관을 상하게 한다는 의미는 흉신으로 작용하기 때문입니다.
그러므로 정관격은 상관을 가장 싫어하는 것입니다. 상관이 있다면 정관격이 상하므로 격국은 이루어지지 못하고 격국이 깨지게 되므로 패격이 된다고 하는 것입니다.

또한 형충을 하는 행위도 상관과 마찬가지로 정관격을 극해하여 상하게 하므로 격국은 이루어지지 못하고 패격이 된다고 합니다.
형충은 월지를 형하거나 극하는 행위로서 월지를 불안정하게 만들므로 안정을 취하여 평화를 추구하는 정관격에서 매우 두려워한다고 하는 것입니다.

이는 당시의 시대상황으로 보아 정관을 국가조직이나 임금으로 인식하였기 때문입니다. 국가의 조직이 외부의 공격이나 내부의 반란으로 전쟁 상황에 있거나 임금의 자리가 불안정하다면 치안을 유지하기 어렵게 되므로 정관격이 상한다고 하여 형충을 두려워하는 것입니다.

지금 현대사회에서도 정관은 국가나 기업 또는 단체의 조직으로 보기 때문에 안정된 환경을 선호하므로 형충이 있을 때 요동을 치며 조직이 불안정하다면 역시 조직을 유지하기 어렵게 된다고 할 수 있습니다.

(2) 재격의 패격

용신	패격의 원인
재격	재격의 기세가 약한데 비겁의 기세가 강한 경우 재격에 칠살이 투출한 경우

재격의 기세가 약한데 비겁이 강하다면 군비쟁재群比爭財 또는 군겁쟁재群劫爭財가 일어나면서 일간의 재성을 서로 빼앗으려고 경쟁하면서 달려들게 되므로 결국 격국을 이루지 못하고 패격이 된다고 하는 것입니다.

재격에서 칠살이 투출하였다면 재성이 칠살을 생하여 일간에게 위협이 될 수 있으므로 결국 격국을 이루지 못하여 패격이 될 수밖에 없다고 하는 것입니다.

(3) 인수격의 패격

용신	패격의 원인
인수격	인수격의 기세가 약한데 재성을 만난 경우 일간이 신강하고 인수격의 기세도 강한데 칠살이 투출된 경우

인수격의 기세가 약한데 재성을 만나 인수격을 억제한다면 격국을 이루지 못하여 패격이 된다고 하는 것입니다.

일간이 신강하고 인수격도 강한데 칠살이 투출하여 인수격을 생한다면 인수격이 더욱 강하여지면서 격국의 기세가 편중되어 무거워지므로 격국을 이루지 못하고 역시 패격이 된다고 하는 것입니다.

(4) 식신격의 패격

용신	패격의 원인
식신격	식신격이 효신을 만나는 경우 식신격에 재성과 칠살이 모두 있는 경우

식신격에서 편인을 효신이라고 하며 식신격을 파괴하는 흉신으로 여기는 것입니다. 그러므로 식신격에서 효신을 만나면 효신탈식梟神奪食이라고 하며 식신격을 빼앗기게 되므로 결국 격국을 이루기 어려워 파격이 된다고 하는 것입니다.

식신격에 재성이 있다면 식신생재食神生財로서 격국이 성립되지만 만약에 칠살마저 투출되어 있다면 재성이 식신격의 기세를 설기하여 칠살을 생하게 되므로 식신격이 제살을 하기 어려워 식신격이 파격이 된다고 하는 것입니다.

(5) 칠살격의 패격

용신	패격의 원인
칠살격	칠살격이 재성을 만나고 제살이 없는 경우

칠살격에서 재성을 만난다면 칠살격의 기세를 강하게 만들어 일간을 위협하므로 결국 파격이 된다고 하는 것입니다.

칠살격은 역용하여 격국을 성립시키는데 제살을 하지 못한다면 역용을 할 수 없으므로 결국 격국은 성립되지 못하여 패격이 된다고 하는 것입니다.

(6) 상관격의 패격

용신	패격의 원인
상관격	상관격에 정관이 있는 경우(단 金水상관격은 예외) 상관격이 재성을 생하는데 칠살을 함께 생하는 경우 패인하여 인성을 쓰는데 상관격의 기세가 약하고 일간이 신강한 경우

상관격에 정관이 있다면 상관격의 먹이가 되므로 당연히 패격이 되는 것입니다. 정관을 보호하는 육신이 없다면 정관은 상관에 의하여 여지없이 파괴되기 때문입니다.

그러나 金水상관격의 경우에는 예외로 정관을 선호한다고 합니다. 금수상관희견관金水傷官喜見官이라고 하여 火정관을 반기는데 이는 차가운 金水의 기운을 따뜻하게 만들어주기 때문입니다.

상관격에서 재성이 있다면 상관생재격으로 성격이 될 수 있습니다. 그러나 칠살마저 있다면 재성이 칠살을 생하게 되므로 일간이 위험해져 결국 패격이 된다고 하는 것입니다.

패인하여 인성을 쓰는 상관패인격에서는 상관격의 기세는 강한데 일간의 기세가 약하다면 일간이 상관격의 기세를 감당하기 어려우므로 이때는 인성으로 하여금 일간을 생하게 하여 상관격의 강한 기세를 감당할 수 있도록 하므로서 총명한 기운을 나타나게 하는 격국입니다.

그러나 상관패인격에서 상관격의 기세가 약하고 일간의 기세가 신강한데 인성마저 있다면 기세가 약한 상관격을 인성이 극제하므로 결국 격국을 이루지 못하고 패격이 된다고 하는 것입니다.

(7) 양인격의 패격

용신	패격의 원인
양인격	양인격에 관살이 없는 경우

양인陽刃은 양간에만 있는 격으로서 칼을 들고 일간의 재물을 빼앗는 강도와 같다고 하여 붙여진 명칭입니다.

강도는 경찰력으로 제압을 하여야 하므로 관살이 유효하다고 합니다.

그러므로 양인격에서 관살이 없다면 양인격을 제어하지 못하므로 패격이 된다고 하는 것입니다.

(8) 록겁격의 패격

용신	패격의 원인
록겁격	록겁격에 재관이 없는 경우 록겁격에 칠살과 인성이 투출한 경우

록겁祿劫은 일간과 같은 오행의 월령을 말합니다. 일간과 같은 오행으로서 용신이 될 수 없으므로 재관을 용신으로 채용하여 격국을 운용하게 됩니다.

록겁격에서는 재성과 관살을 용신으로 내세워야 하므로 재성과 관살이 없다면 록겁격은 성립되지 못하여 패격이 된다고 하는 것입니다.

록겁격에서 칠살과 인성이 함께 투출하였다면 칠살이 인성을 생하고 인성이 록겁격을 생하여 무겁게 하는 한편 인성이 칠살을 보호하게 되므로 결국 격국이 성립되기 어려워 패격이 된다고 하는 것입니다.

3) 용신의 성중유패

成中有敗 必是帶忌; 敗中有成 全憑求應. 何謂帶忌? 如正官逢財而又
성 중 유 패 필 시 대 기   패 중 유 성 전 빙 구 응   하 위 대 기   여 정 관 봉 재 이 우

逢傷; 透官而又逢合; 財旺生官而又逢傷逢合; 印透食以泄氣 而又遇財
봉 상   투 관 이 우 봉 합   재 왕 생 관 이 우 봉 상 봉 합   인 투 식 이 설 기   이 우 우 재

露; 透煞而生印 而又透財 以去印存煞; 食神帶煞印而又逢財; 七煞逢食
로   투 살 이 생 인 이 우 투 재 이 거 인 존 살   식 신 대 살 인 이 우 봉 재   칠 살 봉 식

制而逢印; 傷官生財而財又逢合 佩印而印又遭傷; 陽刃透官而又被傷
제 이 우 봉 인   상 관 생 재 이 재 우 봉 합 패 인 이 인 우 조 상   양 인 투 관 이 우 피 상

透煞而又被合; 建祿月劫透官而逢傷 透財而逢煞 是皆謂之帶忌也.
투 살 이 우 피 합   건 록 월 겁 투 관 이 봉 상 투 재 이 봉 살 시 개 위 지 대 기 야

성격되었다가 패격이 되는 것은 반드시 꺼리는 것이 있기 때문이고 패격이 되었다가 성격이 되는 것은 구함을 받기 때문이다. 무엇을 꺼리는 것이라고 하는가? 정관격에서 재성을 만나고 또 상관을 만나거나 투출한 정관이 합을 만난 경우, 재격이 왕성하여 정관을 생하는데 또 상관을 만나거나 정관이 합을 만난 경우, 인수격에서 투출한 식신이 설기하는데 또 재성이 드러난 경우, 칠살격이 투출하여 인성을 생하는데 또 재성이 투출하여 인성을 제거하고 칠살을 남기는 경우, 식신격에 칠살과 인성이 있는데 또 재성을 만난 경우, 칠살격에 식신을 만나 제살되고 있는데 또 인성을 만난 경우, 상관생재격에서 재성이 합을 만난 경우, 패인격에서 인성이 상한 경우, 양인격에서 투출한 정관이 상하거나 투출한 칠살이 합을 당한 경우, 건록 월겁격에서 투출한 정관이 상관을 만나거나 투출한 재성이 칠살을 만난 경우 등은 모두 꺼리는 것이 있는 것이다.

성격되었는데 다시 패격이 되는 것을 성중유패라고 합니다.
사주팔자에서 격국이 성격되는 구조를 가지고 있으나 격국을 파괴하는 성분을 동시에 가지고 있다면 격국은 성격을 유지하지 못하므로 결국 패격이 되는 것입니다.
패격된 격국을 다시 성격시키는 것도 있는데 이를 구응이라고 합니다.
구응救應을 패중유성이라고 하며 병을 치료하는 약으로 비유합니다.

(1) 정관격의 성중유패

용신	성중유패
정관격	정관격에서 재성을 만나고 있는데 또 상관을 만나거나 투출한 정관이 합을 만난 경우

정관격에서 재성을 만나 정관용재격으로 성격이 되었는데 상관이 정관격을 극제하여 파괴한다면 격국을 유지하지 못하고 패격이 된다고 하는 것입니다.

정관격에서 정관이 천간에 투출하여 있다면 정관격의 기세가 높아지는데 정관이 합을 만난다면 합거되어 정관격의 기세가 떨어지며 역할을 하지 못하므로 역시 패격이 된다고 하는 것입니다.

(2) 재격의 성중유패

용신	성중유패
재격	재격이 왕성하여 정관을 생하는데 또 상관을 만나거나 정관이 합을 만난 경우

재격이 왕성하여 정관을 생하는 격국을 재왕생관격이라고 하는데 상관을 만나 정관을 극제한다면 정관이 파괴되므로 패격이 된다고 하는 것입니다.

또한 정관이 합을 만난 경우에도 역시 정관이 합거되어 역할을 하지 못하므로 패격이 된다고 하는 것입니다.

(3) 인수격의 성중유패

용신	성중유패
인수격	투출한 식신이 설기하는데 또 재성이 드러난 경우 칠살이 투출하여 인수격을 생하는데 또 재성이 투출하여 인수격을 제거하고 칠살이 남는 경우

인수격에서 투출한 식신이 설기하면 인수용식격이라고 하여 총명한 격국을 이루는데 이때 재성이 천간에 드러나면 식신의 기세를 설기하고 인수격을 극제하여 격국을 파괴하므로 역시 패격이 된다고 하는 것입니다.

인수격에서 칠살이 투출하여 인수격을 생하고 있는데 또 재성이 투출하여 인수격을 제거하고 칠살만 남긴다면 역시 격국을 유지하기 어려우므로 패격이라고 하는 것입니다.

(4) 식신격의 성중유패

용신	성중유패
식신격	칠살과 인성이 있는데 또 재성을 만난 경우

식신격에서 칠살과 인성이 있으면 식신격은 칠살을 제살하는 한편 인성으로 하여금 일간을 돕게 하여 일간의 기세를 설기하기 용이하므로 성격이 되는 격국입니다.

이때 재성을 만난다면 재성이 칠살을 생하고 인성을 극제하여 격국이 이루어지지 않으므로 결국 패격이 된다고 하는 것입니다.

(5) 칠살격의 성중유패

용신	성중유패
칠살격	식신의 제살을 받고 있는데 또 인성을 만난 경우

칠살격이 식신의 제살을 받으며 살용식제격으로 성격되고 있는데
인성을 만난다면 인성이 식신을 극제하여 제살을 방해하므로 결국 격국을
유지하기 어려워 패격이 된다고 하는 것입니다.

(6) 상관격의 성중유패

용신	성중유패
상관격	재성을 생하는데 재성이 합을 만난 경우 인성을 쓰는데 인성이 상하는 경우

상관격이 재성을 생하며 상관생재격을 이루고 있는데 재성이 합을 만나
합거된다면 격국을 유지하기 어려워 결국 패격이 된다고 하는 것입니다.

상관격에서 인성을 쓰며 상관패인격을 이루고 있는데 인성이 상한다면
격국을 유지하기 어려워 결국 패격이 된다고 하는 것입니다.

(7) 양인격의 성중유패

용신	성중유패
양인격	투출한 정관이 상함을 당하거나 투출한 칠살이 합을 당한 경우

양인용관격에서는 양인격이 정관을 쓰는데 상관이 정관을 극제하여 상하게 한다면 정관의 역할을 하지 못하므로 결국 격국이 파괴되어 패격이 된다고 합니다.

양인용살격에서는 양인격이 칠살을 쓰는데 투출한 칠살이 합을 당하여 합거된다면 칠살의 역할을 하지 못하므로 격국을 이루지 못하여 결국 패격이 된다고 하는 것입니다.

(8) 록겁격의 성중유패

용신	성중유패
록겁격	투출한 정관이 상관을 만나거나 투출한 재성이 칠살을 만난 경우

록겁용관격에서 투출한 정관을 쓰는데 상관이 정관을 극제하여 상하게 하면 정관이 역할을 하지 못하므로 결국 격국을 이루지 못하여 패격이 된다고 하는 것입니다.

록겁용재격에서 투출한 재성을 쓰는데 칠살을 만난다면 재성이 칠살을 생하여 일간을 위협하게 되므로 결국 격국을 이루지 못하고 패격이 된다고 합니다.

4) 용신의 구응

何謂救應? 如官逢傷而透印以解之 雜煞而合煞而淸之 刑冲而會合以
하위구응　여관봉상이투인이해지　잡살이합살이청지　형충이회합이

解之; 財逢劫而透食以化之 生官以制之 逢煞而食神制煞以生財 或存
해지　재봉겁이투식이화지　생관이제지　봉살이식신제살이생재　혹존

財而合煞; 印逢財而劫財以解之 或合財而存印; 食逢梟而就煞以成格
재이합살　인봉재이겁재이해지　혹합재이존인　식봉효이취살이성격

或生財以護食; 煞逢食制 印來護煞 而逢財以去印存食; 傷官生財透煞
혹생재이호식　살봉식제 인래호살　이봉재이거인존식　상관생재투살

而煞逢合; 陽刃用官煞帶傷食 而重印而護之; 建祿月劫用官 遇傷而傷
이살봉합　양인용관살대상식　이중인이호지　건록월겁용관　우상이상

被合 用財帶煞而煞被合 是謂之救應也。八字妙用 全在成敗救應 其中
피합　용재대살이살피합　시위지구응야　팔자묘용　전재성패구응　기중

權輕權重 甚是活潑。學者從此留心 能於萬變中融以一理 則於命之一
권경권중　심시활발　학자종차유심　능어만변중융이일리　즉어명지일

道 其庶幾乎!
도　기서기호

무엇을 구응이라고 하는가? 정관격이 상관을 만났는데 인성이 투출하여 구해주거나 관살혼잡인데 합살하여 맑아지거나 형충을 회합으로 해소하여 주는 경우, 재격에 겁재를 만났는데 식신이 투출하여 화하거나 정관을 생하여 극제하는 경우, 칠살을 만났는데 식신이 제살하고 생재하거나 혹 재격만 남고 합살하는 경우, 인수격이 재성을 만났는데 겁재가 구하거나 혹 재성을 합하고 인수격만 남는 경우, 식신격이 편인을 만났는데 칠살을 취하여 성격하거나 혹 재성을 생하여 식신격을 보호하는 경우, 칠살격에 식신이 제살하는데 인성이 칠살을 보호하면 재성을 만나 인성을 제거하고 식신을 남기는 경우, 상관격이 재성을 생하는데 칠살이 투출하여 합살되는 경우, 양인격이 관살을 쓰는데 식상이 있어 인성으로 보호하는 경우, 건록월겁격에 정관을 쓰는데 상관을 만났으나 상관이 합거되거나 재성을 쓰는데 칠살이 있어 칠살이 합을 당하는 경우 등을 구응이라고 한다. 팔자의 묘용은 전부 성패와 구응에 있으므로 그 경중을 가려 잘 살펴야 한다. 학자들은 이러한 마음을 유의하여 따른다면 만 가지 변화에서 하나의 이치를 깨우칠 수 있으며 명리의 한 가지 도를 이룰 수 있다고 하는 것이 아닌가!

(1) 정관격의 구응

용신	구응
정관격	상관을 만났는데 인성이 투출하여 구해주는 경우 관살혼잡인데 합살하여 맑아지는 경우 형충을 회합으로 해소하여 주는 경우

정관격이 상관을 만나면 상관이 정관격을 극제하므로 격국을 유지할 수 없어 결국 패격이 된다고 합니다.
이때 인성이 투출하여 상관을 극제하고 정관격을 구해준다면 격국이 안전하여지므로 성격을 유지할 수 있어 구응한다고 하는 것입니다.

정관격에서 칠살이 있어 관살혼잡이 되면 격국이 혼잡스러워지므로 격국을 이루기 어려워 결국 패격으로 이어진다고 합니다.
이때 칠살을 합살하여 제거하고 정관격을 남긴다면 관살혼잡이 맑아지면서 성격을 유지할 수 있어 구응한다고 하는 것입니다.

정관격에서 월지를 형충刑沖하게 된다면 이로 인하여 정관격이 불안정해지며 격국을 유지하게 어렵게 되므로 결국 패격이 된다고 합니다.
이때 지지에서 회합會合으로 형충을 해소하고 정관격을 구해준다면 격국이 안정을 찾으면서 다시 성격이 된다고 합니다.

구응이란 구해준다는 뜻이 있습니다.
정관격이 상관에 의하여 극제를 당하여 패격이 되었는데 인성이 나타나 상관을 극제하고 정관격을 구해주므로 이를 구응救應이라고 부르는 것입니다.

패중유성이란 패격을 다시 성격시켜준다는 뜻이 있습니다.
또한 패격이 된 정관격이 다시 성격되었으므로 이를 패중유성敗中有成이라고 부르는 것입니다.

(2) 재격의 구응

용신	구응
재격	겁재를 만났는데 식신이 투출하여 화하는 경우 겁재를 만났는데 정관을 생하여 극제하는 경우 칠살을 만났는데 식신이 제살하고 생재하는 경우 칠살을 만났는데 합살하고 재격만 남기는 경우

재격에서 겁재를 만나면 겁재가 재격을 극제하므로 격국을 유지하기 어려워 결국 패격이 됩니다.
이때 식신이 투출하여 겁재를 설기하면서 식신으로 化화한다면 겁재는 더 이상 재격을 극제하지 못하므로 식신이 재격을 구하면서 성격을 유지할 수 있어 구응한다고 하는 것입니다.

재격에서 겁재를 만나면서 패격이 되고 있는데
이때 정관이 드러나 있다면 재격은 정관을 생하여 정관으로 하여금 겁재를 극제하도록 하므로서 겁재는 더 이상 재격을 극제하지 못하고 정관이 재격을 보호하면서 성격을 유지할 수 있어 구응한다고 하는 것입니다.

재격에서 칠살이 있다면 재격은 칠살을 생하여 일간이 위험해지므로 결국 패격으로 이어집니다.
이때 식신이 드러나 있다면 식신이 칠살을 제살할 수 있으므로 재격은 성격을 유지할 수 있어 구응한다고 하는 것입니다.

재격에서 칠살이 있다면 재격은 패격으로 이어지게 됩니다.
이때 칠살을 합하여 칠살이 합거되거나 기반된다면 칠살이 역할을 하지 못하므로 결국 칠살을 생하지 못하게 됩니다.
따라서 칠살의 합거로 인하여 일간을 위험에서 구하고 재격이 남아서 격국이 안전하게 성격될 수 있어 구응한다고 하는 것입니다.

(3) 인수격의 구응

용신	구응
인수격	재성을 만났는데 겁재가 구하는 경우 재성을 합거하고 인수격이 남는 경우

인수격이 재성을 만난다면 인수격을 극제하여 결국 격국은 패격으로 이어지게 됩니다. 이때 겁재가 있다면 재성을 극제하여 인수격은 성격을 유지할 수 있어 구응한다고 하는 것입니다.

인수격이 재성을 만나 패격이 되는데 재성이 합으로 인하여 기반되거나 합거된다면 재성의 역할을 하지 못하므로 인수격은 안전하게 남을 수 있어 성격을 유지할 수 있어 구응한다고 하는 것입니다.

(4) 식신격의 구응

용신	구응
식신격	편인을 만났는데 칠살을 취하여 성격하는 경우 편인을 만났는데 재성을 생하여 식신격을 보호하는 경우

식신격이 편인을 만나면 편인을 효신이라고 하여 식신격을 극제하여 파괴하므로 결국 격국은 패격이 됩니다.
이때 칠살이 있다면 일간은 식신격을 포기하고 칠살을 용신으로 취하는 기식취살격棄食就煞格으로 성격시킬 수 있다고 하는 것입니다.

식신격이 편인을 만나 효신탈식梟神奪食으로 인하여 파격이 되는 지경이 되었는데 마침 재성이 있다면 식신격은 재성을 생하여 편인을 극제할 수 있으므로 식신격을 보호하고 격국을 유지할 수 있어 구응한다고 하는 것입니다.

(5) 칠살격의 구응

용신	구응
칠살격	식신이 제살하는데 인성이 칠살을 보호하면 재성을 만나 인성을 제거하고 식신을 남기는 경우

칠살격은 역용의 격국으로서 칠살격을 제어하는 식신이 필요하게 됩니다. 그러므로 식신으로 제살하며 살용식제격으로 성격이 되는데 인성이 있어 식신을 극제한다면 격국을 유지하기 어려워 패격이 됩니다.

이때 재성이 있어 인성을 제거한다면 식신이 남아 제살 임무를 수행할 수 있으므로 살용식제격을 유지할 수 있어 구응한다고 하는 것입니다.

(6) 상관격의 구응

용신	구응
상관격	재성을 생하는데 칠살이 투출하여 합살되는 경우

상관격은 역용의 격국이지만 재성이 있을 경우에 재성을 생하여 상관생재격으로 성격이 되기도 하는 격국입니다.

그러나 상관생재를 하고 있는데 칠살이 투출한다면 상관으로 인하여 기세가 강하여진 재성이 칠살을 생하는 재생살이 되어 오히려 일간이 위험지므로 결국 패격으로 이어지게 되는 것입니다.

이때 칠살을 합하여 기반시키거나 합거시킨다면 칠살이 역할을 하지 못하고 일간이 안전해지므로 상관생재격은 성격을 유지할 수 있어 구응한다고 하는 것입니다.

(7) 양인격의 구응

용신	구응
양인격	관살을 쓰는데 식상이 있어 인성으로 보호하는 경우

양인격에서 관살을 쓰면 격국이 성격되는데 식상이 있어 관살을 극제하고 있다면 격국을 이루지 못하므로 결국 패격이 되는 것입니다.

이때 인성이 있어 식상을 극제하고 관살을 보호한다면 격국을 유지시킬 수 있어 구응한다고 하는 것입니다.

(8) 록겁격의 구응

용신	구응
록겁격	정관을 쓰는데 상관을 만났으나 상관이 합거되는 경우 재성을 쓰는데 칠살이 있지만 칠살이 합을 당하는 경우

록겁용관격에서 정관을 쓰고 있는데 상관을 만난다면 정관이 상관에 의하여 극제 당하므로 격국을 이루지 못하고 결국 패격이 됩니다.
이때 상관을 합하여 기반시키거나 합거한다면 관살이 안전해지므로 격국을 유지할 수 있으므로 구응한다고 하는 것입니다.

록겁용재격에서 재성을 쓰고 있는데 칠살이 있다면 재성이 칠살을 생하여 일간을 위험하게 되므로 결국 격국을 이루지 못하고 패격이 되는 것입니다.
이때 칠살을 합하여 기반시키거나 합거한다면 재성은 칠살을 생하지 못하고 격국을 유지할 수 있으므로 구응한다고 하는 것입니다.

5. 용신의 변화

用神旣主月令矣 然月令所藏不一 而用神遂有變化。如十二支中 除子
용신기주월령의 연월령소장불일 이용신수유변화 여십이지중 제자
午卯酉外 餘皆有藏 不必四庫也。卽以寅論 甲爲本主 如郡之有知府
오묘유외 여개유장 불필사고야 즉이인론 갑위본주 여군지유지부
丙其長生 如郡之有同知 戊亦長生 如郡之有通判; 假使寅月爲提 不透
병기장생 여군지유동지 무역장생 여군지유통판 가사인월위제 불투
甲而透丙 則如知府不臨郡 而同知得以作主。此變化之由也。
갑이투병 즉여지부불림군 이동지득이작주 차변화지유야

용신은 월령이 위주이다. 그러나 월령에는 지장간에 하나만 있는 것이 아니
므로 용신의 변화가 일어나는 것이다. 가령 십이지지 가운데에는 子午卯酉
를 제외하고 나머지는 모두 지장간이 있는데 반드시 辰戌丑未 사고만이 그
러한 것이 아니다. 즉 寅에는 甲이 본래 주인이므로 마치 군청의 청장이 있
는 것과 같고 丙은 장생이니 마치 군청의 부장이 있는 것과 같고 戊 역시 장
생이니 마치 군청의 관리가 있는 것과 같은 것이다. 가령 寅월이 제강인데
甲이 투출하지 않고 丙이 투출하였다면 마치 청장이 부임하지 않고 부장이
맡아서 주관하는 것이니 이것이 변화하는 이유이다.

군郡: 군청, 지부知府: 청장, 동지同知: 부장, 통판通判: 관리

월지의 지장간에서 투출한 천간에 의하여 용신이 변화합니다.
격은 월지의 정기에 의하여 정하는 것이 원칙입니다.
그러나 월지의 정기가 투출하지 못하고 여기나 중기가 투출한다면 투출한
천간이 월지의 정기를 대신하여 격국을 주관한다는 것입니다.

寅월에는 여기戊土 중기丙火 정기甲木의 지장간이 있습니다.
이를 행정관서에 비유한다면 寅은 군청과 같다고 하는 것입니다.

정기 甲木이 투출하면 청장이 임무를 직접 수행하는 것이지만
중기 丙火가 투출하면 부장이 청장의 임무를 대신 수행한다고 하며
여기 戊土가 투출하면 관리가 청장의 임무를 대신 수행한다고 하는 것입
니다.

故若丁生亥月 本爲正官 支全卯未 則化爲印。己生申月 本屬傷官
고 약 정 생 해 월　본 위 정 관　지 전 묘 미　즉 화 위 인　　기 생 신 월　본 속 상 관

藏庚透壬 則化爲財。凡此之類皆用神之變化也。
장 경 투 임　즉 화 위 재。　범 차 지 류 개 용 신 지 변 화 야

만약에 丁이 亥월생이면 본래 정관격인데 지지에 卯未가 전부 있으면 인수
격으로 변화하는 것이다. 己가 申월생이면 본래 상관격인데 지장간에 庚이
남아 있고 壬이 투출하였다면 재격으로 변화하는 것이다. 이러한 것들이 모
두 용신이 변화하는 경우이다.

지지합으로 인하여 용신이 변화하는 경우

시	일	월	년	구분
	丁			천간
未	亥	卯		지지

丁火일간이 亥월생이면 亥水의 지장간에 정기가 壬水정관이므로 본래 정관
격이 되는 것입니다. 그러나 지지에서 亥卯未 木국의 삼합이 이루어지면서
亥水정관이 木인성에 합류함으로 인하여 木기의 목적을 가지고 일을 하므
로 정관격의 역할을 하지 못하게 됩니다.
그러므로 정관격이 인수격으로 용신이 변화하였다고 하는 것입니다.

정기대신에 중기나 여기가 투출하여 용신이 변화하는 경우

시	일	월	년	구분
	己	壬		천간
		申		지지

己土일간이 申월생이면 지장간의 정기가 庚金상관이므로 본래 상관격이 되
는 것입니다.
그러나 정기인 庚金상관은 지장간에 남아 있고 중기인 壬水재성이 월간에
투출하여 있으므로 壬水재성이 庚金상관을 대신하여 격국을 주관하게 됩니
다. 그러므로 상관격이 재격으로 용신이 변화하였다고 하는 것입니다.

1) 용신이 변화하여 좋아지는 경우

變之而善 其格愈美 變之不善 其格遂壞 何謂變之而善? 如辛生寅月
변지이선 기격유미 변지불선 기격수괴 하위변지이선 여신생인월

逢丙而化財爲官; 壬生戌月 逢辛而化煞爲印。癸生寅月 藏甲透丙
봉병이화재위관 임생술월봉신이화살위인 계생인월 장갑투병

會午會戌 則化傷爲財。即使透官 可作財旺生官論 不作傷官見官。
회오회술 즉화상위재 즉사투관 가작재왕생관론 부작상관견관

乙生寅月 透戌爲財 會午會戌 則月劫化爲食傷。如此之類 不可勝數
을생인월 투무위재 회오회술 즉월겁화위식상 여차지류 불가승수

皆變之善者也。
개변지선자야

변화하여 좋게 되는 것은 그 격국이 매우 아름다운 것이며 변화하여 좋지
않게 되는 것은 그 격국이 파괴되는 것이다. 어떠한 것이 변화하여 좋게 되
는 것인가? 가령 辛이 寅월생인데 丙을 만나면 재격이 정관격으로 변화한
것이다. 壬이 戌월생인데 辛을 만나면 칠살격이 인수격으로 변화한 것이다.
癸가 寅월생인데 甲이 지장간에 있고 丙이 투출하고 午나 戌과 회합을 이루
면 상관격이 재격으로 변화한 것이다. 정관이 투출하였다면 재왕생관이 되
지만 상관견관이 되지는 않는다. 乙이 寅월생인데 戌재성이 투출하고 午나
戌과 회합하면 월겁격이 화하여 식상격이 되는 것이다. 이러한 종류는 헤아
릴 수 없이 많으니 모두 변화하여 좋게 된 것이다.

용신이 변화함에 따라 격국이 좋아지는 경우입니다.

시	일	월	년	구분
	辛	丙		천간
		寅		지지

辛金일간이 寅월생이면 寅중 甲木재성이 정기이므로 재격이 됩니다.
그런데 寅중 중기에 있던 丙火정관이 투출하면 재격이 정관격으로 변화한
다고 하는 것입니다.
당시의 시대상황으로는 부자가 되는 재격보다는 정부 관리로서 벼슬아치
가 되는 정관격을 선호하였으므로 용신이 재격에서 정관격으로 변화되었
으니 좋게 되었다고 하는 것입니다.

시	일	월	년	구분
	壬		辛	천간
		戌		지지

壬水일간이 戌월생이면 戌중 戊土칠살이 정기이므로 칠살격이 됩니다.
그런데 戌중 여기에 있던 辛金인성이 년간에 투출하여 용신이 칠살격에서
인수격으로 변화하였으니 역용의 격국에서 순용의 격국으로 변화하여 좋
게 되었다고 하는 것입니다.

시	일	월	년	구분
戊	癸	丙		천간
戌		寅	午	지지

癸水일간이 寅월생이면 寅중 甲木상관이 정기이므로 상관격이 됩니다.
그런데 寅중 중기에 있던 丙火재성이 투출하고 지지에서 寅午나 寅戌로 회
합을 이루면서 역용의 상관격에서 순용의 재격으로 용신이 변화하였으니
좋게 되었다고 하는 것입니다.
이때 戊土정관이 투출하여 있다면 상관격에서 재격으로 변화함으로 인하여
재왕생관이라고 하며 상관견관이라고 하지 않는다고 합니다.

시	일	월	년	구분
	乙	戊		천간
戌		寅	午	지지

乙木일간이 寅월생이면 월겁격이 됩니다. 그런데 寅중 여기에 있던 戊土재
성이 투출하고 지지에서 寅午나 寅戌로 회합하면 월지 寅木이 火식상으로
변화하므로 월겁격이 식상격으로 변화하게 됩니다.
변화한 식상격이 戊土재성을 생하면서 식상생재격으로 성격이 되는 것이니
용신이 변화하여 좋게 되었다고 하는 것입니다.

2) 용신이 변화하여 좋지 않게 되는 경우

何謂變之而不善? 如丙生寅月 本爲印綬 甲不透干而會午會戌 則化
하 위 변 지 이 불 선　여 병 생 인 월　본 위 인 수　갑 불 투 간 이 회 오 회 술　즉 화

爲劫。丙生申月 本屬偏財 藏庚透壬 會子會辰 則化爲煞。與此之類
위 겁　병 생 신 월　본 속 편 재　장 경 투 임　회 자 회 진　즉 화 위 살　여 차 지 류

亦多 皆變之不善者也。
역 다　개 변 지 불 선 자 야

어떠한 것이 변화하여도 좋지 않은 것인가? 가령 丙이 寅월생이면 본래
인수격인데 甲이 투출하지 않고 午나 戌과 회합하면 월겁격으로 변화한
다. 丙이 申월생이면 본래 편재격인데 지장간에 庚이 남아 있고 壬이 투
출하고 子나 辰과 회합하면 칠살격으로 변화한다. 이러한 종류는 역시
많은데 모두 변화하여도 좋지 않다고 하는 것이다.

용신이 변화함에 따라 좋지 않게 되는 경우입니다.

시	일	월	년	구분
	丙			천간
	戌	寅	午	지지

丙火일간이 寅월생이면 정기 甲木인성에 의하여 인수격이 됩니다.
그런데 지지에서 寅午戌 또는 寅午나 寅戌로 회합이 된다면 월겁격으로 변
화한다고 합니다.
인수격의 순용의 격국이 월겁격의 역용의 격국으로 변화하였으니 좋지 않
게 되었다고 하는 것입니다.

시	일	월	년	구분
	丙	壬		천간
	辰	申	子	지지

丙火일간이 申월생이면 정기 庚金재성에 의하여 재격이 됩니다.
그런데 중기 壬水칠살이 투출하고 지지에서 申子辰 또는 申子나 申辰으로
회합 된다면 역용의 칠살격으로 좋지 않게 변화하였다고 합니다.

3) 용신이 변화하여도 본래 격국을 잃지 않는 경우

又有變之而不失本格者。如辛生寅月 透丙化官 而又透甲 格成正財
우유변지이부실본격자 여신생인월 투병화관 이우투갑 격성정재

正官乃其兼格也。乙生申月 透壬化印 而又透戊 則財能生官 印逢財
정관내기겸격야 을생신월 투임화인 이우투무 즉재능생관 인봉재

而退位 雖通月令 格成正官 而印爲兼格。癸生寅月 透丙化財 而又
이퇴위 수통월령 격성정관 이인위겸격 계생인월 투병화재 이우

透甲 成格傷官 而戊官忌見。丙生寅月 午戌會劫 而又或透甲 或透壬
투갑 성격상관 이무관기견 병생인월 오술회겁 이우혹투갑 혹투임

則仍爲印而格不破。丙生申月 逢壬化煞 而又透戊 則食神能制煞生財
즉잉위인이격불파 병생신월 봉임화살 이우투무 즉식신능제살생재

仍爲財格 不失富貴。如此之類甚多 是皆變而不失本格者也。是故八字
잉위재격 부실부귀 여차지류심다 시개변이부실본격자야 시고팔자

非用神不立 用神非變化不靈 善觀命者 必於此細詳之。
비용신불립 용신비변화불령 선관명자 필어차세상지

변화하여도 본래의 격국을 잃지 않는 것이 있다. 가령 辛이 寅월생인데 丙이 투출하여 정관격으로 변화하였는데 또 甲이 투출한다면 정재격과 정관격이 겸격으로 성격되는 것이다. 乙이 申월생인데 壬이 투출하여 인수격으로 변화하였는데 또 戊가 투출한다면 재성이 정관격을 생할 수 있으며 인수격은 재성을 만나 물러난다고 하지만 월령에 통근하였으므로 정관격이 성격되고 인수격이 겸격이 되는 것이다. 癸가 寅월생인데 丙이 투출하여 재격으로 변화하였는데 또 甲이 투출하니 상관격으로 성격되므로 戊정관을 보는 것을 꺼려하는 것이다. 丙이 寅월생인데 午戌과 회합하여 월겁격인데 또 甲이 투출하거나 壬이 투출한다면 인수격은 파괴되지 않는다. 丙이 申월생인데 壬을 만나 칠살격으로 변화하는데 또 戊가 투출하였다면 식신이 능히 제살하고 생재할 수 있으므로 재격으로 인하여 부귀를 잃지 않는다. 이와 같은 종류는 수없이 많으니 모두 변화하여도 본래의 격국을 잃지 않는 것들이다. 그러므로 팔자는 용신이 아니면 성립되지 않고 용신이 변화하지 않으면 신령스럽지 않으므로 명을 잘 관찰하고자 하는 자들은 반드시 자세히 살펴야 한다.

용신이 변화하여도 본래 격국을 유지하는 것이 있다고 합니다.
용신이 변화하면 격국이 변화하는 것인데 용신이 변화하여도 본래 격국을 유지하고 있는 것들이 있다고 하는 것입니다.

시	일	월	년	구분
	辛	丙	甲	천간
		寅		지지

辛金일간이 寅월생이면 정기 甲木재성에 의하여 재격이 됩니다.

그러나 중기 丙火정관이 투출하면 정관격으로 변화하지만 정기 甲木재성이 투출하여 있다면 정기가 우선이므로 정관격으로 변화하지 아니하고 재격을 겸하는 정관격이라고 합니다.

그러므로 재격으로 용신이 변화하여도 본래의 정관격을 유지한다고 하는 것입니다.

시	일	월	년	구분
	乙	戊	壬	천간
		申		지지

乙木일간이 申월생이면 정기 庚金정관에 의하여 정관격이 됩니다.

그런데 중기 壬水인성이 년간에 투출하여 인수격으로 변화하고 있는데 월간에 여기 戊土재성이 투출하여 壬水인성을 극제하므로 인수격의 역할을 수행하기 어려우므로 물러난다고 하는 것이며 申중 정기 庚金정관이 정관격을 유지할 수 있으므로 용신이 변화하여도 본래의 격국을 유지한다고 하는 것입니다.

한편 戊土재성이 壬水인성을 극제하여 인수격을 물러나게 하고 申중 정기 庚金정관을 생하여 용신의 기세를 도와 정관격을 유지하고 있지만 庚金정관이 투출하지 못하였으므로 정관격은 월령에서 투출한 壬水인성을 활용하여 정관격이 인수격을 겸한다고 하는 것입니다.

壬水인성은 비록 戊土재성에 의하여 극제되어 인수격에서 물러나지만 戊土재성의 기세를 庚金정관을 생하는데 돌리고 정관격은 본래의 격국을 유지하면서 壬水인성을 내세울 수 있어 유정하다고 합니다.

시	일	월	년	구분
	癸	丙	甲	천간
		寅		지지

癸水일간이 寅월생이면 정기 甲木상관에 의하여 상관격이 됩니다.
그런데 丙火재성이 투출하여 재격으로 변화하고 있는데 년간에 甲木상관이
투출하여 있다면 본래의 상관격을 유지하면서 재격과 겸격을 이루게 됩니
다. 이때 戊土정관이 있다면 甲木상관에 의하여 극제를 당하므로 상관견관
이 되어 좋지 않다고 하는 것입니다.

시	일	월	년	구분
	丙	壬		천간
	戌	寅	午	지지

丙火일간이 寅월생이면 정기 甲木인성에 의하여 인수격이 됩니다.
그런데 지지에 寅午戌 회합을 이루면 록겁격으로 변화하는데 壬水칠살이
투출하여 있다면 寅午戌 火局을 제압하므로 월지의 정기 甲木인수의 본래
의 격인 인수격을 회복할 수 있다고 하는 것입니다.

시	일	월	년	구분
	丙	戊	壬	천간
		申		지지

丙火일간이 申월생이면 정기 庚金재성에 의하여 재격이 됩니다.
그런데 년간에 중기 壬水칠살이 투출하여 칠살격으로 변화하게 되지만 戊
土식신이 월간에 투출하여 식신제살을 하면서 귀격을 만들고 있습니다.
또한 戊土식신은 申중 庚金재성을 생하면서 본래의 재격을 생하면서 식신
생재의 격국을 유지할 수 있으므로
식신제살과 식신생재의 격국이 겸격이 되면서 부귀를 잃지 않는다고 하는
것입니다.

6. 용신의 순잡

> 用神旣有變化 則變化之中 遂分純雜。純者吉 雜者凶。
> 용신기유변화 즉변화지중 수분순잡　순자길 잡자흉
>
> 용신에 변화가 있어도 변화하는 가운데 순잡이 구분되는 것이다. 순한 것은
> 길하고 잡한 것은 흉하다.

용신이 순하게 변화하면 길하다고 하며
용신이 잡하게 변화하면 흉하다고 합니다.

1) 용신이 순하게 변화하면서 길한 것

> 何謂純? 互用而兩相得者是也。如辛生寅月 甲丙竝透 財與官相生
> 하위순　호용이양상득자시야　여신생인월 갑병병투 재여관상생
>
> 兩相得也。戊生申月 庚壬竝透 財與食相生 兩相得也。癸生未月 乙己
> 양상득야　무생신월 경임병투 재여식상생 양상득야　계생미월 을기
>
> 竝透 煞與食相剋 相剋而得其當 亦兩相得也。如此之類 皆用神之純者。
> 병투 살여식상극 상극이득기당 역양상득야　여차지류 개용신지순자
>
> 무엇을 순하다고 하는가? 상호 작용을 하여 양쪽이 서로 득을 보는 것이다.
> 가령 辛이 寅월생인데 甲丙이 모두 투출하면 재격과 정관격이 상생하며 서
> 로 득을 본다고 한다. 戊가 申월생인데 庚壬이 모두 투출하면 재격과 식신
> 격이 상생하며 서로 득을 본다고 한다. 癸가 未월생인데 乙己가 모두 투출
> 하여 칠살격과 식신격이 서로 상극을 하는데 상극하는 것이 당연하므로 서
> 로 득을 본다고 한다. 이와 같은 종류는 모두 용신이 순한 것이다.

용신이 변화하면서 서로 도우면 순한 것으로 길하다고 합니다.
순한 것이란 상호 작용하면서 서로 득을 보는 것이라고 합니다.
서로 득을 본다는 것은 용신이 변화하면서 격국이 변화하는데 변화하는
용신들 상호간에 서로를 도우면서 격국을 파괴하지 않고 성격시키는 것입
니다.

시	일	월	년	구분
	辛	丙	甲	천간
		寅		지지

辛金일간이 寅월생이면 정기 甲木재성에 의하여 재격입니다.

그런데 甲木재성과 丙火정관이 모두 투출하여 재격과 정관격을 겸하는 겸격이 됩니다.

甲木재격과 丙火정관격은 서로 겸격이 되면서도 재격과 정관격이 서로 상생하면서 재왕생관격의 격국을 만들며 서로 도우므로 일간 입장에서는 순하여 길하다고 합니다.

시	일	월	년	구분
庚	戊	壬		천간
		申		지지

戊土일간이 申월생이면 정기 庚金식신에 의하여 식신격입니다.

그런데 庚金식신과 壬水재성이 모두 투출하여 식신격과 재격을 겸하는 겸격이 됩니다. 庚金식신격과 壬水재격은 서로 겸격이 되면서도 식신격과 재격이 서로 상생하면서 식신생재격의 격국을 만들며 서로 도우므로 일간 입장에서는 순하여 길하다고 합니다.

시	일	월	년	구분
己	癸	乙		천간
		未		지지

癸水일간이 未월생이면 잡기격이 됩니다. 그런데 己土칠살과 乙木식신이 모두 투출하여 잡기칠살격과 잡기식신격을 겸하는 겸격이 됩니다.

乙木식신격과 己土칠살격은 서로 겸격이 되면서도 식신격과 칠살격이 서로 상극하면서 살용식제격의 격국을 만들며 서로 도우므로 일간 입장에서는 순하여 길하다고 합니다.

2) 용신이 잡하게 변화하면서 흉한 것

何謂雜? 互用而兩不相謀者是也。如壬生未月 乙己竝透 官與傷相剋 兩不
하 위 잡   호 용 이 양 불 상 모 자 시 야   여 임 생 미 월   을 기 병 투   관 여 상 상 극   양 불
相謀也。甲生辰月 戊壬竝透 印與財相剋 亦兩不相謀也。如此之類 皆用之
상 모 야   갑 생 진 월   무 임 병 투   인 여 재 상 극   역 양 불 상 모 야   여 차 지 류 개 용 지
雜者也。純雜之理 不出變化 分而疏之 其理愈明 學命者不可不知也。
잡 자 야   순 잡 지 리   불 출 변 화   분 이 소 지   기 리 유 명   학 명 자 불 가 부 지 야

무엇을 잡하다고 하는가? 상호 작용하면서 양쪽이 서로 도모하지 않는 것
이다. 가령 壬이 未월생인데 乙己가 모두 투출하였다면 정관격과 상관격이
서로 극하면서 도모하지 않는 것이다. 甲이 辰월생인데 戊壬이 모두 투출하
였다면 인수격과 재격이 서로 극하면서 역시 서로 도모하지 않는 것이다.
이러한 종류는 모두 용신이 잡하다고 하는 것이다. 순잡의 이치는 변화에서
벗어나지 않으므로 분별하여 소통하면 그 이치는 명백하여 질 것이므로 명
리학자가 알지 못하면 안 될 것이다.

용신이 서로 도모하지 않으면 잡한 것으로 흉하다고 합니다.

시	일	월	년	구분
己	壬	乙		천간
		未		지지

壬水일간이 未월생으로 잡기격인데 己土정관과 乙木상관이 함께 투출하였
으나 상관이 정관을 극상하므로 상관견관이 되어 서로 격국을 도모하지 않
으니 용신이 잡한 것으로 흉하다고 하는 것입니다.

시	일	월	년	구분
壬	甲	戊		천간
		辰		지지

甲木일간이 辰월생으로 잡기격인데 戊土재성과 壬水인성이 함께 투출하여
재성이 인성을 극제하면서 서로 격국을 도모하지 않으므로 용신이 잡한 것
으로 흉하다고 하는 것입니다.

7. 격국의 고저

八字旣有用神 必有格局 有格局必有高低 財官印食煞傷劫刃 何格無
팔자기유용신 필유격국 유격국필유고저 재관인식살상겁인 하격무
貴? 何格無賤? 由極貴而至極賤 萬有不齊 其變千狀 豈可言傳? 然其
귀 하격무천 유극귀이지극천 만유부제 기변천상 개가언전 연기
理之大綱 亦在有情無情 有力無力之間而已。
리지대강 역재유정무정 유력무력지간이이

팔자에 용신이 있으면 반드시 격국이 있는 것이고 격국이 있으면 반드시
고저가 있는 것이다. 재격, 정관격, 인수격, 식신격, 칠살격, 상관격, 록겁격,
양인격에서 어느 격국이 귀함이 없고 어느 격국이 천함이 없다고 할 것인
가? 극히 귀한 것과 극히 천한 것이 모두 같지 아니하고 천태만상이므로 어
떻게 전할 것인가? 그러나 그 이치의 대강은 유정과 무정 그리고 유력과 무
력의 차이에 있다고 할 것이다.

격국에는 고저가 있다고 합니다.
격국이 높다고 하는 것은 부귀가 있는 사주팔자이며
격국이 낮다고 하는 것은 부귀가 없는 천한 사주팔자라고 합니다.

부귀의 높고 낮음을 분별하기는 어려우나 대체로 유정과 무정 그리고 유력
과 무력에 의하여 판단한다고 합니다.

유정은 서로를 돕는 관계로서 정이 있다고 하는 것이며
무정은 서로를 돕지 않는 관계로서 정이 없다고 하는 것입니다.
유력은 사주팔자에 기세가 있어 힘이 있다고 하는 것이며
무력은 사주팔자에 기세가 없어 힘이 없다고 하는 것입니다.

유정하면서도 유력한 것이 가장 높은 격국으로서 부귀가 높은 것이고
무정하면서도 무력한 것이 가장 낮은 격국으로서 천한 것이며
유정하면서도 무력하거나 무정하면서도 유력한 것들은 모두 고저가 보통
으로서 부귀도 높지도 않고 천하지도 않은 격국이라고 합니다.

1) 유정한 경우

如正官佩印 不如透財 而四柱帶傷 反推佩印。故甲透辛官 透丁合壬 是謂合
여정관패인 불여투재 이사주대상 반추패인 고갑투신관 투정합임 시위합
傷存官 遂成貴格 以其有情也。財忌比劫 而與煞作合 劫反爲用。故甲生辰月
상존관 수성귀격 이기유정야 재기비겁 이여살작합 겁반위용 고갑생진월
透戊成格 遇乙爲劫 逢庚爲煞 二者相合 皆得其用 遂成貴格 亦以其有情也。
투무성격 우을위겁 봉경위살 이자상합 개득기용 수성귀격 역이기유정야

가령 정관격이 인성을 지닌 것은 재성이 투출한 것보다 못한데 사주에 상
관이 있다면 오히려 인성을 지닌 것이 나은 것이다. 甲에 辛정관이 투출하
였는데 丁이 투출하고 壬이 합하였다면 상관을 합거하고 정관을 남긴 것이
라고 하며 마침내 귀격을 이루므로 이것이 유정한 것이다. 재격에 비겁을
꺼리는데 칠살과 합을 한다면 비겁이 오히려 쓰임이 있는 것이다. 甲이 辰
월생으로 戊가 투출하여 성격하였는데 乙겁재와 庚칠살이 서로 합하면 모
두 쓰임을 얻어 마침내 귀격을 이루므로 이것이 유정한 것이다.

격국의 성격을 돕는 것을 유정하다고 합니다.

시	일	월	년	구분
壬	甲	丁	辛	천간
		酉		지지

酉월에서 辛金정관이 투출하여 정관격인데 丁火상관이 있어 파격입니다.
이때 壬水인성이 丁火상관을 합하여 정관을 보호하므로 귀격이 되었다고
합니다. 이것을 유정하다고 하는 것입니다.

시	일	월	년	구분
戊	甲	庚	乙	천간
		辰		지지

辰월에서 戊土재성이 투출하여 재격인데 乙木겁재가 있어 파격이지만 乙木
겁재가 庚金칠살을 합하여 일간을 보호하므로 乙木겁재가 오히려 쓰임이
있어 유정하다고 하는 것입니다.

2) 유력한 경우

身强煞露而食神又旺 如乙生酉月 辛金透 丁火剛 秋木盛 三者皆備 極
신강살로이식신우왕 여을생유월 신금투 정화강 추목성 삼자개비 극
等之貴 以其有力也。官强財透 身逢祿刃 如丙生子月 癸水透 庚金露
등지귀 이기유력야   관강재투 신봉록인 여병생자월 계수투 경금로
而坐寅午 三者皆均 遂成大貴 亦以其有力也。
이좌인오 삼자개균 수성대귀 역이기유력야

신강하고 칠살이 드러났는데 식신이 또 왕한 것으로 가령 乙이 酉월생인데
辛金이 투출하고 丁火가 강건하고 가을 木도 왕성하다면 삼자가 모두 구비
되어 극히 귀한 등급이 되는 것으로 이것이 유력한 것이다. 정관이 강하고
재성이 투출하였으며 일간이 건록이나 양인을 만난 것으로 가령 丙이 子월
생인데 癸水가 투출하고 庚金이 드러나고 寅이나 午에 앉아있으면 삼자가
모두 균형을 이루니 마침내 크게 귀하게 되는 것으로 이것이 유력한 것이다.

일간과 용신과 상신의 기세가 모두 강하다면 유력하다고 합니다.

시	일	월	년	구분
	乙	丁	辛	천간
	卯	酉	未	지지

乙木일간이 酉월생인데 辛金칠살이 투출하여 칠살격의 기세가 강하고 丁火
식신이 未土의 뿌리가 강건하므로 살용식제격으로 성격되는데 일간도 卯
木위에 있어 왕성하므로 삼자가 모두 구비된 것으로 유력하다고 하여 극히
귀한 명이라고 하는 것입니다.

시	일	월	년	구분
癸	丙	庚		천간
寅	子			지지

丙火일간이 子월생으로 癸水정관이 투출하여 정관격인데 庚金재성이 드러
나 정관용재격으로 성격이 되었으며 일간 丙火 역시 寅木생지에 앉아 왕성
하므로 삼자가 모두 균형을 이룬 것으로 유력하다고 하여 극히 귀한 명이
라고 하는 것입니다.

3) 유정과 유력을 겸한 경우

又有有情而兼有力 有力而兼有情者。如甲用酉官 壬合丁以淸官 而壬
우유유정이겸유력 유력이겸유정자 여갑용유관 임합정이청관 이임
水根深 是有情而兼有力者也。乙用酉煞 辛逢丁制 而辛之祿卽丁之長
수근심 시유정이겸유력자야 을용유살 신봉정제 이신지록즉정지장
生 同根月令 是有力而兼有情者也。是皆格之最高者也。
생 동근월령 시유력이겸유정자야 시개격지최고자야

또 유정한데 유력을 겸한 것도 있고 유력한데 유정을 겸한 것도 있다. 가령
甲이 酉정관격인데 壬이 丁과 합하여 정관격을 맑게 하고 壬水의 뿌리가 깊
다면 이를 유정하면서 유력하다고 하는 것이다. 乙이 酉칠살격인데 辛을 丁
이 제살하고 辛의 건록과 丁의 장생이 월령에 뿌리가 같으므로 이를 유력하
면서도 유정하다고 하는 것이다. 이러한 것들은 모두 최고의 격국이다.

유정과 유력이 겸한 경우에는 최고의 격국이라고 합니다.

시	일	월	년	구분
壬	甲	丁	辛	천간
申	辰	酉	巳	지지

甲木일간이 酉월생으로 정기 辛金정관에 의하여 정관격이 됩니다.
丁火상관이 투출하여 패격이 될 수 있으나 壬水인성이 丁火상관을 합거하
여 정관격을 맑게 하고 있습니다. 壬水인성의 뿌리가 깊고 일간을 생하면서
정관을 구하므로 유정하면서 유력하다고 하는 것입니다.

시	일	월	년	구분
辛	乙	丁		천간
巳		酉		지지

乙木일간이 酉월생이면 정기 辛金칠살에 의하여 칠살격이 됩니다.
辛金칠살이 투출하고 丁火식신이 투출하여 살용식제격으로 성격되고 있습
니다. 辛金칠살과 丁火식신은 월지 酉金이 건록과 장생에 각각 해당되므로
유력하면서도 유정하다고 하는 것입니다.

4) 유정과 유력이 완전하지 않은 경우

如甲用酉官 透丁逢癸 癸剋不如壬合 是有情而非情之至。乙用酉逢
여 갑 용 유 관 투 정 봉 계   계 극 불 여 임 합   시 유 정 이 비 정 지 지   을 용 유 봉

煞 透丁以制 而或煞强而丁稍弱 丁旺而煞不昂 又或辛丁竝旺而乙根
살   투 정 이 제   이 혹 살 강 이 정 초 약   정 왕 이 살 불 앙   우 혹 신 정 병 왕 이 을 근

不甚深 是有力而非力之全 格之高而次者也。
불 심 심   시 유 력 이 비 력 지 전   격 지 고 이 차 자 야

가령 甲이 酉정관격인데 丁이 투출하여 癸를 만난다면 癸가 극하므로 壬이
합하는 것보다 못하다. 이것이 유정하여도 지극한 정은 아니다. 乙이 酉를
만나 칠살격인데 丁이 투출하여 제살하지만 칠살격이 강하고 丁이 극히 미
약하거나 丁이 왕성하고 칠살격이 약하거나 또는 혹 辛丁이 모두 왕성하고
乙의 뿌리가 깊지 않다면 유력하여도 유력한 것이 완전하지 아니하므로 높
은 격보다는 낮아지는 것이다.

유정하여도 정이 지극하지 않으면 격국의 질이 낮아집니다.
甲木일간이 酉월생이면 정관격이 됩니다. 이때 丁火상관이 투출하면 정관
격이 패격이 될 수 있으나 癸水인성이 丁火상관을 극제하여 정관격을 구응
하면 성격이 되므로 유정하다고 하는 것입니다.
그러나 壬水인성이 丁火상관을 합하여 정관격을 구응하는 것보다는 정이
지극하지 못하므로 결국 격국의 질이 낮아진다고 합니다.

유력하여도 완전하게 유력하지 않으면 격국의 질이 낮아집니다.
乙木일간이 酉월생이면 칠살격이 되는데 이때 丁火식신이 투출하여 제살하
면 성격이 되지만 칠살격이 강하고 丁火식신이 미약하거나
반대로 칠살격이 미약한데 丁火식신이 강하다면 유력하여도 완전하게 유력
하지 않아 결국 격국의 질이 낮아진다고 하는 것입니다.

또한 칠살격과 丁火식신이 모두 왕성하여 강하다고 하여도 일간의 뿌리가
미약하다면 삼자의 기세가 균형을 이루지 못하여 삼자개균이 되지 않으므
로 역시 유력하여도 완전하게 유력한 것이 아니므로 결국 격국의 질이 낮
아진다고 하는 것입니다.

5) 무정하고 무력하여 격국의 질이 낮은 경우

至如印用七煞 本爲貴格 而身强印旺 透煞孤貧 蓋身旺不勞印生 印旺何
지여인용칠살 본위귀격 이신강인왕 투살고빈 개신왕불노인생 인왕하

勞煞助? 偏之又偏 以其無情也。傷官佩印 本秀而貴 而身主甚旺 傷官甚
노살조 편지우편 이기무정야 상관패인 본수이귀 이신주심왕 상관심

淺 印又太重 不貴不秀 蓋欲助身則身强 制傷則傷淺 要此重何用? 是
천 인우태중 불귀불수 개욕조신즉신강 제상즉상천 요차중하용 시

亦無情也。又如煞强食旺而身無根 身强比重而財無氣 或夭或貧 以其無
역무정야 우여살강식왕이신무근 신강비중이재무기 혹요혹빈 이기무

力也。是皆格之低而無用者也。然其中高低之故 變化甚微 或一字而有
력야 시개격지저이무용자야 연기중고저지고 변화심미 혹일자이유

千鈞之力 或半字而敗全局之美 隨時觀理 難以擬義 此特大略而已。
천균지력 혹반자이패전국지미 수시관리 난이의의 차특대략이이

인용칠살격은 본래 귀격인데 일간과 인성이 왕성하고 칠살이 투출하면 고
독하고 가난하다. 대개 일간이 강한데 어찌 인성이 생하는 노력을 할 것이
며 인성이 왕한데 어찌 칠살이 돕고자 노력하겠는가? 치우치고 치우친 것
이니 무정한 것이다. 상관패인격은 본래 우수한 귀격인데 일간이 매우 왕성
하고 상관이 매우 약한데 인성이 또 매우 무겁다면 귀하지도 않고 우수하
지도 않은 것이다. 대개 일간을 돕고자 하면 일간이 강하여지고 상관을 극
제하면 상관이 약해지는데 무거운 인성을 어찌 쓰겠는가? 이것이 역시 무
정한 것이다. 또 칠살과 식신이 강한데 일간의 뿌리가 없거나 일간이 강하
고 비겁이 무거운데 재성의 기세가 없다면 요절하거나 가난해진다. 이것이
무력한 것이다. 이러한 것들은 모두 격국이 낮아서 쓸모가 없는 것이다. 그
러나 그중에서도 고저는 변화가 매우 심오하고 미묘하므로 하나의 글자가
천근의 힘을 나타내기도 하고 반 글자로 인하여 격국이 패격이 되기도 하
니 수시로 이치를 관찰하여 어려움을 헤아려야 하므로 이것들은 대략적인
것에 불과하다.

무정하고 무력하다면 격국의 질이 낮아지며 쓸모가 없어집니다.
일간과 용신 그리고 상신의 기세가 서로 다르고 태과불급으로 인하여 치우
쳐 균형이 이루어지지 않는다면 무정하고 무력하여지며 격국의 질이 낮아
지고 쓸모가 없어진다고 하는 것입니다.

기세의 균형이 한쪽으로 치우친다면 무정하다고 합니다.

인수격에 칠살이 투출하였다면 인용칠살격으로서 귀격이라고 합니다, 그러나 일간이 신강하고 인수격이 왕성한데 칠살이 투출하면 고독하고 빈한하다고 합니다.

인용칠살격은 일간이 신약할 때 귀격이 되는 것인데 일간이 신강하다면 인수격이 일간을 생하고자 하는 노력을 하지 않으므로 고독하다고 하는 것이며 인수격이 왕하다면 칠살의 생조를 받아가며 노력하지 않으니 빈한하다고 하는 것입니다,

상관패인격은 본래 총명한 격국인데 일간이 신강하고 인성이 무거운데 상관격이 미약하다면 상관격은 일간과 인성의 강한 기세를 소화하기 어려우므로 귀하지도 총명하지도 못하다고 합니다.

대개 일간을 생조하면 일간이 신강하여지고 상관을 극제하면 상관이 미약해지기 마련인데 어떻게 무거운 인성을 쓸 수 있는냐고 하는 것입니다. 이역시 기세의 불균형으로 인하여 무정하다고 하는 것입니다.

식신제살격도 귀격인데 칠살이 강하고 식신격도 강한데 일간의 뿌리가 없어 신약하다면 일간은 강한 식신제살격국을 감당하기 어려워 귀함이 사라진다고 합니다.

신왕재왕격도 일간과 재성이 모두 왕성하여 기세의 균형을 이루므로 부귀하는 격국인데 일간은 신강하고 비겁도 많은데 재성이 무력하다면 군비쟁재 또는 군겁쟁재가 일어나면서 미약한 재성으로 인하여 어려운 삶을 살게되는 것이니 요절하거나 빈한하다고 하는 것입니다.

이와 같이 격국의 고저는 일간과 용신 그리고 상신의 삼자개균 또는 삼자개비로 인한 기세의 균형에 의한 유력과 무력 그리고 유정과 무정을 잘 판단하여야 함을 강조하고 있습니다.

8. 용신의 성패의 원인

八字之中 變化不一 遂分成敗; 而成敗之中 又變化不測 遂有因成得敗
팔자지중 변화불일 수분성패 이성패지중 우변화불측 수유인성득패
因敗得成之奇。是故化傷爲財 格之成也 然辛生亥月 透丁爲用 卯未會
인패득성지기 시고화상위재 격지성야 연신생해월 투정위용 묘미회
財 乃以黨煞 因成得敗矣。印用七煞 格之成也 然癸生申月 秋金重重
재 내이당살 인성득패의 인용칠살 격지성야 연계생신월 추금중중
略帶財以損太過 逢煞則煞印忌財 因成得敗也。如此之類 不可勝數 皆
약대재이손태과 봉살즉살인기재 인성득패야 여차지류 불가승수 개
因成得敗之例也。
인성득패지례야

팔자의 변화는 일정하지 않으며 마침내 성패로 나뉘게 된다. 성패의 변화는 예측하기 어렵지만 성격이 패격이 되기도 하고 패격이 성격이 되기도 하는 기이함이 있다. 상관이 재성으로 화하면 성격이 된다. 그러나 辛이 亥월생으로 투출한 丁을 쓰는데 卯未와 재성으로 회합하여 칠살과 함께하면 성격이 패격이 되는 원인이 되는 것이다. 인수격에 칠살을 쓰면 성격이 된다. 그러나 癸가 申월생으로 가을 金이 중첩되어 있다면 재성으로 태과함을 덜어주어야 하는데 칠살을 만나면 칠살과 인성은 재성을 꺼리게 되므로 성격이 패격이 되는 원인이 되는 것이다. 이러한 종류는 무수히 많으므로 모두가 성격이 패격이 되는 원인으로 되는 사례를 든 것이다.

1) 성격이 패격으로 되는 원인

辛金일간이 亥월생이면 정기 壬水상관에 의하여 상관격인데 천간에 丁火칠살이 투출하여 있다면 상관대살격으로 성격이 됩니다.
그런데 지지에서 亥卯未 木국 재성이 된다면 상관격이 재격으로 변화하여 칠살을 생하므로 결국 패격의 원인이 되었다고 합니다.

癸水일간이 申월생으로 庚辛金인성이 여러 개 투출하여 중첩되어 있는데 丙丁火재성이 있어서 庚辛金을 극하거나 합거하여 준다면 인성의 무거움을 덜어주므로 인다용재의 격국으로 성격이 됩니다.
그러나 己土칠살을 만난다면 칠살은 丙丁火재성의 기세를 설기하여 무거운 인성을 생하므로 결국 패격의 원인이 되었다고 합니다.

2) 패격이 성격으로 되는 원인

官印逢傷 格之敗也 然辛生戊戌月 年丙時壬 壬不能越戊剋丙 而反能
관인봉상 격지패야 연신생무술월 년병시임 임불능월무극병 이반능

泄身爲秀 是因敗得成矣。 煞刃逢食 格之敗也 然庚生酉月 年丙月丁
설신위수 시인패득성의 살인봉식 격지패야 연경생유월 년병월정

時上逢壬 則食神合官留煞 而官煞不雜 煞刃局清 是因敗得成矣。如此
시상봉임 즉식신합관류살 이관살부잡 살인국청 시인패득성의 여차

之類 亦不可勝數 皆因敗得成之例也。 其間奇奇怪怪 變幼無窮 惟以理
지류 역불가승수 개인패득성지례야 기간기기괴괴 변유무궁 유이리

權衝之 隨在觀理 因時運化 由他奇奇怪怪 自有一種至當不易不論。觀
권충지 수재관리 인시운화 유타기기괴괴 자유일종지당불역불론 관

命者毋眩而無主 執而不化也。
명자모현이무주 집이불화야

관인격에 상관을 만나면 패격이다. 그러나 辛이 戊戌월생이고 년에 丙 시에 壬이 있는데 壬이 戊를 넘어 丙을 극할 수 없으므로 오히려 일간을 설기하여 우수하게 되는데 이것이 패격이 성격이 되는 원인이다. 살인격에 식신을 만나면 패격이다. 그러나 庚이 酉월생이고 년에 丙 월에 丁이 있는데 시에 壬이 있다면 식신이 합관하고 칠살을 남기므로 관살이 혼잡되지 않으니 살인격이 맑아지는 것으로 이것이 패격이 성격이 되는 원인이다. 이러한 종류는 수없이 많으며 모두 패격이 성격이 되는 원인의 사례이다. 기괴한 변화는 끝이 없으므로 오직 이치를 따지고 살펴야 할 것이며 때에 따른 운의 변화로 인한 기괴한 연유는 자연스러운 것으로서 일종의 변하지 않는 지당한 논리이므로 명을 살피는 자가 현혹되면 주관이 없어지는 것이니 고집을 피우지 말아야 할 것이다.

辛金일간이 戌월생이고 월간에 戊土인성과 년간에 丙火정관이 있어 인수용 관격으로 성격되지만 시간에 壬水상관마저 있다면 패격이 됩니다. 그러나 壬水는 戊土를 넘어서 丙火를 극제하지 못하므로 성격을 유지하면서 일간의 기세를 설기하여 우수하게 된다고 하는 것입니다.

庚金일간이 酉월생이고 년간에 丙火칠살과 월간에 丁火정관이 있다면 관살혼잡이 되지만 시간에 壬水식신이 있어 丁壬합으로 丙火칠살을 남긴다면 관살이 맑아져 패격이 성격으로 변화한다고 합니다.

9. 기후의 배합과 득실

論命惟以月令用神爲主 然亦須配氣候而互參之。譬如英雄豪傑 生得
논명유이월령용신위주 연역수배기후이호참지 비여영웅호걸 생득
其時 自然事半功倍; 遭時不順 雖有奇才 成功不易。是以印綬遇官 此
기시 자연사반공배 조시불순 수유기재 성공불이 시이인수우관 차
謂官印雙全 無人不貴。而冬木逢水 雖透官星 亦難必貴 蓋金寒而水益
위관인쌍전 무인불귀 이동목봉수 수투관성 역난필귀 개금한이수익
凍 凍水不能生木 其理然也。身印兩旺 透食則貴 凡印格皆然。而用之
동 동수불능생목 기리연야 신인양왕 투식즉귀 범인격개연 이용지
冬木 尤爲秀氣 以冬木逢火 不惟可以泄身 而卽可以調候也。
동목 우위수기 이동목봉화 불유가이설신 이즉가이조후야

명을 논할 때는 월령의 용신을 위주로 하지만 반드시 기후를 참고하여야
한다. 비유하면 영웅호걸이 시기를 만나면 자연히 절반의 일로서도 공이 배
가 되지만 시기가 순조롭지 못하면 기이한 재주가 있다 하여도 성공하기
쉽지 않은 것과 같다. 인수격에 정관을 만나면 관인쌍전이라고 하며 귀하지
않은 사람이 없다. 그러나 겨울 木이 水를 만나고 정관이 투출한다면 반드
시 귀하게 되지는 않는다. 대개 金은 차가워서 水를 더욱 얼게 하는 것이니
얼음으로 木을 생하지 못하는 것은 자연의 이치이다. 일간과 인성이 모두
강한데 식신이 투출하면 귀격이 된다. 대개 인수격은 모두 그러하지만 겨울
木으로서 더욱 우수한 것은 겨울 木이 火를 만나 일간을 설기할 뿐만 아니
라 기후를 조절할 수 있기 때문이다.

사주의 기후를 조절하는 것을 조후라고 합니다.
차갑고 더운 기후를 조절하는 기능을 조후調候라고 하는 것입니다.
마치 영웅호걸이 시기를 잘 만나면 성공을 하지만 시기를 만나지 못하면
성공하기 어려운 것과 마찬가지라고 합니다.

인수격에 정관이 있으면 관인쌍전이 되어 귀하게 되는 격국이지만
겨울 木이 水를 만나고 金정관을 만나면 金이 水를 더욱 차갑게 하므로 겨
울 木을 생하지 못하여 귀하게 되기 어렵다고 하는 것입니다.
그러나 겨울 木이 火식상을 만나면 목화통명이 되어 매우 우수한 격국이 되
는 것은 기후가 조절되었기 때문이라고 하는 것입니다.

1) 金水상관과 木火상관의 경우

傷官見官 爲禍百端 而金水見之 反爲秀氣。非官之不畏夫傷 而調候爲
상 관 견 관 위 화 백 단 이 금 수 견 지 반 위 수 기   비 관 지 불 외 부 상 이 조 후 위
急 權而用之也。傷官帶煞 隨時可用 而用之冬金 其秀百培。傷官佩印
급 권 이 용 지 야   상 관 대 살 수 시 가 용 이 용 지 동 금 기 수 백 배   상 관 패 인
隨時可用 而用之夏木 其秀百培。火濟水 水濟火也。傷官用財 本爲貴
수 시 가 용 이 용 지 하 목 기 수 백 배   화 제 수 수 제 화 야   상 관 용 재 본 위 귀
格 而用之冬水 卽使小富 亦多不貴 凍水不能生木也。傷官用財 卽爲
격 이 용 지 동 수 즉 사 소 부 역 다 불 귀 동 수 불 능 생 목 야   상 관 용 재 즉 위
秀氣 而用之夏木 貴而不甚秀 燥土不甚靈秀也。
수 기 이 용 지 하 목 귀 이 불 심 수 조 토 불 심 령 수 야

상관견관은 백가지 화를 가져온다고 하지만 金水의 경우에는 오히려 우수
한 기세가 된다. 정관이 상관을 두려워하지 않는 것이 아니라 조후가 시급
하므로 채용하여 쓰기 때문이다. 상관대살격은 수시로 가용한데 겨울 金에
는 우수함이 백배가 된다. 상관패인격은 수시로 가용한데 여름 木에는 우수
함이 백배가 된다. 火가 水를 돕고 水가 火를 돕기 때문이다. 상관용재격은
본래 귀격인데 겨울 水일 경우에는 작은 부자는 되지만 역시 귀하지는 못하
다. 차가운 물이 나무를 생하지 못하기 때문이다. 상관용재격은 우수한 기
이지만 여름 木일 경우에는 귀함이 매우 우수하지 않으니 마른 흙은 영험함
이 우수하지 않기 때문이다.

水火가 서로 도와 우수한 귀격을 만든다고 하는 것입니다.
金水상관은 겨울 金이 火정관을 채용하는 상관견관을 오히려 반기고
상관대살격도 본래 귀격이지만 겨울 金은 역시 우수함이 백배가 되며
木火상관의 경우에도 여름 木이 水인성을 채용하여 상관패인격도 귀격이지
만 우수함이 백배가 된다고 하는 것입니다.
이는 水火가 서로 돕는 수화기제水火既濟를 이루기 때문입니다.

겨울 水는 차가운 물로서 나무를 생하지 못하므로 상관용재격이 본래 귀격
이라고 하여도 상관생재가 어려우므로 火재성의 불길이 번성하지 못하여
작은 부자는 되어도 귀함이 없다고 하며
木火상관이 土재성을 만나면 여름 木이 마른 흙으로써 만물을 기르는 영험
함이 없으므로 우수함이 매우 없다고 하는 것입니다.

2) 木火통명과 金水상함의 경우

春木逢火 則爲木爲通明 而夏木不作此論; 秋金遇水 則爲金水相涵 而
춘목봉화 즉위목위통명 이하목부작차론 추금우수 즉위금수상함 이

冬金不作此論。氣有衰旺 取用不同也。春木逢火 木火通明 不利見官;
동금부작차론 기유쇠왕 취용부동야 춘목봉화 목화통명 불리견관

而秋金遇水 金水相涵 見官無礙。假如庚生申月 而支中或子或辰 會成
이 추금우수 금수상함 견관무애 가여경생신월 이지중혹자혹진 회성

水局 天干透丁 以爲官星 只要壬癸不透露干頭 便爲貴格 與食神傷官
수국 천간투정 이위관성 지요임계불투로간두 편위귀격 여식신상관

喜見官之設同論 亦調候之道也。食神雖逢正印 亦謂奪食 而夏木火盛
희견관지설동론 역조후지도야 식신수봉정인 역위탈식 이하목화성

輕用之亦秀而貴 與木火傷官喜見水同論 亦調候之謂也。此類甚多 不
경용지역수이귀 여목화상관희견수동론 역조후지위야 차류심다 불

能悉述 在學者引伸觸類 神而明之而已。
능실술 재학자인신촉류 신이명지이이

봄의 木이 火를 만나면 木火통명이라고 하지만 여름의 木을 이렇게 말하면
안 된다. 가을의 金이 水를 만나면 金水상함이라고 하지만 겨울의 金을 이
렇게 말하면 안 된다. 기에는 쇠왕이 있어 용신을 취하는 것이 다르다. 봄의
木이 火를 만나면 木火통명인데 정관을 보면 불리하다. 가을이 金이 水를 만
나면 金水상함인데 정관을 보아도 무방하다. 가령 庚이 申월생인데 지지에
子나 辰에 있어 水국으로 회합하고 천간에 丁 정관이 투출하고 壬癸가 천간
에 투출하지 않는다면 귀격이 되는 것으로서 식신 상관이 정관을 반기는 것
과 같은 논리로 역시 조후의 이치인 것이다. 식신이 비록 정인을 만나도 역
시 탈식이 되지만 여름의 木에 火가 치성하다면 용신이 가벼워도 역시 우수
하고 귀하게 되는 것으로 木火상관이 水를 반기는 것과 같은 논리로서 역시
조후라고 하는 것이다. 이러한 종류는 매우 많으니 자세히 설명할 수 없으
므로 학자는 원리를 이끌어 내어 잘 응용하면 명확하게 알게 될 것이다.

木火통명과 金水상함은 조후의 원리라고 합니다.
목화통명木火通明은 봄의 木이 丙丁火식상을 만난 것이고
금수상함金水相涵은 가을의 金이 壬癸水식상을 만난 것입니다.
하지만 여름의 木이 丙丁火를 만나면 목화통명이라고 하지 않으며
겨울의 金이 壬癸水를 만나면 금수상함이라고 하지 않는다고 합니다.

기에는 쇠왕이 있으므로 용신을 취함이 같지 않다고 합니다.

목화통명이 정관을 보면 쇠약한 정관이 파괴되어 이롭지 않으나
금수상함은 정관을 보면 조후가 구비되어 무방하다고 합니다.

甲木일간이 寅월생으로 록겁격인데 丙丁火식상을 보거나 지지에 午나 戌이
있어 寅午戌 火국이 된다면 목화통명이 되면서 기가 우수한 귀격이 된다고
합니다.
이때 辛金정관이 투출된다면 정관이 식상에 의하여 파괴되어 패격이 되므
로 이롭지 않다고 하는 것입니다.

庚金일간이 申월생으로 록겁격인데 壬癸水식상이 투출하지 아니하고 지지
에 子나 辰이 있어 申子辰 水국이 된다면 금수상함이 되며 이때 丁火관성이
투출된다면 금수상관희견관金水傷官喜見官이 되면서 조후가 구비되므로
인하여 역시 귀격이 된다고 하는 것입니다.

목화상관에서는 가벼운 인성을 써야 귀격이 된다고 합니다.

식신격에서 편인이 효신으로 작용하여 식신격을 파괴하는 것을 탈식이라
고 하며 식신격이 패격이 되는 원인이 되는 것입니다.
그런데 정인을 만나도 편인이 효신의 작용을 하듯 식신격을 파괴할 수 있
으므로 역시 탈식이 되어 패격이 될 수 있다고 하는 것입니다.

여름에 태어난 木일간은 일간의 기세가 미약한데
상관격이라면 인성을 채용하여 상관패인격으로 우수한 격국이 되며
식신격이라고 하여도 역시 인성을 채용하여 식신패인격으로 우수한 격국
이 될 수 있는 것입니다. 그러나 인성의 기세가 강하다면 탈식작용이 일어
나게 되어 결국 패격으로 이어지게 된다고 하는 것입니다.

그러므로 火기가 치열한 목화상관이라고 하여도 가벼운 水인성을 써야 목
화상관희견수木火傷官喜見水로서 조후가 구비되면서 귀격이 된다고 하는
것입니다.

10. 상신의 긴요성

月令旣得用神 則別位亦必有相 若君之有相 輔者是也。如官逢財生 則
월령기득용신 즉별위역필유상 약군지유상 보자시야   여관봉재생 즉

官爲用 財爲相; 財旺生官 則財爲用 官爲相; 煞逢食制 則煞爲用 食爲
관위용 재위상   재왕생관 즉재위용 관위상   살봉식제 즉살위용 식이

相。然此乃一定之法 非通變之妙。要而言之 凡全局之格 賴此一字而
상   연차내일정지법 비통변지묘   요이언지 범전국지격 뢰차일자이

成者 均謂之相也。
성자 균위지상야

월령에서 용신을 이미 득하였다면 다른 곳에는 반드시 상신이 있기 마련이
다. 마치 임금에게 재상이 있어 보필을 받는 것과 같다. 가령 정관격이 재성
의 생함을 만난다면 정관이 용신이고 재성이 상신이 되는 것이다. 재왕생관
격에서 재성이 용신이고 정관이 상신이다. 살봉식제격에서 칠살이 용신이
고 식신이 상신이다. 이러한 것은 일정한 법칙이 있는 것이지 통변의 묘는
아니다. 요약하여 말한다면 모든 격국은 한 글자에 의하여 성격을 이루게
되는데 이러한 글자를 상신이라고 하는 것이다.

1) 상신에 대한 정의

상신相神은 용신을 보필하는 육신이라고 합니다.
상相은 도울 상으로서 용신을 돕는 육신이라는 뜻을 가지고 있습니다.

격국은 용신과 상신으로 구성되어 성격되는 것입니다.
월령에서 용신이 정하여지면 용신은 순용과 역용의 법칙에 의하여 상신을
결정하게 됩니다. 그러므로 일정한 법칙이 있다고 하는 것이며 통변의 오묘
한 기술로서 상신이 결정되는 것이 아니라고 합니다.

격국	용신	상신	법칙
정관용재격	정관	재성	순용
재왕생관격	재성	정관	순용
살봉식제격	칠살	식신	역용
식신제살격	식신	칠살	역용

2) 상신의 긴요함

傷用神甚於傷身 傷相甚於傷用。如甲用酉官 透丁逢壬 則合傷存官以
상용신심어상신 상상심어상용 여갑용유관 투정봉임 즉합상존관이

成格者 全賴壬之相; 戊用子財 透甲竝己 則合煞存財以成格者 全賴己
성격자 전뢰임지상 무용자재 투갑병기 즉합살존재이성격자 전뢰기

之相; 乙用酉煞 年丁月癸 時上逢戊 則合去癸印以使丁得制煞者 全賴
지상 을용유살 년정월계 시상봉무 즉합거계인이사정득제살자 전뢰

戊之相。癸生亥月 透丙爲財 財逢月劫 而卯未來會 則化水爲木而轉劫
무지상 계생해월 투병위재 재봉월겁 이묘미래회 즉화수위목이전겁

以生財者 全賴於卯未之相。庚生申月 透癸泄氣 不通月令而金氣不甚
이생재자 전뢰어묘미지상 경생신월 투계설기 불통월령이금기불심

靈 子辰會局 則化金爲水而成金水相涵者 全賴於子辰之相。如此之類
령 자진회국 즉화금위수이성금수상함자 전뢰어자진지상 여차지류

皆相神之緊要也。
개 상신지긴요야

용신이 상하면 심지어 일간도 상하게 되고 상신이 상하면 심지어 용신도 상하게 된다. 가령 甲에서 酉가 정관으로 용신인데 丁이 투출하여 壬을 만나면 상관을 합하여 정관을 보존하고 성격이 되는 것은 전적으로 壬의 상신에 의한 것이다. 戊에서 子가 재성으로 용신인데 甲이 투출하여 己와 함께 있다면 합살하여 재성을 보존하고 성격되므로 전적으로 己의 상신에 의한 것이다. 乙에서 酉가 칠살로서 용신인데 년에 丁이 있고 월에 癸가 있는데 시상에서 戊를 만난다면 癸인성을 합거하고 丁의 제살을 득하니 전적으로 戊의 상신에 의한 것이다. 癸가 亥월생인데 丙재성이 투출하면 재성이 월겁을 만난 것인데 卯未로 회합하면 水가 木으로 화하여 겁재가 변하여 생재하게 되므로 전적으로 卯未의 상신에 의한 것이다. 庚이 申월생인데 癸가 투출하여 설기하지만 월령과 불통하므로 金기가 그다지 영험하지 않은데 子辰이 회합하면 金이 水로 화하면서 금수상함을 이루니 전적으로 子辰의 상신에 의한 것이다. 이러한 종류를 모두 상신의 긴요함이라고 한다.

상신은 용신을 도와 격국을 성격시켜주는 긴요한 역할을 하므로 일간이나 용신의 입장에서는 희신이라고 할 수 있습니다. 한편으로 일간이나 용신에게 병病이 되는 것을 치료해주는 약藥이 되기도 합니다.

상신이 상하면 용신이 상하고 일간도 상하게 됩니다.

상신은 용신을 도와 격국을 성격시키는 것이 주 임무라고 할 수 있으며 용신은 상신과 더불어 격국을 성격시켜 일간을 돕는 것이 주 임무라고 할 수 있습니다. 일간은 용신이 상신과 더불어 격국을 성격시키면 격국을 운용하여 사주팔자를 운영하는 것입니다.

상신은 용신이 기신으로부터 안전할 수 있도록 용신을 보호하는 한편 격국을 성격시켜 일간으로 하여금 격국을 안전하게 운영할 수 있도록 하는 것이 최선의 임무라고 할 수 있습니다.

그러나 상신이 기신에 의하여 상하게 되면 격국을 이루지 못하고 기신을 제거할 다른 상신이 없다면 격국은 파격이 되는 것입니다.
격국이 파격이 된다면 일간도 기신에 의하여 해를 입기 마련이므로 무사하지 못하고 상한다고 하는 것입니다.

용신을 보호하여 격국을 성격시키는 것이 상신의 주요 임무입니다.

甲木일간이 酉월생인데 辛金정관이 투출하여 용신으로 정관격이 됩니다.
그런데 丁火상관이 있다면 기신으로 작용하여 용신인 정관격을 파괴시키므로 패격이 되지만 壬水인성이 있다면 丁火상관을 丁壬합으로 기반시키므로 용신인 정관격이 안전하게 됩니다.
이때 壬水인성이 용신인 정관격을 보호하였으므로 壬水인성이 상신으로서 긴요한 역할을 하였다고 하는 것입니다.

戊土일간이 子월생인데 癸水재성이 투출하여 용신으로 재격이 됩니다.
그런데 甲木칠살이 있다면 용신인 재격은 오히려 기신을 생하며 칠살과 한 무리가 되면서 일간에게 대항하는 결과를 가져오게 됩니다.
이때 己土겁재가 있다면 甲木칠살을 甲己합으로 기반시키므로 용신이 칠살을 돕지 못하고 재격으로서의 용신 역할을 할 수 있으므로 전적으로 己土겁재가 용신을 구하여 상신으로서 긴요한 역할을 하였다고 하는 것입니다.

乙木일간이 酉월생으로 칠살격인데 丁火식신이 있다면 상신으로 작용하여 살용식제격으로 성격이 될 수 있습니다.

그러나 癸水편인이 있다면 丁火식신을 탈식하는 기신으로 작용을 하므로 상신이 파괴되어 격국은 결국 패격이 됩니다.

이때 戊土재성이 있다면 기신인 癸水편인을 戊癸합으로 기반시켜 묶어버리므로 癸水편인은 더 이상 丁火식신을 파괴하는 기신의 역할을 하지 못하여 살용식제격을 유지할 수 있는 것입니다.

그러므로 戊土재성이 丁火식신을 보호하여 격국을 다시 성격시켰으므로 상신으로서 긴요한 역할을 하였다고 하는 것입니다.

지지도 상신의 역할을 할 수 있습니다.

癸水일간이 亥월생이면 월겁격인데 년간에 丙火재성이 투출한다면 겁재의 위험으로부터 벗어나기 어려우므로 식상이 없다면 丙火재성을 용신으로 채용하기 어렵습니다.

이때 지지에서 卯未가 있다면 亥월은 卯未와 회합을 하며 亥卯未 木국이 되면서 식상으로 화하게 되므로 오히려 丙火재성을 생하는 식상생재격으로 성격이 될 수 있는 것입니다.

지지의 卯未로 인하여 亥水겁재가 식상으로 화하여 성격이 되었으므로 지지의 卯未가 丙火용신을 구하는 상신으로 긴요한 역할을 하였다고 하는 것입니다.

庚金일간이 申월생이면 건록격인데 년간에 癸水상관이 투출한다면 월령과 통하지 못하므로 건록격의 강한 金기를 설기하는 기세가 미약하여 영험하지 못하다고 합니다.

이때 지지에서 子辰이 있다면 申월은 子辰과 회합을 하며 申子辰 水국이 만들어지고 천간에 투출한 癸水의 강력한 세력이 되므로 강한 金기를 원활하게 설기할 수 있게 됩니다.

강한 金기를 기세가 강한 水기로 설기하면 金기가 맑아지게 되므로 이를 금수상함金水相涵이라고 합니다. 격국을 맑게 하여준 공로가 子辰에 있으므로 子辰이 상신으로서 긴요한 역할을 하였다고 합니다.

3) 상신의 파괴

相神無破 貴格已成; 相神相傷 立敗其格。如甲用酉官 透丁逢癸印 制
상신무파 귀격이성   상신상상 입패기격   여갑용유관 투정봉계인 제
傷以護官矣 而又逢戊 癸合戊而不制丁 癸水之相傷矣; 丁用酉財 透癸
상이호관의 이우봉무 계합무이부제정 계수지상상의   정용유재 투계
逢己 食制煞以生財矣 而又透甲 己合甲而不制癸 己土之相傷矣。是皆
봉기 식제살이생재의 이우투갑 기합갑이부제계 기토지상상의   시개
有情而化無情 有用而成無用之格也。凡八字排定 必有一種議論 一種
유정이화무정 유용이성무용지격야   범팔자배정 필유일종의론 일종
作用 一種棄取 隨地換形 難以虛擬 學命者其何忽諸?
작용 일종기취 수지환형 난이허의 학명자기하홀제?

상신의 파괴가 없다면 귀격으로 이미 성격된 것이다. 상신이 상하였다면 그
격국은 패격이 된 것이다. 가령 甲이 酉정관격인데 丁이 투출하고 癸인성을
만났다면 상관을 제거하고 정관격을 보호한 것이지만 또 戊를 만났다면 癸
가 戊와 합하여 丁을 제거하지 못하므로 癸水상신을 상하게 한 것이다. 丁
이 酉재격인데 癸가 투출하고 己를 만났다면 식신이 제살하고 생재하는 것
이지만 또 甲이 투출하여 己가 甲을 합한다면 癸를 제살하지 못하므로 己土
상신을 상하게 한 것이다. 이러한 것은 모두 유정이 무정으로 변화한 경우
이며 쓰임이 있는 것이 쓸모없는 격국이 된 것이다. 대개 팔자의 배정은 반
드시 일종의 의론과 일종의 작용과 일종의 버리고 취하는 것으로서 수시로
지지의 형태가 바뀌므로 헛된 흉내로는 해석하기 어려우니 명리학자들이
어찌 소홀히 할 수 있겠는가?

상신의 긴요성을 이미 살펴보았듯이 격국을 성격시키고 구응하는 상신은
격국을 귀격으로 형성하는데 매우 중요한 역할을 하게 됩니다.
이러한 상신이 파괴된다면 이미 귀격이 아니라고 합니다. 격국이 성격되어
유정하고 유력하다면 귀격인데 이러한 조건을 갖추게 하여주는 육신이 상
신이기 때문입니다.

그러므로 팔자의 무궁한 변화를 알고자 한다면 용신과 상신의 역할을 자
세히 살필 수 있는 능력을 갖추어야 명리학자로서 간명을 할 수 있다고 합
니다.

甲木일간이 酉월생으로 정관격이 용신이지만 천간에 투출한 丁火상관이 있다면 용신인 정관격을 파괴하므로 격국은 패격이 됩니다.

그러나 천간에 癸水인성이 투출하여 있다면 癸水인성이 기신인 丁火상관을 억제하여 용신인 정관격을 파괴하지 못하도록 막아주고 있으므로 정관격은 무사하게 성격을 유지할 수 있는 것입니다.

이때 癸水인성이 기신인 丁火상관을 억제하여 용신인 정관격을 구하였으므로 癸水인성은 희신으로서 상신이 되는 것입니다.

그러나 천간에 戊土재성이 투출되어 있다면 상신인 癸水인성을 합거하여 기능을 기반시키므로 丁火상관을 억제하지 못하고 용신인 정관격을 구할 능력을 상실하면서 더 이상 상신으로서의 역할을 하지 못하게 됩니다.

결국 戊土재성이 상신인 癸水인성을 합거하였으므로 戊土재성이 기신으로 작용하며 상신을 파괴한 것이 되며 기신인 丁火상관이 다시 정관격을 극제하며 용신을 파괴하므로 격국은 패격이 되는 것입니다.

丁火일간이 酉월생이면 재격이 용신이지만 일간을 위협하는 癸水칠살이 천간에 투출하면 재격이 칠살을 생하며 작당을 하고 일간을 배반하므로 격국은 패격이 되고 맙니다.

이때 천간에 己土식신이 투출하여 있다면 癸水칠살을 제살하고 재격을 생하므로 상신으로서 희신이 되며 성격이 된다고 하는 것입니다.

그러나 甲木편인이 천간에 투출되어 있다면 상신인 己土식신을 합하여 기능을 하지 못하도록 기반시키므로 己土식신은 상신의 역할을 더 이상 수행하기 어렵다고 하는 것입니다.

따라서 甲木편인이 상신인 己土식신을 상하게 하는 기신의 역할을 하므로서 己土식신이 癸水칠살을 효과적으로 제살할 수 없으므로 상신이 상하게 되고 재격 용신은 다시 칠살과 동조하여 일간을 위협하므로 결국 패격으로 이어진다고 하는 것입니다.

11. 묘고의 잡기용신

四墓者 沖氣也 何以謂之雜氣? 以其所藏者多 用神不一 故謂之雜其
사 묘 자 충 기 야 하 이 위 지 잡 기   이 기 소 장 자 다 용 신 불 일 고 위 지 잡 기
也。如辰本藏戊 而又爲水庫 爲之餘氣 三者俱有 于何取用? 然而甚易
야 여 진 본 장 무 이 우 위 수 고 위 지 여 기 삼 자 구 유 우 하 취 용   연 이 심 이
也 透干會取其淸者用之 雜而不雜也。
야 투 간 회 취 기 청 자 용 지 잡 이 부 잡 야

사묘는 중간을 잇는 기인데 어찌 잡기라고 하는가? 그것은 지장간이 많으
므로 용신이 하나가 아니기 때문에 잡기라고 하는 것이다. 가령 辰에는 본
래 지장간이 戊인데 또 水의 창고가 있고 여기가 있으므로 삼자가 함께 있
는 것인데 어느 것을 용신으로 취한다는 것인가? 그러나 매우 쉬운 것으로
서 투간하고 회합한 것이 맑다면 용신으로 취하게 되므로 잡한 것이라고
하여도 잡하지 않다고 하는 것이다.

1) 잡기용신이란

사묘四墓란 辰戌丑未를 말하며 오행의 묘지가 중기에 위치하고 있으며 한
편으로 사고四庫라고도 하며 사고는 여기로서 오행의 창고이기도 합니다.
사묘와 사고를 합쳐서 묘고墓庫라고도 부릅니다.
辰戌의 정기는 戊土이고 丑未의 정기는 己土입니다.

辰戌丑未월에는 土기가 정기로서 존재하면서 지장간에 묘고墓庫로서 오행
의 고지와 묘지가 함께 있으므로 잡기雜氣라고 부르는 것이며
지지에서 회합하거나 지장간에서 천간에 투출하여 맑으면 잡기용신으로
취하므로 잡기라고 하지만 잡스러운 것이 아니라고 합니다.

묘고	여기	중기	정기
辰	乙 : 木의 고지	癸 : 水의 묘지	戊
戌	辛 : 金의 고지	丁 : 火의 묘지	戊
丑	癸 : 水의 고지	辛 : 金의 묘지	己
未	丁 : 火의 고지	乙 : 木의 묘지	己

2) 잡기용신의 투간과 회지

何謂透干? 如甲生辰月 透戊則用偏財 透癸則用正印 透乙則用月劫是
하 위 투 간   여 갑 생 진 월 투 무 즉 용 편 재 투 계 즉 용 정 인 투 을 즉 용 월 겁 시
也。何謂會支? 如甲生辰月 逢申與子會局 則用浮水印是也。一透則一
야 하 위 회 지   여 갑 생 진 월 봉 신 여 자 회 국 즉 용 부 수 인 시 야 일 투 즉 일
用 兼透則兼用 透而又會 則透與會並用。其合而有情者吉 其合而無情
용 겸 투 즉 겸 용 투 이 우 회 즉 투 여 회 병 용 기 합 이 유 정 자 길 기 합 이 무 정
者則不吉。
자 즉 불 길

어떠한 것을 투간하였다고 하는가? 가령 甲이 辰월생인데 戊가 투출하면
편재가 용신이고 癸가 투출하면 정인이 용신이고 乙이 투출하면 월겁이 용
신이 되는 것이다. 어떠한 것을 회지하였다고 하는가? 가령 甲이 辰월생인
데 申이나 子와 회국하면 水국이 인성으로 용신이 되는 것이다. 하나만 투
출하면 용신이 하나이고 겸하여 투출하면 겸격으로 용신이 되며 투출하고
회지하면 함께 병용한다. 그 배합이 유정하면 길하고 무정하면 불길하다.

투간透干이란 辰戌丑未의 월지에서 천간에 투출한 것을 잡기용신으로
취하는 것이라고 합니다.
甲木일간인데 辰월에서 乙木이 투출하면 잡기월겁격이라고 하며
癸水가 투출하면 잡기인수격, 戊土가 투출하면 잡기재격이라고 하고
두 개 이상이 함께 투출하면 겸격이 된다고 합니다.

회지會支란 辰戌丑未의 월지가 다른 지지와 회합을 하여 화한 오행으로
잡기용신을 취하는 것이라고 합니다.
甲木일간이 辰월생인데 지지에서 申과 子를 만나면 申子辰 水국을 이루게
되며 申子辰 水국을 잡기용신으로 취한다고 하는 것입니다.

이때 辰월에서 투출한 것과 申子辰 水국을 함께 용신으로 채용하는데 乙木
이나 癸水가 투출하여 서로 생하면 배합이 유정하므로 길하다고 하지만, 戊
土가 투출하여 서로 극을 한다면 배합이 무정하므로 불길하다고 하는 것입
니다.

3) 잡기용신이 유정한 경우

何謂有情? 順而相成者是也。如甲生辰月 透癸爲印 而又會子會申以成
하 위 유 정 순 이 상 성 자 시 야   여 갑 생 진 월 투 계 위 인 이 우 회 자 회 신 이 성
局 印綬之格 淸而不雜 是透干與會之 合而有情也。又如丙生辰月 透
국 인 수 지 격 청 이 부 잡 시 투 간 여 회 지 합 이 유 정 야   우 여 병 생 진 월 투
癸爲官 而又逢乙以爲印 官與印相生 而印又能去辰中暗土以淸官 是兩
계 위 관 이 우 봉 을 이 위 인 관 여 인 상 생 이 인 우 능 거 진 중 암 토 이 청 관 시 양
干竝透 合而情也。又如甲生丑月 辛透爲官 或巳酉會成金局 而又透己
간 병 투 합 이 정 야   우 여 갑 생 축 월 신 투 위 관 혹 사 유 회 성 금 국 이 우 투 기
財以生官 是兩干竝透 與會之合而有情也。
재 이 생 관 시 양 간 병 투 여 회 지 합 이 유 정 야

유정하다는 것은 어떠한 것인가? 순용하고 상생하며 성격되는 것이다. 가
령 甲이 辰월생으로 癸가 투출하여 인수격인데 또 子나 申과 회합하여 국을
이루면 인수격이 맑고 잡지 않으며 투간하고 회지하여 합하므로 유정한
것이다. 丙이 辰월생인데 癸정관이 투출하고 또 乙인성을 만나면 관인상생
이 되는데 인성이 辰중에 암장된 土를 제거하여 정관을 맑게 하여주므로 두
개의 천간이 함께 투출하고 합하여 유정한 것이다. 또 甲이 丑월생으로 辛
정관이 투출하고 巳酉와 회합하여 金국을 이루는데 己재성이 투출하여 정
관을 생한다면 두 개의 천간이 함께 투출하여 회합과 합하므로 유정한 것
이다.

월지에서 투출한 천간들이 서로 합심하여 상생하면서 돕거나 지지에서 회
합하여 국을 이루어 투출한 천간과 서로 합심하여 상생하며 도우면서 성격
이 된다면 이를 유정하다고 합니다.

월지에서 투출한 천간들이 서로 용신과 상신이 되어 상생하는 경우에는 격
국이 완전해지면 성격이 되므로 유정하다고 하는 것입니다.

또한 투출한 천간으로 잡기격을 이루는데 월지가 다른 지지와 회합을 하여
투출한 천간의 세력이 되어준다면 잡기격에서 완전한 격이 된다고 하는 것
입니다. 이 경우에 지장간에서 투출한 천간이 상신이 되어 합심하여 격국을
성격시키면 유정하다고 하는 것입니다.

아래와 같은 경우를 격국이 청하여 맑다고 하는 것이며 잡되지 않으니 투출하고 회지하여 유정하다고 하는 것입니다.

甲木일간이 辰월생인데 지장간에서 癸水인성이 투출하여 잡기인수격인데 이때 지지에서 申子辰이나 子辰 또는 申辰으로 회합을 하여 水국을 이룬다면 申子辰 水국은 癸水인성의 세력이 되는 것입니다.

이와 같이 천간과 지지가 합심하여 격을 이루는 경우에는 더 이상 잡기인수격이라고 하지 아니하고 인수격이 완전해지므로 투출하고 회지하여 유정하다고 하는 것입니다.

아래와 같은 경우는 월지에서 두 개의 지장간이 나란히 투출하여 서로 도우며 상생하므로 유정하다고 하는 것입니다.

丙火일간이 辰월생인데 癸水정관과 乙木인성이 동시에 투출한다면 잡기정관격과 잡기인수격으로 겸격이 됩니다.

그러나 辰중 戊土식신이 투출한 癸水정관을 합하고자 노리고 있으므로 항상 위협의 대상이 됩니다.

이때 함께 투출한 乙木인성이 戊土식신을 제어하고 癸水정관을 안전하게 보호하고 있으므로 戊土식신은 함부로 癸水정관을 합거하지 못하게 됩니다.

이와 같이 월지에서 두 개의 지장간이 나란히 투출하여 서로 상생하며 도우므로 유정하다고 하는 것입니다.

아래와 같은 경우에는 두 개의 천간이 투출하고 지지에서 회합하여 격국이 완전하게 성격되었으므로 유정하다고 하는 것입니다.

甲木일간이 丑월생인데 辛金정관이 투출하면 잡기정관격이 됩니다.

이때 지지에서 巳酉와 회국하여 巳酉丑 金국을 이룬다면 잡기정관격이 정관격으로 완전하게 된다고 하는 것입니다.

또한 己土재성이 투출하여 辛金정관격을 생하고 있다면 己土재성이 상신으로 작용하며 정관용재격으로 성격이 된다고 하는 것입니다.

이와 같이 두 개의 천간이 투출하여 지지에서 회합하여 격국이 완전하게 성격되었으므로 유정하다고 하는 것입니다.

4) 잡기용신이 무정한 경우

何謂無情? 逆而相背者是也。如壬生未月 透己爲官 而地支會亥卯以成
하위무정 역이상배자시야 여임생미월 투기위관 이지지회해묘이성
傷官之局 是透官與會支 合而無情者也。又如甲生辰月 透戊爲財 又或
상관지국 시투관여회지 합이무정자야 우여갑생진월 투무위재 우혹
透壬癸以爲印 透癸則戊癸作合 財印兩失 透壬則財印兩傷 又以貪財壞
투임계이위인 투계즉무계작합 재인양실 투임즉재인양상 우이탐재괴
印 是兩干竝透 合而無情也。又如甲生戌月 透辛爲官 而又透丁以傷官
인 시양간병투 합이무정야 우여갑생술월 투신위관 이우투정이상관
月支又會寅會午以成傷官之局 是兩干竝透 與會支合而無情也。
월지우회인회오이성상관지국 시양간병투 여회지합이무정야

무정하다는 것은 어떠한 것인가? 거스르고 서로 배반하는 것이다. 가
령 壬이 未월생인데 己정관이 투출하고 지지에서 亥卯와 회합하여 상관
국을 이루면 투출한 정관과 회합한 지지가 합하여 무정하게 된 것이다.
甲이 辰월생인데 戊가 투출하면 재격이고 또 壬癸가 투출하면 인수격
이 된다. 癸가 투출하여 戊癸합이 된다면 재성과 인성을 모두 잃는 것이
고 壬이 투출하면 재성과 인성이 모두 상하는 탐재괴인이 되므로 두 개
의 천간이 함께 투출하여 무정하게 된 것이다. 甲이 戌월생으로 辛이 투
출하여 정관격인데 또 丁상관이 투출하고 월지와 寅이나 午와 회합하여
상관국을 이루면 두 개의 천간이 함께 투출하고 지지에서 회합한 것이
합하여 무정하다고 하는 것이다.

월지에서 천간에 투출하고 지지에서 회합하여 서로 극제하며 배반한다면
정이 없다고 하여 무정하다고 하는 것입니다.

월지에서 천간에 투출하였는데 천간끼리 서로 합을 한다면 기반되어 기능
이 정지 되므로 모두 잃는 것이라고 합니다.

또한 월지에서 천간에 투출하여 서로 극제하고 상대를 배반하고 있는데 지
지에서 회합을 하여 극제를 하고 있는 천간을 돕는다면 역시 무정하다고
하는 것입니다.

아래와 같은 경우는 월지에서 천간에 투출하고 지지에서 회합하여 서로 극제하며 배반하므로 무정하다고 하는 것입니다.
壬水일간이 未월에서 己土정관이 투출하면 잡기정관격이 되지만
지지에 卯未가 있다면 未월이 亥卯未 木국으로 회합하여 상관격의 지위를 갖게 되며 己土정관격을 극제하며 배반하므로 정관격이 파괴되고 결국 격국이 패격으로 이어지므로 무정하다고 하는 것입니다.

아래와 같은 경우는 월지에서 두 개의 천간이 투출하였는데 천간끼리 합으로 기반되거나 극제를 한다면 무정하다고 하는 것입니다.
甲木일간이 辰월생인데 戊土재성과 癸水인성이 함께 투출하면 잡기재격과 잡기인수격을 겸한다고 하는 것입니다.
그러나 癸水인성과 戊土재성은 합하고자 하는 마음이 가득하여 戊癸합으로 인하여 기반되고 결국 일간은 인수격과 재격을 모두 잃는 결과를 가져오므로 무정하게 되었다고 하는 것입니다.

또한 辰월에서 戊土재성과 壬水인성이 투출한 경우에도 잡기재격과 잡기인수격을 겸하는데 재격이 인수격을 파괴하므로 탐재괴인이 되어 무정하다고 하는 것입니다.
탐재괴인貪財壞印이란 재성이 인성을 파괴하는 것으로서 재물을 탐하다가 명예를 잃는다고 하는 말입니다.

아래와 같은 경우는 월지에서 두 개의 천간이 투출하여 서로 극제하고 있는데 지지에서 회합을 하여 도우면 무정하다고 하는 것입니다.
甲木일간이 戌월생이므로 辛金정관이 투출하여 잡기정관격인데
丁火상관이 함께 투출하고 지지에서 寅午가 있어 戌월이 寅午戌이나 寅戌 또는 午戌로 회합한다면 월지가 지지와 회합하여 丁火상관을 도우므로 정관격은 여지없이 파괴되어 결국 격국은 패격이 되고 마는 것입니다.
그러므로 월지에서 두 개의 천간이 함께 투출하고 지지에서 회합하여 정관격을 파괴하므로 무정하게 되었다고 하는 것입니다.

5) 잡기용신이 유정하여도 무정하게 되는 경우

又有有情而卒成無情者 何也? 如甲生辰月 逢壬爲印 而又逢丙 印綬本
우유유정이졸성무정자하야 여갑생진월 봉임위인 이우봉병 인수본
喜泄身爲秀 似成格矣 而火能生土 似又助辰中之戊 印格不淸 是必壬
희설신위수 사성격의 이화능생토 사우조진중지무 인격불청 시필임
干透而支又會申會子 則透丙亦無所礙。又有甲生辰月 透壬爲印 雖不
간투이지우회신회자 즉투병역무소애 우유갑생진월 투임위인 수불
露丙而支逢戌位 戌與辰沖 二者爲月沖土動 干頭之壬難通月令 印格不
로병이지봉술위 술여진충 이자위월충토동 간두지임난통월령 인격불
成 是皆有情而卒無情 富而不貴者也。
성 시개유정이졸무정 부이불귀자야

유정한 것이 무정하게 되는 경우가 있는데 어떠한 것인가? 가령 甲이 辰월
생인데 壬을 만나 인수격이 되었고 또 丙을 만났다면 본래 인수격을 설기하
는 것을 반기며 일간이 우수하게 되므로 성격된 것처럼 보이지만 火는 土를
생할 수 있으므로 辰중 戊를 도와 인수격이 맑지 못하게 된다. 壬이 투간하
면 반드시 지지에 申이나 子와 회합을 하여야 丙이 투출하여도 아무런 장애
가 없는 것이다. 甲이 辰월생인데 壬이 투출하여 인수격인데 비록 丙이 드
러나지 않아도 지지에서 戌을 만나면 辰戌충이 되어 월충으로 土가 동하게
되어 천간에 있는 壬이 월령에 통근하기 어렵게 되므로 인수격이 성립되지
않는다. 이것이 모두 유정하면서도 무정하다고 하는 것이니 부자는 되어도
귀하게 되지는 못하는 것이다.

甲木일간이 辰월생으로 壬水인성이 투출하면 잡기인수격인데 壬水인성이
생하여 강하여진 甲木일간을 丙火식신이 설기하여 준다면 우수한 격국으로
성격이 되어 유정하다고 합니다.
그러나 丙火식신은 辰중 戊土재성을 생하여 壬水인성을 제어하고자 하므로
인수격이 맑지 못하여 결국 무정하여 진다고 하는 것입니다.
이때는 지지에서 子나 申이 있어 辰土가 회합하여 壬水의 세력이 된다면 丙
火가 戊土를 생하지 못하므로 장애가 없다고 하는 것입니다.

또한 丙火식신이 없다고 하여도 지지에 戌土가 있어 월지와 辰戌沖이 된다
면 土가 동하여 壬水인성이 월령에 통근하기 어려워 인수격을 유지하기 어
려우므로 유정한 것이 무정하게 된다고 하는 것입니다.

6) 잡기용신이 무정하여도 유정하게 되는 경우

又有無情而終成有情者 何也? 如癸生辰月 透戊爲官 又有會申會子以
우유무정이종성유정자 하야   여계생진월 투무위관 우유회신회자이

成水局 透干與會支相剋矣。然所剋者乃是劫財 譬如月劫用官 何傷之
성수국 투간여회지상극의   연소극자내시겁재 비여월겁용관 하상지

有? 又如丙生辰月 透戊爲食 而又透壬爲煞 是兩干竝透 而相剋也。然
유   우여병생진월 투무위식 이우투임위살 시양간병투 이상극야   연

所剋者乃是偏官 譬如食神帶煞 煞逢食制 二者皆是美格 其局愈貴。是
소극자내시편관 비여식신대살 살봉식제 이자개시미격 기국유귀   시

皆無情而終爲有情也。如此之類 不可勝數 即此爲例 旁悟而已。
개무정이종위유정야   여차지류 불가승수 즉차위례 방오이이

무정한 것이 유정하게 되는 경우가 있는데 어떠한 것인가? 가령 癸가 辰월
생으로 戊가 투출하여 정관격인데 申이나 子가 있어 水국으로 회국하면 투
간한 것과 회지한 것이 서로 상극이 된다. 그러나 겁재를 극한 것이므로 월
겁용관격과 같은 것이니 어찌 상하였다고 하겠는가? 丙이 辰월생으로 戊가
투출하여 식신격인데 壬칠살이 투출하면 두 개의 천간이 함께 투출하여 서
로 상극이 된다. 그러나 편관을 극한 것이므로 식신대살이나 살봉식제나 같
은 것이니 두 가지 모두 아름다운 격으로서 더욱 귀격이 된 것이다. 이것은
모두 무정한 것이 유정하게 된 것이다. 이러한 종류는 무수히 많으니 이것
을 예로 삼아서 널리 깨달아야 한다.

癸水일간이 辰월생인데 戊土정관이 투출하면 잡기정관격이 됩니다.
이때 지지에서 辰월이 申子와 회국하여 申子辰 水국이 되었다면 戊土정관
과 서로 상극하게 되므로 무정하다고 하는 것입니다.
그러나 水국이 정관격의 극을 받으면 오히려 록겁용관격으로 성격이 되므
로 무정한 것이 유정하게 되었다고 하는 것입니다.

丙火일간이 辰월생인데 戊土식신과 壬水칠살이 함께 투출하여 서로 상극이
되어 무정하다고 하지만 식신대살이나 살봉식제로서 성격이 되므로 오히
려 아름다운 격국으로서 귀격이 되는 것이니 무정한 것이 유정하게 되었다
고 하는 것입니다.

7) 묘고의 형충

辰戌丑未 最喜刑沖 財官入庫不沖不發; 此設雖俗書盛稱之 然子平先生
진 술 축 미　최 희 형 충　재 관 입 고 불 충 불 발　차 설 수 속 서 성 칭 지　연 자 평 선 생

造命 無是設也。夫雜氣透干會支 豈不甚美? 又何勞刑沖乎? 假如甲生
조 명　무 시 설 야　부 잡 기 투 간 회 지　개 불 심 미　우 하 노 형 충 호　가 여 갑 생

辰月 戊土透豈非偏財? 申子會豈非印綬? 若戊土不透 卽辰戌相沖 財格
진 월　무 토 투 개 비 편 재　신 자 회 개 비 인 수　약 무 토 불 투　즉 진 술 상 충　재 격

猶不甚淸也。至於透壬爲印 辰戌相沖 將以累印 謂之衝開印庫可乎?
유 불 심 청 야　지 어 투 임 위 인　진 술 상 충　장 이 누 인　위 지 충 개 인 고 가 호

辰戌丑未는 형충이 가장 좋다고 하며 재관이 입고되어 충을 하지 않으면 발전하지 못한다고 하는 말은 비록 속서에서 자주 하는 것이지만 자평선생이 만든 명리에는 이러한 말이 없다. 대개 잡기가 투간하고 회지하면 어찌 아름답다고 하지 않고 어찌 형충만을 노력하는가? 가령 甲이 辰월생인데 戊土가 투출하면 어찌 편재격이 아닌가? 申子와 회합하면 어찌 인수격이 아닌가? 만약에 戊土가 투출하지 않고 辰戌충이 되었다면 재격은 오히려 매우 맑지 못한 것이다. 壬이 투출하면 인수격으로 辰戌충이라면 장차 인수격에 누가 되는데 어찌하여 창고를 두드려 열어서 인수를 꺼내야 한다고 말할 수 있겠는가?

자평학에서는 묘고를 형충으로 개고하지 않는다고 합니다.
일반적인 시중의 속서에서는 辰戌丑未는 오행의 묘고墓庫로서 형충으로 문을 두드려 열어야 창고에 들어있는 지장간을 꺼내어 쓸 수 있다고 주장하고 있다고 합니다.
그러므로 辰戌丑未는 형충이 되는 것이 가장 좋다고 하는 것이며 재성과 관성이 입고하였을 때 형충을 하지 않으면 창고의 문이 열리지 않아 쓸 수 없으므로 재성과 관성이 빛을 볼 수 없다고 주장하는 학설이 많이 거론되고 있다고 합니다.

그러나 현대명리인 자평학을 만든 자평선생은 이러한 말을 한 적이 없다고 하면서 일반적인 시중의 서적들의 주장을 부정하고 있습니다.

잡기가 천간에 투출하거나 회지하면 아름답다고 합니다.

월지가 辰戌丑未일 경우에 지장간이 천간에 투출하거나 지지에서 회합하여 용신으로서 잡기격을 이루면 격국이 선명해지므로 아름답다고 하는 것입니다.

그러므로 일반적인 시중의 서적들이 주장하고 있는 대로 형충으로 창고를 열어 지장간을 꺼내어 쓰는 노력을 할 필요가 없다고 하는 것입니다.

甲木일간이 辰월생이고 辰土에서 戊土재성이 천간에 투출하면 잡기재격으로 선명해지는 것이며
지지에서 申이나 子가 있어 월지 辰土와 申子辰으로 회합이 되어 水국이 된다면 잡기인수격으로 선명해진다고 하는 것입니다.

辰戌丑未 월지가 형충이 된다면 격국이 맑지 못하다고 합니다.

辰戌丑未가 서로 형충이 된다면 土끼리 형충하는 것으로서 土가 심하게 동하게 되어 마치 지진이 난 것과 같으므로 결국 격국이 맑지 못하게 된다고 합니다.

甲木일간이 辰월생이고 辰土에서 戊土재성이 천간에 투출하지 아니하고 지지에서 辰戌충이 되고 있다면 土가 동하여 심하게 흔들리는 것이므로 재격이 맑지 못하고 매우 탁하다고 합니다.

또한 壬水인성이 투출하였는데 지지에서 월지 辰土가 辰戌충이 된다면 土가 동하게 되어 壬水인성을 극하게 되므로 장차 인성에게 누가 된다고 하는 것입니다.

그러나 일반적인 시중의 서적들에서는 辰戌충으로 창고 문이 열리면서 개고開庫가 되었으므로 壬水인성이 천간에 나올 수 있어 유용하게 쓸 수 있다고 잘못된 주장을 하고 있다고 하는 것입니다.

況四庫之中 雖五行俱有 而終以土爲主。土沖則靈 金木水火 豈取勝以
황사고지중 수오행구유 이종이토위주 토충즉령 금목수화 개취승이

四庫之沖而動乎? 故財官屬土 沖則庫啓 如甲用戊財而辰戌沖 壬用己
사고지충이동호 고재관속토 충즉고계 여갑용무재이진술충 임용기

官而丑未沖之類是也。然終以戊己干頭爲淸用 干旣透 卽不沖而亦得
관이축미충지류시야 연종이무기간두위청용 간기투 즉불충이역득

也。至於財官爲水 沖則反累 如己生辰月 壬透爲財 戌沖則劫動 何益之
야 지어재관위수 충즉반누 여기생진월 임투위재 술충즉겁동 하익지

有? 丁生辰月 透壬爲官 戌沖則傷官 豈能無害? 其可謂之逢沖而壬水
유 정생진월 투임위관 술충즉상관 개능무해 기가위지봉충이임수

之財庫官庫開乎?
지 재고 관고 개 호

더구나 사고의 안에는 비록 오행이 구비되어 있어도 결국 土가 주인인
것이다. 土의 충은 영험하지만 金木水火를 어찌 사고의 충으로 움직여
얻는다는 것인가? 그러므로 재관이 土일 때 충으로 창고를 연다는 것인
데 가령 甲일간에 戊재성이 용신인데 辰戌충이 되는 경우와 壬일간에
己정관이 용신인데 丑未충이 되는 경우가 이러한 종류이다. 그러나 결
국 戊己가 천간에서 맑아서 용신이 되는 것이므로 이미 천간에 투출하
였다면 충하지 않아도 격을 얻을 수 있는 것이다. 재관이 水이라면 충으
로 인하여 오히려 누를 끼치는 것인데 가령 己일간이 辰월생인데 壬이
투출하여 재격이라면 戌과 충하여 겁재가 동하므로 어찌 이롭다고 할
것인가? 丁일간이 辰월생인데 壬이 투출하여 정관격인데 戌이 충하여
정관을 상하게 한다면 어찌 해로움이 없다고 하겠는가? 이러하니 충을
만나서 壬水의 재고와 관고가 열렸다고 말할 수 있겠는가?

묘고는 土가 위주라고 합니다.
묘고의 지장간에는 오행이 모두 구비되어 있다고 하여도 결국은 土가 위주
이므로 묘고의 충은 土충이 되어 영험한 면을 나타내기도 합니다.

그러나 시중의 서적들이 말하듯이 묘고가 충으로 움직여서 金木水火의 오
행을 얻는다고 하거나 재성과 관성이 土이라면 충으로 창고를 열어서 써야
한다고 잘못된 주장을 한다는 것입니다.

천간에 투출한 戊己土는 충을 하지 않아도 쓸 수 있다고 합니다.
甲木일간이 辰월생인데 辰戌을 충하여 戊土의 편재를 쓴다고 하거나 壬水
일간이 丑未를 충하여 己土정관을 쓴다고 시중의 서적들은 억지 주장을 하
고 있다는 것입니다.

그러나 戊己土가 천간에 투출하여 맑으면 쓸 수 있는 것이므로
이미 戊己土가 재성이나 관성으로 천간에 투출하였다면 억지로 충을 하지
않아도 재성이나 관성을 얻을 수 있다고 하는 것입니다.

壬癸水가 재관인 경우에는 묘고의 土충으로 인하여 파괴됩니다.
일반적인 시중의 서적에서는 辰戌丑未월에 재관이 壬癸水일 경우에는 辰戌
충이나 丑未충으로 지장간의 壬癸水를 꺼내야 쓸 수 있다고 주장을 하지만
재관이 水일 경우에는 土충으로 인하여 오히려 壬癸水재관이 파괴될 수 있
다는 것을 모르고 이야기 하는 것이라고 하는 것입니다.

가령 己土일간이 辰월생인데 천간에 투출한 壬水재성을 용신으로 채용하여
잡기재격을 이루고 있는데
지지에서 월지 辰土가 戌土와 辰戌충이 된다면 겁재인 戊土가 움직이면서
壬水재성을 파괴하므로 결국 파격이 된다고 하는 것입니다.

丁火일간이 辰월생인데 천간에 투출한 壬水정관을 용신으로 채용하여 잡기
정관격을 이루고 있는데
지지에서 辰戌충이 된다면 戊土가 움직이면서 壬水정관을 파괴되므로 결국
파격으로 이어지게 된다고 하는 것입니다.

그러므로 辰戌충이나 丑未충으로 재성의 창고나 관성의 창고의 문이 열리
면서 壬水재성이나 관성이 투출하였기 때문에 용신으로 채용할 수 있다고
말하는 것은 잘못된 주장이라고 하는 것입니다.

今人不知此理 甚有以出庫爲投庫。如丁生辰月 壬官透干 不以爲故內
금인부지차리 심유이출고위투고   여정생진월 임관투간 불이위고내

之壬 干頭透出 而反爲干頭之壬 逢辰入庫 求戌以沖土 不顧其官之傷。
지임 간두투출 이반위간두지임 봉진입고 구술이충토 불고기관지상

更有可笑者 月令本非四庫 別有用神 年月日時中一帶四墓 便求刑沖;
갱유가소자 월령본비사고 별유용신 년월일시중일대사묘 편구형충

日臨四庫不以爲身坐庫根 而以爲身主入庫 求沖以解。種種謬論 令人
일림사고불이위신좌고근 이이위신주입고 구충이해   종종류론 령인

掩耳。
엄 이

오늘날 사람들은 이러한 이치를 모르고 심지어 출고를 투고라고 한다. 가령
丁일간이 辰월생인데 壬정관이 투출하면 지장간에서 천간으로 투출한 것이
라고 하지 않고 오히려 천간의 壬이 辰을 만나 입고 된 것이라고 하며 戌로
써 土를 충하여 구하여야 한다고 하면서 정관이 상하는 것을 고려하지 않
는다. 더욱 가소로운 것은 월령이 본래 사고가 아닌데도 별도로 용신이 있
으니 연월일시중에서 사고가 하나라도 있다면 형충으로 구하고자 한다. 일
간이 사고에 임하면 고에 통근한 것이라고 하지 않고 일간이 입고되었다고
하면서 충으로 풀어주어야 한다는 것이다. 이러한 종류의 잘못된 이론들은
올바른 사람이라면 귀를 막고 듣지 말아야 할 것이다.

천간이 묘고를 만나면 투출하거나 통근한 것이라고 합니다.

丁火일간이 辰월생인데 천간에 壬水정관이 있으면 辰土의 지장간에서 투출
한 것인데도 불구하고 시중의 서적들은 壬水가 辰土에 투고 또는 입고되었
으니 辰戌충으로써 辰土를 개고시켜야만 壬水정관을 구할 수 있다고 잘못
된 주장을 하고 있다는 것입니다.

이는 辰戌충으로 인하여 土가 동하므로 오히려 壬水정관이 상한다는 것을
고려하지 않은 것이라고 하는 것입니다.

더구나 년일시에 묘고가 있으면 월령이 아닌데도 불구하고 형충으로 별도
의 용신을 구하여야 한다고 하니 가소롭다고 하는 것이며
또한 일간이 묘고를 만나면 통근하였다고 하지 아니하고 일간이 입고되었
으니 형충으로 구하여야 된다고 하는 것도 잘못된 주장이니 귀를 막고 듣
지 말라고 하는 것입니다.

然亦有逢沖而發者 何也? 如官最忌沖 而癸生辰月 透戊爲官 與戌相沖
연 역 유 봉 충 이 발 자 하 야   여 관 최 기 충 이 계 생 진 월 투 무 위 관 여 술 상 충

不見破格 四庫喜沖 不爲不足。 卻不知子午卯酉之類 二者相仇 乃沖剋
불 견 파 격 사 고 희 충 불 위 부 족   각 부 지 자 오 묘 유 지 류 이 자 상 구 내 충 극

之沖 而四墓土自爲沖 乃衝動之沖 非沖剋之沖也。然旣以土爲官 何害
지 충 이 사 묘 토 자 위 충 내 충 동 지 충 비 충 극 지 충 야   연 기 이 토 위 관 하 해

於事乎? 是故四墓不忌刑沖 刑沖未必成格。其理甚明 人自不察耳。
어 사 호   시 고 사 묘 불 기 형 충 형 충 미 필 성 격   기 리 심 명 인 자 불 찰 이

그러나 충을 만나 발전하는 것이 있는데 어떠한 것인가? 가령 정관은
충을 가장 기피하지만 癸일간이 辰월생이면 戊가 투출하여 정관격인데
戊로 충하면 파격으로 보지 않는다. 사고가 충을 반기어도 부족하지 않
은 것이다. 도리어 子午卯酉는 서로 원수처럼 충극하는 충이지만 사묘
는 土자체의 충으로서 충동하는 충이므로 충극하는 충이 아닌 것이다.
따라서 이미 土가 정관격이라면 어찌 해롭다고 하겠는가? 그러므로 사
묘가 형충을 꺼리지 않으나 형충이 성격에 반드시 필요한 것은 아니다.
그 이치가 매우 분명한데 사람들은 스스로 살피지 못할 뿐이다.

충이 되어 오히려 발전하는 경우

癸水일간이 辰월생인데 戊土정관이 투출하면 잡기정관격이 됩니다.
정관격에서 형충이 있으면 파격이 되는 것이 자평진전의 원칙입니다.

그런데 辰戌丑未의 사고에서 투출한 戊土로써 정관격일 경우에는 辰戌충이
되어도 파격으로 보지 않는다고 합니다.
이는 辰戌沖은 土끼리의 충沖이므로 土가 동하여 土의 세력이 증강되므로
오히려 정관격이 발전한다고 하는 것입니다.

그러나 子午충이나 卯酉충의 경우에는 서로 원수끼리의 충이므로 충격의
정도가 더욱 심하여 정관격인 경우 당연히 파격이 되지만
辰戌丑未의 충은 土자체의 충으로서 土를 충동하여 세력을 강화시키므로
형충이 성격에 반드시 필요한 것이 아니라고 하는 것입니다.

12. 사길신과 사흉신의 적절한 쓰임

財官印食 四吉神也 然用之不當 亦能破格。如食神帶煞 透財爲害 財
재 관 인 식 사 길 신 야 연 용 지 부 당 역 능 파 격 여 식 신 대 살 투 재 위 해 재
能破格也; 春木火旺 見官則忌 官能破格也; 煞逢食制 透印無功 印能
능 파 격 야 춘 목 화 왕 견 관 즉 기 관 능 파 격 야 살 봉 식 제 투 인 무 공 인 능
破格也; 財旺生官 露食則雜 食能破格也。是故官用食破 印用財破。譬
파 격 야 재 왕 생 관 로 식 즉 잡 식 능 파 격 야 시 고 관 용 식 파 인 용 재 파 비
之用藥 參苓芪朮 本屬良材 用之失宜 亦能害人。
지 용 약 참 령 기 출 본 속 량 재 용 지 실 의 역 능 해 인

재성 정관 인성 식신은 사길신이다. 그러나 용신으로 부당하다면 파격이 될
수 있다. 가령 식신대살격에서 재성이 투출하여 해롭다면 재성으로 인하여
파격이 될 수 있다. 봄木에 火가 왕성하다면 정관을 보는 것을 기피하므로
정관으로 인하여 파격이 될 수 있다. 살봉식제격에서 인성이 투출하여 공이
없다면 인성으로 인하여 파격이 될 수 있다. 재왕생관격에서 식신이 드러나
잡하게 된다면 식신으로 인하여 파격이 될 수 있다. 그러므로 정관이 용신
이라면 식신으로 인하여 파격이 되고 인수가 용신이라면 재성으로 인하여
파격이 되는 것이다. 비유하면 약을 쓰는데 인삼 복령 황기 백출은 본래 좋
은 약재이지만 잘못 쓰인다면 사람을 해칠 수 있는 것과 마찬가지이다.

1) 사길신이 부당하게 쓰이는 경우

사길신이라고 하면 재성, 정관, 인성, 식신으로서 일간을 이롭게 하므로 순
용하면서 성격되므로 좋게 쓰이지만 아무리 길신이라고 하여도 쓰임이 부
당하다면 역시 파격의 원인이 될 수 있다고 합니다.

식신대살격은 식신격이 칠살을 만난 것으로 일간을 위협하는 칠살을 제살
하여 일간을 구하고 격국을 성립시키고 있습니다.
그러나 재성이 있다면 식신격의 제살을 방해하면서 칠살을 생하며 도우니
오히려 칠살의 기세를 강하게 만들어 일간을 위협하므로 결국 재성으로 인
하여 파격이 되는 것입니다. 아무리 재성이 길신이라고 하여도 쓰임이 부적
절하므로 파격의 원인이 된다고 하는 것입니다.

봄의 木일간이 火를 만났다면 목화통명木火通明이라고 하여 강한 木기를 火기로 설기하므로 우수한 인재의 격국으로 성격시키게 됩니다.

그러나 金정관이 있다면 火식상은 金정관을 여지없이 파괴할 수 있으므로 金정관을 보는 것을 기피한다고 하는 것입니다.

강한 木기를 설기하여 우수한 인재를 만드는 식신이 길신이라고 하여도 정관을 중시하는 당시의 시대상황으로서는 정관을 파괴하는 식신이 있다면 당연히 파격으로 여기게 되는 것입니다.

살봉식제격은 칠살격이 식신을 만난 것으로 일간을 보호하는 식신의 제살을 통하여 격국을 성격시키고 있습니다.

그러나 인성이 있다면 인성이 식신을 극제하여 제살을 방해하므로 일간을 위험에 빠뜨려 결국 격국을 파격으로 이끌게 됩니다.

그러므로 인성이 길신이라고 하여도 쓰임이 부적절하여 일간을 위험에 빠뜨리게 되므로 결국 파격의 원인이 된다고 하는 것입니다.

재왕생관격에서는 재격이 왕성하므로 정관으로 하여금 재격의 기세를 설기하면서 정관을 왕성하게 만들어 쓰고자 하는 격국입니다.

그러나 식신이 있다면 왕성한 재격을 더욱 왕성하게 만들뿐만 아니라 정관을 극하므로 격국을 파격으로 이끌게 되는 것입니다.

그러므로 식신이 길신이라고 하여도 쓰임이 부적절하여 정관을 파괴하므로 파격의 원인이 된다고 하는 것입니다.

정관격에서는 재성과 인성의 도움을 바라지만 식상은 오히려 정관격을 파괴하는 요인이 되므로 식신이 길신이라고 하여도 결국 식신으로 인하여 파격이 된다고 하는 것입니다.

인수격에서는 일간을 생하여 돕거나 칠살을 인화하여 일간을 돕는 역할을 주로 하게 되는데 재성이 있다면 인수격이 파괴되므로 재성이 길신이라고 하여도 결국 파격의 원인이 된다고 하는 것입니다.

煞傷梟刃 四凶神也 然施之得宜 亦能成格。如印綬根輕 透煞爲助 煞能
살 상 효 인 사 흉 신 야 연 시 지 득 의 역 능 성 격 여 인 수 근 경 투 살 위 조 살 능

成格也。財逢比劫 傷官可解 傷能成格也。食神帶煞 靈梟得用 梟能成格
성 격 야 재 봉 비 겁 상 관 가 해 상 능 성 격 야 식 신 대 살 령 효 득 용 효 능 성 격

也。財逢七煞 刃可解厄 刃能成格也。是故財不忌傷 官不忌梟 煞不忌刃
야 재 봉 칠 살 인 가 해 액 인 능 성 격 야 시 고 재 불 기 상 관 불 기 효 살 불 기 인

如治國長搶大戟 本非美具 而施之得宜 可以戡亂。
여 치 국 장 창 대 극 본 비 미 구 이 시 지 득 의 가 이 감 란

칠살 상관 효신 양인은 사흉신이다. 그러나 쓰임이 마땅하다면 역시 성격
을 시킬 수 있는 것이다. 가령 인수격의 뿌리가 약한데 칠살이 투출하여 돕
는다면 칠살로 인하여 성격이 되는 것이다. 재격에 비겁을 만났는데 상관
이 위험을 해소하여주면 상관으로 인하여 성격이 되는 것이다. 식신대살격
에서 효신이 영험하여 쓸모가 있다면 효신으로 인하여 성격이 되는 것이다.
재성이 칠살을 만났는데 양인이 재액을 해소하여주면 양인으로 인하여 성
격이 되는 것이다. 그러므로 재성이 상관을 꺼리지 아니하고 정관이 효신을
꺼리지 아니하며 칠살이 양인을 꺼리지 않는 것이다. 이는 나라를 다스리
는데 창칼이 본래 좋은 도구는 아니지만 쓰임이 적절하다면 반란을 평정할
수 있는 것과 마찬가지이다.

2) 사흉신이 적당하게 쓰이는 경우

사흉신이라고 하면 칠살, 상관, 효신, 양인으로서 일간에게 불리한 육신이
므로 극제하면서 역용하는 것이 자평진전의 원칙입니다.
그러나 일간에게 불리한 흉신이라고 하여도 쓰임이 적당하다면 상신으로
활약하며 일간에게 이롭게 작용을 한다고 합니다.

칠살은 본래 일간을 공격하며 위협하므로 흉신이라고 하는 것입니다.
그러나 인수격에서 인수의 뿌리가 약하여 일간을 제대로 돕기 어렵다면 칠
살의 기세를 끌어들여 인성의 기세를 강하게 만들 수 있으므로 오히려 칠
살이 일간에게 이로운 작용을 한다는 것입니다.
그러므로 인수봉살격에서는 칠살이 일간에게 불리한 흉신이라고 하여도
쓰임이 적당하여 상신으로서 역할을 한다고 하는 것입니다.

상관은 본래 일간의 길신인 정관을 극제하여 상하게 한다고 하여 흉신이라고 하는 것입니다. 그러나 상관도 적당하게 쓰이기만 하면 일간에게 이로운 작용을 하는 경우도 있다고 하는 것입니다.

가령 재격에 비겁을 만나게 되면 비겁은 재격을 위협하여 일간의 재물을 겁탈하게 되므로 파격이 되는데 이때 상관이 있다면 비겁의 기세를 이끌어 재격을 도우며 성격을 시키는 상신의 역할을 하게 됩니다.

그러므로 재격이 비겁을 만나면 파격이 되는데 또한 상관이 있다면 비겁을 설기하여 재격을 도우므로 상관이 흉신이라고 하여도 쓰임이 적당하다고 하는 것입니다.

효신은 편인으로서 본래 일간의 길신인 식신을 빼앗는다고 하여 일간에게 불리하게 작용하므로 흉신이라고 합니다.

식신대살격은 식신격에 칠살이 있는 경우로서 식신격이 칠살을 제살하여 격국을 성격시킬 수 있도록 상신으로서의 역할을 하게 됩니다.

그러나 식신의 기세가 강하고 일간의 기세가 약하다면 일간이 견디지 못하므로 파격의 원인이 되고 또한 칠살의 기세가 약하여 제살태과制煞太過가 된다면 역시 파격의 원인이 되는 것입니다.

이때는 효신으로 식신격을 억제하여 일간을 보호하고 칠살의 제살태과를 적당히 조절한다면 오히려 효신이 상신의 역할을 하는 것입니다.

양인은 본래 일간과 같은 오행이지만 일간의 재성을 겁탈하는 겁재의 기세가 강하므로 일간에게 위협이 되는 흉신입니다.

만약에 재격이 칠살을 만난다면 칠살의 기세가 강하여지면서 일간이 위험하므로 파격이 되는 것입니다.

이때 양인이 있어 일간을 도와 칠살을 효과적으로 제어할 수 있으므로 오히려 양인이 상신이 되어 재앙을 해결한다고 하는 것입니다.

이상과 같이 창칼의 무기는 쓰임에 따라 달라지므로 잘못 쓰이면 도적의 흉기가 될 수 있지만 잘만 쓴다면 국가를 지키는 좋은 도구가 될 수가 있음을 비유하여 설명하고 있습니다.

13. 생극의 선후에 따라 달라지는 길흉

月令用神 配以四柱 固有每字之生剋以分吉凶 然有同此生剋 而先後之
월령용신 배이사주 고유매자지생극이분길흉 연유동차생극 이선후지
間 遂分吉凶者 尤談命之奧也。如正官同是財傷竝透 而先後有殊。假
간 수분길흉자 우담명지오야 여정관동시재상병투 이선후유수 가
如甲用酉官 丁先戊後 後則以財爲解傷 即不能貴 後運必有結局。若戊
여갑용유관 정선무후 후즉이재위해상 즉불능귀 후운필유결국 약무
先而丁後時 則爲官遇財生 而後因傷破 即使上運稍順 終無結局 子嗣
선이정후시 즉위관우재생 이후인상파 즉사상운초순 종무결국 자사
亦難矣。
역난의

월령의 용신을 사주에 배치하고 나면 매 글자마다 생극으로써 길흉이 구분
되며 같은 생극이라도 선후에 따라 길흉이 구분되는 것이므로 더욱 명조의
다름을 말하는 것이다. 가령 정관격에서 재성과 상관이 동시에 투출하여도
선후에 따라 달라지는 것이다. 甲일간에 酉정관격인데 丁이 앞에 있고 戊가
뒤에 있다면 뒤에 있는 재성으로써 상관을 해결하므로 귀하게 되지는 않아
도 뒤에 오는 운으로 반드시 격국을 이루게 된다. 만약 戊가 앞에 있고 丁이
시에 있다면 정관격이 재성의 생을 만나게 되지만 뒤에 오는 상관으로 인
하여 파격이 되는 것이다. 즉 상반기 운에는 점점 순조로워지지만 결국은
격국을 이루지 못하므로 후사를 잇기도 어렵다.

사주의 배치에 따라 길흉이 달라진다고 합니다.
사주팔자는 연월일시로 구성되어 있는데 글자마다 어느 위치에 있는가에
따라 용신의 생극이 작용하면서 길흉이 달라진다고 하는 것입니다.

자평진전에서는 년월과 일시를 인생의 전반기와 후반기의 삶으로 구분지
어 보기도 합니다.
년월에 있는 글자로 인하여 격국이 성립이 된다면 전반기의 삶은 부귀하게
되는 것이고 파격이 된다면 삶이 어렵게 되는 것입니다.
전반기의 삶이 좋았다고 할지라도 일시에 있는 글자로 인하여 파격이 된다
면 후반기의 삶이 어렵게 되지만 일시에 있는 글자로 인하여 성격이 된다
면 후반기의 삶은 좋아지게 된다고 합니다.

1) 정관격에서 재성과 상관의 선후에 따른 길흉의 차이

시	일	월	년	구분
戊	甲	丁		천간
		酉		지지

甲木일간이 酉월생으로 정관격인데 丁火상관이 있으면 파격이 됩니다.
그러므로 전반기의 삶에서 丁火상관으로 인하여 정관격이 파격이 되므로
귀하게 되지는 않는다고 하는 것입니다.
과거에는 정관격이 성격이 되면 관직에 나아가 출세를 할 수 있으므로 귀
하게 된다고 합니다. 그러나 정관격이 파격이 되므로 관직에 나아가지 못하
므로 귀하게 되지는 못한다고 하는 것입니다.

후반기의 삶에서는 戊土재성이 뒤에 있어 丁火상관을 화化하면서 정관격을
도우므로 결국은 격국을 이룬다고 하는 것입니다.
丁火상관은 戊土재성으로 인하여 정관격을 극제할 수 없으므로 戊土재성이
정관격을 보호하며 기세를 강화시키므로 정관격이 성격되면서 오히려 부
귀하게 된다는 것입니다.

시	일	월	년	구분
丁	甲		戊	천간
		酉		지지

이번에는 반대의 경우로서 戊土재성이 앞에 있고 丁火상관이 뒤에 있다면
전반기 운에는 재성으로 인하여 정관격이 성격이 되면서 부귀를 함께 누리
는 순조로운 삶을 살게 됩니다. 하지만 뒤에 오는 운이 상관으로 인하여 정
관격이 파격이 되므로 관직에서 물러나게 될 수 있습니다. 결국 파격으로
인하여 부귀는 없어지고 허망하게 된다고 하는 것입니다.

시주는 자식궁으로서 정관격을 파격으로 만드는 흉신으로 인하여 자식에
게 영향을 미치므로 자손을 잇기도 어렵다고 하는 것입니다.

印格同是貪財壞印 而先後有殊。如甲用子印 己先癸後 卽使不富 稍順
인 격 동 시 탐 재 괴 인 이 선 후 유 수   여 갑 용 자 인 기 선 계 후 즉 사 불 부 초 순

晚境; 若癸先而己在時 晚景亦悴矣。食神同是財梟竝透 而先後有殊。
만 경   약 계 선 이 기 재 시 만 경 역 췌 의   식 신 동 시 재 효 병 투 이 선 후 유 수

如壬用甲食 庚先丙後 晚運必亨 格亦富而望貴。若丙先而庚在時 晚運
여 임 용 갑 식 경 선 병 후 만 운 필 형 격 역 부 이 망 귀   약 병 선 이 경 재 시 만 운

必悴 富貴兩空矣。七煞同是財食竝透 而先後大殊。如己生卯月 癸先
필 췌 부 귀 양 공 의   칠 살 동 시 재 식 병 투 이 선 후 대 수   여 기 생 묘 월 계 선

辛後 則爲財以助用 而後煞用食制 不失大貴。若辛先而癸在時 則煞逢
신 후 즉 위 재 이 조 용 이 후 살 용 식 제 부 실 대 귀   약 신 선 이 계 재 시 즉 살 봉

食制 而財轉食當煞 非特不貴 後運蕭索 兼難永壽矣。
식 제 이 재 전 식 당 살 비 특 불 귀 후 운 소 색 겸 난 영 수 의

인수격에서 탐재괴인일지라도 선후의 차이가 있다. 가령 甲일간이 子인수격인데 己가 앞이고 癸가 뒤라면 부자는 안 되어도 말년에는 점차 순조로워진다. 만약 癸가 앞이고 己가 시에 있다면 말년에는 역시 근심이 있을 것이다. 식신격에서 재성과 효신이 함께 투출할지라도 선후의 차이가 있다. 가령 壬일간이 甲식신을 쓰는데 庚이 앞이고 丙이 뒤라면 말년 운이 좋을 것이며 역시 부유한 격으로서 귀함도 바라볼 수 있다. 만약에 丙이 앞이고 庚이 시에 있다면 말년 운에는 반드시 근심이 있을 것이고 부귀는 모두 공허할 것이다. 칠살격에서 재성과 식신이 함께 투출할지라도 선후에 따라 큰 차이가 있다. 가령 己일간이 卯월생인데 癸가 앞이고 辛이 뒤에 있다면 재성이 용신을 돕는다고 하지만 뒤에 있는 살용식제가 되므로 대귀함을 잃지는 않는다. 만약 辛이 앞에 있고 癸가 시에 있다면 살봉식제가 되지만 재성이 식신을 전환하여 칠살과 작당을 하므로 귀하게 되지 못할 뿐만 아니라 뒤에 오는 운이 쓸쓸하고 오래 살기도 어렵게 된다.

2) 인수격에서 인성과 재성의 선후에 따른 길흉의 차이

인수격에서 재성을 만나면 재성이 인수격을 파괴하므로 자칫 탐재괴인이 되면서 패격으로 이어지기 쉽습니다.
그러나 재물을 탐내다가 명예를 잃는 탐재괴인貪財壞印이라고 할지라도 사주의 위치에 따라 달라진다고 하는 것입니다.

시	일	월	년	구분
癸	甲		己	천간
		子		지지

甲木일간이 子월생이면 인수격이 됩니다. 癸水인성이 시간에 투출하고 己土재성이 년간에 투출하여 인수격에 재성을 만났으니 탐재괴인으로서 파격의 원인이 되는 명조라고 할 수 있습니다.

물론 투출한 인성이 많아 인수격이 탁하다면 재성으로 인수격을 억제하는 인다용재印多用財격으로 성격이 될 수 있지만 대체로 인수격에서 재성의 등장은 인수격을 탁하게 하는 요인이 됩니다.

이 명조는 인생의 전반기에는 己土재성으로 인하여 재물을 탐하다가 명예를 잃는다고 하는 탐재괴인貪財壞印으로 인하여 인수격의 용신이 탁하여지므로 명예를 잃는 어려움을 겪게 됩니다.

그러나 인생 후반기에는 癸水인성이 시간에 있어 월령에서 투출한 인수격의 용신이 맑아지므로 점차 안정되므로 부자가 되기는 어려워도 점차 순조로운 삶을 살 수 있다는 것입니다.

시	일	월	년	구분
己	甲		癸	천간
		子		지지

반대로 인수격에서 癸水인성이 앞에 있다면 월령에서 투출한 인수격으로 인하여 용신이 맑아지므로 인생의 전반기에는 안정된 삶을 살 수 있습니다.

그러나 인생의 후반기에는 시에 있는 己土재성으로 인하여 결국 탐재괴인으로 인하여 인수격의 용신이 탁해지므로 인생의 후반기의 삶은 근심이 있다고 하는 것입니다.

3) 식신격에서 효신과 재성의 선후에 따른 길흉의 차이

시	일	월	년	구분
丙	壬		庚	천간
		寅		지지

壬水일간이 寅월생이면 정기 甲木으로 인하여 식신격이 됩니다.
식신격에서는 편인은 효신梟神이라고 하여 식신격을 파괴하는 위험한 흉신
凶神의 존재이므로 파격의 원인이 되는 것입니다.
그러므로 식신격에서는 편인을 효신이라고 부르며 기피하게 됩니다.

庚金효신이 년간에 있으면서 식신격의 용신을 탁하게 만들어주므로 용신이
역할을 제대로 하지 못하게 됩니다. 사주팔자에 丙火재성이 있다고 하여도
멀리 있으므로 庚金효신을 효과적으로 제어하지 못하므로 인생의 전반기에
는 어려운 삶을 살게 된다고 합니다.

하지만 인생의 후반기에는 시간에 丙火재성이 있어 식신격이 생재를 할 수
있는 여건이 되면서 庚金효신을 제어하여 식신격의 용신을 맑게 하여주므
로 인생의 후반기에는 반드시 형통하여 부유하고 귀한 삶을 살 수 있다는
것입니다.

시	일	월	년	구분
庚	壬		丙	천간
		寅		지지

반대로 丙火재성이 앞에 있다면 식신격으로 생재하면서 부를 생산할 수 있
어 인생의 전반기에는 부유한 삶을 살 수 있다고 하여도

인생의 후반기에는 시간에 庚金효신이 있으므로 식신격을 극제하여 용신이
탁하여지면서 만년에는 반드시 부를 잃어버리고 어렵고 처량한 삶을 살게
된다고 하는 것입니다.

4) 칠살격에서 식신과 재성의 선후에 따른 길흉의 차이

시	일	월	년	구분
辛	己		癸	천간
		卯		지지

己土일간이 卯월이면 정기 乙木칠살에 의하여 칠살격이 됩니다.
칠살격에서 식신은 칠살을 제어하는 역용의 작용으로 성격을 시키는 상신으로 작용하지만 재성은 칠살격을 도와 일간을 위협하므로 파격의 원인이 되는 것입니다.

癸水재성이 년간에서 칠살격을 생하여 강하게 만들어 주므로 일간의 위협이 증가되고 있어 칠살격의 용신이 탁하여지고 있습니다.
그러므로 전반기의 인생은 멀리 있는 시간의 辛金식신이 칠살격을 제어하기 어려워 삶이 어려워지게 됩니다.

그러나 후반기의 인생은 시간의 辛金식신이 칠살격의 위협을 제살하여 일간을 보호하여 주므로 칠살격의 용신이 맑아지면서 오히려 말년에 귀하게 살 수 있는 여건을 만들 수 있다고 하는 것입니다.

시	일	월	년	구분
癸	己		辛	천간
		卯		지지

반대로 辛金식신이 년간에 있다면 칠살격을 효과적으로 역용하여 제살을 하므로 칠살격의 용신이 맑아지면서 인생의 전반기에는 귀한 삶을 살 수 있지만

인생의 후반기에는 시간에 있는 癸水재성이 칠살격을 생하여 칠살격의 용신이 탁하여지면서 일간을 위협하므로 결국 말년에는 귀함을 잃어버리고 처량한 삶을 살게 되며 수명도 길지 못할 것이라고 하는 것입니다.

他如此類 可以例推。然猶吉凶易者也 至丙生甲寅月 年癸時戊 官能生印
타 여 차 류 가 이 예 추　연 유 길 흉 역 자 야　지 병 생 갑 인 월　년 계 시 무　관 능 생 인

而不怕戊合; 戊能泄身爲秀 而不得越甲以合癸 大貴之格也。假使年月戊
이 불 파 무 합　무 능 설 신 위 수　이 부 득 월 갑 이 합 계　대 귀 지 격 야　가 사 년 월 무

癸而時甲 或年甲而月癸時戊 則戊無所隔而合全癸 格大破矣。丙生辛酉
계 이 시 갑　혹 년 갑 이 월 계 시 무　즉 무 무 소 격 이 합 전 계　격 대 파 의　병 생 신 유

年癸時己 傷因財間 傷之無力 間有小貴。假如癸己間而中無辛隔 格盡破
년 계 시 기　상 인 재 간　상 지 무 력　간 유 소 귀　가 여 계 기 간 이 중 무 신 격　격 진 파

矣。辛生申月 年壬月戊 時上丙官 不愁隔戊之壬 格亦許貴。假使年丙月
의　신 생 신 월　년 임 월 무　시 상 병 관　불 수 격 무 지 임　격 역 허 귀　가 사 년 병 월

壬而時戊 或年戊月丙而時壬 則壬能剋丙 無望其貴矣。如此之類 不可勝
임 이 시 무　혹 년 무 월 병 이 시 임　즉 임 능 극 병　무 망 기 귀 의　여 차 지 류　불 가 승

數 其中吉凶似難猝喩。然細思其故 理甚顯然 特難爲淺者道耳。
수　기 중 길 흉 사 난 졸 유　연 세 사 기 고　이 심 현 연　특 난 위 천 자 도 이

다른 것도 이와 같이 유추하면 길흉이 바뀌는 것을 알 수 있다. 가령 丙
일간이 甲寅월생인데 년에 癸가 있고 시에 戊가 있다면 정관이 인성을
생하므로 戊가 합하고자 하여도 두려워하지 않으며 戊는 일간을 설기
하여 우수하게 만들 수는 있어도 甲을 넘어 癸와 합하지는 못하므로 대
귀하는 격국이다. 년월에 戊癸가 있고 시에 甲이 있거나 년에 甲이 있고
월에 癸와 시에 戊가 있다면 戊는 간격이 없으므로 癸와 완전히 합하여
격국이 크게 파괴되는 것이다. 丙일간이 辛酉월생인데 년에 癸와 시에
己가 있다면 상관과의 사이에 재성이 있으므로 상관이 무력하게 되므로
작은 귀함은 있게 된다. 가령 癸己가 함께 있고 중간에 辛이 없다면 격
국은 완전히 파괴된다. 辛일간이 申월생인데 년에 壬과 월에 戊가 있고
시상에 丙정관이 있다면 戊로 막혀있는 壬을 염려하지 않으므로 격국은
귀함이 있게 된다. 가령 년에 丙이 있고 월에 壬이 있으며 시에 戊가 있
거나 혹 년에 戊가 있고 월에 丙이 있으며 시에 壬이 있다면 壬은 丙을
극할 수 있으므로 귀함은 허망하게 된다. 이와 같은 종류는 수없이 많으
니 그중의 길흉을 한 번에 깨우치기는 어렵다. 세세하게 생각하면 그 이
치가 자연히 드러나는 것이지만 학문이 얕은 자는 깨우치기 어렵다고
할 것이다.

5) 천간합의 여부에 따라 달라지는 길흉의 차이

시	일	월	년	구분
戊	丙	甲	癸	천간
		寅		지지

丙火일간이 寅월생인데 甲木이 월간에 투출하여 인수격이 됩니다.
癸水정관이 년간에서 월간의 甲木인성 용신을 생하여 인수격의 기세를 돕고 있으며 시간의 戊土식신은 인수격으로 인하여 강하여지는 일간의 기세를 설기하면서 우수한 자질을 발휘하게 하므로 크게 귀하게 되는 격국이 된다고 하는 것입니다.

戊土식신은 년간 癸水를 합하고 싶어도 월간의 甲木이 방해하므로 년간의 癸水를 바라만 볼 뿐이지 감히 합하지 못하므로 癸水는 戊土가 합하고자 하는 것을 두려워하지 않는다고 하는 것입니다.

시	일	월	년	구분
甲	丙	戊	癸	천간
		寅		지지

이 경우에는 년월에 戊土가 癸水와 함께 있으므로 戊癸합이 되면서 癸水정관의 역할을 하지 못하므로
인수용관격의 격국은 크게 파괴되면서 귀함은 없다고 하는 것입니다.

시	일	월	년	구분
戊	丙	癸	甲	천간
		寅		지지

이 경우에도 戊土와 癸水가 월과 시에 떨어져 있다고 하여도 癸水는 甲木의 보호를 받지 못하고 戊土는 癸水와 합할 수 있으므로
결국 癸水정관이 합거되어 인수용관격의 격국이 파괴되는 결과를 만들 수 있는 것이므로 역시 귀함은 없다고 하는 것입니다.

6) 재격에서 정관과 상관의 선후에 따른 길흉의 차이

시	일	월	년	구분
己	丙	辛	癸	천간
		酉		지지

丙火일간이 酉월생인데 辛金재성이 월간에 투출하여 재격이 됩니다.
년간에 癸水정관과 시간에 己土상관이 투출하여 있지만 중간에 辛金재성이
월령에서 투출한 용신으로서 기세가 왕성하므로
己土상관은 癸水정관을 감히 극제하여 파괴하지 못하므로 무력하다고 하는
것입니다.

그러나 결국 己土상관으로 인하여 癸水정관이 힘을 쓰지 못하므로 정관의
귀함이 적어진다고 하는 것입니다.

시	일	월	년	구분
	丙	癸	己	천간
		酉		지지

이 경우에는 酉월에서 辛金재성이 투출하지 아니하고
癸水정관과 己土상관이 년월에 나란히 붙어있으므로 癸水정관은 己土상관
에 의하여 여지없이 파괴되므로 격이 완전히 무너진다고 하는 것입니다.

이 경우에는 己土상관이 癸水정관을 파괴하여도 재격을 생하여 상관생재격
으로 성격이 될 수 있는 것이지만
丙火일간이 癸水정관을 중요하게 쓰는 경우이라면 당연히 격국의 질은 떨
어지는 것이며 파격으로 이어질 수도 있는 것입니다.

당시의 시대 상황에서는 정관은 국가나 임금으로 여기므로 정관이 파괴되
는 것은 있을 수 없는 현상으로서 당연히 격국이 완전히 무너진다고 하는
것입니다.

7) 록겁격에서 정관과 상관의 선후에 따른 길흉의 차이

시	일	월	년	구분
丙	辛	戊	壬	천간
		申		지지

辛金일간이 申월생으로 록겁격인데 시간에 丙火정관이 투출하여 록겁용관격으로 성격을 시키고자 하지만
년간에 壬水상관이 투출하여 丙火정관을 극제하고자 하므로 격국이 성립되기 어려운 지경에 있는 것입니다.

그러나 월간에 戊土인성에 의하여 壬水상관이 억제되고 있으므로 丙火정관이 안전하여지므로 격국은 성립될 수 있는 것이며 壬水상관을 두려워할 필요가 없다고 하는 것입니다.

시	일	월	년	구분
戊	辛	丙	壬	천간
		申		지지

辛金일간이 申월생으로 록겁격으로서 丙火정관을 써서 록겁용관격으로 성격시키고자 하지만 년간의 壬水상관이 정관을 극제하여 파괴하므로 격국은 패격이 됩니다.

이때 戊土인성이 시간에 멀리 있으므로 壬水상관을 제어하지 못하므로 丙火정관을 보호하기 어려워 결국 패격이 되어버리니 귀함이 허망하게 되었다고 하는 것입니다.

또한 년간의 壬水상관과 시간의 戊土인성의 위치가 바뀌어도 壬水와 戊土가 멀리 떨어져 제어를 하지 못하므로 丙火정관은 壬水상관에 의하여 여지없이 파괴될 수 있으므로 격국이 성립되지 못하고 귀함은 허망하게 된다고 하는 것입니다.

14. 격국과 관계없는 성신

八字格局 專以月令配四柱 至於星辰好歹 旣不能爲生剋之用 又何以操
팔자격국 전이월령배사주 지어성신호알 기불능위생극지용 우하이조
成敗之權? 況於局有礙 卽財官美物 尙不能濟 何論吉星? 于局有用 卽
성패지권 황어국유애 즉재관미물 상불능제 하론길성 우국유용 즉
七煞傷官 何謂凶神乎? 是以格局旣成 卽使滿盤孤辰八煞 何損其貴?
칠살상관 하위흉신호 시이격국기성 즉사만반고신팔살 하손기귀
格局旣破 卽使滿盤天德貴人 何以爲功? 今人不知輕重 見是吉星 遂致
격국기파 즉사만반천덕귀인 하이위공 금인부지경중 견시길성 수치
抛卻用神 不觀四柱 妄論貴賤 謬談禍福 甚可笑也。
포각용신 불관사주 망론귀천 류담화복 심가소야

팔자의 격국은 오로지 월령으로써 사주에 배치되는데 성신은 마치 시체와 같아 이미 생극의 작용을 할 수 없는데 어찌하여 성패를 조절할 권한이 있다는 것인가? 더구나 격국에 장애가 있다면 재관이 좋은 것이라고 하여도 조화롭지 못하면 어찌 길성이라고 할 수 있겠는가? 또한 격국에 유용한데 칠살과 상관이 어찌 흉신이라고 하겠는가? 격국이 이미 성격되었다면 고신 팔살이 가득하다고 하여도 어찌 귀함을 손상하겠는가? 격국이 이미 파격되었다면 천덕귀인이 가득하다고 하여도 어찌 공로가 있겠는가? 오늘 날 사람들은 경중을 알지 못하고 길성을 보면 끝내는 용신을 버리고 사주를 자세히 살피지 아니하고는 망령되게 귀천을 논하며 그릇되게 화복을 말하고 있으니 참으로 가소로운 것이다.

1) 자평학의 격국과 삼명학의 성신과 다른 점

성신星辰은 삼명학三命學의 오성술五星術에서 비롯된 것으로서 별자리를 관찰하여 점술에 활용된 것으로서 납음納音과 신살神煞로써 만들어진 이론들을 지칭하기도 합니다.

자평학이 나오기 이전의 구법명리에서는 삼명학이라고 하여 년주를 위주로 하여 신살과 납음으로 길흉을 예측하는 관법이 일반적이었으나
일간을 위주로 하는 자평학에서는 신살과 납음을 배제하고 오직 오행의 이치로써 간명하는 관법을 취하게 됩니다. 그러므로 적천수와 자평진전에서는 납음과 신살을 인정하지 않는 편입니다.

성신은 시체와 같아 생극의 작용을 할 수 없다고 합니다.

자평학에서 펼치는 격국은 월령을 용신으로 하여 상신의 조합으로 오행의 생극과 육신의 기세의 조화에 의하여 성격과 패격을 이루면서 길흉이 결정되는 것이라고 합니다.

그러나 삼명학의 구법명리에서의 신살과 납음에 의하여 만들어지는 성신은 마치 시체와 같아 생극의 작용을 할 수 없으므로 성패를 조절할 권한이 없다고 하는 것입니다.

그러므로 재관이 아무리 중요하다고 하여도 격국을 패격으로 이끄는 주범이라면 길신이 아니라 흉신으로 작용할 수 있는 것이며
상관과 칠살이 아무리 흉신이라고 하여도 격국을 성격으로 이끄는 공신으로 유용하게 쓰인다면 길신으로 작용할 수 있다는 것입니다.

또한 격국이 이미 성격이 되었다면 삼명학에서 과부와 홀아비가 된다고 하여 악살이라고 여기는 고신과살이 가득하다고 하여도 어찌 부귀함을 손상할 수 있겠으며

격국이 이미 파괴되었다면 부귀와는 거리가 멀어지는 것인데 삼명학에서 하늘의 덕을 가지고 도와주는 귀인이라고 하여 복신이라고 여기는 천덕귀인이 가득하다고 하여도 어찌 공로가 있다고 할 수 있겠느냐고 하는 것입니다.

이와 같이 삼명학의 성신은 생극의 작용을 할 수 없으므로 마치 시체와 같아 격국의 성패를 조절할 권한이 없는데도 불구하고
사주팔자를 간명하는 사람들이 귀인과 악살만을 찾아내며 길흉을 이야기한다는 것은 사주팔자의 오행의 경중을 살피지도 아니하고 끝내는 용신을 버리고 망령되이 귀천을 논하며 그릇되게 화복을 말하고 있으니 가소롭다고 하는 것입니다.

2) 성신의 용어와의 혼동으로 인하여 생기는 오해

況書中所云祿貴 往往指正官而言 不是祿堂貴人。如正財得傷貴爲奇
황 서 중 소 운 록 귀　왕 왕 지 정 관 이 언　불 시 록 당 귀 인　여 정 재 득 상 귀 위 기
傷貴也　傷官乃生財之具　正財得之　所以爲奇　若指貴人　則傷貴爲何物
상 귀 야　상 관 내 생 재 지 구　정 재 득 지　소 이 위 기　약 지 귀 인　즉 상 귀 위 하 물
乎?　又若因得祿而避位　得祿者　得官也　運得官鄕　宜乎進爵　然如財用
호　　우 약 인 득 록 이 피 위　득 록 자　득 관 야　운 득 관 향　의 호 진 작　연 여 재 용
傷官食神　運透官則格雜　正官運又遇官則重　凡此之類　只可避位也。若
상 관 식 신　운 투 관 즉 격 잡　정 관 운 우 우 관 즉 중　범 차 지 류　지 가 피 위 야　　약
作祿堂　不獨無是理　抑且得祿避位　文法上下相顧。古人作書　何至不通
작 록 당　부 독 무 시 리　억 차 득 록 피 위　문 법 상 하 상 고　고 인 작 서　하 지 불 통
若是!　又若女命　有云貴衆則舞裙歌扇。貴衆者　官衆也　女以官爲夫　正
약 시　　우 약 여 명　유 운 귀 중 즉 무 군 가 선　귀 중 자　관 중 야　여 이 관 위 부　정
夫豈可疊出乎?　一女衆夫　舞裙歌扇　理固然也。若作貴人　乃是天星　竝
부 개 가 첩 출 호　일 녀 중 부　무 군 가 선　이 고 연 야　약 작 귀 인　내 시 천 성　병
非夫主　何礙於衆　而必爲娼妓乎?
비 부 주　하 애 어 중　이 필 위 창 기 호

더구나 책 중에는 록귀라고 말하는데 이는 정관을 가리키는 말이지 록당귀인이 아니다. 정재가 상귀를 얻으면 기이하다고 하는데 상귀는 상관이며 생재하는 도구이므로 정재가 득하면 기이한 것인데 귀인이라고 지칭하면서도 상귀가 어떠한 것인가 하는가? 또 득록으로 인하여 직위에서 물러났다고 하면 득록은 관직을 득하는 것이며 운에서 관향을 얻으면 마땅히 벼슬로 나아가는 것이라고 한다. 그러나 재격에서 상관 식신을 쓰는데 운에서 정관이 투출하면 격국이 혼잡하게 되며 정관운에 또 정관을 만나면 무거워지는데 대개 이러한 경우에는 직위에서 물러날 수 있는 것이다. 만약에 록당이라고 한다면 이러한 이치가 없을 뿐만 아니라 또한 득록으로 직위에서 물러난다고 하는 것은 문법상 상하가 서로 맞지 않은 것이니 고인이 어찌 통하지 않는 책을 지었겠는가! 만약 여명에 귀가 많으면 기생이라고 하는데 귀가 많은 것은 관성이 많은 것이다. 여명에서 관성은 남편인데 어찌 남편이 많다고 하겠는가? 한 여자에 남편이 많다면 기생이 당연한 것이다. 만약 귀인이라고 하면 하늘의 별로서 남편이 아닌데 남편이 많다고 하면서 어찌 반드시 기생이라고 할 것인가?

간혹 고인들이 자평학의 책을 쓰면서 성신의 용어를 사용하였기 때문에 이 것을 보는 사람들이 성신의 뜻과 혼동하면서 오해를 한다는 것입니다.

자평학의 고서에서 정관을 록귀祿貴라고 사용하기도 하였으므로
사람들이 이를 보고는 삼명학에 있는 성신의 용어인 록당귀인祿堂貴人으로
오해하면서 의미상 혼란을 가진다는 것입니다.

자평학의 고서에서 정재를 생하는 상관을 귀하게 사용한다고 하여
상귀傷貴로 표현하였는데 사람들이 이를 보고 성신의 귀인으로 오해하여
상귀는 어떠한 귀인이냐고 묻는다는 것입니다.

자평학의 고서에서 운에서 정관을 득하는 것을 득록得祿이라고 표현하기도
하면서 득록하면 직위에서 물러난다고 하는 간명을 하였는데
이를 보는 사람들이 성신의 록으로 오해하면서 관성운이 오면 마땅히 관직
으로 나아가는 것이 아니냐고 묻는다는 것입니다.

자평학의 고서에서 재격에 상관 식신이 있는데 정관운이 온다면 격국이 혼
잡하게 되어 직위에서 물러날 수 있다고 하는 것이며
또한 사주팔자에 정관이 있는데 또 정관운이 온다면 정관이 무거워지면서
역시 직위에서 물러날 수 있다고 간명을 한 것인데
만약에 록당이라는 귀인의 뜻으로 쓰였다면 득록하여 직위에서 물러난다
고 하는 이치가 없는 것이므로 자평학의 책을 쓰던 고인들이 문법상 상하
가 맞지 않는 책을 지었겠느냐고 반문하는 것입니다.

자평학의 고서에서 여명에 귀貴가 많으면 관성이 많다는 뜻이고 관성이 많
으면 남편이 많은 것으로서 한 여자에게 남편이 많다면 당연히 기생이라고
하는 것입니다.
그러나 이를 보는 사람들이 성신의 귀와 혼동하여 귀인은 하늘의 별인데
귀인이 많다고 어찌 기생이 되느냐고 묻는다는 것입니다.

3) 격국의 귀천과 무관한 성신

然星辰命書 亦有談及 不善看書者執之也。如貴人頭上帶財官 門充馳
연 성신 명서 역유담급 불선간서자집지야 여귀인두상대재관 문충치

馬 蓋財官如人美貌 貴人如人衣服 貌之美者 衣服美則現。其實財官成
마 개 재관여인미모 귀인여인의복 모지미자 의복미즉현 기실재관성

格 即非貴人頭上 怕不門充馳馬! 又論女命云無煞帶二德 受兩國之
격 즉비귀인두상 파불문충치마 우여론여명운무살대이덕 수양국지

封 蓋言婦命無凶煞 又局清貴 又帶二德 必受榮封。若專主二德 則何
봉 개언부명무흉살 우국청귀 우대이덕 필수영봉 약전주이덕 즉하

不竟云帶二德受兩國之封 而必先曰無煞乎? 若云命逢險格 柱有二德
불 경운대이덕수양국지봉 이필선왈무살호 약운명봉험격 주유이덕

逢凶有救 可免於危 則亦有之 然終無關於格局之貴賤也。
봉흉유구 가면어위 즉역유지 연종무관어격국지귀천야

성신의 명서에서 언급하였다고 하면서 책에 있는 대로 보면서 집착하는 것은 좋지 않다. 귀인이 머리위에 재관을 지니면 문 앞에 말이 가득하다고 하였는데 대개 재관은 사람의 미모와 같으며 귀인은 사람의 의복과 같아서 미모가 있는 자가 의복이 아름다우면 드러나는 것과 같다. 실은 재관이 성격되면 귀인이 없다고 하여도 문 앞에 말이 가득하지 않음을 두려워하겠는가! 또한 여명에서 살이 없고 이덕을 지니면 두 나라의 책봉을 받는다고 하는데 대개 부인의 명에 흉살이 없고 격국이 맑으면 귀하고 이덕을 지니면 반드시 영화로운 녹봉을 받는다고 말한다. 만약에 오로지 이덕이 위주라면 이덕만으로도 두 나라의 녹봉을 받는다고 할 것인데 어찌하여 반드시 먼저 살이 없어야 한다고 말하겠는가? 만약 명에서 험한 격을 만났는데 이덕이 있어 흉운을 구제 받을 수 있다고 하여도 결국 격국의 귀천과는 무관한 것이다.

성신에 대한 책에 집착하면 좋지 않다고 합니다.

자평학은 일간을 위주로 하여 월령에서 용신을 찾아 격국의 체계를 세우고 격국의 성패로서 청탁을 구분하여 길흉을 간명하는 것이고 삼명학은 년주를 위주로 하여 신살과 납음으로 만들어진 성신으로써 길흉을 간명하는 것임에도 불구하고 삼명학의 책에서 언급되었다고 하여 이에 집착하면서 자평학에 도입하고자 한다면 잘못된 간명을 할 수 있다는 것입니다.

귀인은 격국의 귀천과는 무관하다고 합니다.

귀인貴人이 머리위에 재관을 지니면 문 앞에 말이 가득하다고 하는데
재관은 사람의 미모와 같고 귀인은 사람의 의복과 같아서 미모가 있는 자
가 의복이 아름다우면 드러나는 것과 같다고 합니다.

귀인이란 삼명학에서 말하는 성신의 용어로서 하늘의 별이며
문 앞에 말이 가득하다는 것은 문전성시를 이루는 것이므로 부귀하다는 뜻
입니다.

그러나 자평학에서는 재관이 성격된다면 부귀할 수 있는 것이니
삼명학에서 이야기하는 귀인이 없다고 하여 부귀하지 않음을 두려워하지
않아도 된다는 것입니다.

또한 여명에서 살煞이 없고 이덕二德을 지니면 두 나라의 책봉을 받는다고
하는데 살이란 삼명학에서 이야기하는 성신으로서 흉살이며
이덕이란 천덕귀인과 월덕귀인으로서 복신이라고 하는 것이며
두 나라의 책봉을 받는다고 하는 것은 그만큼 부귀하다는 뜻입니다.

대체로 부인의 명에 흉살이 없고 격국이 맑으면 귀한 것이며 이덕을 지니
면 반드시 영화로운 녹봉을 받는다고 말하지만
만약에 오로지 이덕이 위주라면 이덕만으로도 얼마든지 부귀하게 될 것
인데 먼저 흉살이 없어야 한다고 말할 필요가 없다는 것입니다.

사주팔자에서 험한 격국을 만났는데
삼명학에서 이야기하는 이덕이 있어 흉운을 구제 받았다고 하여도
자평학에서는 결국 격국의 귀천과는 무관한 것이라고 하는 것입니다.

그러므로 삼명학에서 이야기하는 말에 집착하면서 그대로 믿는다면
자평학으로 격국의 성패에 의한 청탁으로 길흉을 판단하는데 혼동을 일으
키므로 좋지 않다고 하는 것입니다.

15. 잡격에 대한 그릇된 견해와 허구성

八字用神旣專主月令 何以又有外格乎? 外格者 蓋因月令無用 權而用
팔 자 용 신 기 전 주 월 령 하 이 우 유 외 격 호   외 격 자 개 인 월 령 무 용 권 이 용

之 故曰外格也。如春木冬水 土生四季之類 日與月同 難以作用 類象
지 고 왈 외 격 야   여 춘 목 동 수 토 생 사 계 지 류 일 여 월 동 난 이 작 용 류 상

屬象 沖財 會祿 刑合 遙迎 井欄 朝陽諸格 皆可用也。若月令自有用神
속 상 충 재 회 록 형 합 요 영 정 란 조 양 제 격 개 가 용 야   약 월 령 자 유 용 신

豈可另尋外格。又或春木冬水 干頭已有財官七煞 而棄之以就外格 亦
개 가 령 심 외 격   우 혹 춘 목 동 수 간 두 이 유 재 관 칠 살 이 기 지 이 취 외 격 역

太謬矣。是故干頭有財 何用沖財? 干頭有官 何用合祿? 書云 提綱有
태 류 의   시 고 간 두 유 재 하 용 충 재 간 두 유 관 하 용 합 록 서 운 제 강 유

用提綱重 又曰 有官莫尋格局 不易之論也。然所謂月令無用者 原是月
용 제 강 중 우 왈 유 관 막 심 격 국 불 역 지 론 야   연 소 위 월 령 무 용 자 원 시 월

令本無用神 而今人不知 往往以財被劫官被傷之類。用神已破 皆以爲
령 본 무 용 신 이 금 인 부 지 왕 왕 이 재 피 겁 관 피 상 지 류   용 신 이 파 개 이 위

月令無取 而棄之以就外格 則謬之又謬矣。
월 령 무 취 이 기 지 이 취 외 격 즉 류 지 우 류 의

팔자의 용신은 오로지 월령이 이미 위주인데 어찌하여 또 외격이 있다
는 것인가? 외격이란 대개 월령이 용신이 없음으로 인하여 용신의 권
리를 갖는 것으로 외격이라고 하는 것이다. 가령 봄木이나 겨울水 그리
고 土를 낳은 사계 등은 일간과 월령이 같으므로 용신이 작용하기 어렵
기에 류상, 속상, 충재, 회록, 형합, 요영, 정란, 조양 등의 격을 모두 용
신으로 쓸 수 있다는 것이다. 만약 월령 자체에 용신이 있다면 어찌 별
도로 외격을 찾겠는가. 또한 봄木 겨울水는 천간에 이미 재관칠살이 있
다면 그것들을 버리고 외격을 취하는 것은 역시 큰 오류인 것이다. 그러
므로 천간에 재성이 있다면 어찌 충재하여 쓸 것이며 천간에 정관이 있
다면 어찌 합록하여 쓸 것인가? 책에서 말하기를 제강에 용신이 있으니
제강을 중시하라고 하였으며 또한 정관이 있다면 격국을 찾지 말라고
하였는데 변하지 않는 이론이다. 소위 월령무용이란 월령에 용신이 본
래 없다고 하는 말인데 오늘날 사람들이 알지 못하고 왕왕 재성이 겁탈
당하고 정관이 상한 것으로서 용신이 이미 파괴되어 모두 월령에서 취
할 수 없으니 버리고 외격을 취하여야 한다고 하니 오류가 거듭되는 것
이다.

1) 잡격에 대한 그릇된 견해

자평학에서는 팔자의 용신은 오로지 월령에서 구한다는 원칙이 있습니다. 그러나 월령에서 용신이 없을 경우에는 사주팔자에서 용신의 권리를 갖게 하는 경우가 있는데 이를 외격이라고 한답니다.

록겁격의 경우에는 일간과 월령의 오행이 같으므로 용신으로 채용하기 어렵기 때문에 팔자에 있는 재성이나 관성을 용신으로 대용하여 채용한다고 하였습니다. 하지만 자평학에서는 월령이 주체가 되어야 하므로 록겁격의 경우에는 용신이 아닌 것을 용신으로 채용한다고 하는 것입니다.

그런데 일반적인 시중의 서적에서는 잡격을 외격이라고 하며
월령 자체에 용신이 있거나 사주팔자에 재성과 관성이 있어도 외부에서 재성이나 관성을 끌어와서 용신으로 삼는 경우가 있으니
이를 류상, 속상, 충재, 회록, 형합, 요영, 정란, 조양격 등으로 부르며 모두 용신으로 쓸 수 있다고 잘못된 주장을 하고 있다는 것입니다.

록겁격에서 천간에 재성이나 관살이 있다면 그것들을 버리고 외격을 취한다고 하는 것은 크게 잘못된 오류라고 하는 것입니다.
천간에 재성이나 관성이 있는데도 불구하고 충재하거나 합록하여 용신으로 쓴다고 하는 것은 역시 잘못된 것이라고 하는 것입니다.

고서에서 말하기를 월령(제강)에 용신이 있으니 용신을 중시하라고 하였으며 정관이 있다면 별도의 격국을 찾지 말라고 하였는데 이는 변하지 않는 이론이라고 하는 것입니다.

월령무용이란 월령에 용신이 없다는 뜻인데 오늘날 사람들은 이를 알지 못하고 재성이 겁탈당하고 정관이 상한 것으로서 용신이 이미 파괴되었으니 월령에서 취할 수 없다고 하며 월령을 버리고 외격을 취하여야 한다고 하면서 잡격을 취하니 커다란 오류가 거듭된다고 하는 것입니다.

八字用神專憑月令 月無用神 台尋格局。月令 本也; 外格 未也。
팔자용신전빙월령 월무용신 태심격국 월령 본야 외격 미야

今人不知輕重 拘泥格局 執假失真。
금 인 부 지 경 중 구 니 격 국 집 가 실 진

팔자의 용신은 전적으로 월령에 의거하는데 월에 용신이 없어도 격국을 찾고자 한다. 월령이 근본이고 외격은 그러하지 못하는데 요즈음 사람들은 경중을 알지도 못하고 잡격에 얽매이며 가짜를 고집하고 진실을 잃어버리고 있다.

자평진전의 용신은 전적으로 월령에 의거합니다.
자평진전에서는 오직 월령에서 용신을 찾으라고 하는 것입니다.
격국은 월령의 용신을 근본으로 순용과 역용의 법칙으로 사주팔자와 행운에서 투출되거나 지지에서 회합하여 구성된 상신을 배합하여 삼자개비를 이루고 삼자개균의 기세를 고려하여 부귀의 고저와 성패를 구분하는 것입니다.

외격의 진실을 잃어버리고 잡격이라는 가짜를 고집한다고 합니다.
외격이란 본래 록겁격과 같이 일간과 월령의 오행이 같거나 월령이 미약하여 월령에서 용신을 구하지 못하는 경우에 사주팔자에 있는 재관으로써 용신을 대용하는 격국이지만

잡격을 외격이라고 하면서 월령에서 용신을 찾지 못하므로 사주팔자의 밖에서 용신을 구해와 격국을 만든다고 하여 월령을 근본으로 하지 않았으므로 격국을 구성하는 요건을 갖추지 못하였다고 하는 것입니다.

그러므로 월령의 경중을 알지 못하는 사람들이 외격의 진실을 잃어버리고 사주팔자의 월령에서 용신을 찾을 수 없으므로 사주팔자의 밖에서 용신을 찾아 채용한다는 개념으로
이상한 잡격을 생산하여 이에 얽매이게 되므로 가짜를 고집하고 진실을 잃어버린다고 하는 것입니다.

2) 잡격의 허구성

故戊生甲寅之月 時上庚申 不以爲明煞有制 而以爲專食之格 逢甲減
고무생갑인지월 시상경신 불이위명살유제 이이위전식지격 봉갑감
福。丙生子月 時逢巳祿 不以爲正官之格 歸祿幇身 而以爲日祿歸時
복 병생자월 시봉사록 불이위정관지격 귀록방신 이이위일록귀시
逢官破局。辛日透丙 時遇戊子 不以爲辛日得官逢印 而以爲朝陽之格
봉관파국 신일투병 시우무자 불이위신일득관봉인 이이위조양지격
因丙無成。財逢時煞 不以爲生煞攻身 而以爲時上偏官。癸生巳月 時
인병무성 재봉시살 불이위생살공신 이이위시상편관 계생사월 시
遇甲寅 不以爲暗官受破 而以爲刑合成格。癸生冬月 酉日亥時 透戊坐
우갑인 불이위암관수파 이이위형합성격 계생동월 유일해시 투무좌
戊 不以爲月劫建祿 用官通根 而以爲拱戊之格 塡實不利。辛日坐丑
술 불이위월겁건록 용관통근 이이위공술지격 전실불리 신일좌축
寅年 亥月 卯時 不以爲正財之格 而以爲塡實拱貴。乙逢寅月 時遇丙
인년 해월 묘시 불이위정재지격 이이위전실공귀 을봉인월 시우병
子 不以爲木火通明 而以爲格成鼠貴。
자 불이위목화통명 이이위격성서귀

戊일간이 甲寅월생인데 시상에 庚申이 있으면 칠살격을 제살하여 분명
하다고 하지 않고 전식격이라고 하며 甲을 만나 복이 줄었다고 한다. 丙
일간이 子월생인데 시에 巳의 록을 만나면 정관격에서 귀록이 일간을
돕는다고 하지 않고 일록귀시격이라고 하며 정관을 만나 파국이 되었
다고 한다. 辛일간에 丙이 투출하고 시에 戊子를 만나면 辛일간이 정관
을 득하고 인성을 만났다고 하지 않고 조양격이라고 하며 丙으로 인하
여 성격되지 못하였다고 한다. 재격이 시에 칠살을 만나면 칠살을 생하
여 일간을 공격한다고 하지 않고 시상편관격이라고 한다. 癸일간이 巳
월생인데 시에 甲寅을 만나면 암장된 정관이 파괴되는 것인데 형합격으
로 성격되었다고 한다. 癸일간이 겨울 생인데 酉일 亥시에 戊가 투출하
여 戊에 앉아 있으면 월겁건록격으로서 용신인 정관이 통근하였다고 하
지 않고 공술격이라고 하면서 전실되어 불리하다고 한다. 辛일간이 丑
에 앉아 있고 寅년 亥월 卯시인 경우에 정재격이라고 하지 않고 공귀격
이 전실되었다고 한다. 乙일간이 寅월을 만나고 시에 丙子를 보면 목화
통명이라고 하지 않고 서귀격이 성격되었다고 한다.

(1) 전식합록격

시	일	월	년	구분
庚	戊	甲		천간
申		寅		지지

戊土일간이 寅월생으로 월간에 정기 甲木칠살이 투출하여 칠살격이 됩니다. 시간에 庚金식신이 申金에 뿌리가 깊어 기세가 강한 칠살격을 능히 제살할 수 있으므로 칠살용식격으로 성격이 되어 격국의 질이 높아 귀한 명조라고 할 수 있습니다.

그러나 잡격에 얽매이는 사람들은 戊土일간이 庚申시를 만나면 전식격이라고 하여 오로지 식신에 의존하고 이를 전식합록격專食合祿格이라고 하여 庚金식신이 乙木정관을 합하여 외부에서 불러들이므로 귀하게 된다는 믿음을 가지고 있다는 격국입니다.

그런데 사주팔자에 칠살이 있으면 외부에서 불러들인 정관과 관살혼잡로 인하여 오히려 복이 감소되었다고 아쉬워한다는 것입니다.

이를 보고 잡격에 얽매여 가짜를 고집하면서 귀한 칠살용식격을 제대로 구별하지 못하고 진실을 잃어버린다고 하는 것입니다.

(2) 일록귀시격

시	일	월	년	구분
	丙			천간
巳		子		지지

丙火일간이 子월생으로 정기 癸水정관에 의하여 정관격이 됩니다.

시지에 있는 것을 귀록歸祿이라고 하여 록이 시에 귀결된다고 하는 뜻이며 巳火는 일간의 귀록이므로 일간의 기세를 돕는다는 것입니다.

그런데 잡격에서는 丙火일간이 시지에 巳火가 있으면 일록귀시격이라고 하며 일간의 록이 시에 귀결되었다고 귀하게 보는데 월지의 子水정관으로 인하여 巳火귀록이 파괴되었다고 아쉬워한다는 것입니다.

정관격에서 일간의 기세가 강하면 격국의 질이 높아지는 것인데 잡격에 집착하는 사람들은 격국의 진실을 보지 못하므로 소위 비결서라고 이야기하는 시중의 책들에만 집착하여 가짜를 고집한다는 것입니다.

(3) 조양격

시	일	월	년	구분
戊	辛	丙		천간
子				지지

辛金일간이 丙火정관과 戊土인성을 득하였으니 관인상생의 좋은 격국을 만들 수 있는 것입니다.

그런데 잡격에서는 辛金일간이 戊子시인 경우에는 조양격으로서 귀하다고 합니다. 시지 子水가 戊土의 록인 巳火를 불러와 巳중 丙火정관을 얻으니 귀하게 된다는 것입니다. 그런데 월간에 丙火정관이 있으니 외부에서 불러들이지 못하므로 조양격이 파격이 되었다고 아쉬워한다는 것입니다.

이미 사주팔자에 있는 정관을 사용하지 않고 戊子시이므로 외부에서 불러들여서 써야 귀하게 된다는 잘못된 믿음으로 인하여 역시 진실을 보지 못하고 가짜를 고집한다고 하는 것입니다.

(4) 시상편관격
재격이 칠살을 만나는 경우에 재생살로 인하여 칠살의 기세가 강하여 지고 일간이 위험하게 되므로 당연히 파격인데도 불구하고

잡격에서는 시간에 칠살이 있으면 시상편관격이라고 하여 매우 귀하게 된다는 믿음을 가지고 있습니다.
잡격에 얽매인 사람들은 칠살의 기세로 인하여 일간이 공격받는 것은 고려도 하지 않으므로 역시 가짜를 믿으면서 진실을 보지 못한다고 하는 것입니다.

(5) 형합격

시	일	월	년	구분
甲	癸			천간
寅		巳		지지

癸水일간이 巳월생으로 정기 丙火재성에 의하여 재격이 됩니다.

시에 甲木상관이 투출하여 재격을 생하면 재용상관격이 되지만 정관을 중시하던 당시의 시대상황으로는 巳중 戊土정관이 甲木에 의하여 극제가 되므로 귀격이 되지 못한다고 합니다.

그런데 잡격에서는 癸水일간이 甲寅시라면 寅巳형으로 巳중 戊土정관을 끌어와서 형합격으로 매우 귀한 격국으로 여긴다고 합니다.

이 경우에도 월지에 巳火가 있는데 굳이 寅木으로 巳火를 외부에서 끌어올 필요가 없으니 가짜를 믿으며 진실을 잃는다고 하는 것입니다.

(6) 공술격

시	일	월	년	구분
	癸		戊	천간
亥	酉	子	戌	지지

癸水일간이 겨울 생이면 록겁격이 됩니다. 戊土정관이 년간에 투출하여 록겁용관격으로 성격이 되면 귀한 격국이 되는 것입니다. 그런데 잡격에서는 酉일과 亥시 사이에 戌土가 들어가므로 공술격이 되면서 戌중 戊土정관을 쓸 수 있으므로 귀격이 된다고 하는 것입니다. 그러나 년지에 戌土가 이미 있으므로 전실塡實되어 나쁘게 되었다고 하니 역시 잡격에만 얽매인 결과라고 하는 것입니다.

전실塡實이란 실제가 이미 존재한다는 뜻으로 재관이 사주 팔자에 없을 때 외부에서 허자虛字를 끌어와서 쓰고자 하나 이미 사주팔자에 실제 존재하거나 운에서 채워진다면 아무 의미가 없으므로 전실되어 귀함이 사라졌다고 여기며 매우 나쁘게 본다고 합니다.

(7) 공귀격

시	일	월	년	구분
	辛			천간
卯	丑	亥	寅	지지

辛金일간이 亥월생이면 정기 壬水상관에 의하여 상관격이지만 시지 卯木과 亥卯합으로 木기 재성을 이루니 재격으로 변격이 됩니다.

그런데 잡격에서는 일지 丑土와 시지 卯木사이에 허자 寅木이 있으니 이를 재성으로 끌어와 쓴다면 공귀격으로 부귀를 이룰 수 있다고 하는 것입니다. 공귀격拱貴格이란 일시의 지지 사이에 있는 허자虛字 지지가 재관을 가져와서 부귀를 이루어준다고 믿는 격국이라고 합니다.

그러나 년지에 寅木이 이미 있어 전실되었으므로 허자 지지를 가지고 오지 못하여 공귀격이 파격이 되었다고 하면서 부귀가 사라졌다고 하는 것이니 역시 진실을 보지 못하고 잡격에 얽매인 결과라고 합니다.

(8) 서귀격

시	일	월	년	구분
丙	乙			천간
子		寅		지지

乙木일간이 寅월생이면 록겁격이 됩니다. 이때 시간에 丙火상관이 투출하면 목화통명木火通明을 이루어 매우 우수한 인재로서 부귀하게 된다고 하는 것입니다.

그런데 잡격에서는 乙木일간이 子時생이면 丙火의 태양을 밝게 만드니 서귀격으로 매우 귀한 격국으로 믿는다고 합니다.
서귀鼠貴란 부귀를 가지고 오는 귀한 쥐라는 뜻으로서 子水를 일컫는 말입니다 역시 진실을 보지 못하고 잡격에만 얽매인 결과라고 합니다.

3) 잡격의 와전된 학설

八字本有定理 理之不明 遂生導端 妄言妄聽 牢不可破。如論干支 則
팔자본유정리 이지불명 수생도단 망언망청 뇌불가파 여론간지 즉

不知陰陽之理 而以俗書體象歌訣爲確論; 論格局 則不知專尋月令 而
부지음양지리 이이속서체상가결위확론 논격국 즉부지전심월령 이

以拘泥外格爲活變; 論生剋 則不察喜忌 而以傷旺扶弱爲定法; 論行運
이구니외격위활변 논생극 즉불찰희기 이이상왕부약위정법 론행운

則不問同中有導 而以干支相類爲一例。究其緣由 一則書中用字輕重
즉불문동중유도 이이간지상류위일례 구기연유 일즉서중용자경중

不知其意 而謬生偏見; 一則以俗書無知妄作 誤會其設 而深入迷途; 一
부지기의 이류생편견 일즉이속서무지망작 오회기설 이심입미도 일

則論命取運 遇然湊合 而遂以己見爲不易 一則以古人命式亦有誤收 即
즉논명취운 우연주합 이수이기견위불역 일즉이고인명식역유오수 즉

收之不誤 又以己意入外格 尤爲害人不淺。
수지불오 우이이의입외격 우위해인불천

팔자는 본래 정해진 이치가 있는데 분명하지 않은 이치를 따르므로 헛된 말에서 벗어나지 못하고 있는 것이다. 가령 간지를 논하면서 음양의 이치를 알지 못하고 속서에 있는 체상가결이 확실하다고 하며; 격국을 논하면서 오로지 월령에서 찾아야 함을 모르고 잡격에 얽매여 변화를 만들고; 생극을 논하면서 희기를 살피지 않고 왕성한 것을 상하게 하고 약한 것을 돕는 것이 정법이라고 하며; 행운을 논하면서 동일하여도 다른 점이 있다는 것을 불문하고 간지는 서로 같은 종류라고 한 가지로 여긴다. 이러한 연유를 연구하여보면 첫째로 책에 사용된 글자의 경중의 뜻을 모르기에 잘못된 편견이 생긴 것이며 둘째로 속서가 무지로 허황되게 작성되어 오류가 모인 것으로 혼미함이 깊어졌으며 셋째로 명을 논하면서 운을 취함이 우연히 맞아 떨어지자 본대로 따르며 고치지 않은 것이며 넷째로 옛 사람들의 명식이 잘못된 것들을 그대로 받아들여 이미 외격에 들어간 뜻이라고 하며 사람들에게 끼친 해로움이 적지 않은 것이다.

잡격을 믿는 사람들은 정해진 이치를 따르지 않는다고 합니다.
사주팔자에는 오행의 생극의 이치가 정하여져 있음에도 불구하고 확실하게 알지도 못하고 헛된 말을 따르고 있다고 하는 것입니다.

간지를 논하면서

음양의 이치가 정해져 있음에도 불구하고 이를 제대로 알지 못하고
일반적인 시중의 서적에 기록된 체상가결이 확실하다고 주장합니다.
체상가결體象歌訣이란 노래의 가사 형식으로 지은 것으로 주로 신살과 납음
또는 허자虛字 등의 이론을 끌어다가 허황된 잡격을 만들어 소위 비결이라
고 전해져 오는 것들이 이에 해당된다고 합니다.

격국을 논하면서

오로지 월령에서 격국을 찾아야 함에도 불구하고 이를 알지 못하고
허황된 잡격에 얽매어서 말도 안 되는 격국의 명칭을 만들어 내며 수많은 잡
격을 마구 양산하며 팔자의 흐름을 왜곡한다고 하는 것입니다.

생극을 논하면서

희기를 자세히 살펴가며 생극의 조화를 살펴야 함에도 불구하고
기세가 왕성한 것은 무조건 상하게 하고 기세가 약한 것은 무조건 도와주는
것이 정법이라고 고집하며 왜곡시킨다고 하는 것입니다.

행운을 논하면서

같은 간지라고 할지라도 운에 따라 희기가 다름에도 불구하고
간지가 같으면 작용도 같다고 하면서 희기의 다름을 인정하지 않고 일률적
으로 적용하며 왜곡시킨다고 하는 것입니다.

이러한 편견이 생긴 연유를 연구하여 보면

1. 명리서적에 쓰인 글자들의 경중을 따지지 아니하고 글자 그대로 해석하
   면서 잘못된 편견을 가지게 되었다는 것이며
2. 일반적인 시중의 서적을 지은 사람들이 잘못된 학설을 믿고 주장하여 공
   부하는 사람들을 혼미하게 하였으며
3. 사주팔자에 운을 대입하여 보니 실제 현상과 우연히 맞아 떨어지자 이것
   이 나타난 현상대로 믿으면서 바꾸지 아니한 것이며
4. 잡격에 전해져 오는 옛 사람들의 사주팔자가 잘못된 것임에도 불구하고
   그대로 전해져 학설이 굳어지게 되었다는 것입니다.

4) 잡격으로 굳어버린 경우

如壬申 癸丑 己丑 甲戌 本雜氣財旺生官也 而以爲乙亥時 作時上偏官
여임신 계축 기축 갑술 본잡기재왕생관야 이이위을해시 작시상편관

論 豈知旺財生煞 將救死之不假 於何取貴? 此類甚多 皆誤收格局也。
론 개지왕재생살 장구사지불가 어하취귀 차류심다 개오수격국야

如己未 壬申 戊子 庚申 本食神生財也 而欲棄月令 以爲戊日庚申合祿
여기미 임신 무자 경신 본식신생재야 이욕기월령 이위무일경신합록

之格 豈知本身自有財食 豈不甚美? 又何勞以庚合乙 求局外之官乎?
지격 개지본신자유재식 개불심미 우하노이경합을 구국외지관호

此類甚多 皆硬入外格也。
차류심다 개경입외격야

가령 壬申 癸丑 己丑 甲戌은 본래 잡기재왕생관격인데 乙亥시라고 하여 시
상편관격을 만들어 논하고 있으니 어찌 왕성한 재격이 칠살을 생하는 것을
알고도 장차 죽음에서 벗어나지 못하면서 귀격을 취하였다고 할 것인가?
이러한 종류는 매우 많으므로 모두 잘못된 격국을 받아들인 것이다. 가령
己未 壬申 戊子 庚申은 본래 식신생재격인데 월령을 버리고 戊일간에 庚申
시라고 하여 합록격이라고 하는데 팔자에 재성과 식신이 있는데 어찌 아름
답지 아니한가? 그런데 庚이 乙을 합하여 외부에서 정관을 구하고자 노력
할 필요가 있는 것인가? 이러한 종류는 매우 많으니 모두 외격으로 굳어버
린 것이다.

시	일	월	년	구분
甲	己	癸	壬	천간
戌	丑	丑	申	지지

己土일간이 丑월에서 壬癸水재성이 투출하여 잡기재격이 됩니다.
시간에 甲木정관이 있으니 잡기재왕생관격으로 성격이 되면서 귀격이 될
수 있는 격국이 되는 것입니다.

그러나 甲戌시가 아니라 乙亥시라면 乙木칠살이 투출하였으니 왕성한 재격
이 칠살을 생하는 재생살이 되면서 일간을 위협하므로 격국을 이루지 못하
고 파격으로 이끌게 되는 것입니다.

그런데 잡격에서는 乙亥시일 경우에는 시간에 칠살이 투출하였으므로 시상편관격이라고 하며 매우 귀한 격국으로 여긴다는 것입니다.

잡격에서는 이와 같이 사주팔자의 구조에 따른 격국의 운용을 고려하지 아니하고 시간에 편관이 있으면 시상편관격時上偏官格이라고 하여 귀한 격국이 된다는 억지 논리를 주장한다고 합니다.

자평진전에서는 왕성한 재격이 칠살을 생하는 재생살로 인하여 일간이 장차 죽음에 직면해 있는데 어찌 귀격이 될 수 있겠느냐고 반문하고 있는 것입니다.

시	일	월	년	구분
庚	戊	壬	己	천간
申	子	申	未	지지

戊土일간이 申월생이고 정기 庚金식신이 투출하여 식신격이 됩니다.
월간에 중기 壬水재성이 투출하여 재격을 겸하면서 식신생재격으로 서로 유정하므로 귀격으로 성격되는 것입니다.

그러므로 자평진전에서는 일간이 식신과 재성을 월령에서 투출하여 서로 유정하니 얼마나 아름다운 격국인가 하면서 귀격으로 극찬을 하는 것입니다.

그런데 잡격에서는 戊일간에 庚申시라고 하면 합록격이라고 하여 시간의 庚金식신이 乙木정관을 밖에서 합으로 끌고 와서 귀격이 된다고 하는 것입니다.

식신생재격으로 아름다운 격국임에도 불구하고 정관이 없다고 하여 억지로 밖에서 합으로 끌어와서 쓰고자 하는 것은
잡격에 얽매인 사람들이 허황된 책에서 비법이라고 하는 것들을 맹신하면서 굳어버린 현상이라고 하는 것입니다.

5) 잡격을 따르는 술사들의 그릇된 간명

人苟中無定見 察理不精 瞎此謬論 豈能無惑? 何況近日貴格不可解者
인구 중무정견 찰리부정 도차류론 개능무혹 하황근일귀격불가해자

亦往往有之乎? 豈知行術之人 必以貴命爲指歸 或將風聞爲實據 或探
역왕왕유지호 개지행술지인 필이귀명위지귀 혹장풍문위실거 혹탐

其生日 而卽以己意加之生時 謬造貴格 其人之八字 時多未確 卽彼本
기생일 이즉이이의가지생시 류조귀격 기인지팔자 시다미확 즉피본

身 亦不自知。若看命者不究其本 而徒以彼旣富貴遷就 其說以相從 無
신 역불자지 약간명자불구기본 이도이피기부귀천취 기설이상종 무

惑乎終身無解日矣!
혹호종신무해일의

사람이 진실로 바른 견해가 없으며 이치를 정밀하게 살피지 않는다면 이러
한 잘못된 이론을 보고는 어찌 혹하지 않겠는가? 요즈음은 귀격을 해석하
지 못하는 이들이 어찌하여 자주 있는 것인가? 대개 술법을 행하는 사람들
이 반드시 귀명은 시를 가리키거나 소문에 실제 증거가 있다거나 생일이나
생시에 의미를 가미하여 잘못된 귀격을 만들기도 한다. 그 사람들의 팔자의
시가 확실하지 않은 것이 많은데 역시 그 자신도 잘 알지 못한다. 간명하는
자가 그 근본을 연구하지 않는다면 부귀만을 따르며 헛된 이야기를 믿으니
평생 이해하는 날이 없을 것이다.

팔자를 간명하고자 한다면 명리의 바른 이치를 연구하여 간명하여야 하지
만 잡격을 따르는 술사들은 소문에 떠도는 헛된 술법만을 믿으며 그릇된
간명을 하고 있다는 것입니다.

요즈음 술법을 행하는 사람들이 떠도는 소문만을 믿으며 생시에 귀명貴命
이 있다고 하면서 실제 증거가 있다고 하거나 생일이나 생시에 의미를 가
미하여 잘못된 귀격을 만들기도 한다는 것입니다.

또한 대부분의 사람들이 자기 자신도 태어난 시간을 확실하게 모르는데도
불구하고 술사들은 간명의 근본을 연구하지 아니하고
사주팔자의 태어난 시간을 함부로 정하고 헛된 이야기만을 믿으며 부귀만
을 쫓으니 평생 명리를 이해하는 날이 없을 것이라는 것입니다.

子平眞詮

제3장

육친론

六親論

1. 자평진전 육친론의 특징

人有六親 配之八字 亦存於命。其由宮分配之者 則年月日時 自上而下
인유육친 배지팔자 역존어명 기유궁분배지자 즉년월일시 자상이하

祖父妻子 亦自上而下。以地相配 適得其宜 不易之位也。其由用神配
조부처자 역자상이하 이지상배 적득기의 불역지위야 기유용신배

之者 則正印我母 身所自出 取其生我也。若偏財受我剋制 何反爲父?
지자 즉정인아모 신소자출 취기생아야 약편재수아극제 하반위부

偏財者 母之正夫也 正印爲母 則偏財爲父矣。正財爲妻 受我剋制 夫
편재자 모지정부야 정인위모 즉편재위부의 정재위처 수아극제 부

爲妻綱 妻則從夫。若官煞則剋制乎我 何以反爲子女也? 官煞者 財所
위처강 처즉종부 약관살즉극제호아 하이반위자녀야 관살자 재소

生也 財爲妻妾 則官煞爲子女矣。至於比肩爲兄弟 又理之顯然者。
생야 재위처첩 즉관살위자녀의 지어비견위형제 우리지현연자

사람에게 육친이 있어 팔자에 배정하면 역시 명에 존재하는 것이다. 육친을
궁으로 분배하는 이유는 연월일시가 위로부터 아래로 내려오므로 조상 부
모 처 자도 역시 위에서 아래로 내려오기 때문이다. 이로써 지지에 배정하
여 적용하며 변하지 않는 위치이다. 육친을 용신에 배치하는 이유는 정인은
모친으로서 일간이 나온 곳이니 나를 낳았다고 취하는 것이다. 편재가 나
를 극하는 것인데 어찌 부친이 되는 것인가? 편재는 모친의 남편이고 정인
은 모친이므로 편재가 부친이 되는 것이다. 정재는 처인데 나의 극제를 받
는 것이니 남편은 처를 이끌고 처는 남편을 따르는 것이다. 관살은 나를 극
제 하는데 어찌 자녀가 되는 것인가? 관살은 재성이 생하는 것이므로 재성
이 처첩이고 관살이 자녀가 되는 것이다. 비견이 형제가 되는 것에 이르기
까지 이치가 자연히 드러나는 것이다.

육친이란 가족관계입니다.
나를 중심으로 부모 형제 배우자 자식을 일컬어 육친六親이라고 하는 것입
니다.
육친을 육신六神에 배정하여 운용하는 것은 생하고 극하는 가족관계를 표
현한 것이라고 합니다. 또한 연월일시의 궁에 배치한 것은 상하의 위계질서
를 설정한 것이라고 하는 것입니다.

1) 연월일시의 지지에 육친궁 배정

시지	일지	월지	년지
자식궁	배우자궁	부모궁	조상궁

년지는 가장 위에 있으므로 조상궁으로 보며
월지는 조상궁 아래에 있으므로 부모궁으로 보며
일지는 일간이 있으므로 배우자궁으로 보며
시지는 가장 아래에 있으므로 자식궁으로 보는 것입니다.

연월일시의 지지에 의한 궁의 배치는 위에서 아래로 내려오므로 자연적으로 위계질서를 세우고 그 위치는 변하지 않는다고 합니다.
즉, 조상궁이 부모궁이 될 수 없고 부모궁이 배우자궁이 될 수 없는 것이며 배우자궁이 자식궁이 될 수 없고 부모궁이 자식궁이나 배우자궁이 될 수 없다고 합니다.

2) 육신에 의한 육친 배정

육신 육친성	정인	편재	비겁	남; 정재 여; 정관	남; 관살 여; 식상
육친	모친	부친	형제	배우자	자식

모친은 일간을 생하는 정인으로 배정하고 모친성이라고 하며
부친은 모친성인 인성을 극하는 편재로 배정하고 부친성이라고 하며
형제는 모친성인 인성이 생하는 비겁으로 배정하고 형제성이라고 하며
남성의 배우자는 일간이 극하는 정재로 배정하고 처성이라고 하며
여성의 배우자는 일간을 극하는 정관으로 배정하고 남편성이라고 하며
남성의 자식은 정재가 생하는 관살로 배정하고 자식성이라고 하며
여성의 자식은 일간이 생하는 식상으로 배정하고 자식성이라고 합니다.

육친성은 모계母系를 기준으로 하여 배정한 것으로서
모친이 일간을 낳았으므로 일간을 생하는 정인을 모친성이라고 하며
모친이 일간의 형제를 낳았으므로 비겁을 형제성이라고 하는 것이며
모친의 남편이 일간의 부친이므로 정인을 극하는 편재를 부친성이라고 합니다.

남성의 사주에서는 일간이 극하는 정재가 처성이 되는 것이며
부인이 낳은 자식은 정재가 생하는 관살이 자식성이 되는 것입니다.

여성의 사주에서는 일간을 극하는 정관이 남편성이 되는 것이며
여성이 낳은 자식은 일간이 생하는 식상이 자식성이 되는 것입니다.

육친성에 대한 육친의 배정은 그 이치가 분명하다고 합니다.
부모형제는 모친을 기준으로 육친성을 배정한 것이며
배우자와 자식은 여성을 기준으로 육친성을 배정한 것입니다.

정인이 모친성이 되는 것은 일간을 생하기 때문이며
편재는 일간이 극하는 것이지만 편재를 부친성으로 배정한 이유는
편재가 정인을 극하므로 모친인 정인의 남편이 되기 때문입니다.

남성의 사주에서 일간이 극하는 정재가 처성이 되는 이유는
재성은 영역을 나타내므로 남성이 관리하는 집안을 영역으로 보아서 부인은 남편을 따라야 하므로 재성으로 배정한 것이라고 합니다.

여성의 사주에서 일간이 극하는 정관이 남편성이 되는 이유는
남편이 관리하는 집안이라는 조직에 소속되어 있으므로
남편을 따라야 하므로 정관으로 배정한 것입니다.

남성의 사주에서 자신을 극하는 관살이 자식성이 되는 이유는
부인이 자식을 낳으므로 처성인 정재가 생하는 관살이 자식입니다.

2. 육친궁과 육친성의 길흉

其間有無得力 或吉或凶 則以四柱所存 或年月或日時 財官傷刃系是何
기 간 유 무 득 력 혹 길 혹 흉 즉 이 사 주 소 존 혹 년 월 혹 일 시 재 관 상 인 계 시 하

物 然後以六親配之用神。局中作何喜忌 參而配之 可以了然矣。大凡
물 연 후 이 육 친 배 지 용 신 국 중 작 하 희 기 참 이 배 지 가 이 료 연 의 대 범

命中吉凶 於人愈近 其驗益靈。富貴貧賤 本身之事 無論矣 至於六親
명 중 길 흉 어 인 유 근 기 험 익 령 부 귀 빈 천 본 신 지 사 무 론 의 지 어 육 친

妻以配身 子爲後嗣 亦是切身之事。故看命者 妻財子堤綱得力 或年干
처 이 배 신 자 위 후 사 역 시 절 신 지 사 고 간 명 자 처 재 자 제 강 득 력 혹 년 간

有用 皆主父母身所自出 亦自有驗。所以堤綱得力 或年干有用 皆主父
유 용 개 주 부 모 신 소 자 출 역 자 유 험 소 이 제 강 득 력 혹 년 간 유 용 개 주 부

母雙全得力。至於祖宗兄弟 不甚驗矣。
모 쌍 전 득 력 지 어 조 종 형 제 불 심 험 의

그 사이에 유무력을 얻음이 있는 것이며 길흉이 사주에 존재하는 것이니
년월이나 일시에서 재성 정관 상관 양인이 어떠한 것과 관계가 있는가를
살펴보고 난 후에 육친을 용신에 배정하여 사주에서 희기가 어떠한 가를
참조하면 자연히 알 수 있는 것이다. 대개 명의 길흉은 가까운 사람일수록
잘 적중한다. 부귀빈천은 본인 자신의 일이니 말할 필요도 없겠지만 육친에
있어서 처는 나와 함께 하고 자녀는 나의 뒤를 잇는 것이니 역시 나에게 절
실한 것이다. 그러므로 간명을 하는 사람은 처재성과 자식이 월령의 힘을
득했는가를 보아야하며 혹시 년간에 용신이 있다면 모두 나를 낳아준 부모
위주가 되며 역시 자신에게 효험이 있다. 월령의 힘을 득한 용신이 년간에
있다면 모두 부모 위주로서 양쪽이 전부 힘을 얻는 것이다. 그런데 조상과
형제에 대해서는 효험이 별로 없다.

1) 육친성의 유무력으로 길흉 판단

연월일시에 있는 재성 정관 상관 양인이 육친과 어떠한 관계가 있는 가를
살펴본 후에 육친을 용신에 배정하여 희기가 어떠한 가를 참조하면 육친의
길흉을 알 수 있다고 하는 것입니다.

육친성이 용신으로서 희신이라면 유력하다고 하여 길한 것이며
육친성이 기신이라면 무력하다고 하여 흉하다고 하는 것입니다.

대체로 명의 길흉은 가까운 사람일수록 적중률이 높다고 합니다.
우선 사주팔자에서 가장 중요한 사람은 물론 자신이라고 합니다.
자신이 가장 가까우므로 명의 길흉이 잘 적중한다고 하는 것이므로
부귀빈천은 본인 자신의 일이니 말할 필요가 없다고 하는 것입니다.

또한 배우자는 나와 함께 생활하는 동반자이므로 절실하며
자녀는 나의 대를 잇는 자손이므로 역시 절실하다고 하는 것입니다.
그러므로 배우자성과 자식성이 월령의 힘을 얻어 희신으로서 힘이 있어야
배우자와 자식이 길하게 작용한다고 하는 것입니다.

대체로 육친궁이 월령의 기세를 얻은 용신이 있다면 유력하다고 하며 해당
육친이 힘이 있어 부귀하다고 하며 나에게도 좋은 작용을 한다는 것입니다.

2) 부모의 길흉 판단

년월간에 용신이 있다면 나를 낳아준 부모가 월령의 기세를 얻어 유력한
것이 되므로 힘이 있다고 하여 부모 위주가 된다고 하는 것이며 역시 자신
에게도 효험이 있다고 합니다.

즉, 부모에게 힘이 있으니 부모가 부귀한 것으로서 자식인 나에게 좋은 작
용을 한다는 것입니다.

조상과 형제는 년월간에 월령의 기세를 얻은 용신이 있다고 하여도 별 효
험이 없다고 하는 것은 조상과 형제는 나와 직접적인 관계가 없기 때문이
라고 합니다.

조상과 형제는 부모와 직접적인 관계가 있는 것이므로
조상과 형제의 길흉을 보고자 한다면 나의 사주팔자에서 보는 것보다
조상과 형제의 사주팔자에서 부모와의 관계를 보아야 할 것입니다.

3) 배우자의 길흉 판단

以妻論之 坐下財官 妻當賢貴; 然亦有坐財官而妻不利 逢傷刃而妻反
이 처 론 지   좌 하 재 관   처 당 현 귀   연 역 유 좌 재 관 이 처 불 리   봉 상 인 이 처 반

吉者 何也? 此蓋月令用神 配成喜忌。如妻宮坐財 吉也 而印格逢之 反
길 자 하 야   차 개 월 령 용 신   배 성 희 기   여 처 궁 좌 재   길 야   이 인 격 봉 지   반

爲不美。妻坐官 吉也 而傷官逢之 豈能順意? 妻坐傷官 凶也 而財格
위 불 미   처 좌 관   길 야   이 상 관 봉 지   개 능 순 의   처 좌 상 관   흉 야   이 재 격

逢之 可以生財 煞格逢之 可以制煞 反主妻能內助。妻坐陽刃 凶也 而
봉 지   가 이 생 재   살 격 봉 지   가 이 제 살   반 주 처 능 내 조   처 좌 양 인   흉 야   이

或財官煞傷等格 四柱已成格局 而日主無氣 全憑日刃幫身 則妻必能相
혹 재 관 살 상 등 격   사 주 이 성 격 국   이 일 주 무 기   전 빙 일 인 방 신   즉 처 필 능 상

關。其理不可執一。
관   기 리 불 가 집 일

처에 대하여 논하자면 일지에 재관이 있다면 처는 당연히 어질고 귀하다. 그러나 재관이 있어도 처덕이 없고 상관과 양인을 만나도 오히려 처덕이 있는 것은 어떠한 경우인가? 대개 월령 용신에 의하여 희기가 성립되기 때문이다. 가령 처궁에 재성이 있으면 길한 것인데 인수격이라면 오히려 불미하다. 처궁에 정관이 있으면 길한 것인데 상관격이라면 어찌 순조롭다고 할 것인가? 처궁에 상관이 있다면 흉한 것이지만 재성을 생할 수 있는 것이고 칠살격을 만나면 제살을 할 수 있는 것이니 오히려 처의 내조를 받을 수 있는 것이다. 처궁에 양인이 있으면 흉한 것이지만 혹 재격 정관격 칠살격 상관격 등으로 성격되었는데 일간이 주로 무기력하다면 일간은 전적으로 양인에게 의지할 것이니 처가 반드시 돕는 관계가 될 것이다. 이치가 그러하니 하나의 이론에 집착하지 않아야 한다.

(1) 배우자궁에 의한 길흉 판단

일지 배우자궁에 재성과 정관이 있다면 길성으로서 배우자는 어질고 귀하다고 하지만 월령 용신을 돕지 않고 격국을 파괴한다면 오히려 일지가 재관이라고 하여도 배우자 덕을 기대하기 어렵다고 합니다.

일지 배우자궁에 상관과 양인이 있다면 흉성으로서 배우자의 도움을 기대하기 어렵지만 상관과 양인이 월령 용신을 도와 격국을 성격시킨다면 오히려 배우자 덕으로 인하여 귀하게 된다고 합니다.

배우자궁에 재성이 있으면 좋지만 인수격이라면 불미하다고 합니다.

시	일	월	년	구분
	丙			천간
	戌	卯		지지

丙火일간이 일지 배우자궁에 戌중 辛金재성이 있다면 배우자궁에 길성이 있는 것이므로 배우자가 어질고 귀하다고 합니다.

그러나 卯월은 인수격으로서 辛金재성이 인수격을 극하므로 파격이 되는 요인이 됩니다. 따라서 배우자궁에 재성이 있다고 하여도 배우자로 인하여 재물을 탐하다가 명예를 잃는 탐재괴인貪財壞印으로 인하여 인수격이 파괴되므로 배우자로 인하여 불미하다고 하는 것입니다.

배우자궁에 정관이 있으면 좋지만 상관격은 흉하다고 합니다.

시	일	월	년	구분
	庚			천간
	午	子		지지

庚金일간이 일지 배우자궁에 午중 丁火정관이 있다면 귀한 정관을 보존하고 있으므로 배우자로 인하여 귀한 존재가 될 수 있습니다.

그러나 子월은 상관격으로서 정관을 극하여 격국이 파괴되므로 배우자로 인하여 오히려 귀함을 잃게 되어 흉하다고 하는 것입니다.

배우자궁에 상관이 있으면 흉하지만 재격은 좋다고 합니다.

시	일	월	년	구분
	庚			천간
	子	卯		지지

庚金일간이 일지 배우자궁에 子중 癸水상관이 있다면 배우자가 정관을 파괴할 수 있으므로 귀함을 잃게 되어 흉하다고 합니다. 그러나 卯월 재격이라면 상관이 재격을 생하여 상관생재격으로 성격시킬 수 있으므로 오히려 배우자로 인하여 부귀할 수 있어 좋다고 하는 것입니다.

배우자궁에 상관이 있으면 흉하지만 칠살격은 좋다고 합니다.

시	일	월	년	구분
	庚			천간
	子	巳		지지

庚金일간이 일지 배우자궁에 子중 癸水상관이 있다면 정관을 파괴할 수 있으므로 귀함을 잃게 되어 흉하다고 합니다. 그러나 巳월 칠살격이라면 상관이 칠살격을 제살하여 칠살대상관격으로 성격시킬 수 있으므로 오히려 배우자의 내조로 인하여 귀할 수 있어 좋다고 하는 것입니다.

배우자궁에 양인이 있으면 흉하지만 신약하다면 좋다고 합니다.

시	일	월	년	구분
	丙	庚		천간
	午	申		지지

丙火일간이 일지 배우자궁에 午火양인이 있다면 일간의 재물을 겁탈하므로 좋지 않은 흉신이라고 합니다. 그러나 일간이 쇠약하고 申월 재격의 세력이 강하다면 일간이 재격을 감당하기 어려우므로 오히려 양인이 일간의 도움 세력이 되어 배우자를 보필하므로 좋다고 하는 것입니다.

시	일	월	년	구분
	丙	壬		천간
	午	子		지지

또한 子월 정관격이라고 할지라도 정관격의 세력이 강하다면 일간이 격국을 감당하기 어렵지만 일지의 양인이 일간의 세력이 되어주어 배우자를 보필하여 주므로 좋다고 하는 것입니다.

따라서 일지 배우자궁에 있는 육신이 길성이든 흉성이든 일간을 도와 격국을 성격시키며 좋게 작용한다면 배우자의 보필이 있어 길하게 작용한다는 것입니다.

(2) 배우자성에 의한 길흉 판단

既看妻宮 又看妻星。妻星者 干頭之財也。妻透而成局 若官格透財 印
기 간 처 궁　우 간 처 성　　처 성 자　간 두 지 재 야　　처 투 이 성 국　약 관 격 투 재　인
多逢財 食傷透財爲用之類 即坐下無用 亦主內助。妻透而破格 若印輕
다 봉 재　식 상 투 재 위 용 지 류　즉 좌 하 무 용　역 주 내 조　　처 투 이 파 격　약 인 경
財露 食神傷官 透煞逢財之類 即坐下有用 亦防刑剋。又有妻透成格
재 로　식 신 상 관　투 살 봉 재 지 류　즉 좌 하 유 용　역 방 형 극　　우 유 처 투 성 격
或妻宮有用而坐下刑沖 未免得美妻而難偕老。又若妻星兩透 偏正雜
혹 처 궁 유 용 이 좌 하 형 충　미 면 득 미 처 이 난 해 로　　우 약 처 성 양 투　편 정 잡
出 何一夫而多妻? 亦防刑剋之道也。
출　하 일 부 이 다 처　　역 방 형 극 지 도 야

처궁을 본 후에는 처성을 본다. 처성이란 천간에 있는 재성을 말한다. 처성
이 투출하여 성격이 되는 경우가 있는데 정관격에 재성이 투출하였거나 인
성이 많은 사주에 재성을 만났거나 식상격에 재성이 투출하여 재성이 용신
이 되는 경우로서 일지가 쓰임이 없다 해도 역시 내조를 받는다. 처성이 투
출하여 파격이 되는 경우도 있는데 인성이 경미한데 재성이 투출하였거나
식신 상관이 있는데 칠살이 투출하고 재성을 만난 경우로서 일지가 쓰임이
있다 해도 역시 형극을 주의하여야 한다. 또한 처성이 투출하여 성격이 되
고 처궁에 용신이 있지만 일지가 형충이 된 경우에는 좋은 처를 얻게 되어
도 해로하지는 못한다. 또한 처성이 두 개 이상 투출하고 정재와 편재가 섞
여 있어 혼잡하다고 하여 어찌 하나의 남편에 처가 여럿이라고 하겠는가?
역시 형극의 도리를 주의하여야 한다.

배우자의 육친성에 의하여 길흉이 달라지는 경우

대체로 남성의 사주에서는 정재가 육친성으로 부인이 되는 것이고 처성妻
星이라고 표현하고 있습니다. 여성의 사주에서는 정관이 육친성으로 남편
이 되는 것이고 부성夫星이라고 표현하고 있습니다.

간명의 순서는 배우자궁을 먼저 보고 처의 육친성을 본다고 합니다.
재성으로 인하여 격국이 성격되기도 하고 파격이 되기도 하면서 재성의 육
친성인 처의 길흉이 달라진다고 합니다. 또한 일지의 배우자궁의 형충과 처
의 육친성인 정편재의 혼잡 여부도 잘 살펴야 합니다.

정관격에 재성이 투출하여 성격되는 경우

시	일	월	년	구분
乙	庚			천간
		午		지지

庚金일간이 午월생으로 정관격인데 처의 육친성인 乙木정재가 투출하여 정관용재격으로 성격을 시키고 있으므로 부인의 내조로 인하여 부귀하게 된다는 것입니다.

인성이 많은 사주에 재성이 투출하여 성격되는 경우

시	일	월	년	구분
辛	壬	丁	辛	천간
		酉		지지

壬水일간이 酉월생으로 정기 辛金이 두 개나 투출하여 인수격이 무겁지만 이때 월간에 丁火재성이 투출하여 辛金인성을 하나 제거하여 인다용재격으로 성격을 시키므로 부인의 내조로 길하다고 합니다.

식상격에 재성이 투출하여 성격되는 경우

시	일	월	년	구분
	壬	丁		천간
	戌	卯		지지

壬水일간이 卯월생으로 상관격인데 월간에 丁火재성이 투출하여 상관생재격으로 성격이 되고 있습니다.

그러므로 부인의 내조로 인하여 부귀하게 된다는 것입니다.

따라서 배우자궁인 일지 戌土가 별다른 역할을 하지 못한다고 할지라도

부인의 육친성인 재성이 투출하여 격국을 성격을 시키면서 부귀하게 되므로 부인의 내조를 받을 수 있다고 하는 것입니다.

한편 일지가 비록 쓰임이 있다고 하여도 격국을 파격으로 이끌면 역시 형극을 주의해야 한다고 합니다.

인성이 경미한데 재성이 투출하여 파격이 되는 경우

시	일	월	년	구분
	壬		丁	천간
		申		지지

壬水일간이 申월생으로 인수격으로 기세가 미약한데
부인의 육친성인 丁火정재가 투출하여 인수격을 극제하여 격국을 파격으로
이끌고 있으므로 흉하게 작용한다고 하는 것입니다.

식상이 있는데 칠살이 투출하고 재성을 만나 파격이 되는 경우

시	일	월	년	구분
戊	壬	丁	甲	천간
		卯		지지

壬水일간이 卯월생으로 상관격이고 甲木식신이 투출하여 시간에 투출한 戊
土칠살을 제살하고자 하지만 월간에 있는 丁火재성이 제살을 방해하며 격
국을 파격으로 이끌고 있으므로 흉하다고 하는 것입니다.

재성이 투출하여 성격이 되고 일지가 형충이 된 경우

시	일	월	년	구분
	癸	丙	甲	천간
	巳	寅		지지

癸水일간이 寅월생이고 년간에 甲木상관이 투출하여 상관격인데
월간에 丙火재성이 투출하여 상관생재격으로 성격을 시키고 있으므로
부인의 내조로 인하여 부귀하게 된다고 하지만 일지와 월지가 寅巳형이 되
므로 좋은 부인을 얻게 되어도 결국 해로하지 못한다고 합니다.

배우자성이 두 개 이상 투출하고 정편재가 혼잡한 경우
부인의 육친성인 재성이 두 개 이상 투출하고 정편재가 혼잡되어 있다면
마치 남편 하나에 부인이 여럿인 형상으로 부인으로 인하여 어려움을 겪으
니 역시 형극을 주의하여야 한다는 것입니다.

4) 자식의 길흉 판단

至於子息 其看宮分與星所透喜忌 理與論妻略同。但看子息 長生沐浴
지어자식 기간궁분여성소투희기 리여론처약동 단간자식 장생목욕

之歌 亦當熟讀 如"長生四子中旬半 沐浴一雙保吉祥 冠帶臨官三子位
지가 역당숙독 여 장생사자중순반 목욕일쌍보길상 관대임관삼자위

旺中五子自成行 衰中二子病中一 死中至老沒兒郎 除非養取他之子 入
왕중오자자성행 쇠중이자병중일 사중지노몰아랑 제비양취타지자 입

墓之時命夭亡 受氣爲絶一個子 胎中頭産養姑娘 養中三子只留一 男子
묘지시명요망 수기위절일개자 태중두산양고랑 양중삼자지류일 남자

宮中子細詳"是也。然長生論法 用陽而不用陰。如甲乙日只用庚金長生
궁중자세상 시야 연장생론법 용양이불용음 여갑을일지용경금장생

巳酉丑順數之局 而不用辛金逆數之子申辰。
사유축순수지국 이불용신금역수지자신진

자식을 간명할 때는 자식궁을 보고 투출한 자식성으로 희기를 분별하는 이치는 처를 보는 것과 대략 같다. 단지 자식을 간명할 때는 장생목욕의 이론을 당연히 숙독하여야 한다. 가령 장생은 네 명의 자식인데 중순이면 절반이고 목욕은 한 쌍의 자식을 잘 기르며 관대 임관은 세 명의 자식이 직위를 얻고 왕은 다섯 명의 자식이 자수성가하고 쇠는 두 명의 자식중 하나가 병이 들고 사는 늙을 때까지 아들이 없으니 양자를 두고 묘는 요절하고 절은 자식이 하나이며 태는 맏딸을 기르고 양은 세 명의 아들 중에 하나만 남는 것이니 남자의 자식궁을 자세히 살펴야 한다고 한다. 그런데 장생론법은 양간으로 쓰는 것이지 음간으로 쓰는 것이 아니다. 가령 甲乙일간은 단지 庚金의 장생을 쓰는 것이며 巳酉丑은 순행에 의하므로 辛金이 역행하는 子申辰의 순서로 쓰지 않는다.

자식은 자식궁과 자식성에 의하여 길흉을 판단합니다.
자식궁은 남성이나 여성의 사주에서 모두 시지가 되지만
자식의 육친성인 자식성은 남성의 사주에서는 관살이 되는 것이며
여성의 사주에서 자식성은 식상이 되는 것입니다.

자식의 길흉을 간명할 때는 배우자를 볼 때와 이치는 동일하지만
단지 자식은 장생목욕으로 보는 것도 숙지하여야 한다고 합니다.

(1) 장생론법에 의한 길흉 판단

자식을 간명할 때는 장생론법으로 길흉을 판단한다고 합니다.
장생론법은 양간의 십이운성만으로 판별하게 되며 음간의 십이운성은 쓰지 않는다고 합니다.

남성의 甲乙木 일간에게 자식은 관살로서 庚辛金인데 십이운성을 음양간으로 구분하게 되면 庚金의 십이운성과 辛金의 십이운성이 서로 다르게 됩니다.

그러므로 장생론법으로 자식의 길흉을 판단하고자 한다면 양간이든 음간이든 모두 오행의 십이운성을 적용하다고 하는 것입니다.
즉, 庚金이든 辛金이든 巳火를 장생으로 적용한다고 하는 것입니다.

◆ 오행의 장생론법에 의한 십이운성

구분	甲乙木	丙丁火 戊己土	庚辛金	壬癸水
寅	건록	장생	절	병
卯	제왕	목욕	태	사
辰	쇠	관대	양	묘
巳	병	건록	장생	절
午	사	제왕	목욕	태
未	묘	쇠	관대	양
申	절	병	건록	장생
酉	태	사	제왕	목욕
戌	양	묘	쇠	관대
亥	장생	절	병	건록
子	목욕	태	사	제왕
丑	관대	양	묘	쇠

자식궁에 장생이 있을 경우

시	일	월	년	구분
	乙			천간
巳				지지

乙木일간의 자식궁의 지지가 巳火인 경우에는 자식의 육친성인 庚辛金관살의 장생長生이므로 네 명의 자식을 낳으나 중순에는 丙火가 사령하므로 두 명이라고 하는 것입니다.

시	일	월	년	구분
	乙			천간
寅				지지

乙木일간이 여성일 경우에는 丙丁火식상이 자식성이므로 寅木이 시지에 있어야 丙丁火식상의 장생으로 보는 것입니다.

나머지도 자식궁의 십이운성을 적용하여 이와 같이 보는 것으로서
목욕이 있을 경우에는 한 쌍을 잘 길러낸다고 하며
관대가 있을 경우에는 세 명의 자식이 관직에 나아가 출세하고
제왕이 있을 경우에는 자수성가하여 성공하는 자식이 다섯이나 되고
쇠가 있을 경우에는 두 자식 중 하나가 병에 들게 되고
사가 있을 경우에는 늙을 때까지 아들이 없어 양자를 둔다고 하며
묘가 있을 경우에는 자식이 요절을 하고
절이 있을 경우에는 기를 받아들이므로 자식이 하나라고 하는 것이며
태가 있을 경우에는 맏딸을 기르게 되고
양이 있을 경우에는 세 아들 가운데 한 명만 남는다고 합니다.

그러므로 자식궁을 세밀히 살펴서 간명하여야 한다고 합니다.
단지 남녀의 자식성이 다르므로 장생목욕도 다르다는 것을 유념하여 살펴야 할 것입니다.

(2) 아들과 딸의 구별

雖書有官爲女煞爲男之設 然終不可以甲用庚男而用陽局 乙用辛男而
수서유관위여살위남지설　연종불가이갑용경남이용양국　을용신남이

陰局。蓋木爲日主 不問甲乙 總以庚爲男辛爲女 其理爲然 拘於官煞
음국　개목위일주　불문갑을　총이경위남신위녀　기리위연　구어관살

其能驗乎?
기능험호

비록 책에는 정관은 딸이고 칠살은 아들이라고 하는 이야기를 하면서 甲일
간은 庚이 아들이고 乙일간은 辛이 아들이라고 말한다.

대개 木일간에게 甲乙을 불문하고 庚이 아들이고 辛이 딸인 것은 이치가 당
연한 것이므로 정관 칠살에 구속된다면 어찌 적중할 수 있겠는가?

양간은 아들이고 음간은 딸이라고 합니다.

구분	아들	딸
일반적인 서적	칠살	정관
자평진전	양간	음간

일반적인 서적에서는 아들이 칠살이고 정관이 아들이라고 주장하고 있다
고 합니다.

칠살은 부친인 일간과 음양이 같으므로 아들이라고 하는 것이며
정관은 부친인 일간과 음양이 다르므로 딸이라고 하는 것입니다.

자평진전에서는 일간이 양간이든 음간이든 불문하고
자식의 성은 양간이 아들이고 음간이 딸이라고 하는 것입니다.
즉, 甲木일간에서도 庚金이 아들이고 辛金이 딸이며
乙木일간에서도 庚金이 아들이고 辛金이 딸이라고 하는 것입니다.

이는 음양의 이치에 의한 것이므로 양간은 남자로서 당연하다고 하는 것이
며 음간은 여자로서 당연하다는 음양의 이치이기 때문입니다.
그러므로 여성의 사주도 마찬가지로 보면 될 것입니다.

(3) 자식의 길흉을 간명하는 순서

所以八字到手 要看子息 先看時支。如甲乙生日 其時果系庚金何宮 或
소 이 팔 자 도 수 요 간 자 식 선 간 시 지 여 갑 을 생 일 기 시 과 계 경 금 하 궁 혹
生旺 或死絶 其多寡已有定數 然後以時干子星配之。如財格而時干透
생 왕 혹 사 절 기 다 과 위 유 정 수 연 후 이 시 간 자 성 배 지 여 재 격 이 시 간 투
食 官格而時干透財之類 皆謂時干有用 卽使時逢死絶 亦主子貴 但不
식 관 격 이 시 간 투 재 지 류 개 위 시 간 유 용 즉 사 시 봉 사 절 역 주 자 귀 단 불
甚繫耳。若又逢生旺 則麟兒繞膝 豈可量乎? 若時干不好 子透破局 卽
심 계 이 약 우 봉 생 왕 즉 린 아 요 슬 개 가 량 호 약 시 간 불 호 자 투 파 국 즉
逢生旺 難爲子息。若又死絶 無所望矣。此論妻子之大略也。
봉 생 왕 난 위 자 식 약 우 사 절 무 소 망 의 차 론 처 자 지 대 략 야

팔자를 입수하고 자식을 간명하고자 한다면 먼저 시지를 본다. 가령 甲乙일 간의 시에 庚金이 생왕한가 혹 사절한가를 보고 그 많고 적음을 따지고 난 후에 시간과 자식성을 보는 것이다. 재격인데 시간에 식신이 투출하거나 정 관격인데 시간에 재성이 투출한 것들은 모두 시간이 쓸모 있는 것이므로 시에 사절을 만난다고 하여도 역시 자식은 귀하게 된다. 단지 자식이 많지 는 않을 것이다. 만약에 또 생왕을 만난다면 출세하는 자식이 슬하에 어찌 많지 않을 것인가? 만약 시간이 좋지 않아 자식성이 투출하여 파국이 된다 면 비록 생왕을 만난다고 하여도 자식에게 어려움이 있고 만약 사절을 만 난다면 자식에게 바라는 것이 없게 된다. 이상의 논리로서 처자를 보는 법 을 대략적으로 말한 것이다.

자식을 간명하고자 한다면 먼저 시지를 살피라고 합니다.
시지는 자식궁이므로 시지에 있는 지지로서 자식성의 십이운성을 먼저 보 고 많고 적음을 따져 길흉을 판단하여야 한다는 것입니다.

시지에 있는 자식궁에 자식성의 장생長生 목욕沐浴 관대冠帶 건록建祿 제 왕帝王이 있다면 생왕지라고 하며 자식이 길한 것이고
시지에 있는 자식궁에 자식성의 쇠衰 병病 사死 묘墓 절絶 태胎 양養이 있 다면 사절지라고 하여 자식이 흉한 것이라고 합니다.
또한 생왕지가 많으면 길하고 사절지가 많으면 흉하다고 합니다.

다음에 시에 있는 천간과 자식성으로 길흉을 판단합니다.

시에 있는 천간이 격국을 성격시키는 희신의 역할을 한다면 비록 자식궁이 사절지라고 하여도 자식이 부귀하며 길하다고 합니다.

시에 있는 천간이 격국을 파격시키는 기신의 역할을 한다면 비록 자식궁이 생왕지라고 하여도 자식이 흉하다고 하며 더구나 자식궁이 사절지라고 한다면 더욱 더 자식에게 희망이 없다고 합니다.

시	일	월	년	구분
丙	甲	戊		천간
寅		辰		지지

甲木일간이 辰월생으로 戊土재성이 투출하여 재격인데 시간에 丙火식신이 투출하여 재용식신격으로 성격시키고 있습니다.
비록 시지가 寅木으로서 자식의 육친성인 庚辛金관살의 절絶지이지만 시간에서 격국을 성격시키는 희신으로 작용하므로 자식으로 인하여 부귀하게 되어 역시 쓸모 있는 자식이라고 하는 것입니다. 단지 시지가 자식궁의 절지이므로 자식은 많지 않을 것이라고 하는 것입니다.

시	일	월	년	구분
戊	甲	辛		천간
辰		酉		지지

甲木일간이 酉월생으로 辛金정관이 투출하여 정관격인데 시간에 戊土재성이 투출하여 정관용재격으로 성격시키고 있습니다.
비록 시지가 辰土로서 자식의 육친성인 庚辛金의 양養지이지만 시간에서 격국을 성격시키는 희신으로 작용하므로 자식으로 인하여 부귀하게 되어 역시 쓸모 있는 자식이라고 하는 것입니다. 단지 시지가 자식궁의 양지이므로 자식은 많지 않을 것이라고 합니다. 그러나 시지가 생왕하다면 출세하는 자식을 슬하에 많이 둔다고 합니다.

시	일	월	년	구분
壬	甲	丙		천간
申		午		지지

甲木일간이 午월생으로 丙火식신이 투출하여 식신격인데 시간에 壬水효신이 투출하여 식신격을 패격시키고 있습니다.

비록 시지가 申金으로서 자식의 육친성인 庚辛金의 건록지라고 하지만 시지에서 자식성이 생왕한다고 하여도 시간에서 격국을 패격시키는 기신으로 작용하므로 결국 자식에게 어려움이 많다고 하는 것입니다.

시	일	월	년	구분
丁	甲	辛		천간
卯		酉		지지

甲木일간이 酉월생으로 辛金정관이 투출하여 정관격인데 시간에 丁火상관이 투출하여 정관격을 패격시키고 있습니다.

더구나 시지가 卯木으로서 자식의 육친성인 庚辛金의 태胎지가 되어 시지마저 사절되고 시간에서 격국을 패격시키는 기신으로 작용하고 있으므로 자식에 대한 희망도 기대하기 어렵다고 하는 것입니다.

시	일	월	년	구분
戊	甲	庚		천간
辰		申		지지

甲木일간이 申월생으로 庚金칠살이 투출하여 칠살격인데 시간에 戊土재성이 투출하여 칠살격을 패격시키고 있습니다.

더구나 시지가 辰土로서 자식의 육친성인 庚辛金의 양養지가 되어 시지마저 사절되고 시간에서 격국을 패격시키는 기신으로 작용하고 있으므로 자식에 대한 희망도 기대하기 어렵다고 하는 것입니다.

제4장 行運論

1. 자평진전 행운론의 특징

論運與看命無二法也。看命以四柱干支 配月令之喜忌 而取運則又以
논 운 여 간 명 무 이 법 야   간 명 이 사 주 간 지 배 월 령 지 희 기 이 취 운 즉 우 이

運之干 配八字之喜忌。故運中每運行一字 即必以此一字 配命中干支
운 지 간 배 팔 자 지 희 기   고 운 중 매 운 행 일 자 즉 필 이 차 일 자 배 명 중 간 지

而統觀之 爲喜爲忌 吉凶判然矣。
이 통 관 지 위 희 위 기 길 흉 판 연 의

운을 보는 것은 명을 보는 것과 다르지 않다. 명을 보는 것은 사주의 간지를
월령에 배합하여 희기를 보는 것이고 운을 취하는 것은 운의 간지를 팔자
에 배합하여 희기를 보는 것이다. 그러므로 운을 운행하는 한 글자마다 반
드시 명의 간지와 배합하여 총체적으로 관찰하여야 희기로써 길흉을 판별
할 수 있는 것이다.

운을 보는 법은 명을 보는 법과 다르지 않다고 합니다.

구분	기준	희기 판별 방법
명	월령	길 – 격국을 성격시키는 희신의 작용 흉 – 격국을 파격시키는 기신의 작용
운	사주팔자	길 – 격국을 돕는 희신의 작용 흉 – 격국을 파괴하는 기신의 작용

명을 본다는 것은 사주팔자의 간지를 월령에 배합하여 격국을 성격시키는
희신의 작용과 격국을 파괴시키는 기신의 작용으로서 길흉을 판별하는 것
이라고 합니다.

운을 보는 것은 운의 간지를 사주팔자에 배합하여 격국의 성패에 대한 희
기의 작용으로서 길흉을 판별하는 것이라고 합니다.

그러므로 명을 보는 법과 운을 보는 법이 다르지 않다고 하는 것입니다. 결
국 자평진전에서는 격국의 성패가 가장 중요하므로 명이나 운이 모두 격국
에 관여하면서 격국을 도와주는 것을 희신이라고 하며 격국을 파괴하는 것
을 기신이라고 하는 것입니다.

2. 운의 희기

何爲喜? 命中所喜之神 我得而助之者是也。如官用印以制傷 而運助
하 위 희   명 중 소 희 지 신   아 득 이 조 지 자 시 야   여 관 용 인 이 제 상   이 운 조
印; 財生官而身輕 而運助身; 印帶財以爲忌 而運劫財; 食帶煞以成格
인   재 생 관 이 신 경   이 운 조 신   인 대 재 이 위 기   이 운 겁 재   식 대 살 이 성 격
身輕而運逢印 煞重而運助食; 傷官佩印 而運行官煞; 陽刀用官 而運助
신 경 이 운 봉 인   살 중 이 운 조 식   상 관 패 인   이 운 행 관 살   양 인 용 관   이 운 조
財鄕; 月劫用財 而運行傷食。如此之類 皆美運也。
재 향   월 겁 용 재   이 운 행 상 식   여 차 지 류   개 미 운 야

어떠한 것을 희신이라고 하는 것인가? 명중에 희신이 있는 것이며 내가 얻
으면 도움이 되는 것이다. 가령 정관격에서 인성을 써서 상관을 극제하는데
운에서 인성을 돕는 경우; 재격에서 정관을 생하는데 일간이 약하여 운에
서 돕는 경우; 인수격에서 재성이 기신으로 있는데 운에서 겁재가 오는 경
우; 식신격에서 칠살이 있어 성격이 되는데 일간이 약하여 운에서 인성이
오는 경우나 칠살이 중한데 운에서 식신을 돕는 경우; 상관패인격인데 운
에서 관살이 오는 경우; 양인용관격인데 운에서 재성이 오는 경우; 월겁용
재격인데 운에서 식상이 오는 경우이다. 이와 같은 종류는 모두 좋은 운이
라고 한다.

1) 운에서 희신이 오는 경우

사주팔자에서 격국을 성격시키는 요소가 다소 부족한데 운에서 부족한 부
분을 채워주거나 도와주면서 격국을 성격시켜준다면 이를 운에서 도와주
는 희신이라고 합니다.

또한 사주팔자에서 격국의 용신이나 상신을 파괴하는 기신이 있어 파격이
되었는데 운에서 기신을 제거하여 격국을 성격시켜준다면 역시 이를 운에
서 도와주는 희신이라고 합니다.

일간이 신약하여 격국의 기세를 감당하기 어려워 격국이 탁하게 되어있는
데 운에서 일간의 기세를 도운다면 역시 격국이 맑아지므로 운이 희신으로
작용하게 됩니다.

정관격에 상관이 있다면 패격이 되지만 인성이 있어 상관을 극제하여 구응하여 준다면 정관용인격으로 성격이 될 수 있습니다.

이때 운에서 인성을 도와 상관을 제압하여 준다면 운이 희신으로 작용한다고 하는 것입니다.

재격에서 관성을 생하는 재왕생관격인데 일간이 신약하다면 일간이 격국의 기세를 감당하기 어렵게 되므로 패격이 되기 쉽습니다.

이때 운에서 일간을 도와 격국의 기세를 감당할 수 있게 하여준다면 운이 희신으로 작용한다고 하는 것입니다.

인수격에서 재성이 있다면 재성이 인수격을 파괴하므로 기신으로 작용하여 패격이 되기 쉬운 것입니다.

이때 운에서 겁재가 오면서 재성을 제압하여 준다면 인수격을 구할 수 있으므로 운이 희신으로 작용한다고 하는 것입니다.

식신격에서 칠살이 함께 있어 식신대살격으로 성격이 되는데 일간이 신약하다면 격국의 기세를 감당하기 어려워 패격이 되기 쉽습니다.

이때 운에서 인성이 오면서 일간을 도운다면 일간이 격국의 기세를 감당할 수 있으므로 운이 희신으로 작용한다고 하는 것입니다.

칠살격에서 칠살이 무겁고 식상이 가볍다면 식상이 제살하기 어려워 성격되기 어렵습니다.

이때 운에서 식상을 도와 제살할 수 있다면 성격이 되므로 운이 희신으로 작용한다고 하는 것입니다.

상관패인격에서 인성을 쓰고 있는데 운에서 관살이 오면서 인성을 도와주거나 양인용관격에서 정관을 쓰고 있는데 운에서 재성이 오면서 정관을 도와주거나 록겁용재격에서 재성을 쓰고 있는데 운에서 식상이 오면서 재성을 도와주는 경우에는 모두 운이 희신으로 작용한다고 하는 것입니다.

2) 운에서 기신이 오는 경우

何爲忌? 命中所忌 我逆而施之者是也。如正官無印 而運行傷; 財不透
하 위 기 명 중 소 기 아 역 이 시 지 자 시 야 여 정 관 무 인 이 운 행 상 재 불 투
食 而運行煞; 印綬用官 而運合官; 食神帶煞 而運行財; 七煞食制 而運
식 이 운 행 살 인 수 용 관 이 운 합 관 식 신 대 살 이 운 행 재 칠 살 식 제 이 운
逢梟; 傷官佩印 而運行財; 陽刃用煞 而運逢食; 建祿用官 而運逢傷。
봉 효 상 관 패 인 이 운 행 재 양 인 용 살 이 운 봉 식 건 록 용 관 이 운 봉 상
如此之類 皆敗運也。
여 차 지 류 개 패 운 야

어떠한 것을 기신이라고 하는 것인가? 명중에 꺼리는 것이 있는 것이며 나
를 배반하는 것이다. 가령 정관격에 인성이 없는데 운에서 상관이 오는 경
우; 재격에 식신이 투출하지 않았는데 운에서 칠살이 오는 경우; 인수용관
격인데 운에서 합관이 되는 경우; 식신대살격인데 운에서 재성이 오는 경
우; 칠살식제격인데 운에서 효신이 오는 경우; 상관패인격인데 운에서 재
성이 오는 경우; 양인용살격인데 운에서 식신이 오는 경우; 건록용관격인
데 운에서 상관이 오는 경우이다. 이러한 종류는 모두 패하는 운인 것이다.

사주팔자에서 격국을 성격시켜 일간을 돕고 있는데 운에서 기신이 오면서
격국을 파괴시킨다면 격국은 성격을 유지하지 못하고 패격이 되며 일간을
돕지 못하고 오히려 손해를 끼친다고 하는 것입니다.

정관격에서 인성이 있다면 운에서 상관이 온다고 하여도 인성이 상관을 방
어할 수 있으므로 격국을 유지하며 일간을 도울 수 있는 것입니다. 그러나
인성이 없는데 운에서 상관이 온다면 정관격을 보호하지 못하므로 정관격
은 상관에 의하여 파괴되면서 일간을 돕지 못하고 오히려 손해를 끼치며
운이 기신으로 작용한다고 하는 것입니다.

재격에 식신이 투출하고 있다면 운에서 칠살이 온다고 하여도 능히 제살하
여 격국을 유지하면서 일간을 도울 수 있는 것입니다. 그러나 식신이 투출
하지 않았는데 운에서 칠살이 온다면 제살하지 못하므로 재격은 칠살과 함
께 한패가 되어 오히려 일간을 공격하여 손해를 끼치므로 운이 기신으로
작용한다고 하는 것입니다.

인수용관격에서 정관을 쓰면서 격국을 성격시켜 일간을 돕고 있는데 운에서 정관을 합한다면 정관이 기반되어 역할을 하지 못하고 격국은 성격을 유지하지 못하게 되고 일간을 돕지 못하므로 운이 기신으로 작용한다고 하는 것입니다.

식신격이 제살을 하면서 식신대살격의 격국을 성격시켜 일간을 돕고 있는데 운에서 재성이 오면서 칠살을 돕는다면 식신격은 재성의 방해로 인하여 제살을 하지 못하여 격국은 성격을 유지하지 못하게 되고 일간을 돕지 못하므로 운이 기신으로 작용한다고 하는 것입니다.

칠살격인데 식신이 제살을 하면서 칠살식제격의 격국을 성격시켜 일간을 돕고 있는데 운에서 편인이 오면서 식신의 제살을 방해한다면 편인의 방해로 인하여 성격을 유지하지 못하게 되고 일간을 돕지 못하므로 운이 기신으로 작용한다고 하는 것입니다.

상관격인데 인성으로 일간을 돕게 하는 상관패인격의 격국을 성격시키고 있는데 운에서 재성이 오면서 인성을 극제하여 일간을 돕는 것을 방해한다면 성격을 유지하기 어렵게 되고 일간을 돕지 못하므로 운이 기신으로 작용한다고 하는 것입니다.

양인격에 칠살을 쓰면서 양인용살격의 격국을 성격시켜 일간을 돕고 있는데 운에서 식신이 오면서 칠살의 기능을 억제한다면 성격을 유지하기 어려워지며 일간을 돕지 못하므로 운이 기신으로 작용한다고 하는 것입니다.

건록격에서 정관을 용신으로 채용하며 록겁용관격의 격국을 성격시켜 일간을 돕고 있는데 운에서 상관이 오면서 정관을 극제하여 파괴한다면 성격을 유지하기 어려워지며 일간을 돕지 못하므로 운이 기신으로 작용한다고 하는 것입니다.

3) 운에서 희신이 온 것 같은데 실제 기신이 되는 경우

其有似喜而實忌者 何也? 如官逢印運 而本命有合; 印逢官運 而本命用
기 유 사 희 이 실 기 자　하 야　　여 관 봉 인 운　이 본 명 유 합　　인 봉 관 운　이 본 명 용

煞之類是也。
살 지 류 시 야

희신인 것 같은데 실제 기신인 경우는 어떠한 것인가? 가령 정관격에 인성운을 만났는데 본명에서 합을 하는 경우; 인수격에 정관운을 만났는데 본명에서 칠살을 쓰는 경우 등이다.

시	일	월	년	구분
戊	甲	辛		천간
		酉		지지

甲木일간이 酉월생으로 정기 辛金정관에 의하여 정관격인데 시간에 戊土재성이 있어 정관용재격으로 성격이 되고 있습니다. 이때 운에서 癸水인성이 온다면 정관격이 재성과 인성을 모두 겸비할 수 있는 좋은 여건을 만들어 주므로 분명 희신의 작용을 할 수 있는 것처럼 보이는 것입니다.

그러나 癸水인성이 戊土재성과 戊癸합이 되면서 재성과 인성을 모두 기반시키므로 고관무보孤官無輔가 되면서 결국 격국의 질이 떨어지는 결과를 만드니 실제 기신으로 작용한다고 하는 것입니다.

시	일	월	년	구분
庚	甲			천간
		亥		지지

甲木일간이 亥월생으로 정기 壬水인성에 의하여 인수격인데 庚金칠살이 있어 인수용살격으로 성격이 되고 있습니다.
이때 운에서 辛金정관이 온다면 분명 희신으로 작용할 것처럼 보이지만 庚金칠살이 있어 관살혼잡이 되므로 파격의 원인이 됩니다.
그러므로 辛金정관이 희신인 것 같은데 실제 기신이 된 것입니다.

4) 운에서 기신이 온 것 같은데 실제 희신이 되는 경우

有似忌而實喜者 何也? 如官逢傷運 而命透印; 財行煞運 而命透食之
유 사 기 이 실 희 자 하 야   여 관 봉 상 운   이 명 투 인   재 행 살 운 이 명 투 식 지

類是也。
류 시 야

기신인 것 같은데 실제 희신인 경우는 어떠한 것인가? 가령 정관격이 상관
운을 만났는데 명에 인성이 투출하여 있는 경우; 재격이 칠살운으로 행하
는데 명에 식신이 투출하여 있는 경우 등이다.

시	일	월	년	구분
癸	甲			천간
		酉		지지

甲木일간이 酉월생으로 정기 辛金정관에 의하여 정관격이고 시간에 癸水인
성이 있어 정관용인격으로 성격되고 있습니다.

이때 운에서 丁火상관이 온다면 정관격을 파괴하는 기신으로 작용하게 됩
니다. 그러나 癸水인성이 정관격을 보호하여 주고 있으니 파괴하지 못하고
오히려 상관패인으로서 일간의 기세를 우수하게 만들어 주므로 丁火상관이
기신인데 결국 희신으로 작용을 한다는 것입니다.

시	일	월	년	구분
壬	庚			천간
		卯		지지

庚金일간이 卯월생으로 정기 乙木재성에 의하여 재격이고 시간에 壬水식신
이 있어 재용식생격으로 성격이 되고 있습니다.

이때 운에서 丙火칠살이 온다면 재격을 설기하여 일간을 위협하는 기신으
로 작용할 수 있습니다. 그러나 시간에 壬水식신이 있어 丙火칠살을 제살하
여 활용한다면 일간을 보호하는 한편 오히려 일간에게 도움을 줄 수 있으
므로 丙火칠살이 비록 기신으로 작용하지만 실제로는 희신으로 작용을 한
다고 하는 것입니다.

5) 천간운과 지지운의 희기가 다른 경우

又有行干而不行支者 何也? 如丙生子月亥年 逢丙丁則幫身 逢巳午則
우유행간이불행지자 하야 여병생자월해년 봉병정즉방신 봉사오즉
相沖是也。又有行支而不行干者 何也? 如甲生酉月 辛金透而官猶弱
상충시야   우유행지이불행간자 하야   여갑생유월 신금투이관유약
逢申酉則官植根 逢庚辛則混煞重官之類是也。
봉신유즉관식근 봉경신즉혼살중관지류시야

천간운은 좋은데 지지운이 좋지 않은 것은 어떠한 것인가? 가령 丙일간이
亥년 子월생인데 丙丁운을 만나면 일간을 돕지만 巳午운을 만나면 서로 충
이 되는 것이다. 또 지지운은 좋은데 천간운이 좋지 않은 것은 어떠한 것인
가? 가령 甲일간이 酉월생이고 투출한 辛金정관이 유약한데 申酉운을 만나
면 정관의 뿌리가 되지만 庚辛운을 만나면 관살이 혼잡되고 정관이 무거워
지는 것들이다.

시	일	월	년	구분
	丙			천간
		子	亥	지지

丙火일간이 亥년 子월생으로 일간이 신약한데 운에서 천간에 丙丁火비겁이
온다면 일간을 돕는 운이라고 합니다. 그러나 운에서 巳午火운이 온다면 子
午충과 巳亥충이 되므로 좋지 않게 된다는 것입니다.

시	일	월	년	구분
辛	甲			천간
未		酉		지지

甲木일간이 酉월생으로 정관격인데 辛金정관이 시간에 투출하여 未土에 앉
아 유약하다고 하는 것입니다.
운에서 申酉金운이 온다면 辛金정관의 뿌리가 되어 좋게 되지만
庚金칠살운이 온다면 辛金정관과 관살혼잡이 되어 좋지 않게 되고
辛金운이 온다면 정관이 무거워지므로 좋지 않다고 하는 것입니다.

6) 천간운과 지지운의 음양에 따라 희기가 다른 경우

又有干同一類而不兩行者 何也? 如丁生亥月 而年透壬官 逢丙則幇身
우유간동일류이불양행자 하야 여정생해월 이년투임관 봉병즉방신

逢丁則合官之類是也。 又有支同一類而不兩行者 何也? 如戊生卯月
봉정즉합관지류시야 우유지동일류이불양행자 하야 여무생묘월

丑年 逢申則自坐長生 逢酉則會丑以傷官之類是也。
축년 봉신즉자좌장생 봉유즉회축이상관지류시야

천간에 동일한 종류가 오는데도 두 개가 다른 경우는 어떠한 것인가? 가령
丁일간이 亥월생이고 년간에 壬정관이 투출하였는데 丙을 만나면 일간을
돕지만 丁을 만나면 합관되는 것들이다. 또 지지에 동일한 종류가 오는데도
두 개가 다른 경우는 어떠한 것인가? 가령 戊일간이 丑년 卯월생인데 申을
만나면 저절로 장생이 되지만 酉를 만나면 丑과 회합하여 상관이 되는 것들
이다.

시	일	월	년	구분
	丁		壬	천간
		亥		지지

丁火일간이 亥월생이고 壬水정관이 투출하여 정관격인데
운에서 丁火비겁이 온다면 壬水정관을 丁壬합으로 합거하여 기반시키므로
격국이 파괴되는 결과를 가져오므로 기신의 작용을 하게 되지만
丙火겁재가 온다면 오히려 일간을 도우므로 좋다고 하는 것입니다.

시	일	월	년	구분
	戊			천간
		卯	丑	지지

戊土일간이 卯월생으로 정기 乙木정관으로 인하여 정관격인데
운에서 申金을 만나면 申金은 水재성의 장생으로서 정관격을 생하며 도와
주며 희신으로 작용할 수 있으므로 좋다고 하는 것이며
酉金을 만나면 년지 丑土와 酉丑으로 회합하여 金상관국으로 변하여 정관
격을 파괴하는 역할을 하게 되므로 기신으로 작용하게 됩니다.

7) 운에서 오는 지지와 충이 되는 경우

又有同是相冲而分緩急者 何也? 冲年月則急 冲日時則緩也。又有同是
우유동시상충이분완급자 하야   충년월즉급 충일시즉완야   우유동시

相冲而分輕重者 何也? 運本美而逢冲則輕 運旣忌面又冲則重也。
상충이분경중자 하야   운본미이봉충즉경 운기기면우충즉중야

같은 충이라고 하여도 느리고 급한 것이 있는데 어떠한 것인가? 년월의 충
은 급하고 일시의 충은 느린 것이다. 또 서로 충이 되어도 가볍고 무거운 것
이 있는데 어떠한 것인가? 운이 본래 좋다면 충을 만나도 가벼운 것이고 운
이 이미 기신의 모습인데 또 다시 충하면 무거운 것이다.

운이 사주의 지지를 충하여도 완급과 경중의 차이가 있다고 합니다.

충의 완급	급 – 빠르다	운이 년월의 지지를 충하는 경우
	완 – 느리다	운이 일시의 지지를 충하는 경우
충의 경중	경 – 가볍다	희신운이 충하는 경우
	중 – 무겁다	기신운이 충하는 경우

운에서 사주의 지지를 충하는 경우에도 완급이 있다고 합니다.
운에서 충이 오면 연월일시에 있는 지지의 순서대로 충을 하므로
가장 먼저 년월의 지지를 충하기 때문에 년월의 지지에서는 충의 효과가
먼저 나타나므로 빠르게 나타난다고 하는 것이며
일시의 지지를 나중에 충하기 때문에 일시의 지지에서는 충의 효과가 나중
에 나타나므로 느리게 나타난다고 하는 것입니다.

운에서 사주의 지지를 충하는 경우에도 경중의 차이가 있다고 합니다.
운에서 오는 충이 희신의 작용을 한다면 충으로 인한 흉함이
가볍게 나타날 것이지만
운에서 오는 충이 기신의 작용을 한다면 충으로 인한 흉함이 더욱 무겁게
나타나므로 더욱 더 나쁘게 된다고 하는 것입니다.

8) 운에서 오는 충을 만나도 충이 안 되는 경우

又有逢沖而不沖 何也? 如甲用酉官 行卯則沖 而本命巳酉相會 則沖無
우 유 봉 충 이 불 충   하 야   여 갑 용 유 관 행 묘 즉 충 이 본 명 사 유 상 회 즉 충 무
力; 年之亥未 則卯逢年會而不沖月官之類是也。
력   년 지 해 미 즉 묘 봉 년 회 이 불 충 월 관 지 류 시 야

충을 만나도 충이 안 되는 경우는 어떠한 것인가? 가령 甲일간이 酉정관인
데 卯운으로 행하면 충하게 되지만 본명에 巳酉합이 있다면 충은 무력해진
다. 년에 亥未가 있다면 卯를 만나도 년지와 회합하면 월지의 정관과 충이
되지 않는다.

시	일	월	년	구분
	甲			천간
		酉		지지

甲木일간이 酉월생으로 정기 辛金정관에 의하여 정관격이 됩니다.
이때 卯운을 만나면 卯酉충이 되면서 충의 작용이 이루어집니다.

시	일	월	년	구분
	甲			천간
		酉	巳	지지

그러나 년지에 巳火가 있어 巳酉합을 하고 있다면 운에서 卯木이 오더라도
巳酉합으로 인하여 충은 무력해진다고 합니다.

시	일	월	년	구분
	甲			천간
		酉	亥	지지

또한 년지에 亥水가 있다면 운에서 卯木이 온다고 하여도 亥卯합이 되므로
酉金과의 충은 무력해진다고 하는 것입니다.
또한 년지에 未土가 있어도 운에서 卯木이 온다고 하여도 역시 卯未합이 되
므로 역시 酉金과의 충은 무력해진다고 하는 것입니다.

9) 하나의 충이 두 개의 충으로 되는 경우

又有一沖而得兩沖者 何也? 如乙用申官 兩申竝而不沖一寅 運又逢寅
우유일충이득양충자 하야   여을용신관 양신병이불충일인 운우봉인
則運與本命 合成二寅 以沖二申之類是也。此皆取之要法 其備細則於
즉운여본명 합성이인 이충이신지류시야   차개취지요법 기비세즉어
各格取運章詳之。
각격취운장상지

또 하나의 충이 두 개의 충이 되는 경우는 어떠한 것인가? 가령 乙일간
이 申정관격인데 두 개의 申이 하나의 寅을 충하지 않는다, 운에서 寅이
또 온다면 운은 본명의 寅과 합하여 두 개의 寅이 되므로 두 개의 申과
충하는 것들이다. 이러한 것은 모두 운을 취하는 요법이고 기타 자세한
것은 각 격국에서 운을 취하는 법을 자세히 설명할 것이다.

시	일	월	년	구분
	乙			천간
寅		申	申	지지

지지에 申金이 두 개 있고 寅木이 하나 있는 경우에는 두 개가 하나를 충하
지 않으므로 사주팔자 내에서는 寅申충이 이루어지지 않는다고 합니다.

이때 운에서 寅木이 온다면 두 개의 申金과 두 개의 寅木이 서로 짝을 이루
면서 충을 하므로 두 개의 충으로 된다고 하는 것입니다.

이상으로 운을 보는 요법을 대략적으로 설명하였으나
기타 자세한 것은 각각의 격국론에서 운을 보면서 간명하는 법을 자세히
설명하였으니 참고하라고 하는 것입니다 .

3. 운에 의한 격국의 성격과 변격

命之格局 成於八字 然配之以運 亦有成格變格之要權。其成格變格
명 지 격 국 성 어 팔 자 연 배 지 이 운 역 유 성 격 변 격 지 요 권   기 성 격 변 격
較之喜忌禍福尤重。
교 지 희 기 화 복 우 중
명의 격국은 팔자로 이루어진다. 그런데 운과 배합하면 역시 성격과 변격으
로 분별되는 것이다. 그 성격과 변격으로 드러나는 희기와 화복이 더욱 중
요한 것이다.

운에서 격국을 변화시킵니다.
격국은 사주팔자에서 성격과 패격으로 나누어지면서 만들어지지만
사주팔자에서 성격과 패격이 되었다고 할지라도 운에서 작용하며 격국을
변화시킨다고 하는 것입니다.

사주팔자에서 성격이 되었다고 할지라도 운에서 작용하며 패격을 시킬 수
도 있으며 변격을 시킬 수도 있다고 하는 것입니다.
또한 사주팔자에서 패격이 되었다고 할지라도 운에서 작용하며 성격을 시
킬 수도 있으며 변격을 시킬 수도 있다고 하는 것입니다.

운에서 변화하는 격국의 희기와 화복이 더욱 중요하다고 합니다.
사주팔자에서 만들어지는 격국으로 희기와 화복을 본다고 하여도 운에서
작용하며 성격과 변격으로 인하여 변화하는 희기와 화복이 더욱 중요하다
고 하는 것입니다.

그러므로 사주팔자에서 만들어지는 격국이 성격이 되어 길하게 작용하여
복이 된다고 하여도 운에서 작용하며 패격으로 만든다면 결국 흉하게 작용
하며 화가 되므로 더욱 중요하다고 하는 것입니다.

사주팔자에서 패격이 되어 흉하게 작용하여 화가 된다고 하여도 운에서 작
용하여 성격이 된다면 결국 길하게 작용하며 복이 된다고 하므로 더욱 중
요하다고 하는 것입니다.

1) 운에 의하여 성격이 되는 경우

何爲成格? 本命用神 成而未全 從而就之者是也。如丁生辰月 透壬爲
하위성격　본명용신　성이미전　종이취지자시야　여정생진월　투임위

官 而運逢申子以會之; 乙生辰月 或申或子會印成局 而運逢壬癸以透
관　이운봉신자이회지　을생진월　혹신혹자회인성국　이운봉임계이투

之。如此之類 皆成格也。
지　여차지류　개성격야

성격이 되는 경우는 어떠한 것인가? 본명에 용신이 완전하게 이루어지지
않은 것을 취하는 것이다. 가령 丁일간이 辰월생으로 壬이 투출하여 정관격
인데 운에서 申子를 만나 회합하는 것이다. 乙일간이 辰월생인데 申이나 子
와 회합하여 인수격으로 성격되는데 운에서 壬癸가 투출한 것이다. 이러한
것들이 모두 성격이 되는 경우이다.

시	일	월	년	구분
	丁	壬		천간
		辰		지지

丁火일간이 辰월생인데 壬水정관이 통근하여 잡기정관격이라고 하지만 辰
월은 土가 위주이므로 壬水정관은 용신으로서 완전한 역할을 하지 못하기
때문에 성격의 요건에 미흡하다고 할 것입니다. 이때 운에서 申子를 만나
申子辰 水국으로 회합한다면 辰土는 水기로 화하게 되므로 壬水정관이 정
관으로서의 용신이 완전하게 갖추어지며 성격된다고 하는 것입니다.

시	일	월	년	구분
	乙			천간
		辰	子	지지

乙木일간이 辰월생으로 년지에 子水와 회합을 하여 인수격으로서 용신의
지위를 갖게 되지만 역시 완전하다고 할 수 없습니다.
이때 운에서 壬水나 癸水가 온다면 지지의 申子辰 水국과 결합하여 인수격
의 용신이 완전하게 갖추어지면서 성격된다고 하는 것입니다.

2) 운에 의하여 변격이 되는 경우

何爲變格? 如丁生辰月 透壬爲官 而運逢戊 透出辰中傷官; 壬生戌月
하 위 변 격   여 정 생 진 월 투 임 위 관 이 운 봉 무 투 출 진 중 상 관   임 생 술 월

丁己竝透 而支又會寅會午 作財旺生官矣 而運逢戊 透出戌中七煞; 壬
정 기 병 투 이 지 우 회 인 회 오 작 재 왕 생 관 의 이 운 봉 무 투 출 술 중 칠 살   임

生亥月 透己爲用 作建祿用官矣 而運逢卯未 會亥成木 又化建祿爲傷。
생 해 월 투 기 위 용 작 건 록 용 관 의 이 운 봉 묘 미 회 해 성 목 우 화 건 록 위 상

如此之類 皆變格也。
여 차 지 류 개 변 격 야

변격이 되는 경우는 어떠한 것인가? 가령 丁일간이 辰월생으로 壬이 투출하
여 정관격이데 운에서 戊를 만난 경우에 辰中에서 투출한 것으로 상관격이
되는 것이다. 壬일간이 戌월생으로 丁己가 함께 투출하고 지지에서 寅午가
회합을 한다면 재왕생관격이 되는데 운에서 戊가 온다면 戌中에서 투출한
것으로 칠살격이 되는 것이다. 壬일간이 亥월생으로 己가 투출하여 용신으
로 건록용관격이 되는데 운에서 卯未를 만나서 亥와 회합하여 木이 되면 건
록격이 상관격으로 변화하는 것이다. 이러한 종류를 모두 변격이라고 한다.

시	일	월	년	구분
	丁	壬		천간
		辰		지지

丁火일간이 辰월생인데 壬水정관이 통근하여 잡기정관격이 됩니다.
이때 운에서 戊土상관이 온다면 상관격으로 변격이 된다고 합니다.

辰월은 土가 위주이므로 壬水가 잡기정관격이 된다고 하여도 완전한 용신
으로서의 지위를 인정받게 어렵습니다.

그러나 운에서 오는 戊土상관은 辰월의 정기로서 辰월의 土월령의 기를 갖
고 있으므로 용신으로서의 지위를 완전하게 갖출 수 있다고 하는 것입니다.
그러므로 戊土를 운에서 만나면 월지 辰土에서 투출한 것과 마찬가지로 인
정하며 상관격으로 변격이 된다고 하는 것입니다.

시	일	월	년	구분
己	壬		丁	천간
	午	戌		지지

壬水일간이 戌월생인데 己土정관과 丁火재성이 투출하여 있는데
지지에서 午戌이 회합하여 火局을 만들어 丁火재성이 강하여지므로 己土정
관을 생하는 재왕생관격으로서 성격이 되지만
이때 운에서 戌土칠살이 온다면 칠살격으로 변격이 된다고 합니다.

戌土칠살은 월지 戌土의 정기이므로 운에서 온다고 하여도 戌土에서 투출
한 것과 마찬가지로 칠살격의 지위를 인정받으므로 격국의 우선권을 갖게
되어 칠살격으로 변격이 된다고 하는 것입니다.

이 경우에서 己土정관이 있는데 戌土칠살이 운에서 온다면 관살혼잡으로서
재왕생관격은 파격이 되는 것이 일반적이지만
단지 운에서 戌土의 정기인 戌土칠살이 오면서 칠살격으로서의 지위를 인
정받으므로 변격이 되었음을 설명하고 있는 것입니다.

시	일	월	년	구분
己	壬			천간
		亥		지지

壬水일간이 亥월생으로 록겁격인데 시간에 己土정관이 투출되어 있다면 용
신으로 채용하여 록겁용관격이 된다고 합니다.
이때 운에서 卯나 未가 온다면 亥卯未 木국을 이루면 록겁격에서 상관격으
로 변격이 된다고 합니다.

亥水가 록겁격에서는 己土정관을 써서 록겁용관격이 되지만
亥卯未 상관격이 된다면 오히려 파격이 되는 것이 일반적입니다.
단지 亥월에 운에서 卯나 未가 와서 木국을 이루면서 상관격의 지위를 가지
게 되므로 변격이 되었음을 설명하고 있는 것입니다.

3) 운에 의하여 성격과 변격이 되면서 발생하는 희기

然亦有逢成格而不喜者 何也? 如壬生午月 運透己官 而本命有甲乙之
연역유봉성격이불희자 하야 여임생오월 운투기관 이본명유갑을지
類是也。又有逢變格而不忌者 何也? 如丁生辰月 透壬用官 逢戊而命
류시야 우유봉변격이불기자 하야 여정생진월 투임용관 봉무이명
有甲; 壬生亥月 透己用官 運逢卯未 而命有庚辛之類是也。成格變格
유갑 임생해월 투기용관 운봉묘미 이명유경신지류시야 성격변격
關係甚大 取運者其細祥之。
관계심대 취운자기세상지

성격이 되어도 좋지 않은 경우는 어떠한 것인가? 가령 壬일간이 午월생인
데 운에서 己정관이 투출하고 본명에 甲乙이 있는 종류이다. 또 변격이 되
어도 나쁘지 않은 경우는 어떠한 것인가? 가령 丁일간이 辰월생으로 壬이
투출하여 정관격인데 운에서 戊를 만나고 명에 甲이 있거나 壬일간이 亥월
생으로 己가 투출하여 정관격인데 운에서 卯未를 만나고 명에 庚辛이 있는
종류이다. 성격과 변격은 관계가 매우 크므로 운을 취하는데 상세하게 보아
야 한다.

(1) 운이 와서 성격되어도 좋지 않은 경우

시	일	월	년	구분
甲	壬			천간
		午		지지

壬水일간이 午월생으로 정기 丁火재성에 의하여 재격인데
이때 운에서 己土정관이 온다면 己土정관은 午火중기에서 투출한 것과 같
으므로 정관격으로서의 지위를 갖게 되며 정관용재격으로 성격이 될 수 있
는 것입니다. 그러나 시간에 甲木식신이 있으므로 운에서 오는 己土정관를
합거하여 결국 정관격이 되지도 못하고 정관용재격을 성격시키지도 못하
므로 좋지 않게 되었다고 하는 것입니다.

시간에 乙木상관이 있다고 하여도 乙木상관이 운에서 오는 己土정관을 극
파하므로 결과는 마찬가지로 좋지 않게 되었다고 하는 것입니다.

(2) 운이 와서 변격되어도 나쁘지 않은 경우

시	일	월	년	구분
甲	丁	壬		천간
		辰		지지

丁火일간이 辰월생인데 투출한 壬水정관을 용신으로 삼아 잡기정관격이 되고 있습니다.
이때 운에서 戊土상관이 온다면 辰土의 정기 戊土에 의하여 용신의 우선지위를 차지하게 되므로 정관격이 상관격으로 변격이 되고
壬水정관은 戊土상관에 의하여 극제당하여 파괴될 수 있습니다.

그러나 시간에 甲木인성이 있다면 상관격으로 변격이 된다고 하여도 甲木인성이 壬水정관을 보호하고 있으므로 戊土상관은 壬水정관을 파괴하지 못하므로 나쁘지 않다고 하는 것입니다.

시	일	월	년	구분
庚	壬	己		천간
		亥		지지

壬水일간이 亥월생으로 록겁격인데 己土정관이 있어 己土정관을 용신으로 채용하여 록겁용관격으로 성격이 됩니다.

이때 운에서 卯나 未가 오면서 亥卯未 木국으로 상관국을 만든다면 록겁격이 상관격으로 변격이 되는 것입니다.

상관격에 己土정관이 있으면 파격이 되지만 시간에 있는 庚金인성이 상관격을 제어하면서 己土정관을 보호하므로 운이 와서 변격이 되어도 나쁘지 않다고 하는 것입니다.
또한 辛金인성이 있어도 역시 己土정관을 보호하므로 운이 와서 변격이 되어도 나쁘지 않다고 하는 것입니다.

4. 간지의 동정에 따른 희기의 다른 점

命中喜忌 雖干支俱有 而干主天 動而有爲 支主地 靜以待用 且干主一
명중희기　수간지구유　이간주천　동이유위　지주지　정이대용　차간주일

而支藏多 爲福爲禍 安不得殊. 譬如甲用酉官 逢庚辛則官煞雜 而申酉
이지장다　위복위화　안부득수　비여갑용유관　봉경신즉관살잡　이신유

不作此例. 申亦辛之旺地 辛坐申酉 如府官又掌道印也. 逢二辛則官犯
부작차례　신역신지왕지　신좌신유　여부관우장도인야　봉이신즉관범

重 而二酉不作此例。辛坐二酉 如一府而攝二郡也 透丁則傷官 而逢午
중　이이유부작차례　신좌이유　여일부이섭이군야　투정즉상관　이봉오

不作此例. 丁動而午靜 且丁己竝藏 安知其爲財也?
부작차례　정동이오정　차정기병장　안지기위재야

명중의 희기가 비록 간지에 함께 있다고 하여도 천간은 하늘이며 움직이는
것이고 지지는 땅이며 고요하고 쓰임을 기다리는 것이다. 또한 천간은 하나
이지만 지지는 지장간이 많으니 복과 화가 다를 수밖에 없다. 비유하면 甲
일간이 酉정관격인데 庚辛을 만나면 관살이 혼잡되지만 申酉는 그러하지
않다. 申은 辛의 왕지이므로 辛이 申酉에 있으면 마치 관리가 직위를 장악
하는 것과 같다. 두 개의 辛을 만나면 정관이 무거워지지만 두 개의 酉를 만
나면 그러하지 아니하다. 辛이 두 개의 酉에 있으면 마치 하나의 부에서 두
개의 군을 다스리는 것과 같다. 丁이 투출하면 상관이지만 지지의 午는 그
러하지 아니하다. 丁은 움직이고 午는 고요하며 또한 丁己가 지장간에 함께
있으니 재성으로 쓸 수 있다는 것을 어찌 알겠는가?

1) 천간과 지지의 희기와 화복이 다른 점

천간	하늘 - 동動	스스로 움직이며 작용
지지	땅 - 정靜	고요하며 스스로 움직이지 못하고 지장간이 대기하며 쓰임을 기다리는 상태

천간은 동적이므로 스스로 움직이며 작용을 하지만
지지는 정적이므로 고요하다고 하는 것이며 여러 개의 지장간이 대기하며
쓰임을 기다린다고 합니다.
그러므로 천간은 하나이지만 지지는 지장간이 많아 희기와 화복이 다르다
고 하는 것입니다.

2) 천간과 지지의 관살혼잡이 다른 경우

시	일	월	년	구분
庚	甲	辛		천간
		酉		지지

甲木일간이 酉월생으로 정관격인데 천간에 庚辛관살이 함께 투출되어 있다면 이를 관살혼잡 되었다고 합니다.

시	일	월	년	구분
	甲	辛		천간
	申	酉		지지

甲木일간이 酉월생으로 辛金정관이 투출하여 정관격인데
일지에 申金이 있다고 하여 관살혼잡이라고 하지 않는다고 합니다.
오히려 辛金정관이 申金과 酉金을 모두 다스리므로 정부의 관리가 두 개의
직위를 가지고 다스리니 세력이 강하다고 하는 것입니다.

3) 두 개씩 있는 천간과 지지의 다른 점

시	일	월	년	구분
辛	甲	辛		천간
		酉		지지

정관격이지만 천간에 辛金정관이 두 개나 있으므로 정관이 무겁다고 히여
중관重官이라고 하여 패격의 원인이 된다고 합니다.

시	일	월	년	구분
	甲	辛		천간
		酉	酉	지지

정관격에 酉金이 두 개나 있어도 정관이 무겁다고 하지 않습니다.
오히려 두 개의 지지를 가지고 있으므로 하나의 부서에서 두 개의 군을 다스리는 것과 같으므로 세력이 강하다고 하는 것입니다.

4) 천간과 지지의 쓰임이 다른 점

시	일	월	년	구분
丁	甲	辛		천간
		酉		지지

甲木일간이 酉월생으로 辛金정관이 투출하여 정관격인데
丁火상관은 시간에 투출하여 정관격을 파괴하여 패격이 되고 있습니다.

시	일	월	년	구분
	甲	辛		천간
	午	酉		지지

甲木일간이 酉월생으로 辛金정관이 투출하여 정관격인데
午火가 일지에 있으나 정관격을 파괴하지 못하므로 정관격은 그대로 유지
가 된다고 합니다.

丁火천간은 동적이므로 스스로 움직이며 辛金정관격을 파괴하여 패격으로
이끌 수 있지만
午火지지는 정적으로 스스로 움직이지 못하므로 辛金정관격을 파괴하지 못
하고 정관격은 그대로 유지되는 것이라고 합니다.

단지 午火지지에서 대기하고 있는 지장간 丁火와 己土는 쓰임을 기다리고
있기 때문에 운에서 작용한다면 상관과 재성으로 쓸 수 있다고 하는 것입
니다.

즉, 운에서 丁火가 온다면 午火지장간에서 대기하던 丁火가 투출한 것으로
서 辛金정관을 파괴하여 패격으로 만들 수 있는 것이며
己土재성이 운에서 온다면 午火지장간에 투출한 것으로서 辛金정관을 도와
정관격의 기세를 강하게 만들어주는 작용을 할 수 있는 것이라고 합니다.

5) 지지가 회합의 희기로 화복을 만드는 경우

然亦有支而能作禍福者 何也? 如甲用酉官 逢午酉未能傷 而又遇寅遇
연역유지이능작화복자 하야 여갑용유관 봉오유미능상 이우우인우
戌 不隔二位 二者合而火動 亦能傷矣。即此反觀 如甲生申月 午不制
술 불격이위 이자합이화동 역능상의 즉차반관 여갑생신월 오부제
煞 會寅會戌 二者淸局而火動 亦能矣。然必會有動 是正與干有別也。
살 회인회술 이자청국이화동 역능의 연필회유동 시정여간유별야
即此一緞 余者可知。
즉차일단 여자가지

지지가 화복을 만드는 경우는 어떠한 것인가? 가령 甲일간이 酉정관격인데
午를 만나면 酉를 상하게 할 수 없으나 寅이나 戌을 만나고 떨어져 있지 않다
면 둘이 합하여 火가 움직이니 상하게 할 수 있는 것이다. 이와 반대로 甲일
간이 申월생인데 午가 제살을 할 수 없으나 寅이나 戌과 회합하면 火가 움직
이며 제살을 할 수 있다. 그러므로 반드시 회합하여야 움직일 수 있는 것이니
천간과 다른 점이다. 이것은 하나의 예로서 나머지도 알 수 있는 것이다.

시	일	월	년	구분
	甲			천간
寅	午	酉		지지

甲木일간이 酉월생으로 정관격인데 일지 午火는 혼자서는 스스로 움직이지
못하므로 酉金정관격을 상하게 할 수 없다고 합니다.
그러나 시지에 寅木이 있어 寅午회합이 되어 火식상으로 움직인다면 정관
격을 상하게 하므로 기신이 되어 화가 된다고 하는 것입니다.

시	일	월	년	구분
	甲			천간
寅	午	申		지지

甲木일간이 申월생으로 칠살격인데 일지 午火는 스스로 움직이지 못하여
단독으로 제살하지 못한다고 합니다.
그러나 시지에 寅木이 있어 寅午회합이 되어 火식상으로 움직인다면 제살
작용을 할 수 있으므로 희신이 되어 복이 된다고 하는 것입니다.

5. 지장간이 운에서 투출하여 쓰임이 선명해지는 경우

支中喜忌 固與干有別矣。而運逢透淸 則靜而待用者 正得其用 而喜忌
지중희기 고여간유별의   이운봉투청 즉정이대용자 정득기용 이희기
之驗 於此乃見。何謂透淸? 如甲用酉官 逢辰未卽爲財 而運透戊 逢午
지험 어차내현   하위투청   여갑용유관 봉진미즉위재 이운투무 봉오
未卽爲傷 而運透丁之類是也。
미즉위상 이운투정지류시야

지지의 희기는 천간과 다르다. 운에서 투출하여 선명해지면 고요하게 쓰임을
기다리다가 쓰임을 바르게 얻는 것으로 희기가 나타난다. 투출하여 선명해진
다고 하는 것은 무엇인가? 가령 甲일간이 酉정관격인데 辰을 만나면 재성으
로 쓰지 못하지만 운에서 戊가 투출하면 곧 재성이 되는 것이며 午를 만나면
상관으로 쓰지 못하지만 운에서 丁이 투출하면 곧 상관이 되는 것들이다.

팔자의 지장간이 운에서 투출하면 쓰임이 선명해진다고 합니다.

시	일	월	년	구분
	甲			천간
	辰	酉		지지

甲木일간이 酉월생으로 정기 辛金정관에 의하여 정관격인데 일지에 있는
辰土를 재성으로 쓰지 못합니다. 그러나 운에서 戊土가 온다면 辰土에서 지
장간으로 대기하고 있던 戊土재성이 선명하게 투출한 것으로서 정관용재격
으로 성격된다고 하는 것입니다.

시	일	월	년	구분
	甲			천간
	午	酉		지지

甲木일간이 酉월생으로 辛金정관에 의하여 정관격인데 일지에 午火가 있어
도 상관으로 쓰이지 못하므로 정관격을 파격을 시키기 못합니다.
그러나 운에서 丁火가 온다면 午火에서 지장간으로 대기하고 있던 丁火상
관이 선명하게 투출한 것이 되므로 정관격은 파격이 됩니다.

6. 명과 운의 지지가 회합하여 쓰임이 선명해지는 경우

若命與運二支會局 亦作淸論。如甲用酉官 本命有午 而運逢寅戌之類。
약 명 여 운 이 지 회 국 역 작 청 론   여 갑 용 유 관 본 명 유 오 이 운 봉 인 술 지 류

然在年則重 在日次之 至於時生於午 而運逢寅戌會局 則緩而不急矣。
연 재 년 즉 중 재 일 차 지 지 어 시 생 어 오 이 운 봉 인 술 회 국 즉 완 이 불 급 의

명과 운에서 두 개의 지지가 회국하는 경우도 작용이 선명해진다. 가령 甲
일간이 酉정관격인데 본명에 午가 있고 운에서 寅戌을 만나는 종류이다. 그
런데 년지에 있으면 중요하게 쓰이고 일지에 있으면 그 다음이며 午시생은
운에서 寅戌과 회국하여도 느리고 급하지 않다.

팔자와 운의 지지가 회합하여도 쓰임이 선명해진다고 합니다.

시	일	월	년	구분
	甲			천간
	午	酉		지지

甲木일간이 酉월생으로 정관격인데 일지에 午火가 있어도 상관으로 작용을
하지 못하므로 정관격을 파괴하지 못합니다.
그러나 운에서 寅木이나 戌土가 오면서 午戌이나 寅午로 회합을 한다면 상
관으로 선명하게 작용을 하면서 정관격을 파격으로 만들 수 있다고 하는
것입니다.

시	일	월	년	구분
	甲			천간
		酉	午	지지

이때 년지에 午火가 있다면 운에서 오는 寅이나 戌과 회합을 하면서
상관으로서 매우 중하고 급하게 쓰인다고 합니다.
만약에 시지에 午火가 있다면 운에서 오는 寅이나 戌과 회합을 하여도 가장
늦게 쓰이므로 느리고 급하지 않다고 하는 것입니다.

7. 운에서 오는 10년 동안의 화복

雖格之成敗高低 八字已有正論 與命中原有者不同 而此十年中 亦能炒
수 격 지 성 패 고 저   팔 자 이 유 정 론   여 명 중 원 유 자 부 동   이 차 십 년 중   역 능 초

其禍福。若月令之物 而運中透淸 則與命中原有者 不甚相懸 卽前篇所
기 화 복   약 월 령 지 물   이 운 중 투 청   즉 여 명 중 원 유 자   불 심 상 현   즉 전 편 소

謂行運成格變格是也。
위 행 운 성 격 변 격 시 야

비록 격의 성패와 고저가 팔자에서 이미 정해진 논리이고 명에 원래 있는
것과 다르지 않지만 이것으로 10년 동안 화복을 만들 수 있는 것이다. 만약
월령이 운에서 선명하게 투출한다면 명중에 원래 있는 것과 큰 차이가 없
는 것이다. 전편에서 말한 행운에 의한 성격과 변격이 그러한 것이다.

운에서 오는 간지로 인하여 10년 동안 화복을 만들 수 있습니다.
사주팔자는 태어난 순간에 이미 정해져 있는 것이므로 변하지 않습니다. 그
러므로 사주팔자에서 만들어지는 격국의 성패와 고저는 이미 정해진 원리
라고 하는 것입니다.

격국의 성패와 고저에 의하여 부귀가 이미 정해져 있는 것이지만
사주팔자는 운에 의하여 변화하므로 격국의 성패와 고저도 운에 따라서 변
화하게 되는 것입니다.

대운의 간지는 10년의 기간 동안 사주팔자에 작용하면서 사주팔자에 있는
것과 다름없이 격국의 성패를 만들고 격국의 고저를 조절하면서 화복을 만
들어 낸다고 하는 것입니다.

월령이 운에서 투출하면 원국에 있는 것과 차이가 없다고 합니다.
월령에서 투출한 천간이 용신이 되는 것이 자평진전의 원칙입니다.
그런데 월령이 운에서 투출하여도 사주팔자에 원래 있는 것과 큰 차이가
없다고 하는 것입니다.
그러므로 용신이 운에서 채용되고 행운에 의하여 성격과 변격이 작용하면
서 10년 동안 화복을 만들어낸다고 하는 것입니다.

8. 지지는 천간의 통근 세력

故凡一八字到手 必須逐干逐支 上下統看。支爲干之生地 干爲支之發
고 범 일 팔 자 도 수　필 수 축 간 축 지　상 하 통 간　　지 위 간 지 생 지　간 위 지 지 발
用。如命中有一甲字 則統觀四支 有寅亥卯未等字否 有一字 皆甲木之
용　　여 명 중 유 일 갑 자　즉 통 관 사 지　유 인 해 묘 미 등 자 부　유 일 자　개 갑 목 지
根也。有一亥字 則統觀四干 有壬甲二字否。有壬 則亥爲壬祿 以壬水
근 야　　유 일 해 자　즉 통 관 사 간　유 임 갑 이 자 부　　유 임　즉 해 위 임 록　이 임 수
用; 用甲 則亥爲甲長生 以甲木用; 用壬甲俱全 則一以祿爲根 一以長
용　용 갑　즉 해 위 갑 장 생　이 갑 목 용　용 임 갑 구 전　즉 일 이 록 위 근　일 이 장
生爲根 二者竝用。取運亦用此術 將本命八字 逐干支配之而已。
생 위 근　이 자 병 용　　취 운 역 용 차 술　장 본 명 팔 자　축 간 지 배 지 이 이

그러므로 하나의 팔자를 손에 넣으면 반드시 천간과 지지를 위 아래로 모
두 살펴야 한다. 지지는 천간의 생지이고 천간은 지지의 쓰임을 발휘하는
것이다. 가령 명중에 甲이 하나 있다면 네 개의 지지에서 寅亥卯未 등의 글
자 여부를 살핀다. 한 글자라도 있다면 모두 甲木의 뿌리이다. 한 글자의 亥
가 있다면 네 개의 천간에서 壬이나 甲이 있는지의 여부를 살핀다. 壬이 있
다면 亥는 壬의 록이 되고 壬水의 쓰임이 된다. 甲이 있다면 亥는 甲의 장생
으로 甲木의 쓰임이 된다. 壬甲이 모두 있다면 하나는 록의 뿌리이고 하나
는 장생의 뿌리로서 두 개를 함께 쓰는 것이다. 운을 취하는 법도 이와 같으
므로 본명의 팔자에서 간지를 배합하여 보는 것이다.

지지는 천간의 생지이고 천간은 지지의 쓰임을 발휘하는 것입니다.

시	일	월	년	구분
		甲		천간
		寅		지지

甲木이 寅木의 지장간에서 투출하여 쓰임을 발휘한다고 합니다.
천간은 지지의 지장간에서 투출한 것이므로 지지는 천간을 생산하는 생지
라고 하는 것입니다.
그러므로 지지의 지장간은 지지에서 대기하면서 쓰임을 기다리고 있다가
천간에 투출하면 비로소 쓰임을 발휘한다고 하는 것입니다.

천간은 지장간에 같은 오행이 있다면 뿌리가 있다고 합니다.

시	일	월	년	구분
		甲		천간
未	卯	寅	亥	지지

甲木은 지지에 寅卯辰亥未 어느 한 글자라도 있다면 甲木의 뿌리가 된다고 합니다. 뿌리가 있다는 것을 통근通根이라고도 합니다.

지장간에 甲木이 있다면 천간이 투출한 것이 되지만 辰未등은 甲木이 없어도 같은 오행인 乙木이 있으므로 甲木의 뿌리가 되어 세력으로 쓸 수 있다고 하는 것입니다.

지지의 지장간이 천간에 투출하여 쓰임을 발휘하는 것입니다.

시	일	월	년	구분
	壬		甲	천간
		亥		지지

亥水에서 정기 壬水가 투출하여 일간으로 쓰이고 있으며 중기 甲木이 투출하여 년간에서 쓰이고 있는 것입니다.
亥水는 壬水의 록지로서의 위상을 가지고 있는 동시에 甲木의 생지로서의 역할을 하므로 강한 기세가 있다고 하는 것입니다.

운에서 투출하여도 사주팔자에 있는 것과 같이 쓰임을 발휘합니다.
亥월생인데 운에서 甲木이 온다면 사주팔자에 있는 것과 마찬가지로 운에서 투출하였다고 하면서 생지로서의 역할을 한다고 하는 것이며
사주팔자에 甲木이 있는데 운에서 亥水가 지지로 온다면 甲木의 뿌리가 생겼다고 하면서 생지로서의 역할을 하는 것이라고 합니다.

그러므로 운에서 오는 간지도 사주팔자와 있는 간지와 배합하여 살펴보아야 한다는 것입니다.

子平眞詮

제5장

격국론
格局論

1. 정관격

1) 정관격의 특징

官以剋身 雖與七煞有別 終受彼制 何以切忌刑沖破害 尊之若是乎?
관 이 극 신 수 여 칠 살 유 별 종 수 피 제 하 이 절 기 형 충 파 해 존 지 약 시 호

豈知人生天地間 必無矯焉自尊之理 雖貴極天子 亦有天助臨之。
개 지 인 생 천 지 간 필 무 교 언 자 존 지 리 수 귀 극 천 자 역 유 천 조 임 지

正官者分所當尊 如在國有君 在家有親 刑沖破害 以下犯上 鳥乎可乎?
정 관 자 분 소 당 존 여 재 국 유 군 재 가 유 친 형 충 파 해 이 하 범 상 조 호 가 호

정관은 일간을 극하는 것으로 비록 칠살과는 다르다고 하지만 결국 극제를 받는 것이다. 그런데 어찌하여 형충파해를 일체 꺼리는 것인가? 존귀하기 때문이다. 대개 사람이 천지간에 살면서 반드시 스스로 존귀함을 바로잡는 것이 도리이며 천자가 극히 귀한 것은 하늘에 있기 때문이다. 정관은 당연히 존귀함이 있는 것이니 예를 들어 나라의 임금이 되는 것이고 집안의 부친이 되는 것으로 형충파해는 아래에서 위를 범하는 것이니 어찌 있을 수 있는 일인가?

정관격은 존귀하다고 합니다.
정관은 일간을 극하는 존재이지만 칠살하고는 다르다고 합니다.
정관은 일간과 음양이 다르므로 유정하다고 하는 것이며
칠살은 일간과 음양이 같으므로 무정하다고 하는 것입니다.

정관격은 나라의 임금과 같고 집안의 부친과 같다고 합니다.
정관은 일간을 극제한다고 하지만 나라의 임금과 같으며 또한 집안의 부친과 같으므로 비록 나를 통제하고 억제한다고 하지만 내가 존경하고 모셔야 하는 존재로서 매우 귀한 존재가 되는 것입니다.

정관격은 형충파해를 극히 꺼려합니다.
정관격을 형충파해하면 정관격의 귀함을 해치므로 파격이 됩니다.
형충파해는 하극상과 같으므로 나라의 임금을 공격하는 역적과 같은 짓이므로 극히 꺼려하는 것이며 집안의 부친과 같으므로 부친을 거역하는 것과 같은 것이라고 합니다.

(1) 정관용재인격의 경우

以刑沖破害爲忌 則以生之護之爲喜矣。存其喜而去其忌則貴 而貴之
이형충파해위기 즉이생지호지위희의 존기희이거기기즉귀 이귀지
中又有高低者 何也? 以財印竝透者論之 兩不相礙 其貴也大。如薛相
중우유고저자 하야 이재인병투자론지 양불상애 기귀야대 여설상
公命 甲申 壬申 乙巳 戊寅 壬印戊財 以之隔之 水與土不相礙 故爲大
공명 갑신 임신 을사 무인 임인무재 이지격지 수여토불상애 고위대
貴。若壬戌 丁未 戊申 乙卯 雜氣正官 透干會支 最爲貴格 而壬財丁印
귀 약임술 정미 무신 을묘 잡기정관 투간회지 최위귀격 이임재정인
二者相合 仍以孤官無輔論 所以不上七品。
이자상합 잉이고관무보론 소이불상칠품

형충파해는 꺼리면서도 생하고 보호해주는 것을 반긴다. 희신을 남기고
기신을 제거하면 귀하게 되는데 귀한 것에도 고저가 있으니 어떠한 것인
가? 재성과 인성이 함께 투출하여 서로 장애가 없어야 크게 귀하게 되는
것이다. 가령 설상공의 명조는 甲申 壬申 乙巳 戊寅인데 壬인성과 戊재성
이 서로 떨어져 있으므로 水와 土가 서로 장애가 안 되어 크게 귀하게 된
것이다. 만약 壬戌 丁未 戊申 乙卯이라면 잡기정관격인데 투간하고 회지
하여 최고의 귀한 격국이지만 壬재성과 丁인성이 서로 합하여 정관을 돕
지 않는 고관무보가 되므로 칠품이상의 벼슬을 하지 못하였다.

정관격은 생하고 보호하여 주는 것을 반깁니다.
정관격을 형충파해하면 파격이 되지만 정관격을 생하거나 보호해준다면
크게 귀하게 된다고 합니다.

정관격을 생하는 것은 재성이며 정관격을 보호하는 것은 인성인데
재성과 인성은 서로 극을 하는 사이이므로 같이 붙어 있으면 서로가 극제
를 하거나 서로가 합하여 정관을 생하지도 보호하지도 못하므로 정관을 돕
지 않는 고관무보로서 정관격의 귀함이 떨어진다고 합니다.

고관무보孤官無輔란 정관을 생하지도 보호하지도 못하므로 아무도 돕지 않
는 외로운 정관이 되었다는 뜻으로 귀함이 없다고 합니다.

시	일	월	년	구분
戊	乙	壬	甲	천간
寅	巳	申	申	지지

乙木일간이 申월생으로 정기 庚金정관에 의하여 정관격이 됩니다.
정관격이 투출하지 못하여 다소 약하지만 마침 시간의 戊土재성이 정관격을 생하여 도와주고 있으며 월간 壬水인성이 식상으로부터 정관격을 보호하여 주고 있습니다.

戊土재성은 壬水인성을 극할 수 있으나 서로 떨어져 있어 서로 방해를 하며 극하지 아니하여 장애가 되지 아니하므로 정관격을 돕고 보호해주는 역할을 하여 크게 귀하게 되었다고 하는 것입니다.

정관격에서 재성은 정관격의 기세를 도와주는 역할을 하고
식상이 있다면 정관격을 극제하여 파격으로 이끌 수 있으므로
인성은 식상을 극제하여 정관격을 보호해주는 역할을 하는 것입니다.

시	일	월	년	구분
乙	戊	丁	壬	천간
卯	申	未	戌	지지

戊土일간이 未월생으로 잡기격이 되며 시간에 乙木정관이 투출하고 월간에 丁火인성이 투출하였지만 인성은 丁壬합으로 쓰지 못하니 乙木정관을 채용하여 잡기정관격이 됩니다.

乙木정관이 천간에 투출하고 지지에 卯未합을 하여 뿌리가 든든하므로 정관이 세력을 가진 귀한 격국이 될 수 있습니다.

그러나 壬水재성과 丁火인성이 서로 붙어 합을 하여 기반이 되므로 정관격을 돕거나 보호하지 못하여 고관무보로서 귀함이 사라져 높은 직급에 오르지 못하고 평생 하급의 직책에 머물렀다고 하는 것입니다.

(2) 인성으로 정관격을 화하고 재성으로 생하는 경우

若財印不以兩用 則單用印不若單用財 以印能護官 亦能泄官 而財生官
약재인불이양용 즉단용인불약단용재 이인능호관 역능설관 이재생관
也。若化官爲印而透財 則又爲甚秀 大貴之格也。如金壯元命 乙卯 丁
야。 약화관위인이투재 즉우위심수 대귀지격야 여김장원명 을묘 정
亥 丁未 庚戌 此竝用財印 無傷官而不雜煞 所謂去其忌 而存其喜者也。
해 정미 경술 차병용재인 무상관이부잡살 소위 거기기 이존기희자야

만약 재성과 인성을 모두 쓰지 못한다면 인성을 단독으로 쓰는 것이 재
성을 단독으로 쓰는 것보다 못하다. 인성은 정관격을 보호할 수 있지만
정관격을 설기하는 것이며 재성은 정관격을 생하는 것이다. 만약 인성으
로 정관격을 화하고 재성이 투출하였다면 더욱 우수하므로 크게 귀한 격
국이 되는 것이다. 가령 김장원의 명조는 乙卯 丁亥 丁未 庚戌인데 재성과
인성을 함께 쓰고 있으며 상관이 없고 칠살이 혼잡되지 않았으므로 소위
기신을 제거하고 희신이 남아 있는 명조라고 하는 것이다.

인성보다는 재성이 생하여 주는 것이 낫다고 합니다.
정관격에 재성과 인성이 있다면 매우 귀한 격국이 될 수 있으나
둘 중에 하나만 있다면 인성보다는 재성이 낫다고 하는 것입니다.
또한 인성으로 정관격을 화하고 재성으로 생한다면 더욱 우수하여 크게 귀
하게 된다고 합니다.

시	일	월	년	구분
庚	丁	丁	乙	천간
戌	未	亥	卯	지지

丁火일간이 亥월생으로 정기 壬水정관에 의하여 정관격이 되지만
乙木인성이 투출하면서 정관격을 인성으로 화하여 보호하고 있으며
시간의 庚金재성이 정관격을 생하면서 희신으로 작용하며
상관과 칠살이 없으므로 크게 귀하게 된 김장원의 명조라고 합니다.

(3) 상관과 칠살이 있어도 격국이 맑아지는 경우

然而遇傷在於佩印 混煞貴乎取淸。如宣參國命 己卯 辛未 壬寅 辛亥
연 이 우 상 재 어 패 인　혼 살 귀 호 취 청　여 선 참 국 명　기 묘　신 미　임 인　신 해
未中己官透干用淸 支會木局 兩辛解之 是遇傷而佩印也。李參政命 庚
미 중 기 관 투 간 용 청　지 회 목 국　양 신 해 지　시 우 상 이 패 인 야　이 참 정 명　경
寅 乙酉 甲子 戊辰 甲用酉官 庚金混雜 乙以合之 合煞留官 是雜煞而取
인　을 유　갑 자　무 진　갑 용 유 관　경 금 혼 잡　을 이 합 지　합 살 류 관　시 잡 살 이 취
淸也。
청 야

상관을 만났는데 인성을 가지고 있거나 칠살이 혼잡되어도 맑아지며 귀하게 되는 경우가 있다. 가령 선참국의 명조는 己卯 辛未 壬寅 辛亥인데 未중 己정관이 투간하여 맑은데 지지에 木국이 회국한 것을 두 개의 辛으로 해지함으로서 상관을 만나 패인한 것이다. 이참정의 명조는 庚寅 乙酉 甲子 戊辰인데 甲일간이 酉정관격으로 庚金이 혼잡되었으나 乙이 합하여 합살류관이 되므로 칠살이 혼잡된 것이 맑아진 것이다.

시	일	월	년	구분
辛	壬	辛	己	천간
亥	寅	未	卯	지지

壬水일간이 未월생으로 未중 己土정관이 투출하여 정관격인데 지지에서 亥卯未가 회합하여 木상관으로 변화하면서 己土정관을 극제하여 파격입니다. 하지만 두 개의 辛金인성이 木상관을 해지하면서 정관격을 보호하므로 격국이 맑아져 귀하게 된 선참국의 명조라고 합니다.

시	일	월	년	구분
戊	甲	乙	庚	천간
辰	子	酉	寅	지지

甲木일간이 酉월생으로 酉중 정기 辛金정관에 의하여 정관격이지만 년간에 庚金칠살이 투출하면서 관살이 혼잡되었다고 하는 것입니다. 그러나 월간에 乙木겁재가 庚金칠살을 합살하고 정관격을 남기므로 격국이 맑아지며 귀하게 된 이참정의 명조라고 합니다.

(4) 인성으로 상관을 제거하는데 재성이 있는 경우

至於官格透傷用印者 又忌見財 以財能去印 未能生官 而適以護傷故
지어관격투상용인자 우기견재 이재능거인 미능생관 이적이호상고

也。然亦有逢財 而反大貴者 如范太傅命 丁丑 壬寅 己巳 丙寅 支具巳
야 연역유봉재 이반대귀자 여범태부명 정축 임인 기사 병인 지구사

丑 會金傷官 丙丁解之 透壬豈非破格? 卻不知丙丁竝透 用一而足 以丁
축 회금상관 병정해지 투임개비파격 각부지병정병투 용일이족 이정

合壬而財去 以丙制傷而官淸 無情而愈有情。此正造化之妙 變幻無窮
합임이재거 이병제상이관청 무정이유유정 차정조화지묘 변환무궁

焉得不貴? 至若地支刑沖 會合可解 已見前篇 不必再述 而以後諸格 亦
언득불귀 지약지지형충 회합가해 이견전편 불필재술 이이후제격 역

不談及矣。
불담급의

정관격에 상관이 투출하여 인성을 쓰는데 또 재성을 보는 것을 꺼리게 된다. 재성은 인성을 제거할 수 있으므로 정관을 생하지도 못하고 상관을 보호하기 때문이다. 그러나 재성을 만나도 오히려 크게 귀하게 되는 경우가 있는데 가령 범태부의 명조는 丁丑 壬寅 己巳 丙寅으로 지지에 巳丑이 구비되어 金상관으로 회국하여도 丙丁이 해지하지만 壬재성이 투출하면 어찌 파격이 아니겠는가? 하지만 丙丁이 함께 투출하여 하나만 있어도 충분한 것이니 丁과 壬이 합하여 재성이 제거되므로 丙은 상관을 극제하여 정관격이 맑아지는 것이며 무정이 유정하게 된 것이다. 이것이 바른 조화로서 무궁한 묘미를 만들어 내는 것이니 어찌 귀하게 되지 않겠는가? 지지에서 형충이 있다면 회합으로 해소하는 것은 이미 전편에서 밝혔으니 다시 재론할 필요가 없고 이후 모든 격국에서도 이야기하지 않을 것이다.

정관격에서 상관이 투출한다면 정관격을 극제하므로 파격이 됩니다.
이때 인성이 있다면 상관을 극제하여 정관격을 보호하므로 다시 성격이 되는 것입니다.

인성이 상관을 극제하여 정관격을 보호하므로 파격을 성격으로 이끌고 있으니 인성이 상신이 되어 정관용인격이 되는 것입니다.

그러나 재성이 있다면 정관격을 보호하는 인성을 제거하므로 상신을 파괴하여 격국을 파격으로 이끄는 기신의 역할을 하는 것입니다.
결국 인성이 파괴되어 정관격을 극하는 상관을 효과적으로 제어하지 못하므로 정관격은 상관의 공격을 받아 다시 파격이 되는 것입니다.

그런데 재성을 만나도 오히려 크게 귀하게 되는 경우가 있다고 합니다. 두 개의 인성이 투출하여 하나의 인성이 재성을 합거하고 남은 인성이 상관을 극제하여 정관격을 보호하는 경우라고 합니다.

시	일	월	년	구분
丙	己	壬	丁	천간
寅	巳	寅	丑	지지

己土일간이 寅월생으로 寅중 정기 甲木정관에 의하여 정관격인데 지지에 巳丑이 회합하여 金상관국을 만들어 정관격을 극제하므로 파격으로 이끌고 있습니다.

丙丁火인성이 년간과 시간에 투출하여 金상관국을 극제하면서 정관격을 보호하여 주지만 壬水재성이 있어 丙丁火인성으로부터 金상관격을 보호하게 되므로 金상관격은 정관격을 극제하여 다시 파격으로 이끌 수 있습니다.

그러나 년간 丁火인성이 壬水재성을 丁壬합으로 합거하여 壬水재성은 역할을 하지 못하므로 金상관격을 보호하지 못하고 또한 시간에 있는 丙火인성이 金상관격을 억제하고 있으니 金상관국이 정관격을 극제하지 못하므로 丙火인성이 정관격을 보호할 수 있다는 것입니다.

그러므로 재성이 인성을 극제하여 상관을 보호한다고 하여도 인성이 또 있어 재성을 합거하여 기능을 정지시켜 정관격은 성격을 유지할 수 있으므로 오히려 크게 귀하게 된 범태부의 명조라고 합니다.

2) 정관격에서 운을 취하는 법

取運之道 一八字則有一八字這論 其理甚精 其法甚活 只可大略言之。
취운지도 일팔자즉유일팔자저론 기리심정 기법심활 지가대략언지

變化在入 不可泥也。如正官取運 卽以正官所統之格分而配之。正官而
변화재입 불가니야 여정관취운 즉이정관소통지격분이배지 정관이

用財印 身稍輕則取助身 官稍輕則助官。若官露而不可逢合 不可雜煞
용재인 신초경즉취조신 관초경즉조관 약관노이불가봉합 불가잡살

不可重官。與地支刑沖 不問所就何局 皆不利也。
불가중관 여지지형충 불문소취하국 개불리야

운을 취하는 법은 팔자마다 다르게 논하므로 그 이치가 매우 정묘하고 그 법칙이 매우 활발하여 여기서는 대략적으로 말할 수 있을 뿐이니 변화를 받아들이면서 지저분한 이론에 집착해서는 안될 것이다. 가령 정관격에서 운을 취하는 것은 정관격이 격국을 통솔하여 배치하는 것이다. 정관격이 재성과 인성을 쓸 때 일간이 매우 약하다면 일간을 돕는 운을 취하여야 하고 정관격이 매우 약하다면 정관격을 돕는 운을 취하여야 한다. 만약 정관격이 드러나 합을 만나서는 안 되고 칠살과 혼잡되어서도 안되고 정관이 중첩되어도 안 된다. 또한 지지에서 형충이 되었다면 어떠한 격국을 취할지라도 모두 불리한 것이다.

운을 취하는 법은 팔자마다 다르다고 합니다.
운을 취하는 법은 매우 정묘하고 변화무쌍하여 팔자마다 모두 다르다고 합니다. 그러므로 사주팔자마다 다른 변화를 받아들이면서 판단하여야 하므로 잡다한 이론에 집착하지 말 것을 당부하고 있습니다.

팔자에서 기세가 약한 것을 운에서 도와야 합니다
일간이 신약하다면 일간을 돕는 운이 와야 할 것이며
격국이 약하다면 격국을 돕는 운이 와야 운이 좋다고 합니다.

정관격에서 정관이 재성과 인성을 쓰는데 일간이 매우 신약하다면 일간이 격국을 감당하기 어려우므로 격국을 유지하기 어렵습니다.
또한 일간이 신강한데 격국이 미약하다면 역시 마찬가지라고 합니다.

운에 의하여 격국이 성격되기도 하고 파격이 되기도 합니다.

정관격에서 정관이 투출하여 천간에 드러났는데 운에서 비겁이나 식상이 오면서 정관을 합거한다면 정관격은 파격이 되고 맙니다.

또한 운에서 칠살이 온다면 관살혼잡이 되어 격국이 탁하게 되므로 격국의 질이 떨어지고 역시 파격의 원인이 되는 것이며, 운에서 정관이 온다고 하여도 정관이 중첩되어 격국이 무겁게 되므로 격국이 질이 떨어지고 역시 파격의 원인이 되는 것이며, 운에서 오는 지지로 인하여 정관격이 형충이 된다면 역시 정관격은 파격이 될 수밖에 없는 것입니다.

(1) 정관용재격에서 운을 취하는 법

正官用財 運喜印綬身旺之地 切忌食傷。若身旺而財輕官弱 即仍取財
정관용재 운희인수신왕지지 절기식상 약신왕이재경관약 즉잉취재
官運可也。
관운가야

정관용재격에서는 인수운과 신왕한 지지운을 반기며 식상운은 절대 기피하게 된다. 만약 신왕하고 재관이 약하다면 오히려 재관운이 좋다고 할 수 있다.

정관용재격은 정관격이 재성을 상신으로 쓰는 격국입니다.
이때 일간이 신약하다면 격국을 감당하기 어려우므로 격국이 탁하게 되며 격국의 질이 떨어지고 파격의 원인이 되기도 합니다.

그러므로 일간이 신약하다면 일간을 돕는 인성운이 오거나
일간을 강하게 만드는 지지운이 와야 좋다고 하는 것입니다.
그러나 식상운은 정관격을 상하게 하므로 절대 기피한다고 하는 것입니다.

일간이 신강하고 재관이 약하여도 격국의 질이 떨어지므로
재관운이 오면서 격국을 강하게 만들어 주어야 일간과 기세의 균형이 조절되며 격국이 맑아지고 격국의 질이 높아지는 것입니다.

(2) 정관패인격에서 운을 취하는 법

正官佩印 運喜財鄉 傷食反吉。若官重身輕而佩印 則身旺爲宣 不必財
정관패인 운희재향 상식반길 약관중신경이패인 즉신왕위선 불필재
運也。
운 야。
정관패인격에서는 재향운을 반기고 식상운은 오히려 길하다. 만약 정관
격이 무겁고 일간이 약하여 인성을 쓴다면 일간이 왕성해지는 운이 마땅
하고 재성운은 필요하지 않다.

정관패인격은 정관격에서 인성을 상신으로 쓰는 격국으로서
일간이 신약하므로 인성으로 하여금 일간을 생하여 일간이 정관격을 감당
할 수 있도록 만들어 정관격의 질을 높이고자 하는 격국입니다.

그러나 인성이 일간을 생하느라 정관격의 기세를 설기하므로 오히려 정관
격의 기세가 약해질 우려가 있는 것입니다. 그러므로 재성의 지지운으로 향
하며 정관격을 도와야 한다는 것입니다.

재성향이란 재성의 지지 세력을 말합니다. 즉, 庚金일간에 寅卯운이 재향운
이며 丁火정관격의 기세를 돕기 때문입니다.

또한 인성이 생하여 일간의 기세가 강해지므로 이를 설기하는 식상운이 온
다면 기세의 흐름이 원활하여 지면서 격국이 맑아지고 격국의 질이 높아지
므로 오히려 길하다고 하는 것입니다.

그러나 정관격이 강한 기세를 가지고 있는데 일간이 신약하여 인성을 상신
으로 쓰면서 격국을 성격시키고 있다면
비록 인성이 정관격의 기세를 설기하여 일간을 도와주고 있지만 자칫하면
일간이 강한 기세를 감당하기 어려우므로
운에서도 일간이 강해지는 지지운이 최선이라고 하는 것이며 이때 정관격
의 기세가 강하므로 재운은 필요가 없다고 하는 것입니다.

(3) 정관용인격에서 운을 취하는 법

正官帶傷食而用印制 運喜官旺印旺之鄕 財運切忌。若印綬疊出 財運
정 관 대 상 식 이 용 인 제　운 희 관 왕 인 왕 지 향　재 운 절 기　　약 인 수 첩 출　재 운
亦無害矣。
역 무 해 의

정관이 식상과 함께 있는데 인성으로 극제하여 쓴다면 정관격과 인성이
왕성해지는 지지운을 반기며 재성운은 절대 기피하게 된다. 만약 인수가
중첩되어 투출한다면 재성운도 역시 해롭지 않다.

정관격이 식상과 함께 있다면 식상은 정관격을 파괴하여 파격으로 이끄는
원인이 되는 것입니다. 그러므로 인성을 상신으로 하여 식상을 극제한다면
정관격이 안전하게 되므로 정관용인격으로 성격이 될 수 있는 것입니다.

정관격과 인성은 식상을 견제하여야 하므로 정관격과 인성이 왕성해지는
운이 필요하게 됩니다.
정관격과 인성이 왕성해지려면 운에서 정관격과 인성의 지지운이 와야 합
니다. 향鄕은 지지운을 말합니다.

재성운은 인성을 파괴하므로 인성이 식상을 효과적으로 극제할 수 없어 정
관격을 파격으로 이끄는 원인이 될 수 있습니다.
이때 운에서 재성운이 온다면 재성운은 희신인 인성을 극제하는 기신의 역
할을 하므로 절대적으로 기피한다고 하는 것입니다.

인성이 중첩되어 투출한다면 인성이 무거워지므로 정관격을 과다하게 설
기하거나 일간이 무거운 인성을 감당할 수 없어 어렵게 만들 수 있기 때문
에 격국이 탁해질 수 있습니다.

이때는 운에서 재성운이 오면서 인성의 중첩된 기운을 극제하여 정관격의
설기하는 기세를 줄이고 인성의 기세를 맑게 하여 준다면 격국이 맑아지므
로 재성운도 해롭지 않다고 하는 것입니다.

(4) 정관격에 칠살이 있는 경우에 운을 취하는 법

正官而帶煞 傷食反爲不礙。其命中用劫合煞 則財運可行 傷食可行 身
정관이대살 상식반위불애 기명중용겁합살 즉재운가행 상식가행 신

旺 印綬亦可行 只不過復露七煞。若命用傷官合煞 則傷食與財俱可行
왕 인수역가행 지불과부로칠살 약명용상관합살 즉상식여재구가행

而不宜逢印矣。此皆大略言之 其八字各有義論。運中每遇一字 各有研
이불의봉인의 차개대략언지 기팔자각유의론 운중매우일자 각유연

究 隨時取用 不可言形。凡格皆然 不獨正官也。
구 수시취용 불가언형 범격개연 부독정관야

정관격에 칠살이 있는 경우 식상운이 오히려 장애가 되지 않는다. 명조에서 겁재를 써서 합살하면 재성운도 좋고 식상운도 좋고 신왕운과 인수운도 역시 좋은 것이나 단지 칠살이 다시 드러나지 않아야 한다. 만약 명중에 상관합살을 쓰고 있다면 식상운과 재성운이 모두 좋지만 인성운은 마땅치 않다. 이것으로 운보는 법을 대략적으로 말하였으나 팔자마다 각기 다르다. 운에 있는 매 글자마다 연구하여 수시로 취용하여야 하니 언어의 형태로만 볼 수 없는 것이다. 모든 격국이 그러하니 정관격만 그러한 것이 아니다.

정관격에서 칠살이 있다면 관살혼잡이 되어 파격의 원인이 됩니다.

또한 정관격에 식상운이 온다면 식상운이 정관격을 극제하므로 역시 파격의 원인이 됩니다.

그러나 식상운이 칠살을 제살하거나 합살하여 준다면 오히려 정관격이 맑아지면서 안전하여지므로 성격을 시킬 수 있는 여건을 만들어 주기 때문에 장애가 되지 않는다고 하는 것입니다.

명조에서 겁재가 있어 칠살을 합살하여 준다면 역시 정관격이 맑아지면서 성격을 시키는 경우에는 재성운, 식상운, 신왕운과 인수운 모두 좋지만 단지 칠살운은 다시 관살혼잡이 되므로 좋지 않다고 합니다.

명조에서 상관이 있어 칠살을 합살하여 준다면 역시 정관격이 맑아지고 안전해지면서 성격을 시킬 수 있으므로 식상운과 재성운은 모두 좋지만 인성운은 상관을 파괴하므로 좋지 않다고 합니다.

2. 재격

1) 재격의 특징

財爲我剋 使用之物也 以能生官 所以爲美。爲財帛 爲妻妾 爲才能 爲
재위아극 사용지물야 이능생관 소이위미 위재백 위처첩 위재능 위
驛馬 皆財類也。財喜根深 不宜太露 然透一位以淸用 格所最喜 不爲之
역마 개재류야 재희근심 불의태로 연투일위이청용 격소최희 불위지
露。卽非月令用神 若寅透乙 卯透甲之類 一亦不爲過 太多則露矣。然
로 즉비월령용신 약인투을 묘투갑지류 일역불위과 태다즉로의 연
而財旺生官 露亦不忌 蓋露不忌 蓋露以防劫 生官則劫退 譬如府庫錢糧
이재왕생관 로역불기 개로불기 개로이방겁 생관즉겁퇴 비여부고전량
有官守護 卽使露白 誰取劫之? 如葛參政命 壬申 壬子 戊午 乙卯 豈非
유관수호 즉사로백 수취겁지 여갈참정명 임신 임자 무오 을묘 개비
財露? 唯其生官 所以不忌也。
재로 유기생관 소이불기야

재성은 내가 극하는 것이고 사용하는 것으로서 정관을 생하므로 아름다
운 것이다. 재성은 재물이고 처첩이고 재능이고 역마에 모두 해당한다. 재
격은 뿌리가 깊은 것을 반기며 과도하게 드러나는 것은 마땅하지 않고 하
나가 투출하여 맑게 사용하여야 격국이 가장 좋은 것으로 드러나지 않았
다고 한다. 월령 용신이 아니어도 寅에서 乙이 투출하거나 卯에서 甲이 투
출하여도 역시 과하게 드러났다고 하지 않는다. 재왕생관격에서는 드러나
도 꺼리지 않는데 드러나도 꺼리지 않는 것은 대체로 드러나면 겁탈을 막
아야 하는데 정관을 생하여 겁재를 물리치기 때문이다. 비유하면 정부의
창고에 돈과 곡식이 있는데 관청에서 지키는 것과 같으니 노출되어 있다
고 하여도 누가 겁탈하겠는가? 가령 갈참정의 명조는 壬申 壬子 戊午 乙卯
인데 어찌 재가 드러나지 않았겠는가? 오직 정관을 생하므로 꺼리지 않는
것이다.

재성은 내가 소유하고 있는 것입니다.
일간이 극한다는 것은 상대를 제압히여 나의 소유로 만드는 것으로서 나의
힘으로 이룬 재물을 말합니다. 또한 재능을 갈고 닦아서 나의 것으로 만든
것이며 처첩을 맞아들이며 나의 것으로 만든 것입니다.

당시의 시대상황으로 처첩은 자신이 소유하고 있다는 개념이 있었으며 한편으로 처첩은 재산을 관리하는 관리인으로서의 역할을 하였기에 재성에 비유하기도 합니다.

지금도 일부 국가에서는 처첩을 사오는 개념으로 처첩의 집안에 재물을 주고 맞이하는 관습이 있는 것과 무관하지 않다고 할 것입니다.

또한 자신이 거느린 종이나 노예 등도 자신이 소유한 것으로서
과거 왕권시대에서는 왕이 소유한 국가에 소속된 국민도 왕에게는 재성에 해당한다고 볼 수 있습니다.

현대적 개념에서는 자신이 소유한 기업에서 종사하는 종업원이 재성에 해당하는 것과 같은 개념이라고 할 것입니다.

재성은 내가 활동할 수 있는 영역이기도 합니다.

역마驛馬는 당시의 시대상황으로 이동수단으로서 말을 사용할 수 있는 권한입니다. 암행어사의 마패는 말을 사용할 수 있는 권한을 부여한 것으로서 자신의 활동 영역을 표시하기도 합니다.

그러므로 현대적 개념으로는 자신이 활동할 수 있는 영역을 재성으로 표현하기도 합니다.

재성은 뿌리가 깊어야 하며 과도하게 드러나지 않아야 합니다.

재성의 뿌리는 깊어야 든든하게 자리 잡고 있는 것입니다. 또한 천간에 과도하게 드러나면 비겁에게 겁탈당할 우려가 있으므로 뿌리 깊은 재성이 하나만 천간에 투출하여 있다면 맑다고 하는 것입니다.

과도하게 드러났다는 것은 여러 개가 투출한 것을 말합니다.
천간에 甲乙木재성이 모두 있고 지지에 寅木이나 卯木이 있거나 寅卯木이 모두 있다면 뿌리가 깊어도 과도하게 드러난 것이며
천간에 甲木이나 乙木하나만 있고 지지에 寅木이나 卯木이 있거나 寅卯木이 모두 있다면 과도하게 드러났다고 하지 않으며 오히려 뿌리가 깊고 맑다고 하는 것입니다.

재왕생관격에서는 재성이 드러나도 꺼리지 않는다고 합니다.

재왕생관격은 왕성한 재성으로 정관을 생하므로 정관이 재성의 생을 받아 역시 왕성해지는 것입니다. 이때 비겁이 재성을 겁탈한다고 하여도 정관이 재성을 보호하여 주므로 안전하다고 하는 것입니다.

이는 창고에 재물이 있는데 정부에서는 세금을 받고 재물 창고를 보호하여 주는 것과 마찬가지라고 합니다.

시	일	월	년	구분
乙	戊	壬	壬	천간
卯	午	子	申	지지

戊土일간이 子월생으로 재격인데 지지에 申子합을 이루고 壬水가 두 개나 투출하여 매우 왕성한 재격이 됩니다.

시간에 乙木정관이 있으므로 왕성한 재격이 정관을 생하는 재왕생관격으로 성격이 되고 있습니다.

재격이 지지에 申子합을 이루어 水국을 형성하니 뿌리가 든든하게 형성이 되고 있으나 천간에 壬水재성이 두 개나 투출하였으므로 재성이 과도하게 드러났다고 하는 것입니다.

그러나 시간의 乙木정관이 왕성한 재성의 생을 받아 역시 왕성해지므로 설사 운에서 戊己土비겁이 온다고 하여도 乙木정관이 능히 물리치며 壬水재성을 보호할 수 있는 것입니다.

이와 같이 재왕생관격에서는 정관이 재성을 보호하여 주므로 안전하여지지만 정관이 없거나 식상에 의하여 극제를 당할 경우에는 재성을 보호하지 못하므로 운에서 오는 비겁에 의하여 언제든지 겁탈 당할 수 있는 위험이 있기에 과도하게 드러남을 경계하는 것입니다.

그러므로 재성은 지지에 숨어있는 것이 가장 효율적이라고 하는 것이며 운에서 재성이 올 때 효과적으로 쓸 수 있는 것입니다.

(1) 재왕생관격의 경우

財格之貴局不一 有財旺生官者 身强而不透傷官 不混七煞 貴格也。
재 격 지 귀 국 불 일 유 재 왕 생 관 자 신 강 이 불 투 상 관 불 혼 칠 살 귀 격 야
재격에는 귀한 격국이 하나가 아니다. 재왕생관격은 신강하고 상관이 투
출되지 않고 칠살과 혼잡되지 않아야 귀격이다.

재격으로 귀격이 될 수 있는 경우는 한 가지가 아니라고 하면서 여러 가지
예를 들어 설명하고 있습니다.

재왕생관격은 왕성한 재격이 정관을 생하는 격국으로서 정관이 상신으로
서의 역할을 하게 됩니다.

재왕생관격에서는 일단 일간이 강해야 귀격이 될 수 있다고 합니다.
일간이 강해야 왕성하고 강한 격국을 다스릴 수 있기 때문입니다.
일간이 약해서 격국을 다스리지 못한다면 재다신약財多身弱과 같은 경우로
서 격국의 질이 떨어지게 됩니다.

열심히 일을 하고 노력은 많이 하였지만 격국을 다스릴 역량이 부족하여
결국 성과를 내지 못한다면 귀한 것과는 거리가 멀다고 할 수 있습니다.

또한 상신인 정관을 극하는 상관이 투출되지 않아야 합니다. 상관이 투출되
어 있다면 정관을 극제하여 상신을 파괴하므로 재왕생관격은 성립되지 못
하고 파격이 되고 마는 것입니다.

정관이 상신으로 있는데 칠살이 있어 정관과 섞여 있다면 관살혼잡이 되므
로 역시 격국의 질은 떨어지고 파격의 원인이 됩니다.

관살혼잡官煞混雜은 정관과 칠살이 섞여 정관을 탁하게 만드는 요인이 되
며 왕성한 재격이 혼잡한 관살을 생하여 일간을 위협하는 결과를 가져오므
로 결국 격국은 파격으로 가게 됩니다.

(2) 재용식생격의 경우

재용식생격은 재격에 식상이 상신이 되어 재격을 생하여 주는 격국입니다.
이때도 일간이 강해야 격국을 다스릴 수 있는 역량이 있는 것입니다. 일간
이 약하다면 격국을 다스리지 못하므로 격국의 질은 떨어지기 마련입니다.

재용식생격에서 정관이 투출하여 있다면 식상은 재성을 생하기 보다는 정
관을 극하기에 바쁘며
비겁이 하나만 있다면 재격을 위협하지 않고 식상을 생하여 주므로 유정하
다고하며 격국이 맑아지고 격국의 질이 높아지게 됩니다.

시	일	월	년	구분
辛	庚	壬	壬	천간
巳	辰	寅	寅	지지

庚金일간이 寅월생으로 정기 甲木재성에 의하여 재격이 됩니다.
년월간에 壬水식신이 있어 재용식생격으로 성격이 되고 있습니다.

재격은 월지寅木에서 투출하지 못하고 壬水식신은 두 개가 투출하여 과도
하게 드러났다고 하지만 辛金겁재가 식신을 생하면서 일간의 기세를 도우
므로 유정하여 귀하게 된 양시랑의 명조라고 합니다.

만약에 丁火정관이 투출하고 일간이 신약하다면 재격의 생을 받은 정관에
의하여 일간이 감당하기 어려우므로 파격으로 이어집니다.

(3) 재격패인격의 경우

有財格佩印者 蓋孤財不貴 佩印幇身 即印取貴。如乙未 甲申 丙申 庚
유 재 격 패 인 자 개 고 재 불 귀 패 인 방 신 즉 인 취 귀 여 을 미 갑 신 병 신 경

寅 曾參政之命是也 然財印宜相竝 如乙未 己卯 庚寅 辛巳 乙與己兩不
인 증 참 정 지 명 시 야 연 재 인 의 상 병 여 을 미 기 묘 경 인 신 사 을 여 기 양 불

相能 即有好處 小富而已。
상 능 즉 유 호 처 소 부 이 이

재격패인격에서 대개 혼자 있는 재격은 귀하지 않지만 인성이 있어 일간
을 도우면 귀하게 된다. 가령 乙未 甲申 丙申 庚寅의 증참정의 명조에서 재
성과 인성이 함께 있지만 서로 돕는 경우이다. 乙未 己卯 庚寅 辛巳는 乙과
己가 함께 있지만 서로 도울 수 없으므로 좋은 자리에 있음에도 불구하고
작은 부자로 머무르게 된다.

재격패인격은 재격이 인성을 쓰는 격국입니다. 재격이 인성을 극하지만 재
격이 인성을 쓰는 이유는 일간이 신약하기 때문에 인성으로 일간을 생하여
기세의 균형과 조화로써 재격의 질을 높이기 위함입니다.

이때 재성과 인성이 서로 붙어 있다면 인성은 재격의 극제를 받아 파괴되
므로 일간을 생하지 못하게 됩니다.
결국 재격은 인성을 쓰지 못하고 신약한 일간으로 재다신약의 사주가 되는
것이므로 격국의 질이 떨어지고 귀격이 될 수 없는 것입니다.
그러므로 일간의 기세를 강하게 만들기 위하여서는 인성을 써야하므로 사
주팔자에서 재격이 인성을 극하지 않도록 배치되어야 귀격이 될 수 있는
것입니다.

시	일	월	년	구분
庚	丙	甲	乙	천간
寅	申	申	未	지지

丙火일간이 申월생으로 시간에 庚金재성이 투출하여 재격이 됩니다.
재격은 월령에서 투출하여 기세가 강하므로 일간 丙火는 甲乙木인성의 도
움으로 균형과 조화를 이루어 귀격이 된 증참정의 명조입니다.

일간 丙火는 월령을 득하지 못하고 일지도 申金병지에 앉아있으며 비록 寅木과 未土에 통근하지만 두 개의 申金록지에 통근하고 득령한 재격보다는 기세가 약하다고 하는 것입니다.

그러므로 재격은 일간의 기세를 강하게 만들기 위하여 년월간에 있는 甲乙木인성으로 하여금 일간을 생하게 하는 재격패인격으로 성격시켜 격국과 일간의 기세의 균형과 조화로서 귀격을 만들고 있는 것입니다.

만약에 이때 庚金과 甲乙木이 붙어 있었다면 庚金은 甲木을 극하거나 乙木을 합거하여 결국 인성이 일간을 생하지 못하므로 격국의 질이 떨어지고 귀격이 되지 못하는 것입니다.

시	일	월	년	구분
辛	庚	己	乙	천간
巳	寅	卯	未	지지

庚金일간이 卯월생으로 乙木재성이 투출하여 재격이 됩니다.
재격은 월령에서 투출하고 寅卯未에 통근하여 기세가 강한데 반하여
일간은 辛金겁재가 있고 巳火생지에 통근하고 있으므로 다소 기세가 있다고 하지만 격국보다는 약한 편이므로 己土인성의 도움이 절실하게 됩니다.

일간의 기세를 강하게 만들기 위하여서는 월간 己土인성으로 하여금 일간을 생하게 하는 재격패인격으로 성격이 된다면 일간과 격국의 기세가 균형과 조화를 이루며 크게 귀한 격국이 될 수 있습니다.

그러나 己土인성은 乙木재성과 붙어서 극제를 당하고 있으므로 일간을 생하지 못하고 파괴되어 재격패인격으로 성격되지 못하고 결국 재다신약의 사주팔자가 되었습니다.
그러므로 격국의 질이 낮아지면서 귀격이 되지 못하고 시간의 辛金겁재의 도움으로 그나마 작은 부자라도 될 수 있었다고 합니다.

(4) 재용식인격의 경우

有用食而兼用印者 食與印兩不相礙 或有暗官而去食護官 皆貴格也。
유용식이겸용인자 식여인양불상애 혹유암관이거식호관 개귀격야

如吳榜眼命 庚戌 戊子 戊子 丙辰 庚與丙隔兩戊而不相剋 是食與印不
여오방안명 경술 무자 무자 병진 경여병격양무이불상극 시식여인불

相礙也。如平江伯命 壬辰 乙巳 癸巳 辛酉 雖食印相剋 而欲存巳戊官
상애야 여평강백명 임진 을사 계사 신유 수식인상극 이욕존사무관

是去食護官也。反是則減福矣。
시거식호관야 반시즉감복의

식신과 인성을 겸하는 것이 있는데 식신과 인성이 서로 장애가 되지 않는
경우이다. 혹 정관이 암장되어 있어 식신을 제거하고 정관을 보호하게 되
면 대개 귀격이다. 가령 오방안의 명조는 庚戌 戊子 戊子 丙辰인데 庚과 丙
이 두 개의 戊를 사이에 두고 서로 떨어져 있어 극을 하지 않으므로 식신과
인성이 서로 장애가 되지 않는다. 평강백의 명조는 壬辰 乙巳 癸巳 辛酉인데
비록 식신과 인성이 서로 극을 한다고 하여도 巳중 戊정관을 바라고 있으므
로 식신을 제거하고 戊정관을 보호하니 복이 감소되지 않았다고 한다.

재격에 식신과 인성을 겸하는 경우가 있다고 합니다. 본래 식신과 인성은
서로 극하는 사이인데 둘의 사이가 떨어져 있다면 재격은 식신과 인성을
효과적으로 활용하여 격국을 귀격으로 만들 수 있다고 합니다.

식신으로 재격을 생하여 격국의 기세를 강하게 만들어 줄 수 있으며
인성은 일간을 생하여 일간을 신강하게 만들어 격국을 효과적으로 다스릴
수 있도록 도와줄 수 있기 때문입니다.

또한 재격에서 정관이 투출되지 않고 지지에 암장되어 있는 정관이 있다면
운에서 정관이 투출되어 올 때를 기다리게 됩니다.
그러나 식상이 있다면 운에서 정관이 온다고 하여도 식상이 정관을 파괴하
므로 재격은 정관을 쓰지 못하게 됩니다.
이때 인성이 있어 식신을 미리 제거하여 준다면 사주팔자가 원하는 정관을
쓸 수 있으므로 재왕생관격으로 성격되어 귀격이 될 수 있다고 합니다.

시	일	월	년	구분
丙	戊	戊	庚	천간
辰	子	子	戌	지지

戊土일간이 子월생으로 子중 정기 癸水재성에 의하여 재격이 됩니다.
庚金식신과 丙火인성이 년간과 시간에 각각 있으며 월간의 戊土를 사이에
두고 멀리 떨어져 있으므로 서로 극할 수 없습니다.

庚金식신은 재격을 생하여 재격의 기세를 강하게 하여주고
丙火인성은 일간을 생하여 일간을 신강하게 만들어 돕고 있으므로
식신과 인성이 서로 극하지 않고 각각 작용하면서 일간과 재격의 기세를
도우므로 기세의 균형과 조화를 이루면서 귀격이 된 오방안의 명조라고 합
니다.

시	일	월	년	구분
辛	癸	乙	壬	천간
酉	巳	巳	辰	지지

癸水일간이 巳월생인데 巳중 丙火재성에 의하여 재격이 됩니다.
재격이 乙木식신의 생을 받아 기세를 강하게 하고 싶지만 시간 辛金인성이
월간의 乙木식신을 호시탐탐 노리고 있으므로 재격은 乙木식신을 안전하게
쓰기 어려운 상황입니다.

한편으로 재격과 달리 일간은 巳중에 암장되어 있는 戊土정관이 투출되기
만을 바라는 마음이 가득하다고 할 것입니다.
그러나 戊土정관이 투출하게 되면 乙木식신이 정관을 극제하여 파괴할 수
있으므로 乙木식신이 오히려 방해가 되므로 일간은 辛金인성이 乙木식신을
제거하여 주기를 오히려 반기는 것입니다.

그러므로 평강백의 명조에서는 辛金인성이 乙木식신을 극제하여 戊土정관
을 보호하여 주므로 오히려 복이 된 경우라고 하는 것입니다.

(5) 재용상관격의 경우

有財用傷官者 財不甚旺而比強 輅露一位傷官以化之 如甲子 辛未 辛酉
유재용상관자 재불심왕이비강 로로일위상관이화지 여갑자 신미 신유

壬辰 甲透未庫 逢辛爲劫 壬以化劫生財 汪學士命是也 財旺無劫而透傷
임진 갑투미고 봉신위겁 임이화겁생재 왕학사명시야 재왕무겁이투상

反爲不利 蓋傷官本非美物 財輕透劫 不得已而用之。旺而露傷 何若用
반위불리 개상관본비미물 재경투겁 부득이이용지 왕이로상 하약용

彼? 徒使財遇傷而死生官之具 安望富貴乎?
피 도사재우상이사생관지구 안망부귀호

재격에 상관을 쓰는 것이 있다. 재격의 왕성함이 심하지 않고 비겁이 강한
데 상관이 하나 드러나 화하는 경우이다. 가령 甲子 辛未 辛酉 壬辰은 甲이
투출하여 未에 통근하였는데 辛을 만나 겁재가 되어 있으므로 壬이 겁재
를 화하여 생재하고 있는 왕학사의 명조이다. 재격이 왕성하고 겁재가 없
는데 상관이 투출하면 오히려 불리하다. 대개 상관은 본래 좋은 것이 아닌
데 재격이 가볍고 겁재가 투출하여 있다면 부득이 쓸 수밖에 없다. 재격이
왕성한데 상관이 드러났다면 어찌 상관을 쓸 것인가? 재격에 상관이 있
다면 생하고 있는 정관을 죽이는 도구가 될 것이니 어찌 편안하게 부귀를
바라겠는가?

재용상관격은 재격이 상관을 쓰는 격국입니다.
재격의 기세가 약한데 강한 비겁이 있다면 재격은 비겁의 위협을 받아 파
격이 되고 맙니다. 이때 상관이 하나 있다면 비겁을 설기하여 재격을 생하
므로 오히려 성격이 되며 귀격이 되는 경우라고 합니다.

시	일	월	년	구분
壬	辛	辛	甲	천간
辰	酉	未	子	지지

辛金일간이 未월생으로 甲木재성이 통근하여 잡기재격이 됩니다.
甲木재성은 未土와 辰土에 통근하여 기세가 미약한 상태인데 월간에 辛金
비견이 겁재의 역할을 하며 재격을 위협하고 있습니다.
마침 壬水상관이 있어 辛金비견을 설기하여 재격을 생하면서 격국의 기세
를 강하게 만들어 주므로 귀하게 된 왕학사의 명조라고 합니다.

(6) 재대칠살격의 경우

有財帶七煞者 或合煞存財 或制煞生財 皆貴格也 如毛壯元命 乙酉 庚
유 재 대 칠 살 자 혹 합 살 존 재 혹 제 살 생 재 개 귀 격 야 여 모 장 원 명 을 유 경
辰 甲午 戊辰 合煞存財也; 李禦史命 庚辰 戊子 戊寅 甲寅 制煞生財也。
진 갑 오 무 진 합 살 존 재 야 이 어 사 명 경 진 무 자 무 인 갑 인 제 살 생 재 야
재격에 칠살이 있는 경우에는 합살하여 재격를 남기거나 제살하여 재격
를 생한다면 모두 귀격이다. 가령 모장원의 명조는 乙酉 庚辰 甲午 戊辰인
데 합살하여 재격를 남긴 경우이고 이어사의 명조는 庚辰 戊子 戊寅 甲寅
인데 제살하여 재격를 생하는 경우이다.

재격에 칠살이 있는 경우에는 재격이 칠살을 생하면서 기세가 강해진 칠살
이 일간을 위협하므로 파격의 원인이 됩니다.
그러나 칠살을 합살하고 재격이 남는 경우이거나
칠살을 제살하고 재격을 생하는 경우에는 귀격이 된다고 합니다.

시	일	월	년	구분
戊	甲	庚	乙	천간
辰	午	辰	酉	지지

甲木일간이 辰월생으로 戊土재성이 투출하여 재격이 됩니다.
월간에 庚金칠살이 드러나 있어 재격이 칠살을 생하여 일간을 위협하므로
파격이 되지만 마침 년간에 乙木겁재가 庚金칠살을 합살하여 재격이 온전
하여 지므로 귀하게 된 모장원의 명조라고 합니다.

시	일	월	년	구분
甲	戊	戊	庚	천간
寅	寅	子	辰	지지

戊土일간이 子월생으로 子중 정기 癸水재성으로 재격이 됩니다,
시간에 甲木칠살이 있어 재생살로 인하여 파격이 될 수 있지만 마침 년간에
庚金식신이 있어 甲木칠살을 제살하고 재격을 생하므로 귀하게 된 이어사
의 명조라고 합니다.

(7) 재용살인격의 경우

有財用煞印者 黨煞爲忌 印以化之 格成當局 若冬土逢之亦貴格。如趙
유 재 용 살 인 자 당 살 위 기 인 이 화 지 격 성 당 국 약 동 토 봉 지 역 귀 격 여 조

侍郎命 乙丑 丁亥 己巳 乙亥 化煞而卽以解凍 又不露財以雜其印 所以
시 랑 명 을 축 정 해 기 사 을 해 화 살 이 즉 이 해 동 우 불 로 재 이 잡 기 인 소 이

貴也。若財用煞印而印獨 財煞竝透 非特不貴 亦不富也。至於壬生午月
귀 야 약 재 용 살 인 이 인 독 재 살 병 투 비 특 불 귀 역 불 부 야 지 어 임 생 오 월

癸生巳月 單透財而亦貴 又月令有暗官也。如丙寅 癸巳 癸未 壬戌 林尙
계 생 사 월 단 투 재 이 역 귀 우 월 령 유 암 관 야 여 병 인 계 사 계 미 임 술 임 상

書命是也。又壬生巳月 單透財而亦貴 以其透丙藏戌 棄煞就財 美者存
서 명 시 야 우 임 생 사 월 단 투 재 이 역 귀 이 기 투 병 장 무 기 살 취 재 미 자 존

在贈者棄也。如丙辰 癸巳 壬戌 壬寅 王太仆命是也。至於劫刃太重 棄
재 증 자 기 야 여 병 진 계 사 임 술 임 인 왕 태 부 명 시 야 지 어 겁 인 태 중 기

財就煞 如一尙書命 丙辰 丙申 丙午 壬辰 此變之又變者也。
재 취 살 여 일 상 서 명 병 진 병 신 병 오 임 진 차 변 지 우 변 자 야

재격에 칠살과 인성을 쓰는 경우에는 칠살과 무리가 되는 것을 꺼리지만 인성으로 화하면 귀격을 이루는 것은 당연하다. 만약에 겨울의 土일간이면 역시 귀격이다. 가령 조시랑의 명조는 乙丑 丁亥 己巳 乙亥인데 칠살을 화하여 해동하는데 재격이 투출하지 않아 인성과 혼잡되지 않으니 귀하게 되었다. 만약 재격에 칠살과 인성을 쓰는데 인성이 단독으로 있거나 재성과 칠살이 함께 투출하여 있다면 귀하지도 않고 부자도 아니다. 壬일간이 午월생이나 癸일간이 巳월생인데 재격이 단독으로 투출한다면 귀격이 된다. 월령에 정관이 암장되어 있기 때문이다. 가령 丙寅 癸巳 癸未 壬戌의 임상서 명조가 그러하다. 壬일간이 巳월생이라면 재격이 단독으로 투출하여도 역시 귀격이 된다. 丙이 투출하고 戌가 암장되어 칠살을 버리고 재격을 취하므로 좋은 것은 취하고 나쁜 것은 버리기 때문이다. 가령 丙辰 癸巳 壬戌 壬寅의 왕태부 명조가 그러하다. 겁재와 양인이 너무 무겁다면 재격을 버리고 칠살을 취하는 경우가 있다. 가령 어느 상서의 명조는 丙辰 丙申 丙午 壬辰인데 이와 같이 변화하고 또 변화하는 것이다.

재격에 칠살이 인성으로 화하면 귀격을 이룬다고 합니다.

재격에 칠살이 있으면 재격이 칠살을 생하여 칠살과 무리를 이루게 되므로 일간을 위협하여 파격이 됩니다. 그러나 인성이 있다면 칠살을 인성으로 화하여 일간의 기세로 흐르면서 흐름이 원활하여지므로 재격의 기세가 칠살과 인성을 거쳐 일간에게 흘러 부자의 격국을 이룬다고 하는 것입니다.

이러한 경우에 겨울의 土일간의 경우도 귀격이 된다고 합니다.

시	일	월	년	구분
乙	己	丁	乙	천간
亥	巳	亥	丑	지지

己土일간이 亥월생으로 정기 壬水재성으로 인하여 재격이 됩니다.
乙木칠살이 년과 시에 있지만 월간의 丁火인성이 乙木칠살을 화하여 불길을 살리니 추운 겨울에 해동하다고 하는 것입니다.
마침 재격에서 壬水재성이 투출되지 않았으므로 丁火인성으로 안전하게 해동할 수 있으므로 귀하게 된 조시랑의 명조라고 합니다.

자평진전에서 조후를 중하게 여기는 대목입니다.
금수상관희견관金水傷官喜見官와 마찬가지로 조후가 이루어진다면 대체로 귀격이 되는 것을 볼 수 있습니다. 이 명조는 차가운 겨울에 乙木으로 丁火의 불길을 지펴 따뜻하게 만들어 주므로 조후가 이루어지면서 귀격이 되고 있는 것입니다.

만약에 乙木칠살이 없고 丁火인성이 단독으로 있다면 丁火재성의 불길을 살리기 어려워 해동하는데 지장이 생기게 되므로 기세의 흐름이 막혀 귀하게 되지도 않고 부자가 되기도 어렵다고 하는 것입니다.

또한 壬水재성과 乙木칠살이 함께 투출하여 있다면 재성이 칠살을 생하게 되어 칠살의 무리를 짓게 되므로 일간이 위험하게 되어 파격이 되니 부귀를 얻지 못한다고 하는 것입니다.

재격이 단독으로 투출하여도 귀격이 되는 경우가 있습니다.

시	일	월	년	구분
壬	癸	癸	丙	천간
戌	未	巳	寅	지지

癸水일간이 巳월생인데 정기 丙火재성이 투출하여 재격이 됩니다.
재격의 기세가 왕성한데 이를 설기할 정관이 없으므로 재격의 기세가 탁하
게 되어 격국의 질이 떨어지게 됩니다.

그러나 巳중 戊土정관이 암장되어 있어 재격이 정관을 생 할 수 있으므로
귀하게 된 임상서의 명조라고 합니다.

만약에 壬水일간이 午월생인데 丙火나 丁火재성이 단독으로 투출하여도 재
격이 午火에 암장되어 있는 己土정관을 생 할 수 있으므로 역시 귀격이 될
수 있다고 하는 것입니다.

시	일	월	년	구분
壬	壬	癸	丙	천간
寅	戌	巳	辰	지지

壬水일간이 巳월생인데 정기 丙火재성이 투출하여 재격이 됩니다.
암장되어 있는 칠살을 버리고 단독으로 재격을 취하여 귀하게 되었다는 왕
태부의 명조라고 합니다.

이 경우에는 巳중 戊土가 정관이라면 재격이 정관을 생 할 수 있으므로 귀
격이 될 수 있지만
巳중 戊土가 칠살이므로 재격이 칠살을 생하여 일간을 위협하는 칠살의 무
리가 되는 재생살로 인하여 파격이 되기 때문입니다.

그러나 암장된 칠살이 운에서 투출한다고 하여도 癸水가 합거하므로 칠살을
버리고 재격을 단독으로 취하여 귀격이 되었다고 설명하고 있는 것입니다.

재격을 버리고 칠살격을 취하여도 귀격이 되는 경우가 있습니다.

시	일	월	년	구분
壬	丙	丙	丙	천간
辰	午	申	辰	지지

丙火일간이 申월생으로 정기 庚金재성에 의하여 재격인데 지지에서 申辰이 합을 하고 시간에 월지 申의 중기 壬水칠살이 투출하여 칠살격으로 변격이 되고 있습니다.

년월에 丙火비견이 중첩되어 투출하고 있고 일지에 午火양인이 있어 살격봉인격으로 성격이 되면서 귀하게 된 어느 상서의 명조라고 소개하고 있습니다.

자평진전에서는 겁재와 양인의 기세가 너무 무겁다면 재격을 버리고 칠살을 취하여 귀하게 된다고 설명하고 있습니다.

이 경우에는 재격의 세력이 미약한데 지지에서 칠살과 회합을 하면서 칠살격으로 변격을 하고
비견이 중첩되어 오히려 겁재의 역할을 하면서 지지에 午火양인이 있어 칠살격으로 효과적으로 제어하는 살격봉인격의 격국으로 성격시켜 귀하게 된 경우라고 할 수 있습니다.

만약에 재격이 칠살격으로 변격이 안 되었다면 재격의 기세가 미약하므로 丙火비견의 무리와 午火양인의 기세가 합친 겁재의 기세를 감당하기 어려우니 파격이 되면서 부귀하고는 거리가 멀어지게 됩니다.

이와 같은 변화는 무궁무진한 것이므로 사주팔자에서 기세의 균형과 조화를 이루기 위하여서는 무엇을 버리고 무엇을 취하여야 하는지 자세히 살피지 아니한다면 통변에 착오를 일으키기 쉽다고 강조하고 있습니다.

2) 재격에서 운을 취하는 법

財格取運 卽以財格所就之局 分而配之。其財旺生官者 運喜身旺印綬
재격취운 즉이재격소취지국 분이배지 기재왕생관자 운희신왕인수

不利七煞傷官; 若生官而後透印 傷官之地 不甚有害。至於生官 而帶食
불리칠살상관 약생관이후투인 상관지지 불심유해 지어생관 이대식

破局 則運喜印綬 而逢煞反吉矣。
파국 즉운희인수 이봉살반길의

재격에서 운을 취하는 법은 재격을 취한 격국에 운을 구분하여 배합하는
것이다. 재왕생관격은 일간을 왕성하게 하는 운과 인수운을 좋아하고 칠살
운과 상관운은 불리하다. 만약 정관을 생하고 있는데 인성이 투출하였다면
상관의 지지운은 그다지 심하게 해롭지 않다. 정관을 생하는데 식신이 있어
파국이 되었다면 인수운을 좋아하고 칠살운도 오히려 길한 편이다.

재격에서 운을 취하는 법은 재격에 운을 대입하여 본다고 합니다.
자평진전의 격국에서 운을 취하는 법은 격국에 운을 대입하여 격국의 기세
의 균형과 조화가 이루어지면 길한 운이고 기세의 균형과 조화가 어그러지
면 흉한 운이 된다고 합니다.

즉, 사주팔자에서 격국의 성립요소나 기세의 불완전함을 보완하여 준다면
좋은 운이라고 하는 것이며
운에서 성격된 요소를 방해하거나 기세의 불균형으로 인하여 파격으로 이
끈다면 나쁜 운이라고 하는 것입니다.

가령 재격에서는 격국의 기세는 강한데 일간이 신약하여 격국을 다스리지
못한다면 특히 재다신약의 격국으로서 재물로 인하여 고생하는 사주팔자
가 되기 쉬운 것입니다.

이때는 운에서 일간을 강하게 만들어주는 신왕운이나 인수운이 와야 일간
은 운의 도움으로 재다신약의 격국을 다스릴 수 있으므로 운의 기간 동안
잠시나마 안정을 취하며 재격을 다스릴 수 있는 여건을 만들 수 있는 것입
니다.

(1) 재왕생관격에서 운을 취하는 법

재왕생관격은 재격이 정관을 상신으로 쓰는 격국입니다.
재왕생관격은 재격의 왕성한 재물과 재능으로 정관의 조직을 강하게 만들어 경영한다는 의미가 있습니다.

재왕생관격은 그 자체로 격국의 기세가 강하므로 일간이 신강해야 격국을 다스릴 수 있는 역량이 있는 것입니다. 일간이 신약하다면 격국을 다스리지 못하므로 오히려 어려움을 당할 수 있는 것입니다.

일간이 신약하다면 운에서 도와주어야 길하다고 합니다.
일간을 신강하게 만들어 주는 일간의 지지운이 온다면 운의 기간 동안은 격국을 다스릴 수 있는 역량이 생기는 것이며 또한 인수운이 와서 일간의 기세를 도와준다면 역시 도움이 되므로 길한 운이라고 하는 것입니다.

칠살운과 상관운은 불리하다고 합니다.
재왕생관하고 있는데 칠살운이 온다면 관살혼잡이 되므로 격국이 탁하게 되며 오히려 파격의 원인이 될 수 있으며 상관운이 온다면 상관이 정관을 파괴하여 결국 격국을 파격으로 이끌게 되므로 역시 불리하다고 할 것입니다.

인성이 투출하고 있다면 상관의 지지운은 해롭지 않다고 합니다.
정관을 생하고 있는데 상관이 투출하여도 인성이 있으면 상관을 제어할 수 있으므로 정관을 보호할 수 있는 것이며
상관의 지지운이 온다고 하여도 인성이 정관을 보호하고 있으므로 그다지 해로움을 느끼지 못하는 것입니다.

식신이 투출하여 파격이라면 인수운과 칠살운이 길하다고 합니다.
정관을 생하고 있는데 식신이 있다면 정관을 합거하여 파격이 됩니다. 이때 인수운이 온다면 식신을 극제하여 다시 성격이 되고 칠살운이 와도 식신제살이 되어 격국이 맑아지므로 오히려 길하다고 합니다.

(2) 재용식생격에서 운을 취하는 법

財用食生 財食重而身輕 則喜助身; 財食輕而身重 則仍行財食。 煞運不
재 용 식 생 재 식 중 이 신 경 즉 희 조 신   재 식 경 이 신 중 즉 잉 행 재 식   살 운 불

忌 官印反晦矣。
기 관 인 반 회 의

재용식생격에서 재격과 식신이 무겁고 일간이 가볍다면 일간을 돕는 운이
좋다. 재격과 식신이 가볍고 일간이 무겁다면 재성운과 식신운으로 운행하
여야 한다. 칠살운은 꺼리지는 않지만 정관운과 인성운은 오히려 암울할
뿐이다.

재용식생격은 재격이 식신을 상신으로 쓰는 격국입니다.
식신의 생으로 인하여 재격의 기세가 강하여지므로 일간의 기세가 격국의
기세를 감당할 수 있는 역량이 있어야 격국이 맑아지며 부귀할 수 있는 격
국으로 질이 높다고 할 수 있습니다.

일간이 신약한 경우
격국이 강한데 일간이 신약하다면 재다신약이 되기 쉬우므로 운에서 일간
을 돕는 운이 와야 운의 기간 동안만이라도 재다신약에서 잠시라도 벗어날
수 있는 기회가 오기 때문에 좋다고 하는 것입니다.

일간이 신강한 경우
반대로 일간은 강한데 격국이 약하다면 격국의 질이 떨어지며 어려움을 겪
게 되므로 재성운과 식상운이 온다면 격국의 질을 높일 수 있는 기회가 되
므로 이 기간 동안에는 잠시라도 안정이 될 것입니다.

칠살운은 꺼리지 않으나 정관운과 인성운은 암울하다고 합니다.
재격에서 칠살이 있다면 파격인데 재용식생격에서 칠살이 운에서 온다면
식신이 제살을 하므로 꺼리지 않는다고 하는 것입니다.
정관운이 온다면 식신이 정관을 파괴하므로 암울하다고 하는 것이며
인성운이 온다면 인성이 상신인 식신을 파괴하여 파격이 되므로 역시 암울
하다고 하는 것입니다.

(3) 재격패인격에서 운을 취하는 법

財格佩以 運喜官鄉 身弱逢之 最喜印旺。
재 격 패 이 운 희 관 향 신 약 봉 지 최 희 인 왕
재격패인격에서는 정관의 지지운이 좋으며 신약하다면 인성을 왕성하게
하는 운을 가장 반긴다.

재격패인격은 재격이 인성을 상신으로 쓰는 격국입니다.
재격이 강하고 일간이 신약하다면 재격은 인성을 써서라도 일간을 강하게
만들어 기세의 균형과 조화를 이루어 맑은 격국으로 부귀하고자 하는 것입
니다.

인성으로 강화한 일간의 기세와 재격의 기세가 균형을 이루어야 신왕재왕
의 격국으로서 위상을 가지며 부귀할 수 있는 여건이 되기 때문입니다.
그러므로 운도 역시 기세의 균형과 조화가 이루어지는 운이 온다면 좋은
운이라고 할 수 있는 것이며 반대로 기세의 균형과 조화를 깨뜨리는 운이
온다면 흉운이라고 할 수 있는 것입니다.

정관의 지지운이 좋다고 합니다.
재격이 인성을 쓰는 것은 일간이 신약하기 때문이므로 인성이 일간의 기세
를 생하여 강하게 만들어주는 것이 목적입니다.
정관의 지지운은 인성을 키우는 역할을 하므로 인성을 왕성하게 만들어 주
는 여건을 조성할 수 있으므로 좋은 운이라고 할 수 있습니다.

일간이 신약하다면
일간이 신약하여 인성을 상신으로 쓰고 있는데 인성이 미약하다면 일간을
돕기 어려우므로 인성을 왕성하게 만드는 운이 좋다고 하는 것입니다.
그러므로 인성의 기세를 왕성하게 하는 인성의 지지운이 오는 것을 가장
반긴다고 하는 것입니다.

(4) 재용식인격에서 운을 취하는 법

財用食印 財輕則喜財食 身輕則喜比印 官運有礙 煞反不忌也。
재 용 식 인 재 경 즉 희 재 식 신 경 즉 희 비 인 관 운 유 애 살 반 불 기 야
재용식인격에서 재격이 가벼우면 재성운과 식신운을 반기고 일간이 가벼우면 비겁운과 인성운을 반기며 정관운은 장애가 되나 칠살운은 오히려 꺼리지 않는다.

재용식인격은 재격이 식신과 인성을 쓰는 격국입니다.
재격은 식신으로 하여금 자신을 생하게 하고 인성으로 하여금 일간의 기세를 생하게 만들어 인성과 일간 그리고 식신과 재성의 기세와 균형과 조화를 꾀하며 격국의 질을 높이고자 하는 것입니다.

재격이 가벼운 경우
재격이 식신을 쓰는 것은 재격의 가벼운 기세를 보완하고자 하는 것입니다. 그러나 식신의 기세가 미약하여 재격의 기세를 충분히 강하게 만들지 못한다면 격국의 질은 떨어지고 격국은 탁하게 됩니다.
그러므로 운에서 식신운이나 재성운으로 재격을 돕는다면 재격은 충분히 강한 기세를 획득하게 되므로 격국이 다시 맑아지는 것입니다.

일간이 신약한 경우
일간이 신약하여 인성을 쓰고 있는데 인성의 기세가 미약하여 일간을 충분히 돕지 못한다면 역시 재격과 기세의 균형이 어그러지므로 격국의 질이 떨어지고 탁하게 되는 것입니다.
그러므로 운에서 인성운이나 비겁운이 와서 일간의 기세를 강하게 만들어 준다면 운의 기간 동안은 격국의 질이 높아지게 되는 것입니다.

정관운은 장애가 되며 칠살운은 나쁘지 않다고 합니다.
재격이 식신을 쓰고 있으므로 정관운이 온다면 식신이 정관을 제어하므로 장애가 된다고 하는 것이며 칠살운이 온다면 식신이 제살을 하여주므로 오히려 나쁘지 않다고 하는 것입니다.

(5) 재대상관격에서 운을 취하는 법

財帶傷官 財運則亨 煞運不利 運行官印 未見其美矣。
재 대 상 관 재 운 즉 형 살 운 불 리 운 행 관 인 미 견 기 미 의
재대상관격에서 재성운은 형통하고 칠살운은 불리하며 정관운과 인성운
으로 흐르면 아름답지 않다.

재대상관격은 재격이 상관을 상신으로 쓰는 격국입니다.
재격이 상관을 쓰는 것은 재격의 기세가 일간의 기세보다 약하기 때문에
상관으로 하여금 일간의 기세를 설기하여 재격을 생하게 하면서 기세의 균
형과 조화를 꾀하면서 격국의 질을 높이고자 하는데 있습니다.

재성운이 형통하다고 합니다.
재격의 기세가 미약하여 상관의 생을 받고 있으므로 재격은 운에서 자신을
도와주는 재성운이 온다면 재격의 기세가 강화되므로 발전한다고 하는 것
입니다.
형통亨通이란 만사가 뜻대로 잘 풀리면서 발전한다는 뜻이 있습니다.

칠살운은 불리하다고 합니다.
칠살운이 온다면 재격의 기세를 설기하여 일간을 위협하게 되므로 파격으
로 이어질 수도 있어 불리하다고 하는 것입니다.
또한 칠살운은 상관이 합살하게 되므로 상신인 상관이 기능을 하지 못하여
파격이 될 수 있으므로 불리하다고 하는 것입니다.

정관운과 인성운으로 흐르면 아름답지 못하다고 합니다.
재격이 상관을 쓰고 있으므로 운에서 정관이 온다면 상관에 의하여 여지없
이 파괴되므로 아름답지 못하다고 하는 것이며

인성운이 온다고 하여도 인성이 상신인 상관을 극제하여 격국은 파격이 되
므로 역시 아름답지 못하다고 하는 것입니다.

(6) 재대칠살격에서 운을 취하는 법

財帶七煞 不論合煞制煞 運喜食傷身旺之方。
재 대 칠 살 불 론 합 살 제 살 운 희 식 상 신 왕 지 방
재대칠살격에서는 합살이나 제살을 논하지 않고 식상운과 일간을 왕성하게 하는 지지운을 반긴다.

재대칠살격은 재격에 칠살이 있는 격국입니다.

재격에 칠살이 있다면 재생살이 되면서 일간을 위협하기 때문에 일단 재격은 파격이 되기 마련입니다. 그러므로 상관이 있어 칠살을 합살合殺하거나 식신이 있어 칠살을 제살制煞하는 것을 논하지 않고 식상운을 반긴다고 하는 것입니다. 또한 재생살이 되면 일간의 기세가 재생살의 기세를 감당할 수 있어야 하므로 일간을 왕성하게 하는 지지운을 반긴다고 하는 것입니다.

(7) 재용살인격에서 운을 취하는 법

財用煞印 印旺最宜 逢財必忌。傷食之方 亦任意矣。
재 용 살 인 인 왕 최 의 봉 재 필 기 상 식 지 방 역 임 의 의
재용살인격에서는 인성을 왕성하게 하는 운이 가장 마땅한 것이며 재성운을 반드시 기피한다. 식상의 지지운은 임의적이다.

재용살인격은 재격이 칠살과 인성을 상신으로 쓰는 격국입니다.

재용살인격은 일간의 기세가 신약할 경우 칠살을 화하여 인성으로 하여금 일간의 기세를 도와 격국을 맑게 하고자 하는 격국입니다. 그러므로 인성을 왕성하게 하는 운이 최선이라고 하는 것입니다. 그러나 재성운은 인성을 극파하므로 반드시 기피하게 됩니다.

식상의 지지운은 임의적으로 좋기도 하고 나쁘기도 하답니다.

식상의 지지운은 재격을 도우므로 좋은 점이 있지만 한편으로 미약한 일간의 기세를 설기하고 인성과 칠살의 기세를 약화시키는 나쁜 점도 있기 때문입니다.

3. 인수격

1) 인수격의 특징

印綬喜其生身 正偏同爲美格 故財與印不分偏正 同爲一格而論之。印綬
인 수 희 기 생 신 정 편 동 위 미 격 고 재 여 인 불 분 편 정 동 위 일 격 이 론 지 인 수

之格局亦不一 有印而透官者 正官不獨取其生印 而卽可以爲用 與用煞
지 격 국 역 불 일 유 인 이 투 관 자 정 관 부 독 취 기 생 인 이 즉 가 이 위 용 여 용 살

者不同。故身旺印强 不愁太過 只要官星淸純 如丙寅 戊戌 辛酉 戊子
자 부 동 고 신 왕 인 강 불 수 태 과 지 요 관 성 청 순 여 병 인 무 술 신 유 무 자

張參政之命是也。
장 참 정 지 명 시 야

인수격은 일간을 생하는 희신이므로 정편이 모두 아름다운 격이다. 그러므
로 재격과 인수격은 정편을 구분하지 않고 동일한 격으로 논하는 것이다.
인수격의 격국은 역시 하나가 아니다. 인수격에 정관이 투출한 것이 있는데
정관을 단독으로 취하는 것이 아니라 인수격을 생하게 하고 용신으로 쓸
수 있는 것이므로 칠살을 쓰는 것과 다르다. 그러므로 일간이 왕성하고 인
수격이 강하다면 태과함을 염려하지 않는데 단지 관성이 맑고 순수하기를
바랄 뿐이다. 가령 丙寅 戊戌 辛酉 戊子의 장참정의 명조가 그러하다.

인수격은 재격과 함께 정편을 구분하지 않습니다.
인수격은 일간을 생하는 희신이므로 정인격과 편인격으로 따로 구분하지
않고 재격과 마찬가지로 인수격으로 통칭하는 것입니다.

◆ 자평진전 팔격에 대한 육신의 배정

재격	인수격	정관격	칠살격	식신격	상관격	록겁격	양인격
정재 편재	정인 편인	정관	편관	식신	상관	록지 왕지	양간의 왕지

재격과 인수격은 정편을 구분하지 않습니다.
일간의 월지가 양간의 록지일 경우와 음간의 록지와 왕지일 경우에 록겁격
이라고 하며 양간의 왕지일 경우에는 양인격이라고 합니다.

(1) 인수용관격

인수격에 정관을 쓰는 격국으로서 정관을 상신으로 쓰면서 인수격을 생조하게 하는 것입니다.
그런데 정관을 용신으로 쓸 수 있다고 합니다
당시의 시대상황으로 정관은 일간을 지배하는 국가이며 임금이므로 정관을 상신으로 쓴다는 것은 불경을 저지르는 것이라고 생각하였으므로 인수격에서 정관이 투출하여 있다면 인수격이 용신이 아니라 정관을 용신으로 하여 정관이 인수격을 돕는 것이라고 인식하였다고 합니다.

칠살은 일간을 공격하므로 흉신으로 보면서 식신으로 제살을 하여 쓰는 것이 일반적이지만 인수격에서는 칠살을 인화하여 인수격으로 변화시켜 쓰는 것이니 정관과는 다르다고 하는 것입니다.
즉, 적장을 내편으로 만들어 쓰는 것과 같다고 할 수 있습니다.

인수격의 기세가 강하고 일간의 기세도 강하다면 정관이 많은 것을 근심할 필요가 없다고 합니다. 정관을 용신으로 쓰면 되는 것이기 때문입니다.
단지 정관이 맑고 순수해야 함을 강조하고 있습니다.

시	일	월	년	구분
戊	辛	戊	丙	천간
子	酉	戌	寅	지지

辛金일간이 戌월생인데 월간과 시간에 戊土인성이 투출하여 인수격과 일간이 매우 강한 기세를 형성하고 있습니다.

년간에 丙火정관이 寅木생지에 앉아 있고 寅戌이 합하여 火의 기세도 약하지 않으므로 정관이 용신이 되어 강한 기세를 인수격과 일간으로 순조롭게 흐르게 하면서 맑고 순수한 격국을 만들고 있으므로 귀하게 된 장참정의 명조라고 합니다.

(2) 인수대식상격

然亦有帶傷食而貴者 則如朱尙書命 丙戌 戊戌 辛未 壬辰 壬爲戊制 不
연 역 유 대 상 식 이 귀 자 즉 여 주 상 서 명 병 술 무 술 신 미 임 진 임 위 무 제 불

傷官也。又如臨淮侯命 乙亥 己卯 丁酉 壬寅 己爲乙制 己不礙官也。有
상 관 야 우 여 임 회 후 명 을 해 기 묘 정 유 임 인 기 위 을 제 기 불 애 관 야 유

印而用傷食者 身强印旺 恐其太過 洩身以爲秀氣 如戊戌 乙卯 丙午 己
인 이 용 상 식 자 신 강 인 왕 공 기 태 과 설 신 이 위 수 기 여 무 술 을 묘 병 오 기

亥 李壯元命是也。若印淺身輕 而用層層傷食 則寒貧之局矣。
해 이 장 원 명 시 야 약 인 천 신 경 이 용 층 층 상 식 즉 한 빈 지 국 의

인수격에 상관과 식신을 대동하여도 역시 귀하게 된다. 가령 주상서의 명조는 丙戌 戊戌 辛未 壬辰인데 壬이 戊에 의하여 억제되므로 정관을 상하게 하지 못한다. 또 임회후의 명조는 乙亥 己卯 丁酉 壬寅인데 己가 乙에 의하여 억제되므로 己가 정관의 장애가 되지 않는다. 인수격에 상관이나 식신을 쓰는 경우도 있는데 일간이 신강하고 인수격이 왕하여 태과함을 두려워하므로 일간을 설기하여야 우수한 기가 되는 것이다. 가령 戊戌 乙卯 丙午 己亥의 이장원의 명조가 그러하다. 만약에 인수격과 일간이 가벼운데 상관과 식신이 중첩되어 있다면 춥고 배고픈 격국이다.

인수대식상격은 인수격에 식상이 있는 격국입니다.
식상이 있다면 정관을 상하게 하여 파격이 될 수 있습니다.
그러나 인수격은 식상을 억제하여 정관을 상하게 하지 못하게 하고 정관을 안전하게 보호하므로 오히려 귀격이 될 수 있다고 합니다.

시	일	월	년	구분
壬	辛	戊	丙	천간
辰	未	戌	戌	지지

辛金일간이 戌월생으로 월간에 戊土인성이 투출하여 인수격이 됩니다.
壬水상관이 있어 丙火정관을 극상하고자 하지만 戊土인성이 정관을 안전하게 보호하고 있으므로 귀하게 된 주상서의 명조라고 합니다.

시	일	월	년	구분
壬	丁	己	乙	천간
寅	酉	卯	亥	지지

丁火일간이 卯월생으로 년간에 乙木인성이 투출하여 인수격이 됩니다.
己土식신이 壬水정관을 극상하려고 하지만 년간 乙木인성이 己土식신을 억제하여 정관을 안전하게 보호하고 있으므로 귀하게 된 임회후의 명조라고 합니다.

인수대식상격에서 식상으로 우수하고 총명한 기를 만들어 냅니다.

인수격의 기세가 강하고 일간의 기세도 강한데 식상으로 인수격과 일간의 강한 기세의 흐름을 원활하게 흐르게 한다면 총명하고 우수한 기를 만들 수 있는 것입니다.

이러한 사주구조는 일반적으로 뛰어난 전문가나 천재적인 인재로서 사회적으로 중추적인 역할을 담당하는 우수한 두뇌의 소유자로서 부귀를 겸하는 경우가 대부분입니다.

그러나 인수격과 일간의 기세가 약하고 식상이 중첩되어 있다면
약한 인수격과 일간의 기세가 오히려 식상의 강한 설기를 감당하지 못하여 춥고 배고픈 격국이 될 수 있다고 하는 것입니다.

시	일	월	년	구분
己	丙	乙	戊	천간
亥	午	卯	戌	지지

丙火일간이 卯월생인데 乙木인성이 투출하여 인수격이 됩니다.
乙木인성이 월지에서 투출하여 강하고 丙火일간 역시 일지에 午火왕지에 있어 역시 강하므로 인수격과 일간의 기세가 태과한데
마침 년과 시에 戊己土식상이 투출하여 강한 일간과 인수격의 기세를 설기하여 주므로 총명한 기가 우수한 이장원의 명조라고 합니다.

(3) 인수용살격

有用偏官者 偏官本非美物 藉其生印 不得已而用之。故必身重印輕 或
유 용 편 관 자 편 관 본 비 미 물 자 기 생 인 부 득 이 이 용 지 고 필 신 중 인 경 혹
身輕印重 有所不足 始爲有情。如茅壯元命 己巳 癸酉 癸未 庚申 此身
신 경 인 중 유 소 부 족 시 위 유 정 여 모 장 원 명 기 사 계 유 계 미 경 신 차 신
輕印重也。馬參政命 壬寅 戊申 壬辰 壬寅 此身重印輕也。若身印竝重
경 인 중 야 마 참 정 명 임 인 무 신 임 진 임 인 차 신 중 인 경 야 약 신 인 병 중
而用七煞 非孤則貧矣。
이 용 칠 살 비 고 즉 빈 의

편관을 쓰는 인수격이 있다. 편관은 본래 아름답지 못한 것이지만 인수격
을 생하므로 부득이 쓰는 것이다. 그러므로 반드시 일간이 강하고 인수격
이 약하거나 혹은 일간이 약하고 인수격이 강하다면 부족한 것을 채워주
므로 유정한 것이다. 가령 모장원의 명조는 己巳 癸酉 癸未 庚申인데 일간
이 약하고 인수격이 강한 경우이다. 마참정의 명조는 壬寅 戊申 壬辰 壬寅
인데 일간이 강하고 인수격이 약한 경우이다. 만약에 일간과 인수격이 동
시에 강한데 칠살을 쓴다면 고독하지 않으면 가난하게 된다.

인수용살격은 인수격이 칠살을 유용하게 쓰는 격국입니다.
편관은 본래 일간을 공격하는 존재이므로 흉신으로 분류하지만 인수격에서
는 칠살의 기세를 설기하여 유용하게 사용할 수 있다는 것입니다.

일간의 기세가 약한데 인수격이 충분히 강하다면 인수격은 일간을 위협하
는 칠살의 기세를 인화하여 일간의 기세를 도와줄 수 있으므로 유용하게 쓸
수 있다는 것입니다.

또한 일간의 기세가 강한데 인수격의 기세가 약하다면 강한 일간의 기세로
인하여 인수격을 더욱 약하게 만들게 됩니다. 이때 칠살이 있다면 인수격을
도울 수 있으므로 유용하게 쓸 수 있다는 것입니다.

만약에 일간과 인수격의 기세가 모두 강한데 칠살도 있다면 오히려 고독하
고 가난한 팔자가 될 수밖에 없다고 합니다.

일간의 기세가 약한데 인수격의 기세가 강한 경우

시	일	월	년	구분
庚	癸	癸	己	천간
申	未	酉	巳	지지

癸水일간이 酉월생인데 지지에 巳酉합이 되고 庚金인성이 시간에 투출하여 申金록지에 앉아 있으니 인수격의 기세가 매우 강합니다.

그러나 일간은 지지에 뿌리조차 없고 또한 역시 뿌리조차 없는 비견을 월간에 가지고 있으므로 기세가 매우 약한 편입니다.
그런데 년간의 己土칠살이 기세가 미약한 비견과 일간을 위협하고 있으므로 강한 인수격은 일간을 위협하는 칠살을 인화하여 일간의 부족한 기세를 도울 수 있으므로 귀하게 된 모장원의 명조라고 합니다.

일간의 기세가 강한데 인수격의 기세가 약한 경우

시	일	월	년	구분
壬	壬	戊	壬	천간
寅	辰	申	寅	지지

壬水일간이 申월생으로 정기 庚金인성에 의하여 인수격이지만 일지와 申辰합이 되고 壬水가 두 개나 투출하여 일간의 세력이 강한 편이고 인수격은 매우 약한 편입니다.

인수격의 기세가 미약하고 申辰합으로 인하여 인수격은 일간의 기세에 합류하였으므로 인수격의 역할을 제대로 수행하기 어렵습니다.
마침 월간에 戊土칠살이 있으므로 일간의 기세를 제어하면서 인수격을 도우니 귀하게 된 마참정의 명조라고 합니다.

만약에 일간과 인수의 기세가 모두 왕성한데 칠살을 쓴다면 칠살로 인하여 기세가 편중되기 때문에 고독하거나 가난해 진다고 합니다.

(4) 인수용살격에 식상이 있는 경우

有用煞而兼帶傷食者 則用煞而有制 生身而有泄 不論身旺印重 皆爲貴
유용살이겸대상식자 즉용살이유제 생신이유설 불론신왕인중 개위귀
格。如乙丑 辛巳 己巳 庚午 孫布政命是也。
격 여을축 신사 기사 경오 손포정명시야

인수용살격에서 상관과 식신이 함께 있는 경우에 칠살을 쓰고 있다면 제
살도 하고 일간을 생하면서 설기도 하므로 일간이나 인수격이 강함을 논
하지 않고 모두 귀격이 된다. 가령 乙丑 辛巳 己巳 庚午의 손포정의 명조가
그러하다.

인수격이 칠살을 쓰고 있는데 식상이 있는 경우입니다.
인수격이 칠살을 쓰고 있는데 식상이 함께 있다면 식상이 있어 칠살을 제살
하여 주는 것이 마땅한 것입니다.

또한 인수격이 일간을 생하고 있는데 식상이 일간을 설기하여 준다면 우수
한 기세가 만들어 지므로 칠살이 있어도 일간이나 인수격의 기세가 강함을
논하지 않고 기세의 흐름이 원활하여 우수하고 귀한 격국을 이루게 하는데
도움이 된다고 하는 것입니다.

일간과 인수격의 기세가 강하여도 모두 귀격이 된다고 합니다.

시	일	월	년	구분
庚	己	辛	乙	천간
午	巳	巳	丑	지지

己土일간이 巳월생으로 정기 丙火인성에 의하여 인수격이 됩니다.
인수격이 비록 투출을 하지 못하였지만 지지에 巳午의 기세가 있으므로 약
하지 않으며 일간 역시 뿌리가 강하게 형성되어 있습니다.
이때 乙木칠살이 있어 자칫 고독하고 가난한 명이 될 수 있지만 마침 월간
에 辛金식신이 있어 제살을 하고 일간의 기세를 설기하여 주므로 우수한 격
국으로 귀하게 된 손포정의 명조라고 합니다.

(5) 인다용재격

有印多而用財者 印重身强 透財以抑太過 權而用之 只要根深 無防財
유인다이용재자 인중신강 투재이억태과 권이용지 지요근심 무방재
破。如辛酉 丙申 壬申 辛亥 汪侍郎命是也。若印輕財重 又無劫財以求
파   여신유 병신 임신 신해 왕시랑명시야   약인경재중 우무겁재이구
則爲貪財破印 貧賤之局也。
즉 위 탐 재 파 인 빈 천 지 국 야

인다용재격은 인수격이 무겁고 일간이 강한데 재성이 투출하여 인수격의
태과함을 억제하는데 쓰이고 있다. 단지 뿌리가 깊다면 재성이 파괴하여
도 무방하다. 가령 辛酉 丙申 壬申 辛亥의 왕시랑의 명조가 그러하다. 만약
에 인수격이 가볍고 재성이 무거운데 겁재가 구하여 주지 않는다면 재물
을 탐하고 인수격을 파괴하므로 빈천한 격국이 되는 것이다.

인다용재격은 인수가 많아 재성으로 억제하는 격국입니다.

일간이 강한데 인수격이 무겁다면 기세의 태과로 인하여 균형과 조화가 어
그러지므로 이때는 재성으로 인수격의 무거움을 덜어 기세의 균형과 조화
를 꾀하여야 하는 것입니다. 인수격의 뿌리가 깊다면 재성이 인수격을 파괴
하여도 무방하다고 하는 것입니다.

만약에 인수격이 가벼운데 재성이 무겁다면 반드시 겁재로 하여금 재성의
무거움을 덜어주어야 합니다. 그러하지 않는다면 탐재괴인이 되어 재물을
탐하다가 명예를 잃게 되므로 빈천해진다고 하는 것입니다.

시	일	월	년	구분
辛	壬	丙	辛	천간
亥	申	申	酉	지지

壬水일간이 申월생으로 辛金인성이 투출하여 인수격이 됩니다.
辛金인성이 두 개나 있어 무겁고 지지에 뿌리가 깊어 세력이 많으므로 丙火
재성으로 하여금 년간의 辛金인성을 합거하여 인수격의 무거움을 덜어 맑게
하여주므로 귀하게 된 왕시랑의 명조라고 합니다.

(6) 인수격이 강하고 재성이 약한데 식상이 드러난 경우

即或印重財輕而兼露傷食 財與食相生 輕而不輕 即可就富 亦不貴矣。
즉 혹 인 중 재 경 이 겸 노 상 식   재 여 식 상 생   경 이 불 경   즉 가 취 부   역 불 귀 의

然亦有帶食而貴者 何也? 如庚寅 乙酉 癸亥 丙辰 此牛監簿命 乙合庚而
연 역 유 대 식 이 귀 자   하 야   여 경 인   을 유   계 해   병 진   차 우 감 부 명   을 합 경 이

不生癸 所以爲貴 若合財存食 又可類推矣。如己未 甲戌 辛未 癸巳 此
불 생 계   소 이 위 귀   약 합 재 존 식   우 가 류 추 의   여 기 미   갑 술   신 미   계 사   차

合財存食之貴也。
합 재 존 식 지 귀 야

인수격이 무겁고 재성이 가벼운데 식상이 함께 드러난 경우에는 재성과 식상이 상생하므로 가벼워도 가볍지 않으니 부자는 되어도 역시 귀하게 되지는 못하다. 그런데 식상이 있어도 귀한 경우는 어떠한 것인가? 가령 庚寅 乙酉 癸亥 丙辰은 우감부의 명조인데 乙이 庚과 합하여 癸를 생하여 주지 못하므로 귀하게 된 것이다. 만약 재성을 합하고 식상을 남긴 경우에도 이와 같이 추리할 수 있다. 가령 己未 甲戌 辛未 癸巳는 재성을 합하고 식상을 남겨 귀하게 된 경우이다.

인수격이 무겁고 재성이 가벼운데 식상이 있는 경우입니다.
인수격이 무겁다면 재성으로 무거움을 덜어주어야 기세의 균형과 조화를 이룰 수 있으므로 귀하게 되는 것입니다.
그러나 재성의 기세가 가볍다면 무거운 인수격의 기세를 덜기 어려우므로 귀하게 되기 어렵습니다.

이때 식상이 있다면 가벼운 재성의 기세를 생하여 재성의 기세를 강하게 만들어 주므로 어느 정도 무거운 인수격을 덜어낼 수 있어 귀하게 될 수 있다고 합니다.

단지 가벼운 재성을 식상이 생하여 주면서 재성의 기세가 강하여 지므로 부자는 될 수 있다고 하지만 식상이란 본래 관성을 극제하여 파괴하는 존재이므로 귀하게 되기는 어렵다고 하는 것입니다.

식상이 있어도 귀하게 되는 경우가 있다고 합니다.

시	일	월	년	구분
丙	癸	乙	庚	천간
辰	亥	酉	寅	지지

癸水일간의 기세가 강한데 庚金인성이 년간에 투출하여 인수격의 기세가 무거워 격국이 탁해지고 있습니다.

인수격의 기세가 무겁다면 재성으로 인수격의 무거움을 덜어주어야 인수격의 기세가 맑아지는데 마침 시간에 丙火재성이 있지만 뿌리가 미약하여 기세가 가벼우므로 무거운 인수격의 기세를 효과적으로 덜어내기 어렵습니다.

이때 乙木식신이 월간에 있으면서 庚金인성을 합하여 기반을 시켜 인수격의 기세를 가볍게 덜어내고 있으므로 격국의 기세를 맑게 조화시켜 귀하게 된 우감부의 명조라고 합니다.

합재하고 식상이 남는 경우에도 귀하게 된다고 합니다.

시	일	월	년	구분
癸	辛	甲	己	천간
巳	未	戌	未	지지

辛金일간이 戌월생으로 己土인성이 투출하고 인수격의 기세가 무거워 재성으로 인수격의 기세를 덜어주어야 하지만 甲木재성의 뿌리가 미약하여 무거운 인수격의 기세를 효과적으로 덜어내기 어렵습니다.

마침 월간의 甲木재성은 己土인성을 합하여 기반시키므로 무거운 인수격의 기세를 덜어내는 한편 癸水식신을 남겨 격국의 기세를 맑게 유지하여 귀하게 된 경우라고 합니다.

(7) 인수격에 관살이 투출한 경우

又有印而兼透官煞者 或合煞 或有制 皆爲貴格。如辛亥 庚子 甲辰 乙亥
우 유 인 이 겸 투 관 살 자 혹 합 살 혹 유 제 개 위 귀 격   여 신 해 경 자 갑 진 을 해
此合煞留官也; 壬子 癸卯 丙子 己亥 此官煞有制也。至於化印爲劫; 棄
차 합 살 류 관 야   임 자 계 묘 병 자 기 해 차 관 살 유 제 야   지 어 화 인 위 겁   기
之以就財官 如趙知府命 丙午 庚寅 丙午 癸巳 則變之又變者矣。更有印
지 이 취 재 관 여 조 지 부 명 병 오 경 인 병 오 계 사 즉 변 지 우 변 자 의   갱 유 인
透七煞 而劫財以存煞印 亦有貴格 如庚戌 戊子 甲戌 乙亥是也。然此格
투 칠 살 이 겁 재 이 존 살 인 역 유 귀 격 여 경 술 무 자 갑 술 을 해 시 야   연 차 격
畢竟難看 宜細詳之。
필 경 잡 간 의 세 상 지

인수격에 관살이 투출하였지만 합살되거나 제어되었을 경우에는 모두 귀
격이다. 가령 辛亥 庚子 甲辰 乙亥는 합살하여 정관을 남긴 경우이다. 壬
子 癸卯 丙子 己亥는 관살을 제어한 경우이다. 인수격이 화하여 겁재로 되
면 인수격을 버리고 재관을 취한다. 가령 조지부의 명은 丙午 庚寅 丙午 癸
巳인데 변화하고 또 변화한 경우이다. 인수격인데 칠살이 투출하고 겁재가
있는데 칠살과 인수가 남는다면 역시 귀격이다. 가령 庚戌 戊子 甲戌 乙亥
가 그러하다. 이러한 격들은 분별하기 어려우니 자세히 살펴보아야 한다.

인수격에서 관살을 합살하거나 제어할 경우에는 귀격이 됩니다.

시	일	월	년	구분
乙	甲	庚	辛	천간
亥	辰	子	亥	지지

甲木일간이 子월생으로 정기 癸水인성에 의하여 인수격이 됩니다.
庚辛金관살이 투출하여 관살혼잡이 되었는데 마침 시간에 乙木겁재가 있어
庚金칠살을 합살하고 辛金정관을 남기는 합살류관이 되어 귀하게 된 경우입
니다.

관살혼잡이 되었을 경우에 칠살을 합살하여 합살류관合煞留官이 되거나 정
관을 합관하여 합관류살合官留煞이 되었을 경우에 관살혼잡이 해소가 되며
관살이 맑아지는 특징이 있습니다.

시	일	월	년	구분
己	丙	癸	壬	천간
亥	子	卯	子	지지

丙火일간이 卯월생으로 정기 乙木인성에 의하여 인수격이 됩니다.
壬癸水관살이 투출하여 관살혼잡이 되어있지만 己土상관이 투출하여 관살을 제어하고 있으므로 귀하게 된 경우입니다.

인수격을 버리고 재관을 취하는 경우에도 귀격이 됩니다.

시	일	월	년	구분
癸	丙	庚	丙	천간
巳	午	寅	午	지지

丙火일간이 寅월생으로 정기 甲木인성에 의하여 인수격이 됩니다.
그러나 지지에서 寅午합으로 火기로 변화하면서 丙火비견이 년간에서 이끌어 주므로 인수격이 록겁격으로 변화하고 있습니다.
이때 庚金재성이 투출하고 癸水정관이 투출하여 록겁격에 재관이 있으니 인수격을 버리고 재관을 취하여 록겁용재관격으로 성격되어 귀하게 된 조지부의 명이라고 합니다.

인수격에 재성과 칠살이 함께 있는데 겁재가 있어 귀하게 된 경우

시	일	월	년	구분
乙	甲	戊	庚	천간
亥	戌	子	戌	지지

甲木일간이 子월생으로 정기 癸水인성에 의하여 인수격이 됩니다.
인수격과 일간이 미약하므로 庚金칠살을 인화하는 인수용살격으로 성격을 시키고자 하지만 戊土재성으로 인하여 파격이 됩니다.
마침 시간에 乙木겁재가 있어 戊土재성을 제어하여 주므로 인수격은 庚金칠살을 인화할 수 있으므로 성격이 되며 귀하게 되었다고 합니다.

2) 인수격에서 운을 취하는 법

印格取運 卽以印格所成之局 分而配之。
인 격 취 운 즉 이 인 격 소 성 지 국 분 이 배 지
인수격에서 운을 취하는 법은 인수격에서 성격된 국에 운을 배합하여야
한다.

인수격도 다른 격국과 마찬가지로 성격된 격국에 운을 배합하여 균형과 조
화로 격국을 맑게 하는 가를 보아야 합니다.
운이 격국을 도와 맑게 한다면 좋은 길운이라고 하는 것이고
운이 격국을 방해하여 탁하게 한다면 나쁜 흉운이라고 하는 것입니다.

(1) 인수용관격에서 운을 취하는 법

其印綬用官者 官露印重 財運反吉 傷食之方 亦爲最利。若用官而帶傷
기 인 수 용 관 자 관 로 인 중 재 운 반 길 상 식 지 방 역 위 최 리 약 용 관 이 대 상
食 運喜官旺印綬之鄕 傷食爲害 逢煞不忌矣。
식 운 희 관 왕 인 수 지 향 상 식 위 해 봉 살 불 기 의
인수용관격에서 정관이 드러나고 인수격이 무겁다면 재운이 오히려 길하
고 식상의 지지운이 역시 가장 유리하다. 만약에 정관을 쓰는데 식상이 있
다면 왕성한 정관운과 인수격의 지지운이 좋으나 식상운은 해롭고 칠살운
은 만나도 꺼리지 않는다.

인수용관격은 인수격에 정관을 쓰는 격국입니다.
인수격의 기세가 약한데 정관이 투출되어 있다면 정관은 인수격을 생하여
도우므로 유용한 격국이 됩니다.

정관으로 인하여 인수격이 탁하다면 재운이 길하다고 합니다.
인수격이 무거운데 정관이 있다면 무거운 인수격을 더욱 무겁게 만들므로
인수격이 탁하게 되어 격국의 질이 떨어지게 됩니다.
이때 재성운이 온다면 무거운 인수격을 극제하여 가볍게 하여주므로 인수
격을 맑게 유지할 수 있어 길한 운이라고 하는 것입니다.

인수격이 무겁다면 식상의 지지운이 가장 유리하다고 합니다.

인수격이 무거우면 인수격의 탁한 기세가 일간으로 흐르므로 일간 역시 탁하게 될 우려가 많은 것입니다.

이때 식상의 지지운으로 흐른다면 식상의 기세가 강하여 지면서 인수격과 일간의 탁한 기세를 설기하여 맑게 하여주므로 가장 유리하다고 하는 것입니다.

식상이 있다면 정관이 왕성한 대운을 기뻐한다고 합니다.

인수격이 정관을 쓰고 있는데 식상이 있다면 식상이 정관을 파괴하므로 파격의 원인이 됩니다.

이때 정관의 지지운이 온다면 정관의 기세가 강하여 지면서 식상을 능히 감당할 수 있으므로 기뻐하는 것이라고 하는 것입니다.

식상이 있다면 인수격이 왕성한 대운을 기뻐한다고 합니다.

식상이 있다면 일간을 설기하여 인수격의 기세를 약화시킬 수 있으므로 인수격의 기세가 강하여야 합니다.

이때 인수격의 지지운이 온다면 인수격의 기세가 강하여 지면서 식상의 설기를 감당할 수 있으므로 기뻐한다고 하는 것입니다.

식상이 있다면 식상운은 해롭고 칠살운은 꺼리지 않는다고 합니다.

인수격이 정관을 쓰고 있는데 식상이 있다면 정관을 파괴하므로 파격의 원인이 됩니다.

이때 식상운이 온다면 사주팔자에 있는 식상과 함께 정관을 파괴하여 파격을 시키므로 해로운 것입니다.
그러나 칠살운이 온다면 사주팔자에 있는 식상이 칠살을 극제하여 주므로 오히려 꺼리지 않는다고 하는 것입니다.

(2) 인수대식상격에서 운을 취하는 법

印綬而用傷食 財運反吉 傷食亦利 若行官運 反見其災 煞運則反能爲福
인 수 이 용 상 식 재 운 반 길 상 식 역 리 약 행 관 운 반 현 기 재 살 운 즉 반 능 위 복

矣。印用食傷 印輕者亦不利見財地。
의 　 인 용 식 상 인 경 자 역 불 리 견 재 지

인수용식상격에서 재성운은 오히려 길하고 식상운 역시 유리하다. 만약 정
관운으로 흐른다면 오히려 재앙이 나타날 것이고 칠살운은 오히려 복이
될 수 있다. 인수격이 식상을 쓰는데 인수격이 가볍다면 재성의 지지운은
역시 불리하다.

인수대식상격에서 재성운과 식상운은 길하고 유리하다고 합니다.
인수대식상격은 인수격이 식상을 쓰는 격국으로서 인수격과 일간의 강한
기세를 식상으로 설기하여 흐름을 맑게 하는 격국입니다.

그러므로 재성운이 온다면 식상이 설기하는 기세를 재성으로 흐르게 하면
서 흐름을 맑게 유지하여 주므로 길하다고 하는 것이며
식상운이 온다면 식상의 기세가 강하여 지므로 효과적으로 설기하여 흐름
을 맑게 하여주므로 유리하다고 하는 것입니다.

정관운은 재앙이 나타나고 칠살운은 복이 된다고 합니다.
정관운이 온다면 식상이 정관을 파괴하므로 정관을 중시하는 당시의 시대
상황으로는 정관운에 재앙이 나타난다고 보는 것입니다.
그러나 칠살운은 일간을 위협하는 흉살이므로 식상이 제살을 하여주므로
오히려 복이 된다고 하는 것입니다.

인수격이 가벼운데 재성지로 가는 것은 불리합니다.
인수격이 가벼운데 식상이 있다면 식상의 설기가 원활하지 못하므로 맑은
격국을 유지하기 어렵습니다.
더구나 재성의 지지운으로 흐른다면 재성의 기세가 강하여 지므로 가벼운
인수격이 감당하기 어렵게 되므로 불리하다고 하는 것입니다.

(3) 인수용살격에서 운을 취하는 법

印用七煞 運喜傷食 身旺之方 亦爲美地 一見財鄉 其凶立至。若用煞而
인 용 칠 살   운 희 상 식   신 왕 지 방   역 위 미 지   일 현 재 향   이 흉 입 시   약 용 살 이
兼傷食 運喜身旺印綬之方 傷食亦美 逢官遇財 皆不吉也。
겸 상 식   운 희 신 왕 인 수 지 방   상 식 역 미   봉 관 우 재   개 불 길 야
인수용살격에서는 식상운을 기뻐하며 일간을 왕성하게 하는 지지운이 역
시 좋다고 합니다. 재성의 지지운은 흉함이 나타난다. 만약 칠살을 쓰는데
식상이 함께 있다면 신왕운과 인수격의 지지운을 기뻐하고 식상운도 역시
좋으나 정관운과 재성운은 모두 불길하다.

인수용살격은 식상운을 기뻐한다고 합니다.
인수용살격은 칠살을 쓰는 격국이므로 칠살을 제어할 수 있는 식상운이 온
다면 기뻐하게 되는 것입니다.

일간을 왕성하게 하는 지지운이 좋다고 합니다.
인수용살격은 인수격이 칠살의 기세를 인화하여 일간의 기세를 돕는 격국
이므로 일간을 왕성하게 하는 지지운이 좋다고 하는 것입니다.

재성의 지지운은 흉함이 나타난다고 합니다.
재성의 지지운이 온다면 칠살의 기세가 강하여지고 인수격의 기세가 약화
되어 인수격이 감당하기 어려우므로 자칫하면 파격으로 이어질 수 있어 흉
함이 나타난다고 하는 것입니다.

인수용살격에서 식상이 있는 경우에는
식상의 설기를 원활하게 하기 위하여 일간을 강하게 하는 일간의 지지운과
인수격을 강하게 하는 인수격의 지지운이 좋다고 하며 식상의 기세를 돕는
식상운 역시 좋다고 합니다.
정관운은 식상이 있어 정관을 파괴하므로 불리하다고 하는 것입니다.
재성운은 인수격을 극제하고 식상을 설기하여 칠살을 생하므로 일간을 위
협할 수 있어 불리하게 작용한다고 하는 것입니다.

(4) 인수격에서 재성이 있을 때 운을 취하는 법

印綬遇財 運喜劫地 官印亦亨 財鄉則忌。
인 수 우 재 운 희 겁 지 관 인 역 형 재 향 즉 기
인수격에서 재성이 있는 경우에는 비겁의 지지운이 좋고 정관운과 인성운
은 역시 형통하지만 재성운은 꺼리게 된다.

인수격에서 재성이 있는 경우

인수격에 재성이 있다면 재성에 의하여 인수격은 파격이 될 수 있습니다. 인
수격이 재성을 쓰는 경우에는 인수격이 무거워 탁해지면 재성으로 무거움
을 덜어 맑게 하여 주는 인다용재격의 경우입니다.

비겁의 지지운이 좋다고 합니다.

인수격에 재성이 있다면 비겁으로 재성을 제어해야 하므로 비겁의 지지운
이 온다면 강한 비겁으로 재성을 효과적으로 제어하여 인수격을 보호할 수
있으므로 좋다고 하는 것입니다.

정관운과 인성운은 역시 형통하다고 합니다.

당시의 시대상황으로 인수격에서 정관은 주체가 되므로 정관운이 오면 재
성의 생을 받고 인수격의 호위를 받으면서 용신의 역할을 하므로 형통하다
고 하는 것입니다.

인성운은 인수격을 무겁게 하여 기세를 탁하게 하지만 재성이 있으므로 인
다용재격으로 성격이 되며 오히려 재성으로 무거움을 덜어 기세를 맑게 만
들어 주므로 역시 형통하다고 하는 것입니다.

재성의 지지운은 꺼린다고 합니다.

재성의 지지운은 재성의 기세를 강하게 만들 수 있으므로
인수격보다 재성의 기세가 강하다면 인수격은 여지없이 파괴되어 격국이
파격이 되므로 재성의 지지운을 꺼리는 것입니다.

(5) 인수격에서 관살혼잡이 되어 있을 때 운을 취하는 법

印格而官煞競透 運喜食神傷官 印旺身旺 行之亦利。若再透官煞 行財
인 격 이 관 살 경 투   운 희 식 신 상 관   인 왕 신 왕   행 지 역 리   약 재 투 관 살   행 재

運 立見其災矣。
운 입 현 기 재 의

인수격에 관살이 경쟁적으로 투출한 경우에는 식신운과 상관운을
기뻐하며 인수격과 일간이 왕성해지는 운이 역시 유리하다. 만약 관
살이 다시 투출하거나 재성운으로 간다면 재앙이 나타난다.

인수격에서 관살이 경쟁적으로 투출한 경우

관살이 경쟁적으로 투출하였다는 것은 관살혼잡으로 인하여 관살의 기세가
탁하다고 하는 것입니다. 그러므로 인수격은 관살혼잡의 탁한 기세로 인하
여 부담이 작용하게 됩니다.

식신운과 상관운을 기뻐하게 됩니다.

식상운은 칠살이나 정관을 합하거나 제거하여 관살혼잡을 맑게 만들 수 있
으므로 기뻐하게 되는 것입니다.

인수격과 일간이 왕성해지는 운이 유리하다고 합니다.

관살혼잡의 탁한 기세를 감당하기 위하여서는 인수격이나 일간의 기세가 왕
성해져야 하므로 인수격이나 일간의 지지운이 유리하다고 하는 것입니다.

관살이 다시 투출하거나 재성운으로 간다면 재앙이 나타납니다.

관살이 운에서 온다면 관살혼잡이 더욱 혼잡하고 무거워지므로 인수격과
일간의 기세가 감당하기 어렵다면 관살의 탁함으로 인하여 재앙이 오는 것
은 불 보듯 뻔한 것입니다.

또한 재성운으로 간다면 관살을 생하여 관살혼잡을 더욱 무겁고 탁하게 만
들 수 있으므로 역시 재앙이 온다고 하는 것입니다.

4. 식신격

1) 식신격의 특징

食神本屬泄氣 以其能生正財 所以喜之。故食神生財 美格也。財要有根
식 신 본 속 설 기 이 기 능 생 정 재 소 이 희 지　고 식 신 생 재 미 격 야　재 요 유 근
不必偏正疊出 如身强食旺而財透 大貴之格。若丁未 癸卯 癸亥 癸丑 梁
불 필 편 정 첩 출 여 신 강 식 왕 이 재 투 대 귀 지 격　약 정 미 계 묘 계 해 계 축 양
承相之命是也: 己未 壬申 戊子 庚申 謝閣老之命是也。藏食露傷 主人
승 상 지 명 시 야　기 미　임 신　무 자　경 신　사 각 로 지 명 시 야　장 식 노 상　주 인
性剛 如丁亥 癸卯 癸卯 甲寅 深路分之命是也。偏正疊出 富貴不巨 職
성 강 여 정 해 계 묘 계 묘 갑 인 심 로 분 지 명 시 야　편 정 첩 출 부 귀 불 거　직
甲午 丁卯 癸丑 丙辰 龔知懸之命是也。
갑 오 정 묘 계 축 병 진 공 지 현 지 명 시 야

식신격은 본래 설기하는 것이지만 정재를 생하므로 반기는 것이다. 그러므로 식신생재격은 좋은 격국이다. 재성은 뿌리를 요하며 편정이 중첩되어 투출할 필요가 없으나 신강하고 식신격이 왕성한데 재성이 투출하면 크게 귀한 격국이다. 丁未 癸卯 癸亥 癸丑의 양승상의 명조가 그러하다. 己未 壬申 戊子 庚申의 사각로의 명조가 그러하다. 식신격이 지장간에 있고 상관이 드러나면 주인의 성격이 강한데 丁亥 癸卯 癸卯 甲寅의 심로분의 명조가 그러하다. 편정이 중첩하여 투출하면 부귀가 크지 않다. 甲午 丁卯 癸丑 丙辰의 공지현의 명조가 그러하다.

식신격은 본래 일간의 기세를 설기하는 격국이라고 합니다.
식신격은 본래 일간의 기세를 설기하므로 일간의 기세가 강하지 않으면 일간이 식신격의 설기를 감당하지 못하여 질이 떨어지게 됩니다.
그러므로 식신격에서는 식신격의 기세보다는 일간의 기세가 강하고 정재를 생한다면 좋은 격국이 되는 것이므로 반긴다고 하는 것입니다.

재성은 뿌리를 요하며 투출하면 크게 귀하게 된다고 합니다.
재성은 지지에 통근하여 뿌리가 깊어야 하지만 정편재가 중첩하여 투출하면 재성이 탁하게 되므로 필요가 없다고 하는 것이며
신강하고 식신격의 기세가 왕성하다면 뿌리가 있는 재성이 천간에 하나만 투출하여도 크게 귀하게 된다고 하는 것입니다.

식신격이 지장간에 있고 상관이 투출하면 성격이 강하다고 합니다.

시	일	월	년	구분
甲	癸	癸	丁	천간
寅	卯	卯	亥	지지

癸水일간이 卯월생으로 정기 乙木식신에 의하여 식신격인데 시간에 甲木이 투출하여 상관격으로 변화하고 있습니다.

이러한 경우에는 식신격이 지장간에 있고 상관격이 천간에 드러난 상태이 므로 식상이 혼잡되어 있다고 하는 것입니다.
이와 같이 식상이 혼잡된 격국으로 인하여 성격이 매우 강한 심로분의 명조 라고 합니다.

편정이 중첩되어 혼잡한 경우에도 부귀가 크지 못하다고 합니다.

시	일	월	년	구분
丙	癸	丁	甲	천간
辰	丑	卯	午	지지

癸水일간이 卯월생으로 정기 乙木에 의하여 식신격이지만 역시 년간에 甲 木상관이 투출하여 식상이 혼잡된 격국이라고 할 수 있습니다.
더구나 월간에 丁火편재와 시간에 丙火정재가 동시에 투출하여 재성도 편 정이 혼잡되어 있는 상태입니다.

이와 같이 식상과 재성의 편정이 중첩되어 혼잡되어 드러나 있는 상태에서 는 식상이 재성을 생하는 식상생재격이라고 하여도 부귀가 크지 못한 공지 현의 명조라고 합니다.

대체로 식상이나 재성 또는 인성이라고 할지라도 편정이 중첩되게 투출하 여 혼잡되면 관살혼잡과 마찬가지로 사주팔자가 탁하게 되어 질이 낮아지 며 운세가 하락하고 부귀가 크지 않은 것이 일반적이라고 할 수 있습니다.

(1) 식신생재격의 경우

식신격은 재성을 생하므로 좋은 격국이라고 합니다.
식신격이 비록 일간의 기세를 설기하지만 재성을 생하여 부귀를 만들 수 있으므로 좋은 격국이라고 하는 것입니다.

일간이 강하다면 일간의 기세를 설기하여 재성을 생하므로 흐름이 좋고 격국의 질이 높아지면서 부귀할 수 있는 것입니다.
그러나 일간의 기세가 약하고 식신격이 약한데 재성의 기세가 강하다면 오히려 재다신약으로 독이 될 수 있으므로 부귀하고는 거리가 멀다고 할 수 있습니다.

재성은 반드시 뿌리를 가지고 투출하면 부귀를 보장받게 됩니다.
식신격에서 재성이 있으면 식신생재격으로 부귀한 격국이 됩니다.
그러나 반드시 재성의 뿌리가 있어야 재성의 세력을 행사할 수 있으며 일간이 신강하고 식신격 역시 강해야 하는 조건이 있습니다.

재성이 뿌리가 있다면 정재나 편재를 불문하고 천간에 투출하면 재성의 기세가 강한 것으로서 일간과 식신격의 강한 기세를 효과적으로 설기하여 줄 수 있으므로 흐름이 좋아 부귀하게 되는 것입니다.

그러나 어느 하나라도 기세가 미약하다면 흐름이 좋지 않게 되므로 격국의 질은 낮아지고 부귀를 보장하게 어렵게 됩니다.
흐름이 좋지 않다는 것은 격국이 탁하여 맑지 못하므로 격국의 질은 자연히 낮아지게 되는 것입니다.

또한 재성이 천간에 투출하여 있다면 항상 비겁의 겁탈이 우려되므로 반드시 뿌리가 단단하여야 비겁으로부터 안전할 수 있는 것입니다.
그래서 재성은 반드시 뿌리를 가지고 투출하여야 함을 강조하고 있는 것입니다.

시	일	월	년	구분
癸	癸	癸	丁	천간
丑	亥	卯	未	지지

癸水일간이 卯월생으로 정기 乙木식신에 의하여 식신격이 됩니다.
비록 乙木이 천간에 투출하지 못하였지만 지지에서 亥卯未 木국이 형성이
되었으므로 식신격이 강한 기세를 갖게 됩니다.

일간은 지지에 亥水와 丑土에 강한 뿌리를 내리고 천간에 비견이 두 개나 있
으므로 역시 강한 세력을 형성하고 있습니다.

년간의 丁火재성은 년지에 未土에 강한 뿌리를 박고 투출하고 있으므로 역
시 약하지 않으며 기세가 강한 일간과 식신격의 기세를 효과를 설기하여 흐
름을 원활하게 만들어 격국의 질을 높여주므로서 귀하게 된 양승상의 명조
라고 합니다.

시	일	월	년	구분
庚	戊	壬	己	천간
申	子	申	未	지지

戊土일간이 申월생으로 시간에 庚金식신이 투출하여 식신격의 기세가 강하
게 형성되어 있습니다.

일간은 비록 기세가 미약하지만 년간에 己土겁재가 未土에 뿌리를 박고 일
간을 도와 식신격을 생하고 있으나 월간에 壬水재성이 투출하여 己土겁재
와 인접하여 있으므로 壬水재성을 겁탈하여 파격이 될 수 있습니다.

그러나 壬水재성은 지지에 申子의 뿌리가 단단하여 己土겁재의 겁탈을 두
려워 않고 오히려 己土겁재의 생을 받고 있는 식신격을 설기하여 식신생재
격으로 성격되어 귀하게 된 사각로의 명조라고 합니다.

여름의 나무가 재성을 쓰는 경우에는 귀하게 된다고 합니다.

시	일	월	년	구분
丙	甲	己	己	천간
寅	寅	巳	未	지지

甲木일간이 巳월생으로 정기 丙火식신이 투출하여 식신격이 강합니다.
년월간에 己土재성이 투출하여 식신생재격을 이루고 있으며 일간 역시 록
지 寅木에 앉아 있어 기세가 강하므로 식신생재격의 질이 높아 부귀한 사주
팔자라고 할 수 있습니다.

그러나 사주팔자에 火기는 강한데 水기가 전혀 없으므로 己土재성은 화염
토조火炎土燥상태로서 火기의 열기로 인하여 己土재성이 메마르니 마치 물
기 하나 없는 메마른 밭에 작물을 심을 수 없는 상태가 되어 己土재성이 쓸
모없게 됩니다.

그런데 이 사주는 오히려 무관으로 귀하게 된 황도독의 명조라도 합니다.
여름의 나무는 화염토조가 되어도 오히려 무관으로 귀하게 된다고 하는 것
입니다.

일간과 식신격 그리고 상신인 재성의 기세가 매우 강하며 서로 균형과 조
화를 이루고 있다면 자평진전에서는 이를 매우 귀하게 여기며 삼자개비三
者皆備 또는 삼자개균三者皆均이라고 합니다.
이와 같이 기세의 균형은 격국의 질을 높여주는 역할을 하므로서 부귀한
격국이 되는 것입니다.

(2) 식용살인격의 경우

若不用財而就煞印 最爲威權顯赫。如辛卯 辛卯 癸酉 己未 常國公命是
약 불 용 재 이 취 살 인 최 위 위 권 현 혁   여 신 묘 신 묘 계 유 기 미 상 국 공 명 시
也。若無印綬而單露偏官 只要無財 亦爲貴格 如戊戌 壬戌 丙子 戊戌
야   약 무 인 수 이 단 로 편 관 지 요 무 재 역 위 귀 격 여 무 술 임 술 병 자 무 술
胡會元命是也。
호 회 원 명 시 야

만약 재성을 쓰지 않고 칠살과 인성을 쓴다면 최고의 권위가 빛나게 된다.
가령 辛卯 辛卯 癸酉 己未의 상국공의 명조가 그러하다. 만약 인수가 없는
데 단독으로 편관이 드러나고 재성이 없다면 귀격이다. 가령 戊戌 壬戌 丙
子 戊戌의 호회원의 명조가 그러하다.

식신격에서 재성이 없고 칠살과 인성을 쓴다면 귀격이라고 합니다.

시	일	월	년	구분
己	癸	辛	辛	천간
未	酉	卯	卯	지지

癸水일간이 卯월생으로 정기 乙木식신에 의하여 식신격이 됩니다.
식신격이 투출하지 않고 지지의 세력만 가지고 있어 기세가 약하고
일간은 지지에 뿌리조차 없으니 기세가 미약하다고 하는 것입니다.
마침 辛金인성이 일지 酉金에서 투출하여 일간을 생하고 있으며 시간의 己
土칠살이 辛金인성을 생하여 일간을 돕고 있으므로 최고의 권위를 빛내는
상국공의 명조라고 합니다.

칠살과 인성이 있어 인성이 칠살을 인화하여 미약한 일간의 기세를 돕고
나아가 식신격의 기세를 도와주니 최고의 권위를 빛낼 수 있는 사주팔자를
만들 수 있는 것입니다.

만약에 재성이 있었다면 일간과 식신격의 기세를 설기하여 칠살을 생하므로
칠살의 기세가 강하여지면서 일간을 위험하게 만들어 파격이 되는 것입니다.

식신격에서 단독으로 칠살이 드러나면 귀격이라고 합니다.

시	일	월	년	구분
戊	丙	壬	戊	천간
戌	子	戌	戌	지지

丙火일간이 戌월생인데 戊土식신이 년간과 시간에 투출하여 식신격이 강하다고 할 수 있습니다.

丙火일간은 비록 戌土에 통근하였다고 할지라도 기세가 미약하기 때문에 강한 식신격의 설기를 감당하기 어렵습니다.

이때는 인성이 있어 일간을 도와야 식신격의 설기를 감당할 수 있으나 인성이 없으므로 일간은 식신격의 강한 기세를 감당할 수 없습니다.
또한 월간에 壬水칠살이 일지 子水에서 투출하여 일간을 위협하고 있으므로 일간은 사면초가에 놓이게 됩니다.

그러나 강한 기세를 가진 식신격이 壬水칠살을 제살하여 주므로 일간은 식신격 덕분에 칠살의 위협으로 벗어나게 되고 오히려 식신제살격으로서 성격되어 귀하게 된 호회원의 명조라고 합니다.

만약에 재성이 있었다면 식신격의 강한 기세를 설기하여 오히려 壬水칠살을 생하게 되므로 일간은 매우 위험해지며 격국은 파격이 될 수밖에 없는 것입니다.

그러므로 인성이 있었다면 식신격의 강한 기세를 억제하거나 일간을 도와 식신격의 강한 설기를 감당하고 한편으로 칠살을 인화하여 일간을 도우니 기세의 균형을 이루면서 귀격이 될 수 있는 것입니다
그러나 인성이 없이 단독으로 칠살만 투출했다면 재성이 없어야 식신제살격으로 성격되며 귀격이 된다고 하는 것입니다.

(3) 식신격에서 조후를 적용하는 경우

若金水食神而用煞 貴而且秀 職丁亥 壬子 辛巳 丁酉 舒尙書命是也。至
약 금 수 식 신 이 용 살 귀 이 차 수 직 정 해 임 자 신 사 정 유 서 상 서 명 시 야   지
於食神忌印 夏火太炎而木焦 透印不礙 如丙午 癸巳 甲子 丙寅 錢參政
어 식 신 기 인 하 화 태 염 이 목 초 투 인 불 애 여 병 오 계 사 갑 자 병 인 전 참 정
命是也。食神忌官 金水不忌 卽金水傷官可見官之謂。
명 시 야   식 신 기 관 금 수 불 기 즉 금 수 상 관 가 견 관 지 위

金水식신격에서 칠살을 쓴다면 귀하고 총명하다. 丁亥 壬子 辛巳 丁酉의 서
상서의 명조가 그러하다. 식신격에 인성이 기신일지라도 여름의 火는 너무
뜨거워 나무가 타버리므로 인성이 투출해도 장애가 되지 않는다. 가령 丙
午 癸巳 甲子 丙寅의 전참정의 명조가 그러하다. 식신격은 정관을 기피하
는데 金水는 기피하지 않는다. 金水상관이 정관을 볼 수 있는 것과 같은 것
이다.

金水식신격에서 칠살을 쓴다면 귀하고 총명하다고 합니다.

시	일	월	년	구분
丁	辛	壬	丁	천간
酉	巳	子	亥	지지

辛金일간이 子월생으로 정기 癸水식신에 의하여 식신격이 됩니다.
그런데 壬水상관이 투출하여 식상이 혼잡되고 격국이 탁한데 마침 년간 丁火
칠살이 있어 丁壬합을 하므로 격국이 다시 맑아지게 됩니다.

金水식신격에서는 金기가 추위로 인하여 火기로 따뜻하게 하여주어야 하므
로 火기가 반드시 필요한데 마침 시간에 丁火칠살이 있어 조후를 구비하여
주므로 인하여 귀하게 된 서상서의 명조라고 합니다.

이는 금수상관희견관金水傷官喜見官으로 水火의 균형으로 조후를 조절하여
주는 것과 같다고 할 수 있습니다. 자평진전에서는 격국을 위주로 하므로 식
상격에서는 관살을 기피하지만 金水상관과 木火상관은 水火의 균형을 중시
하며 조후를 조절하여 주므로 예외의 관법을 취하고 있는 것입니다.

木火식신격에 인성을 써도 장애가 되지 않는다고 합니다.

시	일	월	년	구분
丙	甲	癸	丙	천간
寅	子	巳	午	지지

甲木일간이 巳월생으로 정기 丙火식신이 년간과 시간에 투출하여 식신격이 강합니다.

여름의 나무가 火기가 강하다면 불에 타버릴 위험이 있으므로 이를 식혀줄 水기가 반드시 필요한 것입니다.
마침 월간에 癸水인성이 있어 火기를 식혀주고 있으므로 水火의 균형으로 조화가 이루어지니 귀하게 된 전참정의 명조라고 합니다.

식신격에서 본래 인성은 식신격을 극하므로 파격의 원인이 되지만 일간의 기세가 미약하여 인성을 쓰는 경우에 식신패인격으로 성격하거나

사주팔자에서 水火의 균형이 맞지 않아 조화가 되지 않을 경우에는 조후를 조절하기 위하여 필요하므로 자평진전에서는 격국의 예외 규정으로 인정하고 있는 것입니다.

식신격에서 정관을 기피하지만 金水상관격은 그러하지 않습니다.
식신격에서 칠살이 있다면 식신제살격으로 성격되어 귀하게 되지만 식신격에서 정관이 있다면 당연히 파격이 되므로 정관을 기피하는 것입니다.

그러나 金水상관격에서는 금수상관희견관金水傷官喜見官이라고 하여 오히려 정관을 반기는 경향이 있는데 이는 水火의 조후를 조절하기 위하여 부득이 필요하기 때문입니다.

마치 木火상관격에서 목화상관희견수木火傷官喜見水라고 하여 뜨거운 열기를 식히기 위하여 水인성을 반기는 것과 마찬가지입니다.

(4) 식신격을 단독으로 쓰는 경우

至若單用食神 作食神有氣 有財運則富 無財運則貧。
지 약 단 용 식 신 작 식 신 유 기 유 재 운 즉 부 무 재 운 즉 빈
식신격을 단독으로 쓰는 경우에는 식신에게 기세가 있어야 하고 재성운이
있다면 부자가 되지만 재성운이 없다면 가난하게 된다.

식신격을 단독으로 쓰는 경우란
식신격을 단독으로 쓴다고 하는 것은 상신이 없는 경우를 말합니다.
즉, 식신생재격인 경우 사주팔자에 재성이 있어서 식신격이 재성을 상신으
로 하여 격국을 이루게 됩니다.

하지만 단지 식신격만 있고 재성이나 칠살 또는 인성이 없다면 식신격은 상
신이 없으므로 격국을 성격시키기 어렵습니다.

식신격이 기세가 있어야 한다고 하는 것은
壬水일간이 寅月생이면 정기 甲木식신에 의하여 식신격이 됩니다.
그러나 정기 甲木식신이 투출하지 못하고 지지에 세력도 없다면 기세가 없
다고 하는 것입니다. 그러므로 정기 甲木식신이 천간에 투출하고 지지에도
뿌리가 깊다면 기세가 있다고 하는 것입니다.

재성운이 있으면 부자가 되고 없으면 가난하다고 합니다.
식신격을 단독으로 쓴다고 하여도 식신격의 기세가 강하고 운에서 재성운
이 온다면 식신생재격으로 성격이 되며 부자가 될 수 있는 것입니다. 그러나
재성운이 없다면 식신격의 강한 기세가 정체되므로 노력하여도 결과가 없
기 때문에 가난할 수밖에 없다고 합니다.

운에서 재성운이 온다고 하여도 일간의 기세도 역시 강해야 합니다.
일간의 기세가 약하다면 식신격의 강한 기세를 일간이 감당하기 어렵기 때
문에 파격의 원인이 될 수 있습니다.

(5) 식신격에 인성이 있거나 관살혼잡이 되는 경우

更有印來奪食 透財以解 亦有富貴 須就其全局之勢而斷之。至於食神而
갱유인래탈식 투재이해 역유부귀 수취기전국지세이단지　지어식신이
官煞競出 亦可成局 但不甚貴耳。
관살경출 역가성국 단불심귀이

인성이 식신격을 탈식할 때 재성이 투출하여 해소하면 역시 부귀하게 된다. 그러나 전체 국면의 기세를 보고 판단하여야 한다. 식신격에서 관살이 경쟁적으로 투출한다면 역시 성격이 된다고 하여도 귀하다는 소리를 듣지 못한다.

식신격에서 인성이 있다면 재성이 있어야 부귀할 수 있습니다.
식신격에서 인성은 식신격을 파괴하여 파격으로 이끄는 주요 범인입니다.
탈식은 식신을 빼앗는 것으로 효신이라고 하여 흉신으로 여기는 것입니다.
그러나 이때 재성이 있다면 재성이 인성을 극제할 수 있으므로 인성은 식신을 빼앗지 못하고 오히려 일간을 생하므로 부귀할 수 있다는 것입니다.

단지 재성의 기세가 미약하고 인성의 기세가 강하다면 재성이 인성을 효과적으로 제어하지 못하여 인성의 탈식은 자행되므로 사주팔자의 전체 기세를 살펴야 한다는 것입니다.

식신격에서 관살이 경쟁적으로 투출한다면 귀하다고 하지 않습니다.
관살이 경쟁적으로 투출한다면 관살혼잡이 되어 탁하게 됩니다.
칠살은 식신격이 제살을 하고 정관을 남길 수 있지만 역시 정관을 극제할 수 있으므로 격국이 탁하기는 마찬가지입니다.
그러므로 귀하다는 소리는 듣지 못한다고 하는 것입니다.

칠살은 일간을 공격하는 육신으로서 마땅히 제살하여야 하지만 정관은 일간이 섬기는 국가이며 제왕이므로 극제한다면 반역을 저지르는 것이 되기 때문입니다.

(6) 식신격에서 제살을 하고 재성을 남기는 경우

更有食神制煞存財 最爲貴格。至若食神透煞 本忌見財 而財先煞後 食
갱유식신제살존재 최위귀격　지약식신투살 본기견재 이재선살후 식
以間之 而財不能黨煞 亦可就貴。如劉提台命 癸酉 辛酉 己卯 乙亥是
이간지 이재불능당살 역가취귀　여유제태명 계유 신유 기묘 을해시
也。其餘變化 不能盡述 類而推之可也。
야　기여변화 불능진술 류이추지가야

식신격에서 제살을 하고 재성을 남기면 최고의 귀격이 된다. 식신격에서 칠살이 투출하면 본래 재성을 보는 것을 꺼린다. 그러나 재성이 앞에 있고 칠살이 뒤에 있으며 식신격이 사이에 있다면 재성이 칠살을 생하지 못하므로 역시 귀할 수 있다. 가령 유제태의 명조로서 癸酉 辛酉 己卯 乙亥가 그러하다. 기타의 변화를 모두 설명하기는 어렵지만 유추한다면 가히 알 수 있는 것이다.

식신제살을 하고 재성을 남기면 최고의 귀격이 된다고 합니다.
식신격에 칠살이 있어 제살하면 식신제살격이 됩니다. 그러나 재성이 있다면 재성이 칠살을 생하고 식신격을 설기하여 제살하는 것을 방해하므로 파격이 되는 것입니다.

그러므로 식신제살격에서 재성이 투출하는 것을 꺼리게 됩니다.
그러나 재성이 앞에 있고 칠살이 뒤에 있으며 식신격이 사이에 있다면 식신격은 제살을 하는데 재성이 방해를 하지 못하므로 식신제살격과 식신생재격을 겸하게 되어 최고의 귀격이 된다고 하는 것입니다.

시	일	월	년	구분
乙	己	辛	癸	천간
亥	卯	酉	酉	지지

己土일간이 酉월생으로 정기 辛金식신이 투출하여 식신격이 됩니다.
乙木칠살과 癸水재성이 투출하였지만 년간과 시간에 있고 식신격이 사이에 있으므로 재성이 칠살을 생하지 못하여 식신제살격과 식신생재격을 겸하게 되어 귀하게 된 유제태의 명조라고 합니다.

2) 식신격에서 운을 취하는 법

食神取運 卽以食神所成之局 分而配之。
식 신 취 운 즉 이 식 신 소 성 지 국 분 이 배 지
식신격에서 운을 취하는 법은 식신격을 이루고 있는 격국을 구분하여야
한다.

식신격도 격국에 따라 운을 취하는 법이 다르다고 합니다.
식신격도 상신에 따라 여러 가지 격국이 있습니다. 또한 격국의 구성 요소에
따라 운에서 작용하는 것이 다르므로 구분해서 보아야 할 것입니다.

식신격에서 가장 중요한 것은 기세의 균형입니다.
식신격은 일간을 설기하므로 일단 일간의 기세가 강하여야 합니다.
만약 일간의 기세가 강하지 못하다면 식신격의 설기를 감당하지 못하여 격
국의 질이 떨어지기 마련입니다.

격국의 질을 결정하는 가장 중요한 요소는 기세의 균형이므로 일간과 식신
격 그리고 상신의 기세가 균형을 이루어야 하는 것입니다. 그러므로 일간과
식신격 그리고 상신의 기세가 불균형하다면 격국의 질을 떨어지므로 기세
의 균형이 가장 중요하다고 하는 것입니다.

여기에는 기세가 모두 강한 것이 가장 좋으며 기세가 모두 약하다면 역시
격국은 힘은 발휘하기 어려우므로 격국의 질은 떨어지게 되는 것이고 부귀
하고는 거리가 멀다고 할 것입니다.

격국의 부족함을 보완해주는 운을 좋은 운이라고 하는 것입니다.
일간과 식신격 그리고 상신의 기세가 균형을 이루지 못하고 격국이 탁하게
되어있는데 운에서 부족한 기세를 도와준다면 그 운에는 격국의 기세가 균
형을 이루게 되므로 격국이 맑아지며 상승운세를 이어갈 수있습니다.

(1) 식신생재격에서 운을 취하는 법

食神生財 身重食輕 則行財食 財食重則喜幫身。官煞之方 俱爲不美。
식 신 생 재 신 중 식 경 즉 행 재 식 재 식 중 즉 희 방 신 관 살 지 방 구 위 불 미
식신생재격은 일간이 무겁고 식신격이 가볍다면 재성운과 식상운으로 가
야 하고 재성과 식신이 무겁다면 일간을 돕는 운이 좋다. 관살의 지지운은
불미스럽다.

식신생재격은 식신격이 재성을 상신으로 하는 격국입니다.
식신격에서 재성을 생하는 식신생재격은 부귀를 만들어주는 좋은 격국입니
다. 그러나 일간과 식신격 그리고 재성의 기세가 균형과 조화를 이루어야 격
국이 질이 높아지며 부귀를 이룰 수 있는 것입니다.

일간이 무겁고 격국이 가볍다면 재성운과 식상운이 좋습니다.
식신생재를 하는데 일간이 무겁고 식신생재격이 가볍다면 격국은 일간의
기세를 감당하기 어려워 질이 떨어지기 마련입니다.
그러므로 운에서 식상운과 재성운이 오면서 격국을 도와주어야 기세의 균
형이 이루어지면서 격국의 질이 높아지게 되는 것입니다.

식신생재격이 무겁다면 일간을 도와야 합니다.
식신생재격의 기세가 무거운데 일간의 기세가 약하여 감당하기 어렵다면
역시 격국의 질은 떨어지게 마련입니다.
그러므로 일간의 기세를 운에서 도와주어야 합니다. 특히 일간의 지지운은
일간의 기세를 강하게 만들어주는 좋은 길운이 되는 것입니다.

관살의 지지운으로 간다면 불미스럽다고 합니다.
관살의 지지운은 관살의 기세를 강하게 만드는 요인이 됩니다.
그러므로 강한 관살의 기세가 식신생재격의 기세를 설기하여 더욱 강한 기
세를 만들 수 있으므로 일간을 위협하며 파격이 될 수 있어 불미스럽다고
하는 것입니다.

(2) 식용살인격에서 운을 취하는 법

食用煞印 運喜印旺 切忌財鄉。 身旺 食傷亦爲福運 行官行煞 亦爲吉也。
식 용 살 인 운 희 인 왕 절 기 재 향　　신 왕 식 상 역 위 복 운 행 관 행 살 　역 위 길 야

식용살인격은 식신격이 칠살과 인성을 쓰는 격국입니다.
일간의 기세가 미약한데 식신격의 기세가 강하다면 인성과 칠살로써 격국
을 이룰 수 있는 것이 식용살인격입니다.

인성으로 식신격의 강한 기세를 제어하고 일간의 기세를 도와야 하는데 인
성의 기세가 미약하다면 인성은 일간을 제대로 돕기 어렵습니다.
이때 마침 칠살이 있다면 인성은 칠살의 기세를 인화하여 일간을 돕고 식신
격의 강한 기세를 감당할 수 있는 것입니다.

인성의 기세가 강해지는 운을 좋고 재성의 지지운은 기피합니다.
식용살인격에서는 인성의 기세가 강하여야 일간을 도와 식신격의 강한 기
세를 감당할 수 있는 것입니다.
그러므로 운에서 인성의 기세를 강하게 하는 운을 좋아하는 것이며
인성을 극제하는 재성운을 가장 기피하게 되는 것입니다.

재성의 지지운은 재성의 기세를 강하게 만들어주는 운으로서 인성을 극제
하는 한편 칠살을 생하여 칠살의 기세를 강하게 만들어 일간을 위협할 수
있으므로 기피한다고 하는 것입니다.

일간의 기세가 강하다면 식상운과 관살운 모두 좋다고 합니다.
일간의 기세가 강하다면 일간이 격국의 기세를 감당할 수 있습니다.
격국의 기세가 약하다면 식상운으로 격국의 기세를 강하게 만들어 주어 기
세의 균형을 이루게 하므로 좋다고 하는 것입니다.
또한 관살운으로 가서 관살의 기세를 강하게 만들어도 일간의 기세가 강하
여 감당할 능력이 되므로 모두 좋다고 하는 것입니다.

(3) 식상대살격에서 운을 취하는 법

食傷帶煞 喜行印綬 身旺 食傷亦爲美運 財則最忌。若食太重而煞輕 印
식 상 대 살 희 행 인 수 신 왕 식 상 역 위 미 운 재 즉 최 기   약 식 태 중 이 살 경 인

運最利 逢財反吉矣。
운 최 리 봉 재 반 길 의

식상대살격에서는 인성운으로 가는 것을 반기고 일간이 왕성하다면 식상
운 역시 좋은 운이지만 재성운을 가장 기피한다. 만약 식신격이 매우 무겁
고 칠살이 가볍다면 인성운이 가장 유리하고 재성운을 만나도 오히려 길
하다.

식상대살격은 칠살이 함께 있는 격국입니다.
식신격인데 상관이 있고 칠살이 함께 있는 경우입니다.
이때는 식상과 칠살이 서로 대치하고 있는 경우라고 할 수 있습니다.
이 경우에도 일간의 기세가 강하고 식상과 칠살의 기세와 균형을 이루고 있
다면 귀격이 될 수 있는 것입니다.

인성운이 좋다고 합니다.
일간의 기세가 약한데 인성운이 온다면 식상을 견제하면서 칠살을 인화하
여 일간을 도울 수 있으므로 반가워한다는 것입니다.

일간의 왕성하다면 식상운은 좋지만 재성운은 기피하게 됩니다.
일간의 기세가 왕성하다면 식상의 설기를 감당하며 칠살을 제어할 수 있으
므로 식상운이 좋다고 하는 것이며
재성운은 칠살의 기세를 도우므로 가장 기피하는 것입니다,

식신격이 무겁고 칠살이 가벼우면 인성운과 재성운도 좋습니다.
식신격이 매우 무겁고 칠살의 기세가 약하다면 서로 기세의 균형이 깨지므
로 격국의 질이 낮아지게 됩니다. 인성운은 무거운 식신격을 효과적으로 가
볍게 하므로 좋다고 하는 것이며 재성운은 가벼운 칠살을 도와 기세의 균형
을 이루게 하므로 오히려 길하다고 하는 것입니다.

(4) 식신격에서 인성이 있는 경우 운을 취하는 법

食神太旺而帶印 運最利財 食傷亦吉 印則最忌 官煞皆不吉也。若食神
식 신 태 왕 이 대 인　운 최 리 재　식 상 역 길　인 즉 최 기　관 살 개 불 길 야　　약 식 신
帶印 透財以解 運喜財旺 食傷亦吉 印與官煞皆忌也。
대 인　투 재 이 해　운 희 재 왕　식 상 역 길　인 여 관 살 개 기 야

식신격이 태왕하고 인성이 있는 경우에는 재성운이 가장 유리하고 식상운
역시 길하며 인성운이 가장 나쁘고 관살운은 모두 불길하다. 만약 식신격
에서 인성이 함께 있는데 재성이 투출하여 해결하고 있다면 재성운이 가
장 좋고 식상운 역시 길하지만 인성운이나 관살운은 모두 꺼리게 된다.

식신격이 태왕한데 인성이 있는 경우
식신격이 태왕한데 인성이 함께 있다면 태왕한 식신격이라고 하여도 인성
의 극제를 받아 파격이 될 수 있는 것입니다.

그러므로 인성을 극제하여 식신격을 보호하는 재성운이 가장 유리하다고
하는 것이며 식상운은 태왕한 식신격을 도우므로 좋다고 하는 것입니다.
그러나 인성을 돕는 인성운이 가장 나쁘고 관살운 역시 인성을 도우므로 불
길하다고 하는 것입니다.

식신격에서 인성이 있는데 재성이 투출한 경우
식신격에서 인성이 있다면 인성이 식신격을 파괴하므로 파격이 됩니다. 이
때 재성이 투출하여 인성을 극제하여 해결하여 준다면 격국은 성격이 될 수
있는 것입니다.

그러므로 운에서 재성운이 온다면 재성을 도와 인성을 극제하여 주므로 좋
은 것이라고 하는 것이며
식상운은 식신격을 도와 인성의 극제를 감당할 수 있게 하니 길하다고 하는
것입니다.
그러나 인성운과 관살운은 인성을 도우므로 꺼린다고 하는 것입니다.

5. 편관격

1) 편관격의 특징

煞以攻身 似非美物 百大貴之格 多存七煞。蓋拱制得宜 煞爲我用 如大
살 이 공 신 사 비 미 물 백 대 귀 지 격 다 존 칠 살 　 개 공 제 득 의 　 살 위 아 용 　 여 대
英雄大豪傑 似難駕馭 而處之有方 則驚天動地之功 忽焉而就。此王侯
영 웅 대 호 걸 　 사 난 가 어 　 이 처 지 유 방 　 즉 경 천 동 지 지 공 　 홀 언 이 취 　 차 왕 후
將相所以多存七煞也。
장 상 소 이 다 존 칠 살 아

칠살은 일간을 공격하므로 좋은 것은 아니지만 크게 귀하게 되는 격국으로는
칠살격이 많이 있다. 대개 잘 통제하면 칠살도 일간에게 유용한 것이다. 영웅
호걸은 다스리기 어렵지만 이를 잘 쓴다면 경천동지할 공을 홀연히 세우게
된다. 그래서 왕과 제후 그리고 장군과 재상에게 칠살격이 많은 것이다.

편관격을 칠살격이라고 합니다.
일반적으로 편관격이라고 부르기 보다는 칠살격으로 부르게 됩니다.
칠살은 일간을 공격하는 흉신이므로 좋은 것이 아니므로 자평진전 격국론
에서는 역용하는 격국이지만 잘만 쓰면 크게 귀하게 된 사람들에게 많은 격
국이라고 합니다.

칠살격은 크게 귀하게 된 영웅호걸이 많다고 합니다.
영웅호걸이란 난세에 빛이 난다고 하며 대체로 리더십이 있고 강한 힘이 있으
므로 어려운 상황을 해결할 수 있는 능력이 있습니다. 그러므로 칠살격은 일간
을 공격하는 흉신이지만 칠살격의 경천동지할 능력을 일간이 유용하게 쓴다
면 영웅호걸로서 크게 쓰일 수 있는 것이므로 명예가 빛나게 되는 것입니다.

칠살격은 왕후장상에게 많은 격국이라고 합니다.
왕과 제후 그리고 장군과 재상은 국가를 다스리는 지위에 있으면서 위기에
처한 국가를 구할 수 있는 능력이 있는 사람들에게는 모두 칠살격을 가진
사람들이 많다고 합니다.

(1) 살용식제격의 경우

七煞之格局亦不一; 煞用食制者 上也 煞旺食强而身健 極爲貴格。如乙
칠살지격국역불일 살용식제자 상야 살왕식강이신건 극위귀격 여을

亥 乙酉 乙卯 丁丑 極等之貴也。煞用食制 不要露財透印 以財能轉食
해 을유 을묘 정축 극등지귀야 살용식제 불요노재투인 이재능전식

生煞 而印能去食護煞也。然而財先食後 財生煞而食以制之 或印先食後
생살 이인능거식호살야 연이재선식후 재생살이식이제지 혹인선식후

食太而印制 則格成大貴。如脫丞相命 壬辰 甲辰 丙戌 戊戌 辰中暗煞
식태이인제 즉격성대귀 여탈승상명 임진 갑진 병술 무술 진중암살

壬以透之 戊坐四支 食太重而透甲印 以損太過 豈非貴格? 若煞强食泄
임이투지 무좌사지 식태중이투갑인 이손태과 개비귀격 약살강식설

而印露 則破局矣。
이인로 즉파국의

칠살격은 역시 한 가지가 아닌 것으로 살용식제격이 상격이다. 칠살격이
왕성하고 식신이 강하며 일간이 튼튼하면 극히 귀한 격국이 된다. 가령 乙
亥 乙酉 乙卯 丁丑은 극히 귀한 등급이다. 살용식제격은 재성이 드러나고
인성이 투출하는 것을 필요하지 않는다. 재성은 식신을 전환하여 칠살격을
생할 수 있으며 인성으로 식신을 제거하고 칠살격을 보호하기 때문이다.
그러나 재성이 앞에 있고 식신이 뒤에 있다면 재성은 칠살격을 생하고 식
신이 제어하거나 혹 인성이 앞에 있고 식신이 뒤에 있는데 식신이 매우 강
하여 인성이 제어하면 크게 귀한 격국을 이루게 된다. 가령 탈승상의 명조
는 壬辰 甲辰 丙戌 戊戌인데 辰중에 암장된 칠살 壬水가 투출하였고 戊土가
네 개의 지지에 모두 있어 식신이 매우 강한데 甲木 인성이 투출하여 태과
함을 덜어내니 어찌 귀격이 아니겠는가? 만약 칠살격이 강하고 식신을 설
기하는 인성이 드러나면 파격이다.

살용식제격은 칠살격이 식신을 상신으로 하는 격국입니다.
칠살격은 일간을 공격하는 흉신이므로 역용해야 하는 격국입니다. 그러므로
식신으로 칠살격을 억제하는 것이 최선이라고 하는 것입니다.

칠살격은 식신으로 제어하여 잘만 쓰면 오히려 영웅호걸로서의 능력을 발
휘하며 상격으로서 크게 귀한 격국이 될 수 있다고 합니다.

살용식제격이 극히 귀한 격국이 되고자 한다면 일단 일간의 기세가 강하여야 하며 식신과 칠살격의 기세도 강하여야 합니다.

즉, 일간과 격용신과 상신의 기세가 모두 강하고 같아야 하는 삼자개비三者皆備 또는 삼자개균三者皆均이 되어야 한다는 것입니다.

시	일	월	년	구분
丁	乙	乙	乙	천간
丑	卯	酉	亥	지지

乙木일간이 酉월생으로 정기 辛金칠살에 의하여 칠살격이 됩니다.

비록 辛金칠살이 투출하지 못하였지만 시지에 丑土가 있어 칠살격의 세력이 되므로 기세가 강하다고 합니다.

일간 乙木은 일지 卯木이 있어 강하고 더구나 년지에 亥水가 있어 세력이 되고 년월간에 있는 두 개의 비견이 기세가 강한 편입니다.

시간 丁火식신은 비록 지지에 뿌리가 없어 기세가 약하지만 기세가 강한 비견의 생을 받아 칠살격을 제어할 수 있으므로 살용식제격으로 성격이 되면서 극히 귀하게 되었다고 합니다.

재성이 드러나고 인성이 투출하는 것은 필요하지 않다고 합니다.

살용식제격에서 식신이 칠살을 제어하면서 역용을 하는 격국의 작용을 하고 있는데 재성이 드러난다면 식신의 기세를 전환하여 칠살격을 생하는 재생살의 작용이 일어나게 됩니다.

결국 칠살격의 기세만 강하게 되고 식신이 일간을 보호하는 역할을 하지 못하므로 격국은 파격이 되는 것입니다.

인성이 투출하여 있다면 칠살격을 제어하는 식신을 극제하여 칠살격을 제어하는 것을 방해하므로 오히려 인성이 칠살격을 보호하는 결과를 가져오며 결국 격국은 파격이 될 수밖에 없는 것입니다. 그러므로 살용식제격에서는 인성이 있는 것도 원하지 않는 것입니다.

인성이 투출하여도 위치에 따라 길흉이 다르다고 합니다.

시	일	월	년	구분
戊	丙	甲	壬	천간
戌	戌	辰	辰	지지

丙火일간이 辰월생으로 정기인 戊土식신이 시간에 투출하지만 甲木인성과 壬水칠살이 辰土에 통근하며 식신격과 인수격 그리고 칠살격으로 모두 겸격이 되고 있습니다.

이 사주팔자에서는 시간 戊土식신이 지지에 세력이 가득하므로 기세가 가장 강하게 됩니다. 그러나 월간의 甲木인성도 辰월의 월령의 기세가 강하고 년간에 있는 壬水칠살의 생을 받으므로 戊土식신을 제어할 수 있는 능력이 있다고 할 것입니다.

결국 월간에 있는 甲木인성이 戊土식신의 강함을 제어하며 壬水칠살을 보호하고 있으므로 칠살격으로서 능력을 발휘하며 극히 귀하게 된 탈승상의 명조라고 합니다.

만약에 壬水칠살의 기세가 강한데 甲木인성이 戊土식신을 제어한다면 식신의 역할을 하지 못하므로 파격이 된다고 합니다.

재성이 투출하여도 역시 위치에 따라 길흉이 다르다고 합니다.
재성도 인성과 마찬가지로 위치에 따라 파격이 되기도 하고 성격이 되면서 길흉이 엇갈리기도 합니다.

년간에 재성이 있고 월간에 칠살이 있으며 시간에 식신이 있다면
재성이 칠살을 생하는 재생살의 작용을 하여 일간을 위협하고 있지만 시간에 있는 식신이 칠살을 제어하면서 일간을 보호하므로 극히 귀한 격국이 될 수 있다고 합니다. 식신과 재성이 서로 멀리 떨어져 있으므로 식신은 재성의 방해를 받지 않고 칠살을 제어할 수 있기 때문입니다.

(2) 살용인수격의 경우

有七煞用印者 印能護煞 本非所宜 而印有情 便爲貴格。如何參政命 丙
유칠살용인자 인능호살 본비소의 이인유정 편위귀격   여하참정명 병

寅 戊戌 壬戌 辛丑 戊與辛同通月令 是煞印有情也。亦有煞重身輕 用
인 무술 임술 신축 무여신동통월령 시살인유정야   역유살중신경 용

食則身不能當 不若轉而就印 雖不通根月令 亦爲無情而有情。格亦許貴
식즉신불능당 불약전이취인 수불통근월령 역위무정이유정 격역허귀

但不大耳。
단 불 대 이

칠살용인격에서 인성은 칠살격을 보호할 수 있으므로 본래 좋다고 할 수
없다. 그러나 인성이 유정하다면 귀격이 되는 편이다. 가령 하참정의 명조
는 丙寅 戊戌 壬戌 辛丑인데 戊와 辛이 월령에 통근하여 칠살격과 인성이
유정하게 된 것이다. 그러나 칠살이 무겁고 일간이 가벼운데 식신을 쓴다
면 일간은 감당할 수 없게 된다. 만약 인성을 쓴다면 비록 월령에 통근하지
않아도 역시 무정한 것이 유정하게 되어 역시 귀한 격국이 되지만 단지 크
게 된다는 소리는 듣지 못한다.

살용인수격은 칠살격이 인성을 상신으로 하는 격국입니다.
본래 칠살격이 인성을 쓰면 식신으로부터 보호받고자 하는 것이니 일간으
로서는 반갑지 않은 격국입니다.
그러나 일간의 기세가 미약하다면 칠살격을 역용하기 위하여 일간의 기세
를 설기하는 식신을 쓰기는 부담이 될 수밖에 없습니다.
그러므로 살용인수격에서는 인성으로 하여금 칠살격의 기세를 설기하여 일
간의 기세를 돕고자 하는 뜻이 있습니다.

이때 인성은 칠살격과 함께 월지에 통근한다면 인수격과 겸격이 되어 유정
하게 되므로 귀격으로 인정을 받을 수 있다고 합니다.
본래 칠살격에서 인성은 식신을 극제하고 칠살격을 보호하여 파격을 시키
므로 일간으로서는 무정하다고 하지만
칠살격과 인수격이 월지에 통근하여 겸격이 된다면 인수격이 칠살격을 설
기하여 일간을 도우니 유정하다고 하는 것입니다.

시	일	월	년	구분
辛	壬	戊	丙	천간
丑	戌	戌	寅	지지

壬水일간이 戌월생으로 월간에 戊土칠살이 투출하여 칠살격이지만 시간의 辛金인성이 역시 월지에서 투출하여 인수격을 겸하게 됩니다.

壬水일간은 기세가 미약하여 신약하다고 합니다. 그러므로 壬水일간은 칠살격보다는 인수격을 반기는 것이고 칠살격과 함께 월지에서 나온 유정한 인수격에게 의지하여 귀하게 된 하참정의 명조라고 합니다.

이 사주팔자는 丙火재성이 투출하여 재생살을 하고 있어 칠살격의 기세가 매우 강한데 식신마저 없으므로 강한 기세의 칠살격을 제어할 수단이 없습니다.

그러므로 신약한 壬水일간은 부득이 인수격으로 칠살격을 설기하여 자신의 기세를 돕게 하는 살용인수격을 쓰면서 귀하게 되었다고 하는 것입니다.

칠살격이 무겁고 신약하면 식신을 버리고 인성을 쓰기도 합니다.
칠살격이 무거워 기세가 강한데 일간의 기세가 약하다면 식신을 쓰기가 부담스럽습니다. 식신은 강한 칠살격을 제어하기 위하여 일간의 기세를 설기하기 때문에 일간이 감당하기 어렵다고 하는 것입니다.

이때는 식신을 버리고 인성을 상신으로 취하여 칠살격의 강한 기세를 설기하여 일간을 돕는 방법을 택할 수밖에 없는 것입니다.

이러한 경우에는 칠살격과 인성이 월지에 함께 통근하지 않아도 일간을 돕기 위하여 부득이 식신을 버린 것으로 무정한 것이 유정하게 되지만 역시 일간은 인수격에게 의지하고 있으므로 귀하게 된다고 하여도 크게 되었다는 소리를 듣기는 어렵다고 하는 것입니다.

(3) 살용재격의 경우

有煞而用財者 財以黨煞 本非所喜 而或食被制 不能伏煞 而財以去印存
유살이용재자 재이당살 본비소희 이혹식피제 불능복살 이재이거인존
食 便爲貴格。如周承相命 戊戌 甲子 丁未 庚戌 戊被制不能伏煞 時透
식 편위귀격   여주승상명 무술 갑자 정미 경술 무피제불능복살 시투
庚財 即以淸食者 生不足之煞。生煞即以制煞 兩得其用 尤爲大貴。又有
경재 즉이청식자 생부족지살   생살즉이제살 양득기용 우위대귀   우유
身重煞輕 煞又化印 用神不淸 而借財以淸格 亦爲貴格。如甲申 乙亥 丙
신중살경 살우화인 용신불청 이차재이청격 역위귀격   여갑신 을해 병
戌 庚寅 劉運使命是也。
술 경인 유운사명시야

살용재격의 경우에는 재성이 칠살격과 작당을 하므로 본래 좋은 것이 아
니다. 그러나 식신이 극제를 당하고 있어 칠살격을 제복시키지 못하는 경
우에는 재성이 인성을 제거하고 식신을 남긴다면 귀격이 된다. 가령 주승
상의 명조는 戊戌 甲子 丁未 庚戌인데 戊가 극제를 당하여 칠살격을 제복
할 수 없으나 시간에 庚재성이 투출하여 식신을 맑게 하고 부족한 칠살격
을 생하고 있으므로 생살과 제살이 되면서 두 가지를 얻게 되는 작용으로
더욱 크게 귀하게 되었다. 또 일간이 무겁고 칠살격이 가벼운데 칠살격이
인성으로 화하여 용신이 맑지 못하는 경우에는 재성을 차용하여 격국을
맑게 한다면 역시 귀격이 된다. 가령 甲申 乙亥 丙戌 庚寅의 유운사의 명조
가 그러하다.

살용재격은 칠살격이 재성을 상신으로 쓰는 격국입니다.
칠살격에 재성이 있다면 재성은 칠살격을 생하여 칠살격을 더욱 강하게 만
들어 칠살격과 작당을 하여 일간을 위협하므로 본래 좋은 것이 아니라고 하
는 것입니다.

더구나 식신이 제살을 하고 있는데 재성이 있다면 식신의 제살기능을 방해
하므로 격국을 파격으로 이끌기도 하는 흉신으로 작용하게 됩니다.

그러나 인성이 있어 식신을 제거하여 제살을 방해하는데 재성이 인성을 제
거하고 식신을 남기므로 귀격으로 만드는 공이 있다고 합니다.

인성이 식신의 제살을 방해하고 있는 경우

시	일	월	년	구분
庚	丁	甲	戊	천간
戌	未	子	戌	지지

丁火일간이 子월생으로 정기 癸水칠살에 의하여 칠살격이 됩니다.
칠살격은 역용을 하는 것이 원칙이므로 년간의 戊土식신을 채용하여 살용식제격으로 성격시키고자 합니다.

그러나 월간의 甲木인성이 戊土식신을 막고 제살을 방해하고 있어 살용식제격은 파격의 위기에 놓여 있는 것입니다.

마침 시간에 庚金재성이 있어 甲木인성을 제거하여 식신을 맑게 하여 제살을 원활하게 하도록 돕고 있으므로 살용식제격이 다시 성격되고 한편 庚金재성은 기세가 미약한 칠살격을 생하여 기세의 균형을 돕고 있으므로 제살과 생살을 동시에 얻게 되어 더욱 크게 귀하게 된 주승상의 명조라고 합니다.

일간의 기세가 강하고 칠살격의 기세가 미약한 경우

시	일	월	년	구분
庚	丙	乙	甲	천간
寅	戌	亥	申	지지

丙火일간이 亥월생으로 정기 壬水칠살에 의하여 칠살격이지만 년간에 甲木인성이 투출하여 칠살격이 인수격으로 변화되고 있습니다.
그러나 월간에 乙木인성이 있어 甲乙木이 동시에 투출하였으므로 인수격이 맑지 못하다고 하는 것입니다.

마침 시간에 庚金재성이 있어 월간의 乙木인성을 합거하여 기능을 정지시키고 甲木인성을 남기면서 인수격이 맑아지므로 귀하게 된 유운사의 명조라고 합니다.

(4) 잡기칠살격의 경우

> 更有雜氣七煞 干頭不透財以淸用 亦可取貴。
> 갱 유 잡 기 칠 살 간 두 불 투 재 이 청 용 역 기 취 귀
> 잡기칠살격의 경우에 재성이 천간에 투출하지 않아야 용신이 맑아지며 역
> 시 귀하게 될 수 있다.

잡기칠살격은 辰戌丑未월에 칠살이 투출한 격국입니다.
자평진전에서는 辰戌丑未월은 잡기격이라고 합니다. 계절의 월령의 기운과
土기가 함께 어우러져 있기 때문입니다.

辰월은 봄의 木기이지만 본기는 土기와 함께 작용합니다.
未월은 여름의 火기이지만 본기는 土기와 함께 작용합니다.
戌월은 가을의 金기이지만 본기는 土기와 함께 작용합니다.
丑월은 겨울의 水기이지만 본기는 土기와 함께 작용합니다.
그러므로 辰戌丑未월에는 계절의 기운과 土기가 함께 있어 섞여 있으므로
잡기격이라고 하는 것입니다.

재성이 없어야 용신이 맑아지면서 귀하게 된다고 합니다.
잡기칠살격은 辰戌丑未월에서 칠살이 천간에 투출하여 칠살이 용신으로 작
용하는 격국을 말합니다.

이때 재성이 천간에 함께 있으면 역시 재생살이 되면서 칠살의 기세가 강해
지므로 일간을 위협하는 요인으로 작용하여 칠살격에 재성이 있는 것과 같
이 파격의 원인이 되는 것입니다.

칠살격에서 재성이 함께 있어 재성이 칠살격을 생한다면 역시 파격의 원인
이 되므로 용신이 맑지 못하다고 하는 것입니다.
따라서 잡기칠살격에서도 천간에 투출한 재성이 없어야 칠살격의 용신이
맑아지면서 귀하게 될 수 있다고 하는 것입니다.

(5) 칠살격에 정관이 혼잡한 경우

有煞而雜官者 或去官 或去煞 取清則貴。如嶽統制命 癸卯 丁巳 庚寅
유 살 이 잡 관 자 혹 거 관 혹 거 살 취 청 즉 귀   여 악 통 제 명 계 묘 정 사 경 인
庚辰 去官留煞也。夫官爲貴氣 去官何如去煞 豈知月令偏官 煞爲用而
경 진 거 관 류 살 야   부 관 위 귀 기 거 관 하 여 거 살 개 지 월 령 편 관 살 위 용 이
官非用 各從其重。若官格雜煞而去官留煞 不能如是之清矣。如沈郎中
관 비 용 각 종 기 중   약 관 격 잡 살 이 거 관 류 살 불 능 여 시 지 청 의   여 심 랑 중
命 丙子 甲午 辛亥 辛卯 子沖午而剋煞 是去煞留官也。
명 병 자 갑 오 신 해 신 묘 자 충 오 이 극 살 시 거 살 류 관 야

칠살격에 정관이 혼잡되는 경우에는 정관을 제거하거나 칠살격을 제거해
야 맑아지면서 귀하게 된다. 가령 악통제의 명조는 癸卯 丁巳 庚寅 庚辰인
데 정관을 제거하고 칠살격을 남긴 것이다. 대개 정관은 귀한 기운인데 정
관을 제거하고 어찌하여 칠살격은 제거하지 않은 것인가. 월령이 편관이므
로 칠살격이 용신이고 정관은 용신이 아니므로 중요한 것을 따른 것이다.
만약 정관격인데 칠살이 혼잡되었다면 정관격을 제거하고 칠살을 남긴다
면 이와 같이 맑아질 수 없다. 가령 심랑중의 명조는 丙子 甲午 辛亥 辛卯
인데 子가 午와 충하여 칠살격을 극하면서 칠살격을 제거하고 정관을 남긴
것이다.

칠살격에 정관이 혼잡한 경우를 관살혼잡이라고 합니다.
관살혼잡이란 정관과 칠살이 함께 투출하거나
정관격에 정관이 투출하지 않고 칠살이 투출한 경우
또는 칠살격에 정관이 투출한 경우를 관살혼잡이 되었다고 합니다.

대체로 관살혼잡이 되면 사주팔자가 탁해진다고 하여 기피하는 경우가 많
습니다. 관살혼잡으로 인하여 관살의 기세가 강해지는 요인이 되고 격국을
파괴하며 일간을 위협하기 때문입니다.

그러므로 칠살을 제거하고 정관을 남기는 거살류관去煞留官을 하던지
정관을 제거하고 칠살을 남기는 거관류살去官留煞이 되어야 격국이 맑아지
고 귀하게 된다고 하는 것입니다.

관살혼잡된 격국을 맑게 하여 귀하게 된 경우

시	일	월	년	구분
庚	庚	丁	癸	천간
辰	寅	巳	卯	지지

庚金일간이 巳월생으로 정기 丙火칠살에 의하여 칠살격이 됩니다.
하지만 월간에 丁火정관이 투출하여 관살혼잡이 되며 격국이 탁해지고 있습니다.
이때 년간에 癸水상관이 투출하여 丁火정관을 제거하는 거관류살이 되어 칠살격이 맑아지므로 귀하게 된 악통제의 명조라고 합니다.

그런데 본래 정관은 순용하는 것으로 귀한 기운이고 칠살은 흉신으로 역용하는 것으로 극제하여야 마땅한 것인데 어찌하여 정관을 제거하고 칠살을 남긴 것인가 하는 의문을 가져볼 수 있습니다.

자평진전에서는 월령을 중시하므로 용신인 丙火칠살을 존중하여 칠살격으로서의 지위를 견고하게 만드는 것이라고 볼 수 있습니다.
그러므로 정관이 아무리 귀한 기운일지라도 용신인 칠살격을 탁하게 만드는 요인이 되므로 정관을 제거하여 격국을 맑게 하는 것입니다.

시	일	월	년	구분
辛	辛	甲	丙	천간
卯	亥	午	子	지지

辛金일간이 午월생으로 정기 丁火칠살에 의하여 칠살격이 됩니다.
그러나 년간에 丙火정관이 투출하여 관살혼잡이 되고 있습니다.

년지의 子水가 월지 午火를 충하여 용신인 칠살격의 지위를 위태하게 만들어 기능을 제거하고 정관을 남기는 거살류관이 되었다고 할지라도 격국이 맑지 못하여 귀하게 되지 못한 심랑중의 명조라고 합니다.

(6) 칠살격에 식신이 없는 경우

有煞無食制而用印當者 女戊辰 甲寅 戊寅 戊午 趙員外命是也。
유 살 무 식 제 이 용 인 당 자 여 무 진 갑 인 무 인 무 오 조 원 외 명 시 야
칠살격에 식신이 없으면 인성을 쓰는 것은 당연하다. 가령 戊辰 甲寅 戊寅
戊午의 조원외의 명조가 그러하다.

칠살격에 식신이 없으면 인성을 쓰는 것은 당연하다고 합니다.

시	일	월	년	구분
戊	戊	甲	戊	천간
午	寅	寅	辰	지지

戊土일간이 寅월생으로 정기 甲木칠살이 투출하여 칠살격이 됩니다.
칠살격은 역용하는 것이 마땅한데 식신이 없으므로 부득이 지지에 있는 寅
午 火인성을 써서 칠살격의 강한 기세를 인화하여 일간을 돕는 것이 당연하
다고 하는 조원외의 명조라고 합니다.

(7) 제살태과의 경우

至書有制煞不可太過之說 雖亦有理 然運行財印 亦能發福 不可執一也。
지 서 유 제 살 불 가 태 과 지 설 수 역 유 리 연 운 행 재 인 역 능 발 복 불 가 집 일 야
시중의 책에서는 제살이 태과하면 불가하다고 하는데 비록 일리가 있지만
재성운과 인성운으로 흐른다면 역시 발복할 수 있는 것이니 하나에만 집
착해서는 안 된다.

식신이 칠살격보다 기세가 강하면 제살태과라고 합니다.
제살태과는 기세의 불균형으로 인하여 칠살격이 식신의 제살을 감당하기
어려워 격국이 탁하게 되고 질이 떨어지므로 부귀 성취가 불가하다고 시중
의 책에서 단정한다고 합니다. 그러나 운에서 재성운과 인성운으로 흐른다
면 기세가 미약한 칠살격을 도와 발복할 수 있으니 한 가지 이론에만 집착
하지 말라고 합니다.

2) 편관격에서 운을 취하는 법

偏官取運 卽以偏官所成之局分而配之。煞用食制 煞重食輕則助食 煞輕
편 관 취 운 즉 이 편 관 소 성 지 국 분 이 배 지　살 용 식 제　살 중 식 경 즉 조 식　살 경
食重則助煞 煞食均而日主根輕則助身。忌正官之混雜 畏印綬之奪食。
식 중 즉 조 살　살 식 균 이 일 주 근 경 즉 조 신　　기 정 관 지 혼 잡　외 인 수 지 탈 식

편관격에서 운을 취하는 법은 편관격을 이루는 격국을 구분하여 배분하여
야 한다. 살용식제격에서 칠살격이 무겁고 식신이 가볍다면 식신을 도와야
하고 칠살격이 가볍고 식신이 무겁다면 칠살격을 도와야 한다. 칠살격과
식신이 균형을 이루고 있는데 일간의 뿌리가 가볍다면 일간을 도와야 한
다. 정관운과의 혼잡을 기피하고 인성운의 탈식을 두려워한다.

칠살격도 격국에 따라 운을 취하는 법이 다르다고 합니다.
격국의 구성 요소에 따라 운에서 작용하는 것이 다르므로 구분해서 보아야
한다는 것입니다.

(1) 살용식제격에서 운을 취하는 법

격국이 기세의 균형을 이루도록 운에서 도와야 합니다.
격국은 용신과 상신으로 이루어져 있으므로 용신과 상신의 기세가 균형을
이루어야 격국이 맑아지며 질이 높아지게 되는 것입니다.

칠살격의 기세가 무거워 강하고 식신의 기세가 가벼워 약하다면 식신의 제
살 기능이 원활하지 못하여 격국의 질이 떨어지므로 운에서 식신을 도와야
살용식제격의 질이 좋아지는 것이라고 합니다.

반대로 칠살격의 기세가 약하고 식신의 기세가 강하다면 제살태과가 되어
격국의 질이 떨어지므로 운에서 칠살격을 도와야 역시 기세의 균형을 이루
며 살용식제격의 질이 좋아지는 것이라고 합니다.

격국이 균형을 이루어도 신약하면 운에서 일간을 도와야 합니다.

칠살격과 식신의 기세가 균형을 이루어 격국의 질이 좋아진다고 하여도 일간의 기세가 약하다면 일간이 격국을 운영할 수 없으므로 부귀하고는 거리가 멀어지게 됩니다.

그러므로 일간의 기세가 약하여 격국의 기세를 운영하기 어렵다면 운에서 일간을 도와야 삼자개균三者皆均이 되며 일간이 격국을 운영할 수 있으므로 부귀하게 된다고 하는 것입니다.

일간의 뿌리가 가볍다고 하는 것은 지지에 뿌리가 없거나 미약한 것으로서 일간의 기세가 신약하다고 하는 것입니다.
이때는 운에서 일간의 지지운이 오는 것이 최선이며 일간의 뿌리가 깊어지며 기세가 왕성해지므로 격국을 다스릴 수 있습니다.

일간을 돕는 것은 인성운도 가능하지만 인성운은 상신인 식신을 탈식할 우려가 있으므로 인성운이 올 때는 사주팔자의 구성을 잘 살펴야 길흉을 판단할 수 있는 것입니다.

또한 일간을 돕는 것은 비겁운도 가능하지만 비겁운은 일간을 돕기보다 식신의 기세를 강화시키는데 쓰일 수 있으며
비겁운은 천간에 투출한 칠살을 합거하여 격국의 기세의 균형을 깨뜨리고 격국의 질을 탁하게 할 수 있으므로 역시 사주팔자의 구성을 잘 살펴야 길흉을 판단할 수 있는 것입니다.

정관운과의 혼잡을 기피하고 인성운의 탈식을 두려워한다

칠살격에서 정관운이 온다면 관살혼잡이 되므로 격국이 탁하여지고 격국의 질이 낮아지는 결과를 가져오므로 기피한다고 하는 것이며

인성운이 온다면 상신인 식신을 탈식하여 살용식제격을 파격시킬 수 있으므로 두려워한다는 것입니다.

(2) 살용인수격에서 운을 취하는 법

煞用印綬 不利財鄕 傷官爲美 印綬身旺 俱謂福也。
살 용 인 수 불 리 재 향 상 관 위 미 인 수 신 왕 구 위 복 야
살용인수격에서 재성의 지지운은 불리하고 상관운은 아름다우며 인성운
과 일간이 왕성해지는 운은 복이 된다고 한다.

재성의 지지운은 불리하다고 합니다.
살용인수격에서는 인성을 상신으로 쓰고 있으므로 인성을 극제하여 파격시
키는 재성을 두려워하는 것은 당연하다고 할 것입니다.

그러므로 재성의 지지운은 재성의 기세를 강하게 하여 인성을 파괴하는 흉
신으로 작용하므로 불리하다고 하는 것입니다.
재향財鄕이란 재성의 지지운을 말합니다.

상관운은 아름답다고 합니다.
식신은 칠살격을 제살하는 기능이 있지만 관살혼잡이 되어 격국이 탁하다
면 상관은 정관을 파괴하여 관살혼잡을 맑게 하여 주므로 상관운이 아름답
다고 하는 것입니다.

인성운과 신왕운은 모두 복이 된다고 합니다.
살용인수격은 인성을 상신으로 쓰고 있으므로 인성운이 온다면 인성의 기
세가 강하여 지므로 칠살격을 효과적으로 인화하여 일간을 도울 수 있으니
복이 된다고 하는 것입니다.

살용인수격은 대체로 일간의 기세가 약할 경우가 많으므로 칠살격이 인성
으로 인화하여 일간의 기세를 돕는 격국이라고 할 수 있습니다.
그러므로 일간이 왕성해지는 신왕운이 복이 된다고 하는 것입니다.

신왕운은 일간의 기세를 왕성하게 만드는 운으로서 일간의 지지운이 최선
이라고 할 수 있습니다.

(3) 칠살용재격에서 운을 취하는 법

七煞用財 其以財而去印存食者 不利劫財 傷食皆吉 喜財怕印 透煞亦
칠살용재 기이재이거인존식자 불리겁재 상식개길 희재파인 투살역
順。其以財而助煞不及者 財已足 則喜食印與幫身; 財未足 則喜財旺而
순 기이재이조살불급자 재이족 즉희식인여방신 재미족 즉희재왕이
露煞。
로살

칠살용재격에서 재성이 인성을 제거하고 식신을 남기는 경우에는 겁재운
은 불리하고 식상운은 모두 길하고 재성운을 반기나 인성운은 두려워하며
칠살이 투출하여도 역시 순조롭다. 재성으로 칠살격의 부족함을 도울 경우
에는 재성이 이미 충분하다면 식신운과 인성운 그리고 일간을 돕는 운을
반긴다. 재성이 부족하다면 재성이 왕성해지는 운과 칠살이 드러나는 운을
반긴다.

재성이 인성을 제거하고 식신을 남기는 경우

칠살격에서 재성이 인성을 제거하고 식신을 남길 경우에는 칠살격이 재성
의 도움으로 식신의 제살을 받을 수 있으므로 재성이 상신이 되어 칠살용재
격으로 성격이 되는 격국입니다.

겁재운은 상신인 재성을 파괴하므로 불리하다고 하는 것이며
식상운은 식신을 도와 주므로 모두 길하다고 하는 것입니다.
재성운은 상신인 재성을 도와주므로 반기는 것이라고 하며
인성운은 상신인 재성이 감당하지 못하여 두려워한다고 하는 것이며
칠살운은 칠살격의 기세를 도와주니 순조롭다고 하는 것입니다.

재성으로 칠살격의 부족함을 돕는 경우

재성으로 칠살격을 도와 칠살용재격으로 성격되었을 경우에는
재성의 기세가 충분하다면 식신운으로 식신을 강하게 하고
인성운과 일간을 돕는 운으로 일간의 기세를 강하게 하는 것을 반기며
재성의 기세가 부족하다면 재성이 왕성해지는 재성의 지지운과 칠살이 투
출하여 드러나는 칠살운을 반긴다고 하는 것입니다.

(4) 칠살격에서 정관이 있는 경우에 운을 취하는 법

煞帶正官 不論去官留煞 去煞留官 身輕則喜助身 食輕則喜助食。莫去
살 대 정 관 불 론 거 관 류 살 거 살 류 관 신 경 즉 희 조 신 식 경 즉 희 조 식 막 거
取淸之物 無傷制煞之神。
취 청 지 물 무 상 제 살 지 신
칠살격에 정관이 있는 경우에는 거관류살이든 거살류관이든 불론하고 일
간이 가벼우면 일간을 돕는 운을 반기며 식신이 가벼우면 식신을 돕는 운
을 반긴다. 어느 경우를 막론하고 격국을 맑게 하는 것을 제거해서는 안 되
고 제살하는 상신이 상함이 없어야 한다.

칠살격에서 정관이 있으면 관살혼잡이 되어 격국이 탁해집니다.
칠살격에서 정관이 있다면 관살혼잡으로 인하여 격국이 탁해지므로 정관을
제거하고 칠살격을 남기는 거관류살을 하든지 아니면 칠살격을 제거하고
정관을 남기는 거살류관을 하여야 격국이 맑아지게 됩니다.

일간의 기세를 돕는 운을 반기게 됩니다.
칠살격에서는 거관류살이나 거살류관을 불문하고 일간이 강해야 격국을 다
스릴 수 있으므로 일간의 기세가 가벼워 미약하다면 일간의 기세를 돕는 운
을 반긴다고 하는 것입니다.

식신의 기세를 돕는 운을 반기게 됩니다.
식신은 제살을 담당하므로 식신의 기세가 미약하다면 식신의 기세를 도와
제살의 기능을 제대로 수행할 수 있도록 식신의 기세를 돕는 운이 좋다고
하는 것입니다.

격국을 맑게 하는 것을 제거해서는 안된다고 합니다.
어느 경우를 막론하고 관살혼잡된 격국을 맑게 하는 것을 제거하면 격국의
질이 떨어지고 파격의 원인이 되므로 제거해서는 안 된다고 하는 것입니다.
특히 제살하는 상신인 식신이 상한다면 역시 파격이 되는 것이므로 제살하
는 상신을 상하게 해서는 안 된다고 하는 것입니다.

(5) 칠살격에서 양인이 있는 경우에 운을 취하는 법

煞無食制而用刃當煞 煞輕刃重則喜助煞 刃輕煞重 則宜制伏 無食可奪
살 무 식 제 이 용 인 당 살   살 경 인 중 즉 희 조 살   인 경 살 중   즉 의 제 복   무 식 가 탈
印運何傷? 七煞旣純 雜官不利。
인 운 하 상   칠 살 기 순 잡 관 불 리

칠살격에서 식신의 제살이 없어 양인으로 하여금 칠살격을 감당하게 할
경우에는 칠살격이 가볍고 양인이 무겁다면 칠살격을 돕는 운을 반기고
양인이 가볍고 칠살격이 무겁다면 마땅히 제복하는 운이어야 하는데 식신
이 없다면 인성운이 어찌 탈식하여 상하게 할 수 있겠는가? 칠살격이 이미
순수하다면 정관운으로 혼잡되는 것은 불리하다.

칠살격에서 식신이 없어 양인을 쓰는 경우
칠살격은 식신으로 제복하는 것이 마땅하지만 식신이 없고 양인이 있다면
일간은 식신대신에 양인을 써서 칠살격을 감당하게 합니다.

칠살격의 기세가 약하면 칠살격을 돕는 운을 반긴다고 합니다.
칠살격의 기세가 가벼워 약하고 양인의 기세가 무거워 강하다면 마땅히 칠
살격을 돕는 운을 반긴다고 하는 것입니다.

양인의 기세가 약하면 식신운이나 인성운을 반긴다고 합니다.
반대로 양인의 기세가 가벼워 약하고 칠살격의 기세가 무거워 강하다면 마
땅히 칠살격을 제복하는 식신운으로 가야한다고 합니다.

그러나 식신운이 오지 아니하고 인성운이 와도 좋다고 하는 것입니다.
사주팔자에 식신이 없으니 인성운이 온다고 하여도 식신을 탈식할 우려가
없으니 인성운도 역시 좋다고 하는 것입니다.

칠살격이 순수한데 정관운으로 인하여 혼잡되면 불리하다고 합니다.
칠살격에서 정관이 없어 순수하고 맑은데 운에서 정관이 오면서 관살혼잡
이 되면 역시 탁해지므로 불리하다고 하는 것입니다.

6. 상관격

1) 상관격의 특징

傷官雖非吉神 實爲秀氣 故文人學士 多於傷官格內得之。而夏木見水
상 관 수 비 길 신   실 위 수 기   고 문 인 학 사   다 어 상 관 격 내 득 지   이 하 목 견 수

冬金見火 則又爲秀之尤秀者也。其中格局比他格局多 變化尤多 在査其
동 금 견 화   즉 우 위 수 지 우 수 자 야   기 중 격 국 비 타 격 국 다   변 화 우 다   재 사 기

氣候 量其强弱 審其喜忌 觀其純雜 微之又微 不可執也。
기 후   량 기 강 약   심 기 희 기   관 기 순 잡   미 지 우 미   불 가 집 야

상관은 비록 길신이 아니지만 실은 우수한 기이므로 문인 학사에게 상관
격을 득한 자들이 많은 것이다. 여름의 木이 水를 보거나 겨울의 金이 火를
본다면 더욱 더 우수하게 된다. 다른 격국에 비하여 변화가 매우 많으므로
기후를 조사하고 강약을 계량하고 희기를 심사하여야 하며 순잡을 관찰하
여야 하므로 미세하고 또 미세하여 한 가지를 고집할 수 없는 것이다.

상관격은 우수한 기라고 합니다.
상관격은 본래 정관을 극하여 상하게 하는 것이므로 흉신으로 보아 역용을
하는 것이지만 실제 우수하고 총명한 문인이나 학자들을 보면 상관격이 의
외로 많음을 볼 수 있다고 합니다.

조후를 조절하게 되면 더욱 우수한 격국이 된다고 합니다.
여름의 木이 水를 본다는 것은 목화상관희견수木火傷官喜見水이라고 하여
조후로써 뜨거움을 식히므로 더욱 우수한 격국이라고 하며 겨울의 金이 火
를 본다는 것도 역시 금수상관희견관金水傷官喜見官이라고 하여 조후로써
차가움을 따뜻하게 하며 매우 우수한 격국이 된다고 하는 것입니다.

이와 같이 자평진전에서 격국의 예외로 조후를 인정하고 있는 경우는 격국
이 매우 우수하기 때문입니다.
이외에도 상관격은 매우 미세한 작용이 많으므로 강약, 희기, 순잡을 잘 관
찰하여야 제대로 판단할 수 있다고 하는 것입니다.

(1) 상관용재격의 경우

故有傷官用財者 蓋傷不利於民 所以爲凶 傷官生財 則以傷官爲生官之
고유상관용재자 개상불리어민 소이위흉 상관생재 즉이상관위생관지

具 轉凶爲吉 故最利。只要身强而有根 便爲貴格 如壬午 己酉 戊午 庚
구 전흉위길 고최리 지요신강이유근 편위귀격 여임오 기유 무오 경

申 史春芳命也。至於化傷爲財 大爲秀氣 如羅狀元命 甲子 乙亥 辛未
신 사춘방명야 지어화상위재 대위수기 여나장원명 갑자 을해 신미

戊子 干頭之甲 通根於亥 然又會未成局 化水爲木 化之生財 尤爲有情
무자 간두지갑 통근어해 연우회미성국 화수위목 화지생재 우위유정

所以傷官生財 冬金不貴 以凍水不能生木。若乃化木 不待于生 安得不
소이상관생재 동금불귀 이동수불능생목 약내화목 불대우생 안득불

爲殿元乎? 至於財傷有情 與化傷爲財者 其秀氣不相上下 如秦龍圖命
위전원호 지어재상유정 여화상위재자 기수기불상상하 여진룡도명

己卯 丁丑 丙寅 庚寅 己與庚同根月令是也。
기묘 정축 병인 경인 기여경동근월령시야

상관용재격의 경우에 대체로 상관격은 불리하게 작용하므로 흉하게 여기
는데 상관격이 재성을 생하면 상관격은 정관을 생하는 도구로 전환되므로
흉한 것이 길하게 되어 최고로 유리하게 된다. 다만 일간이 강하고 뿌리가
있어야 귀격이 된다. 가령 壬午 己酉 戊午 庚申의 사춘방의 명조가 그러하
다. 상관격이 재성으로 화하면 크게 우수한 기가 된다. 가령 나장원의 명조
는 甲子 乙亥 辛未 戊子로서 년간의 甲이 亥에 통근하고 또한 未와 회합하
여 국을 이루니 水가 木으로 화하여 재성을 생하는 것으로 변화하니 더욱
유정하여 상관생재라고 하지만 겨울의 金은 귀하지 못한데 얼어 있는 물이
나무를 생하지 못하기 때문이다. 그러할지라도 木으로 화한다면 생하지 않
아도 되니 어찌 장원이 되지 못하겠는가? 재성과 상관격이 유정한 것과 상
관격이 재성으로 화한 것은 우수한 기가 다르지 않다. 가령 진룡도의 명조
는 己卯 丁丑 丙寅 庚寅인데 己와 庚이 월령에 함께 통근하고 있는 것이 그
러하다.

상관생재격은 상관격이 재성을 상신으로 쓰는 격국입니다.
상관생재격에서는 상관격이 용신이고 재성이 상신이 되어 격국을 형성하게
됩니다.

상관격이 재성으로 화하여 정관을 생하니 흉변길이 된다고 합니다.

상관격은 본래 정관을 상하게 하는 격국으로서 흉한 것이지만 상관생재격에서는 상관격이 재성으로 화하여 정관을 생하니 오히려 흉한 것이 길한 것으로 변화하여 최고로 유리한 격국이라고   합니다.

그러므로 상관생재격은 식신생재격보다 오히려 크게 부귀하게 된 사람들이 많다고 하는 격국이라고 합니다.

상관생재격은 일간의 기세가 강하고 뿌리가 있어야 합니다.

상관격이 재성을 생하고자 하려면 일간의 기세가 강하고 지지에 뿌리가 있어야 귀격이 될 수 있는 것입니다.
일간의 기세가 미약하다면 상관생재격의 설기를 감당하지 못하므로 일간은 격국을 운영하기 어려워 귀하게 되지 못하기 때문입니다.

시	일	월	년	구분
庚	戊	己	壬	천간
申	午	酉	午	지지

戊土일간이 酉월생으로 정기 辛金상관에 의하여 상관격이 됩니다.
그러나 시간에 庚金식신이 투출하여 식상의 혼잡으로 탁하다고 하지만 시지 申金에 뿌리를 둔 壬水재성이 설기를 하면서 격국을 맑게 하고 있으므로 상관생재격으로 성격이 된다고 하는 것입니다.

그러나 격국의 기세를 감당하고자 한다면 일간의 기세가 강해야 하는 것이며 일간의 기세가 미약하다면 상관생재격의 설기를 감당하기 어려워 격국의 질이 떨어질 수 있으므로 부귀하고는 거리가 멀다고 하는 것입니다.

戊土일간은 午火양인의 깊고 강한 뿌리가 년일지에 있으며 己土겁재가 도와 일간의 기세가 강하므로 상관생재격의 설기를 감당할 수 있어 귀하게 된 사춘방의 명조라고 합니다.

상관격이 재성으로 화하면 크게 우수한 기가 된다고 합니다.

시	일	월	년	구분
戊	辛	乙	甲	천간
子	未	亥	子	지지

辛金일간이 亥월생으로 정기 壬水에 의하여 상관격이 됩니다.
그러나 亥水에서 甲乙木 재성이 투출하고 亥未가 木국을 이루며 상관격이
재성으로 화하니 크게 우수한 기를 발휘하며 귀하게 된 나장원의 명조라고
합니다.

겨울의 金일주는 얼어붙은 물이 나무를 생하지 못하므로 생재가 안 되므로
귀하게 되지 못한다고 하지만
지지에서 亥水가 未土와 합하여 木국이 되므로 굳이 나무를 생하지 않아도
되니 어찌 귀하게 되지 않겠느냐고 하는 것입니다.

상관격과 재성이 유정하여도 우수한 기가 된다고 합니다.

시	일	월	년	구분
庚	丙	丁	己	천간
寅	寅	丑	卯	지지

丙火일간이 丑월생으로 己土상관이 투출하여 잡기상관격이 됩니다.
또한 시간에 있는 庚金재성이 월지 丑土에 통근하여 己土상관격의 생을 받
으니 상관생재격으로 성격하여 귀하게 된 진룡도의 명조라고 합니다.

이와 같이 용신과 상신이 월지에 뿌리를 함께 내리고 있으면 한 집안에서
서로 돕는 것과 같아 유정하다고하여 우수한 기를 발휘할 수 있는 것이니
상관격이 재성으로 화하여 격국의 질이 높아지며 부귀하게 되는 것과 별
차이가 없다고 하는 것입니다.

(2) 상관패인격의 경우

有傷官佩印者 印能制傷 所以爲貴 反要傷官旺 身稍弱 始爲秀氣。如孛
유 상 관 패 인 자 인 능 제 상 소 이 위 귀 반 요 상 관 왕 신 초 약 시 위 수 기   여 패

羅平章命 壬申 丙午 甲午 壬申 傷官旺 印根深 身又弱 又是夏木逢潤 其
나 평 장 명 임 신 병 오 갑 오 임 신 상 관 왕 인 근 심 신 우 약 우 시 하 목 봉 윤 기

秀百倍 所以一品之貴。然印旺極深 不必多見 偏正疊出 反爲不秀 故傷
수 백 배 소 이 일 품 지 귀。 연 인 왕 극 심 불 필 다 견 편 정 첩 출 반 위 불 수 고 상

輕身重而印綬多見 貧窮之格也。
경 신 중 이 인 수 다 견 빈 궁 지 격 야

상관패인격은 인성이 상관격을 제어할 수 있으므로 귀격이 된다. 그러나
상관격이 왕성하고 일간이 매우 약해야 우수한 기가 비롯된다. 가령 혜성
처럼 빛난 나평장의 명조는 壬申 丙午 甲午 壬申으로 상관격이 왕성하고
인성의 뿌리가 깊으며 일간 또한 약하고 또 여름의 나무가 윤택하므로 우
수한 기가 백배나 되어 일품의 귀함을 누리게 된다. 그러나 인성이 왕성하
고 뿌리가 매우 깊은 것을 많이 볼 필요는 없다. 정인과 편인이 겹쳐 투출
한다면 오히려 우수하지 못하다. 그러므로 상관격이 가벼우며 일간이 무겁
고 인수를 많이 본다면 빈궁한 격이다.

상관패인격은 상관격이 인성을 상신으로 쓰는 격국입니다.
일반적으로 상관패인격은 총명한 기운을 가진 격국으로서 매우 우수한 인
재를 만들어 낸다고 합니다.
인성의 학문을 상관격이 활용하므로서 총명한 기운을 만들어 낼 수 있다고
하는 것입니다.

상관격은 일간의 기세를 설기하는데 일간의 기세가 상관격보다 약하다면
일간은 감당하기 어려워 격국의 질이 낮아지기 쉽습니다.
그러나 인성이 있다면 상관격의 기세를 제어할 수 있으며 기세가 약한 일간
을 도우니 귀격이 될 수 있다고 하는 것입니다.

단지 상관격의 기세가 왕성하고 인성의 뿌리가 깊어야 하며 일간이 매우 약
해야 우수한 기를 만들어 낼 수 있다고 합니다.

시	일	월	년	구분
壬	甲	丙	壬	천간
申	午	午	申	지지

甲木일간이 午월생으로 정기 丁火상관에 의하여 상관격이 됩니다.

그러나 월간에 丙火식신이 투출하여 식상이 혼잡되어 있으나 년간의 壬水 인성이 丙火식신을 탈식하므로 상관격이 맑아지고 일지의 午火의 세력으로 강하다고 합니다.

甲木일간은 뿌리조차 없으므로 매우 신약하므로 상관격의 강한 기세를 감당하기 어렵지만

시간의 壬水정인이 년시지 申金에 뿌리가 깊어 기세가 강하므로 상관격의 기세를 제어하면서 일간을 도우므로 우수한 기운이 뛰어나 혜성처럼 빛난 나평장의 명조라고 합니다.

또한 甲木일간은 여름의 나무로서 상관격의 뜨거운 열기에 타들어갈 지경이지만 壬水인성의 한기로 열기를 막아주므로 목화상관희견수木火傷官喜見水로서 조후를 조절하는 역할도 함께 하고 있는 것을 볼 수 있습니다.

인성이 너무 많거나 정편인이 혼잡되면 우수하지 못하다고 합니다.

인성이 뿌리가 깊어 견고하다면 상관격의 강한 기세를 제어하면서 우수한 기운을 발휘할 수 있다고 합니다.

그러나 뿌리가 깊은 인성이 너무 많다면 인성의 기세가 탁하게 되므로 우수한 기운을 발휘하지 못한다고 합니다.

이는 상관격의 기세가 아무리 강하다고 하여도 정편인이 혼잡되고 무리가 많다고 한다면 인성은 탁한 기세가 되므로 우수한 기를 발휘하지 못하며 격국의 질이 떨어지고 오히려 가난한 처지가 된다고 하는 것입니다.

(3) 상관격에 재성과 인성을 겸용하는 경우

有傷官兼用財印者 財印相剋 本不竝用 只要干頭兩淸而不相礙; 又必生
유 상관겸용재인자 재인상극 본불병용 지요간두양청이불상애 우필생

財者 財太旺而帶印 佩印者印太重而帶財 調停中和 遂爲貴格。如丁酉
재 자 재태왕이대인 패인자인태중이대재 조정중화 수위귀격 여정유

己酉 戊子 壬子 財太重而帶印 而丁與壬隔以戊己 兩不礙 且金水多而
기 유 무 자 임 자 재태중이대인 이정여임격이무기 양불애 차금수다이

覺寒 得火融和 都統制命也。又如壬戌 己酉 戊午 丁巳 印太重而隔戊己
각 한 득화융화 도통제명야 우여임술 기유 무오 정사 인태중이격무기

而丁與壬不相礙 一承相命也。反是則財印不竝用而不秀矣。
이정여임불상애 일승상명야 반시즉재인불병용이불수의

상관격에 재성과 인성을 겸용하는 경우에는 재성과 인성이 서로 상극하므
로 본래 같이 쓸 수 없는 것이지만 천간에서 양쪽이 맑아야 하며 서로 장
애가 되지 않아야 한다. 또한 생재격에서 재성이 너무 왕성한데 인성이 있
는 경우와 패인격에서 인성이 너무 무거운데 재성이 있는 경우에는 조정
으로 중화하여 귀격이 되는 것이다. 가령 丁酉 己酉 戊子 壬子는 재성이 너
무 무거워 인성이 있는 경우로서 丁과 壬이 戊己에 의해 떨어져 있으므로
장애가 되지 않으며 또 金水가 많아 한기를 느끼지만 火를 얻어 융화하고
있는 도통제의 명조이다. 또 壬戌 己酉 戊午 丁巳는 인성이 너무 무거운데
戊己가 사이에 있으므로 丁과 壬이 서로 장애가 되지 않는 어느 승상의 명
조이다. 오히려 재성과 인성을 함께 쓸 수 없다면 우수한 기를 발휘하지 못
한다.

상관용재인격은 재성과 인성을 함께 쓰는 격국입니다.
재성과 인성은 서로 상극이므로 함께 쓰지는 못합니다. 그러나 서로 떨어져
멀리 있어 서로 극하지 못하므로 맑다고 한다면 장애가 되지 않아 함께 쓸
수 있는 경우가 있다고 합니다.

즉, 재성이 너무 강하여 일간이 감당하지 못하여 인성을 쓰는 경우와
인성이 너무 강하여 재성으로 인성을 제어할 필요가 있는 경우입니다.

시	일	월	년	구분
壬	戊	己	丁	천간
子	子	酉	酉	지지

戊土일간이 酉월생으로 정기 辛金상관에 의하여 상관격이지만 천간에 투출하지 못하였고 시간 壬水재성은 일시지에 子水의 뿌리가 깊어 기세가 강하므로 재성의 강한 기세를 생하기에는 부담이 되는 것입니다.

한편 戊土일간과 己土겁재는 뿌리조차 없어 기세가 약하므로 부득이 년간의 丁火인성으로 하여금 생하여 돕게 합니다.
상관격은 인성이 생하는 일간과 겁재와 연합하여 재성의 기세와 균형을 이루어 귀하게 된 도통제의 명조라고 합니다.

또한 년간의 丁火인성과 시간의 壬水재성이 멀리 떨어져 있어 서로 장애가 되지 않았다고 합니다. 만일 가까이 있었다면 丁壬합이 되어 합거되므로 격국을 이루지 못하고 귀하게 되지도 못하는 것입니다.

더구나 사주팔자에 金水기운이 많아 추위를 느끼는데 丁火의 열기로서 조후의 역할도 함께 수행하는 것을 볼 수 있습니다.

시	일	월	년	구분
丁	戊	己	壬	천간
巳	午	酉	戌	지지

戊土일간이 酉월생으로 역시 상관격이지만 역시 투출하지 못하였는데
丁火인성의 기세와 戊己土의 기세가 상관격에 비하여 너무 강하므로 상관격은 壬水재성을 써서 인성의 기세를 제어하여 기세의 균형을 이루고 귀하게 된 어느 승상의 명조라고 합니다.

壬水재성과 丁火인성이 서로 멀리 떨어져 있어 장애가 되지 않으므로 재성을 효과적으로 쓰며 격국의 질을 높여 귀하게 되었다고 합니다.

(4) 상관격에 칠살과 인성을 겸용하는 경우

有傷官用煞印者 傷多身弱 賴煞生印以幫身而制傷 如己未 丙子 庚子 丙
유상관용살인자 상다신약 뢰살생인이방신이제상 여기미 병자 경자 병

子 蔡貴妃命是也。煞因傷而有制 兩得其宜 只要無財 便爲貴格 如壬寅
자 채귀비명시야 살인상이유제 양득기의 지요무재 편위귀격 여임인

丁未 丙寅 壬辰 夏閣老命是也。
정미 병인 임진 하각로명시야

상관격에 칠살과 인성을 쓰는 경우에 상관이 많고 일간이 신약하면 칠살
로 하여금 인성을 생하게 하고 일간을 도와 상관격을 제어하여야 한다. 가
령 己未 丙子 庚子 丙子의 채귀비의 명조가 그러하다. 칠살은 상관격으로
인하여 제어함에 있어 둘 다 마땅함을 얻어도 단지 재성이 없어야 귀격이
된다. 가령 壬寅 丁未 丙寅 壬辰의 하각로의 명조가 그러하다.

상관용살인격은 상관격에 칠살과 인성을 겸용하는 격국입니다.

시	일	월	년	구분
丙	庚	丙	己	천간
子	子	子	未	지지

庚金일간이 子월생으로 정기 癸水상관에 의하여 상관격인데 지지에 子水가
세 개나 되어 세력이 많다고 합니다.

일간은 뿌리조차 없어 신약하므로 기세가 많은 상관격을 감당하기 어려운
데 마침 己土인성이 년간에 있어 丙火칠살의 생을 받아 상관격의 많은 기세
를 제어하고 귀하게 된 채귀비의 명조라고 합니다.

만약 재성이 있다면 인성을 극제하므로 귀하게 되지 못합니다.

시	일	월	년	구분
壬	丙	丁	壬	천간
辰	寅	未	寅	지지

丙火일간이 未월생으로 정기 己土상관에 의하여 잡기상관격이 됩니다.

년간의 壬水칠살은 丁水겁재가 합살하고 시간의 壬水칠살은 상관격이 제어
하고 있는데 재성이 없어 귀하게 된 하각로의 명조라고 합니다.

(5) 상관격이 정관을 쓰는 경우

有傷官用官者 他格不用 金水獨宜 然要財印爲輔 不可傷官竝透。如戊
유상관용관자 타격불용 금수독의 연요재인위보 불가상관병투 여무

申 甲子 庚午 丁丑 藏癸露丁 戊甲爲輔 官又得祿 所以爲承相之格。若
신 갑자 경오 정축 장계로정 무갑위보 관우득록 소이위승상지격 약

孤官無輔 或官傷竝透 則發福不大矣。若冬金用官 而又化傷爲財 則尤
고 관무보 혹관상병투 즉발복부대의 약동금용관 이우화상위재 즉우

爲極秀極貴。如丙申 己亥 辛未 己亥 鄭承相命是也。然亦有非金水而見
위극수극귀 여병신 기해 신미 기해 정승상명시야 연역유비금수이견

官 何也? 化傷爲財 傷非其傷 作財旺生官而不作傷官見官 如甲子 壬申
관 하야 화상위재 상비기상 작재왕생관이부작상관견관 여갑자 임신

己亥 辛未 章承相命是也。至於傷官而官煞竝透 只要干頭取淸 金水得
기해 신미 장승상명시야 지어상관이관살병투 지요간두취청 금수득

之亦淸 不然則空結橫而已。
지역청 불연즉공결횡이이

상관격에 정관을 쓰는 경우가 있는데 다른 격국에서는 쓰지 못하고 金水상
관격만이 독자적으로 쓰이지만 재성과 인성이 보좌하여야 하며 상관과 정
관이 함께 투출하여서는 안 된다. 가령 戊申 甲子 庚午 丁丑은 癸가 지장간
에 있고 丁이 드러나고 戊甲이 보좌하고 있으며 정관이 득록하여 승상이
되는 격국이 되었다. 만약 정관을 돕지 않아 홀로 놔두거나 정관과 상관이
함께 투출하였다면 크게 발복하지 못하였을 것이다. 만약 겨울 金이 정관
을 쓴다면 상관격이 재성으로 화하기도 하는데 극히 우수하고 귀한 격국
이 된다. 가령 丙申 己亥 辛未 己亥의 정승상 명조가 그러하다. 金水상관격
이 아니어도 정관을 쓰는 경우는 어떠한 것인가? 상관이 재성으로 화하여
더 이상 상관격이 아니고 재왕생관이 되었다면 상관견관이 되지는 않는다.
가령 甲子 壬申 己亥 辛未의 장승상의 명조가 그러하다. 상관격에 관살이
함께 투출하여도 천간이 맑아진다면 金水상관격도 역시 맑음을 얻지만 그
러하지 않게 된다면 공허한 결말이 이어진다.

金水상관격에서는 독자적으로 정관을 채용하는 격국입니다.
본래 상관격에서는 정관이 있을 경우 파격이지만 金水상관격만은 조후를 조
절하기 위하여 독자적으로 예외로 인정하고 있습니다.

상관과 정관이 함께 투출해서는 안 된다고 합니다.

金水상관격은 金일간이 겨울 생이므로 火정관을 채용하여 차가운 金水기를 따뜻하게 하는 것인데 상관이 투출하여 정관을 파괴한다면 金水상관격이 성립되지 않는다고 하는 것입니다.

또한 金水상관격으로 성격이 된다고 하여도 정관의 특성상 재성과 인성이 보좌를 해주어야 고관무보孤官無輔로서 아무도 돕지 않는 외로운 신세가 되지 않는다고 하는 것입니다.

시	일	월	년	구분
丁	庚	甲	戊	천간
丑	午	子	申	지지

庚金일간이 子월생으로 金水상관격이 됩니다.
癸水상관은 월지 지장간에 머물면서 투출하지 않았고 시간에 丁火정관이 투출하였으나 상관과 정관이 함께 투출하지 않았으므로 정관이 파괴되지 않아 金水상관격으로 성격되고 있습니다.

또한 월간 甲木재성과 년간 戊土인성이 丁火정관을 보좌하여주고 있으므로 고관무보孤官無輔의 외로운 정관이 되지 않아 격국의 질이 높아지며 승상의 지위로서 귀하게 되었다고 합니다.

상관이 변하여 재성으로 화한다면 크게 귀하게 된다고 합니다.

시	일	월	년	구분
己	辛	己	丙	천간
亥	未	亥	申	지지

辛金일간이 亥월생으로 金水상관격입니다.
壬水상관은 월지의 지장간에 머물며 투출하지 아니하였고 년간에 丙火정관이 투출하여 정관이 파괴되지 아니하므로 金水상관격으로 성격되고 있습니다.

金水상관격에서 정관이 재성과 인성을 보좌를 받아야 격국의 질이 높아지는데 마침 지지에서 亥未합으로 상관이 재성으로 변화하여 己土인성과 함께 정관을 보좌하고 있으므로 우수한 기가 빼어나 극히 귀하게 된 정승상의 명조라고 합니다.

金水상관격이 아니어도 상관격에 정관을 쓰는 경우도 있습니다.

시	일	월	년	구분
辛	己	壬	甲	천간
未	亥	申	子	지지

己土일간이 申월생으로 정기 庚金상관에 의하여 상관격이지만
월간에 중기 壬水재성이 투출하고 년월지가 申子합을 이루면서 기세가 왕성한 재격으로 변격이 되었습니다.

년간에 甲木정관이 투출하여 기세가 왕성한 재격이 정관을 생하는 재왕생관격으로 성격이 되면서 격국의 질이 높아지며 귀하게 된 장승상의 명조라고 합니다.
이 경우에는 金일간이 겨울 생인 金水상관격이 아니어도 일반적인 상관격에서 정관을 쓰는 경우를 소개하고 있는 것입니다.
일반적으로 상관격에서 정관이 투출한다면 파격이라고 합니다.
상관격이 정관을 본다는 상관견관傷官見官이 되면서 정관을 파괴하기 때문입니다.

상관견관傷官見官이란 상관이 정관을 본다는 것으로 당시의 시대상황으로 정관은 국가이고 임금이므로 역적의 행위에 해당한다고 보아 극히 흉한 것으로 보아 파격으로 인정하는 것입니다.

하지만 지지에서 합으로 인하여 상관격이 재격으로 변격이 된다면 합으로 인하여 기세가 왕성하여진 재격이 정관을 생하는 재왕생관격이 되면서 격국의 질이 높아지며 귀격이 된다고 하는 것입니다.

2) 상관격에서 운을 취하는 법

傷官取運 卽以傷官所成之局 分而配之。
상 관 취 운 즉 이 상 관 소 성 지 국 분 이 배 지
상관격에서 운을 취하는 법은 상관격이 이루어진 격국에 따라 구분하여
배치하게 된다.

상관격도 격국에 따라 운을 취하는 법이 다르다고 합니다.

상관격도 상신에 따라 여러 가지 격국이 있으며 격국의 구성 요소에 따라
운에서 작용하는 것이 다르므로 구분해서 보아야 하는 것입니다.

(1) 상관용재격에서 운을 취하는 법

傷官用財 財旺身輕 則利印比; 身强財淺 則喜財運 傷官亦宜。
상 관 용 재 재 왕 신 경 즉 이 인 비 신 강 재 천 즉 희 재 운 상 관 역 의
상관용재격에서 재성이 왕성하고 일간이 가볍다면 인성운과 비겁운이 유
리하게 됩니다. 일간이 신강하고 재성이 가볍다면 재성운을 반기고 상관운
도 역시 좋다고 합니다.

재성이 왕성하고 일간이 가벼운 경우

상관용재격에서 재성이 왕성하고 일간이 가볍다면 일간이 상관용재격의 기
세를 감당하기 어렵게 되어 격국의 질이 떨어지게 됩니다. 그러므로 인성운
과 비겁운으로 일간의 기세를 강하게 한다면 일간이 격국의 기세를 감당할
수 있어 격국의 질이 좋아지므로 유리하다고 하는 것입니다.

일간이 신강하고 재성이 약한 경우

일간의 기세가 강한데 재성의 기세가 가볍다면 기세의 균형이 어그러지며
역시 격국의 질이 떨어지게 됩니다.
이때는 재성의 기세를 강하게 하는 재성운을 반긴다고 하는 것이며
상관운이 와도 재성의 기세를 생하므로 역시 좋다고 하는 것입니다.

(2) 상관패인격에서 운을 취하는 법

> 傷官佩印 運行官煞爲宜 印運亦吉 傷食不礙 財地則凶。
> 상관패인 운행관살위의 인운역길 상식불애 재지즉흉
>
> 상관패인격은 관살운으로 운행하는 것이 좋고 인성운 역시 길하다.
> 식상운은 장애가 안 되지만 재성의 지지운은 흉하다.

관살운과 인성운이 좋다고 합니다.
상관패인격은 일간의 기세가 미약하고 상관격의 기세가 강하여 부득이 인성을 상신으로 하여 일간을 돕게 하는 격국입니다.

관살운은 인성을 생하여 인성의 기세를 돕는 한편 상관격의 기세를 설기하면서 기세를 조절하여 주므로 좋다는 것이고

인성운은 인성의 기세를 도와 강하게 하는 한편 상관격의 기세를 설기할 수 있으므로 역시 길하다고 하는 것입니다.

식상운은 장애가 되지 않는다고 합니다.
상관패인격에서 식상운이 온다면 기세가 강한 상관격의 기세가 더욱 강해지므로 장애가 될 수 있지만

이미 인성을 상신으로 채용하고 있으므로 식상운이 온다고 하여도 인성이 식상운을 극제하여 방어하므로 큰 문제가 없으니 장애가 되지 않는다고 하는 것입니다.

재성의 지지운으로 가는 것은 흉하다고 합니다.
재성운은 기세가 강한 상관격을 설기하므로 좋은 운이라고 할 수 있지만 한편으로 상신인 인성을 극제하여 격국을 파괴하므로 흉하다고 하는 것입니다. 재성의 지지운은 재성의 기세를 강하게 하여 주는 운입니다.

(3) 상관용재인격에서 운을 취하는 법

> 傷官而兼用財印 其財多而帶印者 運喜助印 印多而帶財者 運喜助財。
> 상관이겸용재인 기재다이대인자 운희조인 인다이대재자 운희조재
>
> 상관격에서 재성과 인성을 겸하여 쓰는 경우에는 재성이 많고 인성이 함께 있으면 인성을 돕는 운이 좋고 인성이 많고 재성이 함께 있으면 재성을 돕는 운이 좋다.

재성이 많고 인성이 함께 있으면 인성을 돕는 운이 좋습니다.
재성과 인성은 서로 상극이므로 함께 쓰지 않지만 서로 멀리 떨어져 있어 서로 장애가 되지 않는다면 상관격이 겸용하여 효과적으로 쓸 수 있다고 합니다.

재성이 많아 상관격의 기세를 심하게 설기하고 있다면 상관격은 일간의 기세를 설기하여야 하는데 일간의 기세가 감당하기 어렵다면 격국의 질이 떨어지게 됩니다.

이때 마침 인성이 재성과 멀리 떨어져 있어 서로 장애가 되지 않는다면 인성이 일간을 도와 격국의 질을 높일 수 있으므로 역시 운에서 인성을 돕는 운이 좋다고 하는 것입니다.

인성이 많고 재성이 함께 있으면 재성을 돕는 운이 좋습니다.
반대로 인성이 많다면 인성의 무거운 기세로 인하여 상관격이 감당하기 어렵게 되며 기세의 균형이 이루어지지 않아 격국의 질이 떨어질 수 있습니다.

이때 마침 재성이 함께 있다면 무거운 인성을 제어할 수 있으므로
운에서 재성을 돕는 운이 온다면 무거운 인성을 효과적으로 제어하여 격국을 맑게하여 질을 높일 수 있는 것입니다.

(4) 상관용살인격에서 운을 취하는 법

> 傷官而用煞印 印運最利 傷食亦亨 雜官非吉 逢財卽危。
> 상 관 이 용 살 인 인 운 최 리 상 식 역 형 잡 관 비 길 봉 재 즉 위
> 상관격이 칠살과 인성을 겸하여 쓰는 격국에는 인성운이 가장 유리
> 하고 식상운 역시 형통하지만 정관운으로 관살이 혼잡하면 길하지
> 못하며 재성운을 만나면 위험하게 된다.

인성운이 가장 유리하다고 합니다.

상관격이 칠살과 인성을 함께 쓰는 격국은 일간의 기세가 미약하여 상관격이 인성으로 하여금 일간을 돕게 하는 상관패인격으로 성격시키고자 하지만 인성의 기세도 미약하다면 칠살로 하여금 인성을 생하게 하여 겸용하는 경우라고 하겠습니다.

그러므로 인성을 도와주는 인성운이 가장 유리하다고 하는 것입니다.
인성운이 와서 인성을 돕게 되면 결국 일간을 돕게 되는 것이므로 기세의 흐름이 원활하여지므로 격국의 질이 좋아지기 때문입니다.

식상운 역시 형통하다고 합니다.

상관격에 인성이 미약하여 칠살을 겸용하여 쓰지만 칠살이란 존재는 본래 일간을 공격하는 흉신이므로 식상운에는 칠살을 극제하여 제살하므로 역시 형통하다고 하는 것입니다.

정관운으로 관살이 혼잡하면 길하지 못하다고 합니다.

상관격에서 인성과 칠살을 겸용하여 쓰고 있는데 정관운이 온다면 관살혼잡이 되면서 격국의 질이 떨어지게 되므로 길하지 못하다고 하는 것입니다.

재성운을 만나면 위험하게 됩니다.

재성운은 상신인 인성을 파괴하여 격국 자체를 파격으로 만들 수 있으므로 매우 위험하다고 하는 것입니다.

(5) 상관대살격에서 운을 취하는 법

傷官帶煞 喜印忌財 然傷重煞輕 運喜印而財亦吉。 惟七根重 則運喜傷
상관대살 희인기재 연상중살경 운희인이재역길 유칠근중 즉운희상
食 印綬身旺亦吉 而逢財爲凶矣。
식 인수신왕역길 이봉재위흉의

상관격에 칠살이 있는 경우에는 인성운을 반기고 재성운은 꺼린다. 또한
상관격이 무겁고 칠살이 가볍다면 인성운을 반기고 재성운 역시 길하다.
칠살의 뿌리가 무겁다면 식상운을 반기며 인수운과 신왕운이 역시 길하고
재성운을 만나면 흉하다.

인성운을 반기고 재성운은 꺼린다고 합니다.

상관격에서 인성이 없고 칠살만 있는 상관대살에서 인성운이 온다면 칠살
을 인성으로 화하여 일간을 돕게 하는 것이 이롭다고 합니다.

그러나 재성운이 온다면 칠살을 생하게 되므로 자칫 칠살의 기세를 강하게
만들어 일간을 위협하게 하므로 꺼리게 되는 것입니다.

상관격이 무겁고 칠살이 가벼울 경우에는

상관격이 무겁고 칠살이 가볍다면 기세가 강한 상관격에 의하여 제살태과
가 되므로 격국의 질이 떨어지게 됩니다. 그러므로 인성운이 온다면 칠살을
인화하여 상관격의 제살태과를 방지하고 상관격이 인성과 칠살을 함께 쓰
는 격국을 만들면서 기세의 균형으로 격국의 질이 높아지므로 인성운을 반
긴다고 하는 것이며 기세가 가벼운 칠살을 돕는 재성운도 역시 길하다고 하
는 것입니다.

칠살의 뿌리가 무거울 경우에는

칠살의 뿌리가 무거워 칠살의 기세가 강하면 식상으로 칠살을 제어하는 것
이 상책이므로 식상운을 좋아한다고 하는 것입니다. 인수운은 칠살의 무거
운 기세를 설기하여 인화하면서 일간을 도우므로 길하고 신왕운은 일간의
기세를 강하게 하여 기세가 강한 칠살을 감당할 수 있는 운이므로 길하다고
합니다. 재성운은 강한 기세의 칠살을 생하므로 흉하다고 하는 것입니다.

(6) 상관용관격에서 운을 취하는 법

傷官用官 運喜財印 不利食傷 若局中官露而財印兩旺 則比劫傷官 未給
상 관 용 관 운 희 재 인 불 리 식 상 약 국 중 관 로 이 재 인 양 왕 즉 비 겁 상 관 미 급

非吉矣。
비 길 의

상관용관격에서는 재성운과 인성운을 반기며 식상운은 불리하다. 만약에 국중에 정관이 노출되고 재성과 인성이 모두 왕성하다면 비겁운과 상관운은 오히려 길하지 않다.

재성운과 인성운을 반기고 식상운은 불리하다고 합니다.
상관격에서 천간에 상관이 투출하지 아니하고 정관만 투출하였다면
金水상관격에서는 정관으로 인하여 조후를 조절하여 주므로 오히려 귀하게 된다고 하였습니다.

이러한 경우에는 정관을 보좌하는 재성운과 인성운을 반기게 되는 것입니다. 재성운은 정관을 생하며 보좌하고 인성운은 정관을 보호할 수 있기 때문입니다. 그러나 식상운은 오히려 정관을 파괴할 수 있으므로 파격이 되어 불리하다고 하는 것입니다.

정관이 노출되고 재성과 인성이 모두 왕성할 경우에는
상관격에서 정관이 노출되어 있는 경우에 재성과 인성이 모두 왕성하다면
정관을 보좌할 수 있는 여건이 충분하게 됩니다.

이때 운에서 비겁운이 온다면 정관을 생하고 있는 왕성한 재성의 기세를 극제하여 정관의 기세를 약화시킬 수 있으므로 길하지 않다고 하는 것이며

정관이 노출되어 있는데 상관운이 온다면 파격이 되는 것이고 金水상관격이라고 할지라도 정관이 상관에 의하여 극제되어 조후의 역할을 수행하기 어려우므로 역시 길하지 않게 된다고 하는 것입니다.

7. 양인격

1) 양인격의 특징

陽刃者 劫我正財之神 乃正財之七煞也。祿前一位 惟五陽有之 故爲旭
양인자 겁아정재지신 내정재지칠살야 록전일위 유오양유지 고위욱

刃。不曰劫而曰刃 劫之甚也。刃宜伏制 官煞皆宜 財印相隨 尤爲貴顯。
인 불왈겁이왈인 겁지심야 인의복제 관살개의 재인상수 우위귀현

夫正官而財印相隨美矣 七煞得之 夫乃甚乎? 豈知他格以煞能傷身 故喜
부정관이재인상수미의 칠살득지 부내심호 개지타격이살능상신 고희

制伏 忌財印; 陽刃用之 則賴以制刃 不怕傷身 故反喜財印 忌制伏也。
제복 기재인 양인용지 즉뢰이제인 불파상신 고반희재인 기제복야

양인격은 나의 정재를 겁탈하는 겁재의 신으로 정재의 칠살이다. 건록에서
하나 앞에 있으며 다섯 개의 양간에만 있으므로 욱인격이라고도 한다. 겁
재격이라 하지 않고 양인격이라고 하는 것은 겁탈이 심하기 때문이다. 양
인격은 마땅히 제복하여야 하며 관살이 모두 좋고 재성과 인성으로 도우
면 더욱 귀함이 나타난다. 대개 정관은 재성과 인성이 도우면 좋은 것이지
만 칠살은 어찌하여 그런 것인가? 대개 다른 격국에서는 칠살이 일간을 상
하게 하므로 제복하는 것을 반기므로 재성과 인성을 기피하게 된다. 그러
나 양인격에서는 양인격을 제복하는데 쓰이므로 일간이 상함을 두려워하
지 않는 것이다. 그러므로 재성과 인성을 오히려 반기는 것이며 제복하는
것을 꺼리게 되는 것이다.

양인격은 양간에만 있는 격국입니다.
양인격은 양간에만 있는 월겁격으로 월지에 양간의 왕지가 오는 경우입니
다. 양인격은 록겁격과 마찬가지로 월지 자체가 일간과 오행이 같으므로 월
지 자체를 격으로 정하고 있습니다.

양간	甲	丙	戊	庚	壬
월지	卯	午	午	酉	子

양인격은 양간의 왕지이므로 건록에서 하나 앞에 있습니다.

양간	甲	丙	戊	庚	壬
건록	寅	巳	巳	申	亥
양인격	卯	午	午	酉	子

庚金일간의 경우에 양인격은 건록이 申金인데
건록 하나 앞에 양인격인 酉金이 있다고 하는 것입니다.
丙火와 戊土는 화토동근에 의하여 午火를 양인격으로 같이 쓰는데
戊土는 午火의 지장간에 己土겁재가 내장되어 있어 양인격이 된다고 합
니다.

양인격은 일간의 재성을 겁탈하는 흉신입니다.

양인격은 정재의 칠살로서 태양과 같은 양간의 칼날을 휘두르며 정재를 강
탈하므로 욱인격이라고도 합니다.
양인격을 겁재격이라고 하지 않고 양인격이라고 하는 부르는 이유는 일간
의 재성을 겁탈하는 기세가 매우 강하기 때문이라고 합니다.

양인격은 마땅히 관살로 제복하여야 합니다.

양인격은 일간의 재성을 겁탈하는 흉신이므로 칠살격이나 상관격과 마찬가
지로 역용하여 제복하여야 한다고 합니다.
양인격을 제복하는 용신으로는 정관이나 칠살이 모두 좋고 용신을 재성과
인성으로 보좌하여 도우면 더욱 귀함이 있다고 합니다.

양인격을 제복하는 칠살은 재성이나 인성으로 보좌하면 귀해집니다.

다른 격국에서는 칠살은 제복하여야 하는 대상이므로 정관과 마찬가지로
재성과 인성으로 보좌하지 않습니다.
그러나 양인격에서는 재성을 겁탈하는 작용이 심하므로 일간이 위험을 감
수하면서도 칠살도 정관처럼 재성과 인성으로 보좌하여 쓰는 것을 반긴다
고 하는 것입니다.

(1) 양인격에서 천간에 겁재가 투출한 경우

陽刃用官 透刃不慮; 陽刃露煞 透刃無成。蓋官能制刃 透而不爲害; 刃
양인용관 투인불려   양인로살 투인무성   개관능제인 투이불위해 인

能合煞 則有何功? 如丙生午月 透壬制刃 而又露丁 丁與壬合 則七煞貪
능합살 즉유하공   여병생오월 투임제인 이우로정 정여임합 즉칠살탐

合忘剋之意 如何制刃? 故無功也。
합망극지의 여하제인 고무공야

양인용관격에서는 양인이 투출하여도 염려하지 않지만 양인로살격에서는
칠살이 투출하고 양인이 투출하면 격국이 성립되지 않는다. 대개 정관은
양인을 능히 제압할 수 있으므로 투출하여도 해롭지 않지만 양인은 칠살
을 능히 합할 수 있으므로 어찌 공이 있겠는가? 가령 丙일간이 午월생으로
壬이 투출하여 양인격을 제어하는데 또 丁이 드러서 丁壬합이 된다면 칠
살은 합을 탐하고 극을 망각하므로 어찌 양인격을 제어할 수 있겠는가? 그
러므로 아무런 공이 없게 된다.

양인용관격은 겁재가 투출하여도 염려하지 않는다고 합니다.
양인이 투출한다고 함은 월지의 지지에서 정기인 겁재가 투출하는 것을 말
합니다. 양간의 일간에서 정관은 음간이고 겁재 역시 음간이므로 정관이 효
과적으로 겁재를 제어할 수 있기 때문입니다.

양인용살격은 겁재가 투출한다면 탐합망극이 일어난다고 합니다.
양간에서 양인격의 정기가 투출하는 것은 음간인 겁재가 투출하는 것이며
칠살은 양간이므로 천간합 작용이 일어나게 됩니다.

가령 丙火일간이 午월생이면 양인격으로 壬水칠살이 투출하여 양인용살격
을 성격시키고 있는데 午월에서 정기 丁火겁재가 투출하면 壬水칠살과 丁壬
합을 일으키므로 壬水칠살은 탐합망극으로 인하여 양인격을 제어할 뜻이 없
어지므로 결국 파격이 되는 것입니다.

탐합망극貪合忘剋이란 음양간이 천간합을 하면서 서로 정을 통하느라 극을
하는 것을 잊어버린다는 뜻입니다.

(2) 양인용관살격에서의 격국의 고저

然同是官煞制刃 而格亦有高低 如官煞露而根深 其貴也大; 官煞藏而不
연 동 시 관 살 제 인 이 격 역 유 고 저 여 관 살 로 이 근 심 기 귀 야 대　관 살 장 이 불
露 或露而根淺 其貴也小。若己酉 丙子 壬寅 丙午 官透有力 旺財生之
로　혹 로 이 근 천 기 귀 야 소　약 기 유 병 자 임 인 병 오 관 투 유 력 왕 재 생 지
承相命也。又辛酉 甲午 丙申 壬辰 透煞根淺 財印助之 亦承相命也。
승 상 명 야　우 신 유 갑 오 병 신 임 진 투 살 근 천 재 인 조 지 역 승 상 명 야

관살이 양인격을 제어하는 격국이 같다고 하여도 격국에는 고저가 있다.
관살이 지장간에 있어 드러나지 않거나 드러나도 뿌리가 얕으면 귀함은
적다. 가령 己酉 丙子 壬寅 丙午는 정관이 투출하여 유력하고 왕성한 재성
이 생하여 승상이 된 명이다. 또 辛酉 甲午 丙申 壬辰은 칠살이 투출하여도
뿌리가 얕지만 재성과 인성이 보좌하여 역시 승상이 된 명이다.

양인격에 관살의 뿌리가 깊어야 크게 귀함이 있다고 합니다.

시	일	월	년	구분
丙	壬	丙	己	천간
午	寅	子	酉	지지

壬水일간이 子월생으로 양인격이 됩니다.
己土정관이 시지 午火에서 투출하여 뿌리가 깊고 丙火재성이 강한 세력으
로 보좌하므로 크게 귀하게 된 어느 승상의 명이라고 합니다.

시	일	월	년	구분
壬	丙	甲	辛	천간
辰	申	午	酉	지지

丙火일간이 午월생으로 양인격이 됩니다.
壬水칠살이 투출하여도 申辰에서 여기와 중기로서 뿌리가 깊지는 않지만
년간에 있는 辛金재성과 甲木인성이 칠살을 보좌하고 있으므로 역시 크게
귀하게 된 어느 승상의 명이라고 합니다.

(3) 양인용관살격에 식상이 있는 경우

然亦有官煞制刀帶傷食而貴者 何也? 或是印護 或是煞太重而裁損之 官
연 역 유 관 살 제 인 대 상 식 이 귀 자 하 야   혹 시 인 호 혹 시 살 태 중 이 재 손 지 관

煞輕而取淸之 如穆同知命 甲午 癸酉 庚寅 戊寅 癸水傷寅午之官 而戊
살 경 이 취 청 지 여 목 동 지 명 갑 오 계 유 경 인 무 인 계 수 상 인 오 지 관 이 무

以合之 所謂印護也 如賈平章命 甲寅 庚午 戊申 甲寅 煞兩透而根太重
이 합 지 소 위 인 호 야 여 가 평 장 명 갑 인 경 오 무 신 갑 인 살 양 투 이 근 태 중

食以制之 所謂裁損也。如丙戌 丁酉 庚申 壬午 官煞競出 而壬合丁官
식 이 제 지 소 위 재 손 야   여 병 술 정 유 경 신 임 오 관 살 경 출 이 임 합 정 관

煞純而不雜。況陽刀之格 利於留煞 所謂取淸也。
살 순 이 부 잡   황 양 인 지 격 이 어 류 살 소 위 취 청 야

관살이 양인격을 제어하는데 식상이 함께 있는데도 귀하게 되는 것은 어
떠한 경우인가? 혹 인성이 보호하거나 칠살이 태과한 것을 덜어주어 관살
을 가볍게 하여 맑아진 것이다. 가령 목동지의 명조는 甲午 癸酉 庚寅 戊寅
인데 癸水가 寅午의 정관을 상하게 하는데 戊가 합하니 인성이 보호한 것
이다. 가평장의 명조는 甲寅 庚午 戊申 甲寅인데 칠살이 두 개나 투출하고
뿌리가 너무 무겁지만 식신이 제살을 하여 덜어주고 있다. 丙戌 丁酉 庚申
壬午는 관살이 경쟁적으로 투출하였지만 壬과 丁정관이 합을 하므로 칠살
이 순수하여지고 혼잡되지 않은 것이다. 양인격에서는 칠살을 남기는 것이
유리한 것이니 소위 맑음을 취하였기 때문이다.

양인격에서 관살을 쓰는데 식상이 있는 경우

식상은 관살을 극제하므로 격국을 파격시킬 수 있는데 오히려 귀하게 되는
경우가 있다고 합니다.

사주팔자에 인성이 있다면 관살을 보호하므로 식상이 있다고 하여도 관살
을 함부로 극제하지 못하므로 귀하게 된다고 합니다.

또한 관살이 태과하여 너무 무거울 경우에는 격국이 탁해질 우려가 있는데
식상이 있다면 오히려 관살의 태과함을 덜어줄 수 있으므로 격국을 맑게 하
여 귀하게 되는 경우라고 합니다.

시	일	월	년	구분
戊	庚	癸	甲	천간
寅	寅	酉	午	지지

庚金일간이 酉월생으로 양인격이 됩니다.

천간에 투출한 관살이 없으므로 부득이 지지의 寅午합이 火기 관살이 되어 양인격을 제어하고 있다고 합니다.

그러나 월간의 癸水상관이 있어 寅午관살의 작용을 방해하고 있지만 마침 시간에 戊土인성이 있어 癸水상관의 작용을 막아주므로 寅午관살은 양인격을 제어할 수 있어 귀하게 된 목동지의 명조라고 합니다.

시	일	월	년	구분
甲	戊	庚	甲	천간
寅	申	午	寅	지지

戊土일간이 午월생으로 양인격이 됩니다.

년주와 시주에 甲寅이 두 개나 있어 칠살이 너무 강하고 무거워 격국이 탁해지고 있습니다.

이때 월간의 庚金식신이 년간의 甲木칠살을 제어하므로 칠살의 무거움이 덜어지며 격국이 맑아져 귀하게 된 가평장의 명조라고 합니다.

시	일	월	년	구분
壬	庚	丁	丙	천간
午	申	酉	戌	지지

庚金일간이 酉월생으로 양인격이 됩니다.

년월간에 丙丁火관살이 동시에 투출하고 지지에 午戌이 있어 관살이 혼잡되고 기세가 너무 무거워 격국이 탁해지고 있습니다.

이때 시간의 壬水식신이 월간의 丁火정관을 합하고 丙火칠살을 남기므로 격국이 맑아지며 귀하게 되었다고 합니다.

양인격에서 관살혼잡이 되어 탁할 경우에는 정관을 남기는 것보다 칠살을 남기며 맑게 하는 것이 더 귀하다고 합니다.

(4) 양인격에서 재성과 인성이 필요한 경우

其於丙生午月 內藏己土 可以剋水 尤宜帶財佩印 若戊生午月 干透丙火
기 어 병 생 오 월　내 장 기 토　가 이 극 수　우 의 대 재 패 인　약 무 생 오 월　간 투 병 화
支會火之 則化刃爲印 或官或煞 透則去刃存印其格愈淸。倘或財煞竝
지 회 화 지　즉 화 인 위 인　혹 관 혹 살　투 즉 거 인 존 인 기 격 유 청　당 혹 재 살 병
透露 則犯去印存煞之忌 不作生煞制煞之例 富貴兩空矣。更若陽刃用財
투 로　즉 범 거 인 존 살 지 기　부 작 생 살 제 살 지 례　부 귀 양 공 의　갱 약 양 인 용 재
格所不喜 然財根深而用傷食 以轉刃生財 雖不比建祿月劫 可以取貴 亦
격 소 불 희　연 재 근 심 이 용 상 식　이 전 인 생 재　수 불 비 건 록 월 겁　가 이 취 귀　역
可就富。不然 則刃與財相搏 不成局矣。
가 취 부　불 연　즉 인 여 재 상 박　불 성 국 의

丙일간의 午월생은 己土가 내장되어 水를 극할 수 있으므로 더욱 재성과
인성이 있어야 한다. 만약 戊일간의 午월생이 천간에 丙火가 투출하고 지
지에 火국이 있다면 양인격이 변화하여 인수격이 되는데 정관이나 칠살이
투출하여 양인격을 제거하고 인수격을 남기면 격이 매우 맑아진다. 혹시
재성과 칠살이 함께 투출하여 인성을 제거하고 칠살을 남기는 것을 꺼리
게 되는데 생살이나 제살의 사례가 아니므로 부귀가 모두 공허하게 된다.
양인격이 재성을 쓰는 것은 좋지 않다. 그러나 재성의 뿌리가 깊고 식상을
쓴다면 양인격이 생재를 하는 것으로 전환하게 되므로 비록 건록격이나
월겁격보다는 못하지만 귀하게 될 수 있으며 역시 부자가 될 수도 있다. 그
러하지 않다면 양인격과 재성이 서로 싸우므로 격국을 이룰 수 없게 된다.

丙火일간 午월생인 경우

丙火일간이 午월생이면 양인격인데 午火에는 己土상관이 중기로 내장되어
있으므로 항상 상관을 지니고 있는 경우라도 보아야 합니다.

양인격을 성격시키려면 壬水칠살이나 癸水정관이 있어야 하는데 양인격의
지장간에 己土상관이 관살을 호시탐탐 노리고 있으니 더욱 더 재성과 인성
이 있어야 관살을 안전하게 보호하여 격국을 성격시킬 수 있다고 하는 것입
니다.

戊土일간 午월생인 경우

戊土일간이 午월생이면 午火의 지장간에 己土겁재가 내장되어 양인격이 되는데

월지 午火가 지지에 있는 寅이나 戌과 합하여 회국을 이루고 丙火인성이 천간에 투출한다면 午火양인격이 인수격으로 변화하게 됩니다.

이때 천간에 甲木칠살이나 乙木정관이 투출하여 양인격을 제어하고 인수격만 남기면 격국이 매우 맑아진다고 하는 것입니다.

혹시 壬水재성과 甲木칠살이 함께 투출하여 壬水재성이 丙火인성을 제거하고 甲木칠살만 남기어 파격이 되는 것을 꺼려하는데

이 경우에는 재성이 칠살을 생하는 재생살을 하거나 제살을 해야하는 사례와는 다른 것이므로 부귀가 공허하다고 하는 것 입니다.

양인격에 재성을 쓸 수 있는 경우

양인격은 일간의 재성을 겁탈하는 격이므로 관살로 재성을 보호하여야 하는데 관살도 없이 재성을 쓰는 것은 고양이에게 생선을 맡기는 격이므로 재성이 매우 위험하게 됩니다.

그러나 재성의 뿌리가 깊은데 식상이 있다면 식상이 양인격을 설기하여 재성을 생하므로 결국 양인격이 재성을 생하는 결과가 만들어지게 됩니다.

양인격에서 식상이 있어 재성을 생하는 것은 비록 건록격이나 월겁격에서 식상으로 재성을 생하는 것에 비할 바는 못 되지만 귀하게 되거나 부자가 될 수도 있다고 하는 것입니다.

만약에 양인격에서 식상이 없다면 양인격과 재성이 서로 극을 하며 대립을 하게 되므로 결국 양인격을 성격시키지 못한다고 합니다.

2) 양인격에서 운을 취하는 법

(1) 양인용관격에서 운을 취하는 법

> 陽刃用官 則運喜助官 然命中官星根深 則印綬比劫之方 反爲美運 但不
> 양 인 용 관 즉 운 희 조 관 연 명 중 관 성 근 심 즉 인 수 비 겁 지 방 반 위 미 운 단 불
> 喜傷食合官耳。
> 희 상 식 합 관 이
> 양인용관격에서는 정관을 돕는 운을 반긴다. 명중에 정관의 뿌리가 깊다면
> 인성운과 비겁의 지지운이 오히려 좋다. 단지 식상운이 정관을 합하는 것
> 을 반기지 않는다.

정관을 돕는 운을 반긴다고 합니다.
양인용관격은 양인격을 정관으로 역용하는 격국으로서 정관이 양인격을 효
과적으로 제어하기 위하여서는 정관의 기세가 맑고 좋아야 합니다. 그러므
로 운에서 정관을 돕는 운이 오는 것을 반기는 것입니다.

정관의 뿌리가 깊다면 인성운과 비겁의 지지운이 좋다고 합니다.
정관의 뿌리가 깊다고 하는 것은 정관의 기세가 강한 것을 나타냅니다.
정관의 기세가 강하다면 양인격을 효과적으로 제어할 수 있으나
양인격을 제어하고 남은 기세로 마치 칠살과 같이 일간을 위험하게 할 수도
있습니다.

그러므로 이러한 경우에는 일간의 기세도 강하여야 격국을 운영할 수 있기
때문에 인수운과 비겁의 지지운으로 일간의 기세를 도와야 좋다고 하는 것
입니다. 기세의 균형이 이루어지며 격국의 질이 높아지게 되는 것입니다.

식상운이 정관을 합하는 것을 반기지 않는다고 합니다.
정관이 양인격을 제어하는 용신으로 쓰이는데 식상운이 오면서 정관을 합
관하여 용신의 기능을 정지시키면 파격이 되므로 반기지 않는다고 하는 것
입니다.

(2) 양인용살격에서 운을 취하는 법

陽刃用煞 煞不甚旺 則運喜調煞; 煞若太重 則運喜身旺印綬 傷食亦不
양인용살 살불심왕 즉운희조살 살약태중 즉운희신왕인수 상식역불
爲忌。
위 기
양인용살격에서는 칠살이 너무 왕성하지 않다면 칠살을 돕는 운을 반긴다.
칠살이 너무 무겁다면 일간을 왕성하게 하는 운이나 인수운을 반기게 되
지만 식상운 역시 꺼리지는 않는다.

칠살이 너무 왕성하지 않다면 칠살운을 반긴다고 합니다.
양인격에서 칠살을 용신으로 하여 양인격을 제어하는 것이 가장 바람직하
고 격국의 질을 높이는 계기가 되지만
칠살의 기세가 왕성하여야 양인격을 효과적으로 제어하고 일간을 도울 수
있는 것입니다.
따라서 칠살의 기세가 너무 왕성하지 않고 양인격을 제어하고 있다면 운에
서 칠살을 돕는 운을 반긴다고 하는 것입니다.

칠살의 기세가 너무 무겁다면 신왕운이나 인수운을 반기게 됩니다.
칠살의 기세가 너무 무겁다면 양인격을 제어하기는 좋지만 칠살의 무거운
기세로 인하여 오히려 자칫 일간이 위험할 수 있습니다.
그러므로 이러한 경우에는 일간의 기세를 왕성하게 하는 비겁의 지지운이
효과적이며 일간을 돕는 인수운을 반기는 것입니다.

칠살의 기세가 너무 무겁다면 식상운 역시 꺼리지 않는다고 합니다.
양인격에서 칠살을 용신으로 운용하고 있는데 식상운이 온다면 용신인 칠
살을 극제하여 제거하므로 파격이 될 수 있습니다.

그러나 칠살의 기세가 너무 무겁다면 일간에게 오히려 위협이 될 수 있으므
로 이때에는 식상운으로 칠살의 강한 기세를 억제할 필요가 있으므로 꺼리
지 않는다고 하는 것입니다.

(3) 양인용관살격에서 운을 취하는 법

陽刃而官煞竝出 不論去官去煞 運喜制伏 身旺亦利 財地官鄉反爲不
양 인 이 관 살 병 출　불 론 거 관 거 살　운 희 제 복　신 왕 역 리　재 지 관 향 반 위 불
吉也。
길 야

양인격에 관살이 함께 투출하면 거관거살을 불론하고 운에서 제복하는 것
을 반기며 신왕운 역시 유리하지만 재성의 지지운이나 관성의 지지운은
오히려 불리하다.

관살혼잡을 운에서 제복하는 것을 반긴다고 합니다.
양인격에서 관살혼잡이 되어 있다면 거관류살去官留煞을 하던지 거살류관
去煞留官을 하던지 정관이나 칠살을 하나 제거하여 관살을 맑게 하여야 격
국의 질이 높아지는 것입니다.

그러므로 관살혼잡이 되어 있다면 운에서 관살을 제복하여 맑게 하여주는
것이 좋다고 하는 것입니다.

신왕운은 유리하지만 재관의 지지운은 불리하다고 합니다.
관살혼잡이 된다면 관살의 기세가 탁해지므로 일간의 기세가 약하다면 오
히려 관살의 기세로 인하여 일간이 위험하기도 합니다.

양인격에서 일간이 관살을 용신으로 쓰는 것은 자신이 위험함에도 불구하
고 양인격을 제어하기 위함인데
관살혼잡으로 인하여 관살이 탁해지면서 오히려 일간이 다친다면 불리하
므로 운에서 관살을 제복하여 주고 일간의 기세를 강하게 하여 주는 신왕
운이 유리하다고 하는 것입니다.

다만 재성이나 관성의 지지운은 일간의 기세를 약하게 하고 관살혼잡의 기
세를 왕성하게 하므로 일간이 위험해지므로 불리하다고 하는 것입니다.

8. 건록월겁격

1) 건록월겁격의 특징

建祿者 月建逢祿堂也。祿即是劫。或以祿堂透出 即可依以用者 非也。
건 록 자 월 건 봉 록 당 야 록 즉 시 겁 혹 이 록 당 투 출 즉 가 의 이 용 자 비 야

故建祿與月劫 可同一格 不必加分 皆以透干支 別取財官煞食爲用。
고 건 록 여 월 겁 가 동 일 격 불 필 가 분 개 이 투 간 지 별 취 재 관 살 식 위 용

건록이란 월건이 녹당을 만나는 것이며 녹은 비겁이다. 록당이 투출하여도 용신이 되는 것이 아니다. 그러므로 건록은 월겁과 동일한 격이므로 구분할 필요가 없으며 모두 간지에서 투출한 재성과 정관 칠살 식신을 용신으로 취하는 것이다.

건록격은 월지 자체가 록지로서 격이 됩니다.

월지에서 록당을 만나는 것이라고 하며 록당이란 일간과 같은 오행의 지지로서 록지祿支가 오는 경우로서 양인격을 제외하고 모두 건록격이라고 합니다.

일간	甲	乙	丙	丁	戊	己	庚	辛	壬	癸
건록격	寅	卯	巳	午	巳	午	申	酉	亥	子

월겁격은 음일간의 월지가 겁재입니다.

일간	乙	丁	己	辛	癸
월겁격	寅	巳	巳	申	亥

양일간의 월지가 왕지일 경우에는 양인격이 되므로 양일간에게는 월겁격이 없습니다. 그러므로 월겁격은 음일간에게만 있게 됩니다.

즉, 甲木일간의 월지가 卯木일 경우에는 양인격이라고 하므로 월겁격이라고 하지 않기 때문입니다.

음일간은 양일간의 록지가 겁재이므로 월겁격이라고 합니다.

건록격과 월겁격은 동일한 격으로서 구분할 필요가 없습니다.
건록격이나 월겁격이나 모두 일간의 록왕지祿旺支에 해당하므로 굳이 구분하여 사용할 필요가 없다고 하는 것입니다.

일반적으로 건록격과 월겁격을 합쳐서 록겁격祿劫格이라고 부르기도 합니다.

록겁격은 월지 자체가 격이며 용신은 따로 운용합니다.
록겁격은 양인격과 마찬가지로 월지 자체가 격이므로 지장간에서 투출한 비겁이 천간에 있다고 하여도 용신으로 쓰지는 않는다고 합니다.

즉, 甲木일간이 寅월생으로 록겁격인데 甲木비견이 투출하거나 乙木일간이 卯월생으로 록겁격인데 甲木겁재나 乙木비견이 투출하여도 용신으로 쓰지 않습니다.

록겁격은 천간에 투출한 재관살식財官煞食을 용신으로 쓰게 됩니다.
양인격이 관살을 용신으로 쓴다면
록겁격은 관살은 물론 재성과 식상도 용신으로 쓰게 됩니다.
그러므로 록겁격에서의 용신은 상신을 구해서 별도의 격국을 구성하는 특징이 있습니다.
즉. 록겁격의 내부에는 격국이 별도로 만들어지게 되는 것입니다.

용신으로 쓰는 육신은 일반 격국에서와 마찬가지로 상신을 운용하여 격국을 구성하게 됩니다. 가령 정관은 재성과 인성의 보좌를 받아야 하며 칠살은 식신의 제살이 필요하게 되는 것입니다.

록겁격은 일간 자체의 기세가 강한 것이므로 용신이 자체적으로 구성한 별도의 격국을 운용하면서 기세의 균형과 조화로써 격국의 질의 고저가 결정되는 것입니다.

(1) 록겁용관격의 경우

祿劫用官 干頭透出爲寄 又要財印相隨 不可孤官無輔。有用官而印護者
록 겁 용 관 간 두 투 출 위 기 우 요 재 인 상 수 불 가 고 관 무 보 유 용 관 이 인 호 자
如庚戌 戊子 癸酉 癸亥 金承相命是也。有用官而財助者 如丁酉 丙午
여 경 술 무 자 계 유 계 해 김 승 상 명 시 야 유 용 관 이 재 조 자 여 정 유 병 오
丁巳 壬寅 李知府命是也。
정 사 임 인 이 지 부 명 시 야

록겁용관격의 경우에는 천간에 투출하면 기이한데 재성과 인성이 서로 돕
는 것이 필요하고 고관무보는 쓸 수 없다. 정관을 쓰는데 인성이 보호하는
경우가 있는데 庚戌 戊子 癸酉 癸亥의 김승상의 명조가 그러하다. 정관을
쓰는데 재성이 보조하는 경우가 있는데 丁酉 丙午 丁巳 壬寅의 이지부의
명조가 그러하다.

록겁용관격은 정관을 용신으로 쓰는 격국입니다.
정관을 용신으로 쓰고 있다면 정관격과 마찬가지로 재성과 인성이 보좌하
지 않는 고관무보孤官無輔의 정관은 쓸 수 없다고 하는 것입니다.

시	일	월	년	구분
癸	癸	戊	庚	천간
亥	酉	子	戌	지지

癸水일간이 子월생으로 록겁격이 됩니다. 월간에 戊土정관이 투출하여 록
겁용관격으로 성격이 되는데 庚金인성이 戊土정관을 보좌하여 격국의 질이
높아 귀하게 된 김승상의 명조라고 합니다.

시	일	월	년	구분
壬	丁	丙	丁	천간
寅	巳	午	酉	지지

丁火일간이 午월생으로 록겁격이 됩니다. 시간에 壬水정관이 투출하여 록
겁용관격으로 성격이 되는데 巳酉합으로 지지에서 재성을 만들어 壬水정관
을 보좌하여 귀하게 된 이지부의 명조라고 합니다.

有官而兼帶財印者 所謂身强值三寄 尤爲貴氣。 三寄者 財官印也 只要
유관이겸대재인자 소위신강치삼기 우위귀기 삼기자 재관인야 지요

以官隔之 使財印兩不相傷 其格偏大 如庚午 戊子 癸卯 丁巳 王少師命
이관격지 사재인양불상상 기격편대 여경오 무자 계묘 정사 왕소사명

是也。
시 야

정관이 재성과 인성과 함께 있는 경우를 소위 신강치삼기라고 하여 매우
귀한 기운이 된다. 삼기란 재성과 정관과 인성으로서 정관이 재성과 인성
의 사이에 있어 서로 상하지 않는 것으로서 그 격국이 더욱 크게 되는 것
이다. 가령 庚午 戊子 癸卯 丁巳의 왕소사의 명조가 그러하다.

신강치삼기라는 귀한 격국이 있다고 합니다.

록겁용관격에서 일간의 기세가 강하고 재성과 인성이 함께 있으며 정관이
재성과 인성의 사이에 있어 서로 상하지 않으며 정관을 돕는 것으로 신강치
삼기身强值三寄라고 하는 매우 귀한 기운을 가진 격국이 있다고 합니다.

시	일	월	년	구분
丁	癸	戊	庚	천간
巳	卯	子	午	지지

癸水일간이 子월생으로 록겁격이 됩니다.

戊土정관이 월간에 있으므로 록겁용관격이 되는데 庚金인성이 년간에서 정
관을 보호하고 시간의 丁火재성이 정관을 생하면서 보좌하고 있으며 정관
이 인성과 재성의 사이에 있으므로 재성과 인성이 서로 상하게 않고 이들
의 보좌를 받고 있습니다.

정관이 인성과 재성의 보좌를 받고 있으며 일간의 강한 기세와 용신의 기
세가 균형과 조화를 이루고 있으므로 소위 신강치삼기의 격국이 되면서 매
우 귀한 기운을 가지게 된 왕소사의 명조라고 합니다.

(2) 록겁용재격의 경우

> 祿劫用財 須帶食傷 蓋月令爲劫而以財作用 二財相剋 必以傷食化之 始
> 록겁용재 수대식상 개월령위겁이이재작용 이재상극 필이상식화지 시
>
> 可轉劫生財 如甲子 丙子 癸丑 壬辰 張都統命是也。
> 가전겁생재 여갑자 병자 계축 임진 장도통명시야
>
> 록겁용재격은 반드시 식상이 있어야 한다. 대개 월령이 겁재이면서 재성을
> 쓰는 경우에는 서로 상극이 되어 반드시 식상으로 화하여 겁재가 생재를
> 하도록 전환할 수 있어야 한다. 가령 甲子 丙子 癸丑 壬辰의 장도통의 명조
> 가 그러하다.

록겁용재격은 반드시 식상이 있어야 합니다.
록겁격은 월지가 록왕지에 해당하므로 일간이 매우 강한 기세를 갖고 있는
한편 비겁 역시 강한 기세를 갖고 있으므로 재성이 있다면 비겁에게 재성이
겁탈당할 수 있는 것입니다.

그러나 식상이 있다면 비겁의 기세를 설기하여 식상으로 화하게 만들어
재성을 생하므로 록겁용재격으로 성격을 시키며 부귀하게 될 수 있는 것
입니다.

시	일	월	년	구분
壬	癸	丙	甲	천간
辰	丑	子	子	지지

癸水일간이 子월생이면 월겁격으로 록겁격이 됩니다.
월간에 丙火재성이 투출되어 있으나 뿌리가 없어 기세가 미약한 상태에서
시간에 壬水겁재가 투출하여 丙火재성이 강한 겁재의 기세로 인하여 겁탈
당할 위기에 있습니다.

이때 년간의 甲木상관이 겁재의 강한 기세를 인화하여 丙火재성의 기세를
생하게 하므로 록겁용재격을 성격시키며 귀하게 된 장도통의 명조라고 합
니다.

至於化劫爲財 與化劫爲生 尤爲秀氣 如己未 己巳 丁未 辛丑 丑與巳會
지어화겁위재 여화겁위생 우위수기 여기미 기사 정미 신축 축여사회

卽以劫財之火爲金局之財 安得不爲大貴? 所謂化劫爲財也。如高尙書命
즉 이겁재지화위금국지재 안득불위대귀 소위화겁위재야 여고상서명

庚子 甲申 庚子 甲申 卽以劫財之金 化爲生財之水 所謂化劫爲生也。
경자 갑신 경자 갑신 즉 이겁재지금 화위생재지수 소위화겁위생야

화겁위재가 되거나 화겁위생이 되면 더욱 우수한 기운이 된다. 가령 己未
己巳 丁未 辛丑은 丑과 巳가 회합을 하여 겁재 火기가 金국 재성이 되었으
니 어찌 대귀하지 않았겠는가? 소위 화겁위재라고 하는 것이다. 고상서의
명은 庚子 甲申 庚子 甲申인데 겁재 金이 화하여 생재를 하는 水가 되었으
므로 소위 화겁위생이라고 하는 것이다.

화겁위재가 되거나 화겁위생이 되면 우수한 기운이 된다고 합니다.
화겁위재化劫爲財는 겁재가 화하여 재성이 되는 것이고
화겁위생化劫爲生은 겁재가 화하여 재성을 생하는 것을 말합니다.

시	일	월	년	구분
辛	丁	己	己	천간
丑	未	巳	未	지지

丁火일간이 巳월생으로 록겁격이지만 巳火월지가 시지의 丑土와 巳丑합으
로 겁재가 재성으로 화하여 대귀하였다고 합니다.

시	일	월	년	구분
甲	庚	甲	庚	천간
申	子	申	子	지지

庚金일간이 申월생으로 록겁격이지만 지지에서 申子합으로 水기 식상으로
화하면서 甲木재성을 생하므로 크게 귀하게 된 고상서의 명조라고 합니다.

(3) 록겁용살격의 경우

祿劫用煞 必須制伏台 如婁參政命 丁巳 壬子 癸卯 己未 壬合丁財以去
록 겁 용 살 필 수 제 복 태 여 누 참 정 명 정 사 임 자 계 묘 기 미 임 합 정 재 이 거
其黨煞 卯未會局以制伏是也。
기 당 살 묘 미 회 국 이 제 복 시 야
록겁용살격은 반드시 제복하여야 한다. 가령 누참정의 명조는 丁巳 壬子
癸卯 己未인데 壬이 丁재성을 합하여 칠살과 작당을 하지 못하게 제거하고
卯未가 회국하여 제복하고 있다.

록겁용살격에서 칠살은 반드시 제복하여야 한다고 합니다.

시	일	월	년	구분
己	癸	壬	丁	천간
未	卯	子	巳	지지

癸水일간이 子월생으로 록겁격이 됩니다.
己土칠살이 있지만 년간의 丁火재성이 칠살과 작당을 하면서 무리를 이루
므로 록겁용살격으로 성격되기 어렵습니다.

그러나 월간의 壬水겁재가 丁火재성을 丁壬합으로 합거하여 丁火재성이 己
土칠살을 생하지 못하게 막고 있습니다.
또한 지지에서 卯未가 합을 하여 木기 식상으로 화하므로 인하여 己土칠살
을 제복하고 록겁용살격으로 성격시킬 수 있으므로 귀하게 된 누참정의 명
조라고 합니다.

이와 같이 록겁용살격에서는 칠살을 용신으로 하고 제살하는 식상을 상신
으로 하는 별도의 격국을 구성하는 것입니다.

자평진전에서는 록겁격인 경우에 록겁용살격뿐만 아니라 정관이나 식신
또는 재성을 용신으로 쓴다고 하여도 역시 상신을 운용하며 격국을 자체적
으로 만들게 되므로 칠살격, 정관격, 식신격, 재격의 순용과 역용을 따르는
특징이 있습니다.

至用煞而又財 本爲不美 然能去煞存財 又成貴格。戊辰 癸亥 壬午 丙午
지 용 살 이 우 재   본 위 불 미   연 능 거 살 존 재   우 성 귀 격   무 진 계 해 임 오 병 오

合煞存財 袁內閣命是也。
합 살 존 재   원 내 각 명 시 야

칠살을 쓰는데 또 재성이 있다면 본래 좋지는 않다. 그러나 칠살을 제거하

고 재성을 남긴다면 귀격이 이루어진다. 戊辰 癸亥 壬午 丙午는 합살하여

재성을 남긴 원내각의 명조이다.

록겁용살격에서 칠살을 제거하고 재성을 남기면 귀격이 됩니다.

록겁용살격에서는 칠살격과 마찬가지로 칠살을 제복하여야 성격시킬 수 있

는데 재성이 있다면 칠살을 생하므로 록겁용살격이 성격되지 못하게 됩니다.

그러나 칠살을 제거하고 재성을 남긴다면 록겁용살격에서 록겁용재격으로

변격이 되면서 귀격이 된다고 합니다.

시	일	월	년	구분
丙	壬	癸	戊	천간
午	午	亥	辰	지지

壬水일간이 亥월생으로 록겁격이 됩니다.

戊土칠살이 년간에 투출되어 록겁용살격으로 성격시키고자 하지만

칠살을 제복할 식상이 없고 시간에 丙火재성이 있어 칠살을 생하므로 격국

이 성격되기 어렵습니다.

그러나 월간의 癸水겁재가 년간의 戊土칠살을 戊癸합으로 합거하여 칠살을

무력화시키는 합살존재로서 재성을 남기게 됩니다.

합살존재合煞存財란 칠살을 합살하고 재성을 남긴다는 뜻입니다.

그러므로 록겁용살격 대신에 남겨진 丙火재성을 쓰며 록겁용재격으로 성격

시켜 귀하게 된 원내각의 명조라고 합니다.

更有祿劫而官煞競出 必取清方爲貴格。如一平章命 辛丑 庚寅 甲辰 乙
갱 유 록 겁 이 관 살 경 출　필 취 청 방 위 귀 격　여 일 평 장 명　신 축　경 인　갑 진　을

亥 合煞留官也; 如辛亥 庚寅 甲申 丙寅 制煞留官也。
해　합 살 류 관 야　여 신 해　경 인　갑 신　병 인　제 살 류 관 야

록겁격에서 관살이 경쟁적으로 투출하는 경우에는 반드시 맑은 방편을 취

하여야 귀격이 된다. 가령 어느 평장의 명조는 辛丑 庚寅 甲辰 乙亥인데 합

살하고 정관을 남긴 경우이고 또한 辛亥 庚寅 甲申 丙寅은 제살하여 정관

을 남긴 경우이다.

록겁격에서 관살혼잡이 된다면 반드시 맑게 하여야 귀격이 됩니다.

관살이 경쟁적으로 투출한다고 하는 것은 정관과 칠살이 한꺼번에 투출하
여 관살혼잡이 된다는 것입니다. 이러한 경우에는 하나를 제거하고 하나를
남겨야 관성이 맑아지면서 귀격이 된다고 하는 것입니다.

시	일	월	년	구분
乙	甲	庚	辛	천간
亥	辰	寅	丑	지지

甲木일간이 寅월생으로 록겁격이 됩니다.

庚金칠살과 辛金정관이 동시에 투출하여 관살혼잡이 되고 있는데 시간의
乙木겁재가 庚金칠살을 합살하고 辛金정관을 남겨 귀하게 된 어느 평장의
명조라고 합니다.

시	일	월	년	구분
丙	甲	庚	辛	천간
寅	申	寅	亥	지지

甲木일간이 寅월생으로 록겁격이 됩니다.

庚金칠살과 辛金정관이 동시에 투출하여 관살혼잡이 되고 있는데 시간의
丙火식신이 辛金정관을 합관하고 庚金칠살을 남겨 귀하게 되었다고 합니다.

(4) 록겁격에서 식상이 필요한 경우

其祿劫之格 無財官而用傷食 泄其太過 亦爲秀氣。唯春木秋金 用之則
기 록 겁 지 격 무 재 관 이 용 상 식 설 기 태 과 역 위 수 기   유 춘 목 추 금 용 지 즉

貴 蓋木逢火則明 金生水則靈。如張狀元命 甲子 丙寅 甲子 丙寅 木火
귀 개 목 봉 화 즉 명 금 생 수 즉 령   여 장 장 원 명 갑 자 병 인 갑 자 병 인 목 화

通明也; 又癸卯 庚申 庚子 庚辰 金水相涵也。
통 명 야 우 계 묘 경 신 경 자 경 진 금 수 상 함 야

록겁격에서 재관이 없으면 식상을 쓰는데 설기가 태과하여도 역시 우수한
기운이 된다. 오직 봄木과 가을金에서 귀하게 쓰이는데 대개 木은 火를 만
나면 밝아지고 金이 水를 생하면 영통하게 된다. 가령 장장원의 명조는 甲
子 丙寅 甲子 丙寅으로 木火통명이 되었고 또 癸卯 庚申 庚子 庚辰은 金水상
함이 되었다.

봄木이 火식상을 만나면 木火통명으로 우수한 기운이 됩니다.

시	일	월	년	구분
丙	甲	丙	甲	천간
寅	子	寅	子	지지

甲木일간이 寅월생으로 록겁격인데 丙火식신이 투출하여 木火통명이 되어
귀하게 된 장장원의 명조라고 합니다. 목화통명木火通明이란 木이 火를 만
나서 밝아지므로 우수한 기운이 만들어 진다고 하는 것입니다.

가을金이 水식상을 만나면 金水상함으로 우수한 기운이 됩니다.

시	일	월	년	구분
庚	庚	庚	癸	천간
辰	子	申	卯	지지

庚金일간이 申월생으로 록겁격인데 癸水상관이 투출하여 金水상함이 되므로
귀하게 된 명조라고 합니다. 금수상함金水相涵이란 金이 水를 만나서 金水가
모두 촉촉하게 적시어 지므로 우수한 기운이 만들어 진다고 하는 것입니다.

倘或兩官競出 亦須制伏 所謂爭正官不可無傷也。若夫用官而孤官無輔
당 혹 양 관 경 출 역 수 제 복 소 위 쟁 정 관 불 가 무 상 야   약 부 용 관 이 고 관 무 보

格局更小 難於取貴 若透傷食偏不破格。亦有官傷竝透而貴者 何也? 如
격 국 갱 소 난 어 취 귀 약 투 상 식 편 불 파 격   역 유 관 상 병 투 이 귀 자 하 야   여

己酉 乙亥 壬戌 庚子 庚合乙而去傷存官 王總兵命也。
기 유 을 해 임 술 경 자 경 합 을 이 거 상 존 관 왕 총 병 명 야

혹 정관이 두 개나 경쟁적으로 투출한 경우에는 역시 제복하는 것이 마땅
하므로 소위 정관이 경쟁할 때는 상관이 없으면 안 된다고 하는 것이다. 만
약 정관을 쓰는데 고관무보라면 격국은 작아지므로 귀하게 되기는 어려
운데 만약 식상이 투출하면 파격이 불가피하다. 그런데 정관과 상관이 동
시에 투출하여도 귀격이 되는 경우가 있는데 어떠한 것인가? 가령 己酉 乙
亥 壬戌 庚子에서 庚과 乙이 합하여 상관을 제거하고 정관을 남기게 된 왕
총병의 명조이다.

정관이 경쟁적으로 투출하여도 상관이 필요하다고 합니다.

록겁격에서 정관이 두 개나 투출하여 있다면 서로 경쟁을 하므로 결국 정관
의 기세가 탁하게 되어 격국의 질이 떨어지게 됩니다.

이때 상관이 있어 하나의 정관을 제거해준다면 정관의 기세가 맑아지면서
격국의 질이 높아지므로 상관이 필요하다고 하는 것입니다.

정관과 상관이 동시에 투출하여도 귀하게 되는 경우

시	일	월	년	구분
庚	壬	乙	己	천간
子	戌	亥	酉	지지

壬水일간이 亥월생으로 록겁격인데 己土정관이 투출하였지만 월간의 乙木
상관이 己土정관을 파괴하므로 격국이 성립되지 못하고 있습니다.

이때 시간의 庚金인성이 월간의 乙木상관을 합하여 제거하므로 록겁용관격
으로 성격되어 귀하게 된 왕총병의 명조라고 합니다.

만약에 庚金인성이 없는 고관무보의 명조라면 정관이 상관에 의하여 파괴
가 되므로 격국의 성립은 어려워 귀하게 되지는 못할 것입니다.

用財而不透傷食 便難於發端 然干頭透一位而不雜 地支根多 亦
용 재 이 불 투 상 식　편 난 어 발 단　연 간 두 투 일 위 이 부 잡　지 지 근 다　역

可取富 但不貴耳。 用官煞重而無制伏 運行制伏 亦可發財 但不
가 취 부　단 불 귀 이　용 관 살 중 이 무 제 복　운 행 제 복　역 가 발 재　단 불

可官煞太重 致令身危也。
가 관 살 태 중　치 령 신 위 야

재성을 쓰는데 식상이 투출하지 않으면 발전하기 어렵다. 천간에 하나가
투출하고 잡하지 않으며 지지에 뿌리가 많다면 역시 부자는 될 수 있지
만 귀하다는 소리는 듣지 못한다. 관살을 쓰는데 무겁고 제복이 없으면
운에서 제복을 해주어야 발전할 수 있다. 단지 관살이 너무 무거우면 불
가하며 신상에 위험이 있게 된다.

재성을 쓰는데 식상이 투출해야 발전한다고 합니다.
록겁격에서 재성을 쓴다면 식상이 있어야 록겁격의 강한 기세를 설기하여
재성을 생하며 발전할 수 있기 때문입니다.
단지 재성이 여러 개 투출한다면 탁해지므로 잡하다고 하는 것이며 재성은
하나만 투출하고 지지에 뿌리가 많아야 부자가 될 수 있다고 합니다. 그러나
귀하다는 소리를 듣기는 어렵다고 합니다.

관살을 쓰는데 무겁다면 제복을 해주어야 발전한다고 합니다.
록겁격에 관살을 쓰는 것은 귀하게 될 수 있어 매우 이상적이지만 관살이
무겁다면 역시 탁해지므로 반드시 식상으로 제복을 해주어야 관살이 맑아
지며 발전할 수 있는 것입니다.

만약에 원국에서 식상이 없어 무거운 관살을 제복하기 어렵다면 운에서라
도 식상운이 와야 무거운 관살을 제복하여 관살을 맑게 만들어야 발전할 수
있다고 하는 것입니다.

관살이 너무 무거워 식상으로도 제복하기 쉽지 않다면 무거운 관살로 인하
여 일간이 위험해지므로 오히려 신상에 위험이 생긴다고 하는 것입니다.

2) 록겁격에서 운을 취하는 법

祿劫取運 卽以祿劫所成之局 分而配之。祿劫用官 印護者喜財 怕官星
록겁취운 즉이록겁소성지국 분이배지 록겁용관 인호자희재 파관성

之逢合 畏七煞之相乘。傷食不能爲害 劫比未卽爲凶。財生喜印 宜官星
지봉합 외칠살지상승 상식불능위해 겁비미즉위흉 재생희인 의관성

之植根 畏傷食之相侮 逢財愈見其功 雜煞豈能無礙。
지식근 외상식지상모 봉재유현기공 잡살개능무애

록겁격에서 운을 취하는 법은 록겁격이 이루어진 격국에 따라 구분하게
된다. 록겁용관격은 인성이 보호하고 있으면 재성운을 반기고 정관을 합하
는 운을 두려워하며 칠살운은 더욱 두려워한다. 식상운은 해롭지 않고 비
겁운도 흉함이 미미하다. 재성의 생을 받고 있다면 인성운을 반기며 관성
의 뿌리를 내리는 운을 좋아하고 식상운의 업신여김을 두려워한다. 재성운
을 만나면 그 공을 나타내지만 칠살운이 혼잡되면 어찌 장애가 없겠는가.

(1) 록겁용관격에서 운을 취하는 법

인성이 정관을 보호하고 있다면
재성운이 오면서 함께 보좌하여 주는 것을 반기게 됩니다.
정관을 합하는 운이 온다면 파격이 되어 두렵고 칠살운은 관살혼잡이 되므
로 더욱 두려워하다고 하는 것입니다.
인성이 정관을 보호하고 있으므로 식상운이 와도 해롭지 않다고 하는 것이
며 재성이 없으므로 비겁운도 역시 흉함은 미미하다고 합니다.

정관이 재성의 생을 받고 있다면
역시 인성운이 와서 함께 보좌하여 주는 것을 반기게 됩니다.
정관의 지지운은 정관의 뿌리가 든든해지므로 좋다고 하는 것이며
식상운은 정관을 업신여겨 파괴하므로 두려워한다는 것입니다.
재성운을 만나면 재성의 기세가 강해지므로 공을 나타내는 것이며
칠살운은 역시 관살혼잡이 되므로 장애가 나타난다고 하는 것입니다.

(2) 록겁용재격에서 운을 취하는 법

祿劫用財而帶傷食 財食重則喜印綬 而不書法比肩; 財食輕則宜助財
록 겁 용 재 이 대 상 식　재 식 중 즉 희 인 수　이 불 서 법 비 견　재 식 경 즉 의 조 재

而不喜印比。逢煞無傷 遇官非福。
이 불 희 인 비　봉 살 무 상　우 관 비 복

록겁용재격에서 식상이 있는 경우에 재성과 식상이 무겁다면 인수운을 반기며 비겁운을 꺼리지 않는다. 재성과 식상이 가볍다면 마땅히 재성을 돕는 운이 와야 하며 인성운과 비겁운은 반기지 않는다. 칠살운을 만나도 상함이 없지만 정관운은 복이 되지 않는다.

재성과 식상이 무거운 경우

록겁용재격에서 식상이 있다는 것은 록겁격에서 재성이 식상의 생을 받고 있는 재용식생의 격국을 운용하고 있는 것입니다.

재성과 식상이 모두 기세가 강하여 무겁다면 격국의 강한 기세를 감당하여야 하는 일간에게 부담으로 작용할 수 있으므로 인수운이 일간을 돕는 것을 반기고 비겁운 역시 꺼리지 않는다고 하는 것입니다.

재성과 식상이 가벼운 경우

재성과 식상이 가볍다면 일간의 기세는 강한데 재용식생의 격국의 기세가 미약하므로 기세의 균형과 조화가 안 되므로 격국의 질이 낮아지게 됩니다.

그러므로 마땅히 운에서 재성을 돕는 것을 반기다고 하는 것이며 인성운과 비겁운은 일간의 기세를 더욱 강하게 만들어 격국의 기세가 감당하지 못하므로 반기지 않는다고 하는 것입니다.

칠살운은 식상이 있어 제살이 될 수 있으므로 상함이 없지만 정관운은 식상이 정관을 파괴할 수 있으므로 복이 되지 않는다고 하는 것입니다.

(3) 록겁용살격에서 운을 취하는 법

祿劫用煞食制 食重煞輕 則運宜助煞; 食輕煞重 則運喜助食。若用煞
록겁용살식제 식중살경 즉운의조살 식경살중 즉운희조식 약용살

而帶財 命中合煞存財 則傷食爲宜 財運不忌 透官無慮 身旺亦亨。若
이대재 명중합살존재 즉상식위의 재운불기 투관무려 신왕역형 약

命中合財存煞 而用食制 煞輕則助煞 食輕則助食而已。祿劫而官煞竝
명중합재존살 이용식제 살경즉조살 식경즉조식즉이 록겁이관살병

出 不論合煞留官 存官制煞 運喜傷食 比肩亦宜 印綬未爲良圖 財官亦
출 불론합살류관 존관제살 운희상식 비견역의 인수미위량도 재관역

非福運。
비복운

록겁용살격에서 식신으로 제살을 하는데 식신이 무겁고 칠살이 가볍다면 운은 마땅히 칠살을 도와야 좋다. 식신이 가볍고 칠살이 무겁다면 운은 마땅히 식신을 도와야 좋다. 만약에 칠살을 쓰는데 재성도 있어 합살하고 재성을 남기고 있다면 식상운이 좋고 재성운도 꺼리지 않으며 정관운이 투출하여도 염려하지 않고 신왕운 역시 형통하다. 만약 합재하고 칠살을 남기고 있다면 식신으로 제살해야 하는데 칠살이 가볍다면 칠살운으로 돕고 식신이 가볍다면 식신운으로 도와야 한다. 록겁격에 관살이 함께 투출하면 합살류관이나 존관제살을 불론하고 식상운을 반기며 비견운도 좋으나 인수운은 좋은 점이 미미하며 재관운은 역시 복운이 아니다.

식신으로 제살을 하는 경우

록겁용살격에서 칠살이 있는데 식신으로 제살을 한다는 것은 록겁격이 살용식제격을 운용하고 있다고 할 수 있습니다.

식신이 무겁고 칠살이 가볍다면 제살태과가 되어 격국의 질이 떨어지므로 운에서 마땅히 칠살운이 와서 도와야 기세의 균형을 이루며 격국의 질이 좋아진다고 하는 것입니다.

반대로 식신이 가볍고 칠살이 무겁다면 식신이 무거운 칠살을 효과적으로 제살하기 어려우므로 마땅히 식신운이 와서 도와야 역시 격국의 질이 좋아진다고 하는 것입니다.

재성이 있는데 합살하고 재성을 남기는 경우

칠살을 합살하고 재성이 남는다면 록겁용살격에서 록겁용재격으로 변격이
되는 상황입니다.

이러한 경우에는 식상운으로 재성을 생하여야 좋다고 하는 것이며
재성운이 온다면 재성의 기세가 강하여 지므로 꺼리지 않는다고 하며
정관운이 투출하여 온다면 재생관을 하여 좋은 것이니 염려하지 않고
일간을 강하게 하는 신왕운이 온다면 격국을 다스릴 역량을 확보하는 것이
므로 만사가 형통하게 된다고 하는 것입니다.

재성이 있는데 합재하고 칠살을 남기는 경우

재성이 있는데 재성을 합재하고 칠살을 남기고 있다면 식신으로 제살을 하
여야 록겁용살격을 유지하게 됩니다.

칠살이 가볍다면 칠살을 돕는 운이 좋은 것이며
식신이 가볍다면 역시 식신을 돕는 운이 좋다고 하는 것입니다.

관살이 함께 투출하여 관살혼잡이 되는 경우

관살이 함께 투출하여 관살혼잡이 되어있다면 격국이 탁하게 됩니다.
이러한 경우에는 칠살을 합살하거나 제살하여 정관을 남기는 것이 격국을
맑게 하면서 격국의 질을 높이는 최선으로 여기는 것입니다.

그러므로 칠살을 합하고 정관을 남기는 합살류관을 하거나
칠살을 제살하고 정관을 남기는 존관제살을 하거나 어느 경우이든 격국을
맑게 하여주는 식상운이 좋다고 하는 것입니다.
또한 일간의 기세를 강하게 하여 격국을 운영할 수 있도록 돕는 비겁운도
역시 좋다고 하는 것입니다.

그러나 인수운은 격국을 더욱 탁하게 하므로 좋은 점이 적다고 하며
재관운은 관살의 기세를 탁하게 하므로 역시 복이 안 된다고 합니다.

(4) 록겁용식상격에서 운을 취하는 법

祿劫而用傷食 財運最宜 煞亦不忌 行印非吉 透官不美。
록 겁 이 용 상 신 재 운 최 의 살 역 불 기 행 인 비 길 투 관 불 미

若命中傷食太重 則財運固利 而印亦不忌矣。
약 명 중 상 식 태 중 즉 재 운 고 리 이 인 역 불 기 의

록겁용식상격에서 재운이 가장 적합하고 칠살운도 꺼리지 않는다. 인수운
으로 행하는 것은 길하지 않으며 정관이 투간되는 운도 좋지 않다. 만약
명중에 식상이 태중하면 재운이 실로 이로우며 인수운도 꺼리지 않는다.

재성운이 가장 적합하고 칠살운도 꺼리지 않는다고 합니다.
록겁용식상격은 식상을 쓰는 격국으로서 식상으로 재성을 생하여야 부귀
가 보장될 수 있는 것입니다. 그러므로 재성운이 가장 적합하다고 하는 것
입니다.

또한 식상을 쓰고 있으므로 칠살운이 오면 제살을 할 수 있어 역시 꺼리지
않는다고 합니다.

인수운과 정관운은 좋지 않다고 합니다.
인수운으로 행한다면 식상을 제어하므로 파격으로 이끌게 되어 길하지 않
다고 하는 것이며

정관이 투간되는 운도 역시 식상이 정관을 파괴하므로 좋지 않다고 하는 것
입니다.

사주에 식상이 너무 무겁다면
사주에 식상이 너무 무거워 태중하다면 재성운으로 흐르는 것이 실로 이롭
다고 하는 것이며
이때는 인수운도 꺼리지 않는다고 하는 것입니다.

운을 활용하는 법

진리는 순수해야 가치가 빛납니다.
태양이 동쪽에서 뜬다고 하는 것은 진리입니다.
지구가 태양계에 존재하는 한 이러한 진리는 변함이 없는 것입니다.

인간이 지구에서 살고 있으면서 아침에 태양이 뜨고 저녁에 태양이 지는 것을 보는 것도 또한 변함이 없는 진리입니다.

그럼에도 불구하고 인간은 계속 태양이 뜨는 아침을 경험할 수 있는 능력을 만들어 갈 수 있습니다.
지구의 자전속도와 같은 비행기나 기차를 타고 동쪽으로 달린다면 계속 태양이 뜨는 것을 보는 것을 볼 수 있는 것입니다.

그러나 여기에는 진리를 훼손하였다는 중대한 결함이 있는 것을 발견할 수 있습니다.
즉, 그는 항상 비행기나 기차에 타고 있어야 한다는 것이며 태양이 지는 것을 볼 수 없다는 것이고 또한 시간의 흐름을 왜곡하였다는 것입니다. 과연 항상 태양이 뜨는 것을 볼 수 있다고 삶이 행복해질까요?

진리의 순수성을 훼손해서는 안됩니다.

인간이 지구에서 살고 있는 동안은 태어나고 죽어야 하는 생로병사를 겪는다는 것은 변함이 없는 진리입니다.

그러나 의학 기술은 인간의 생명을 오래도록 지속할 수 있는 방법을 끊임없이 개발해나가고 있습니다.

생로병사를 겪는 것은 진리이지만 세포의 회복탄력성을 높이면서 생로병사에서 벗어날 수 있는 기술을 만들어 나아가고자 하는 것입니다.

그러나 이러한 기술들은 후손의 생산을 방해함으로서 인류의 영원지속성에 의문점을 안겨 주리라는 것은 의심할 여지가 없는 것입니다.

생명의 진리는 음양의 원리에 의하여 후손을 생산하여 영원성을 지속하라는 이치가 있기 때문입니다.

이러한 기술들은 남녀라는 음양의 질서를 무너뜨리는 중대한 결함을 가져오며 진리를 왜곡시키며 진리의 순수성을 훼손하게 됩니다.

운을 활용하는 법은 진리의 순수성을 받아들이는 것입니다.

사주팔자는 태어난 시간에 이미 정해져 있는 것이기에 바꾸지 못하는 것이 진리입니다. 사주팔자를 바꾸고자 한다면 이미 진리의 순수성을 훼손하고자 한다는 것입니다.

자신의 운명은 정해진 사주팔자에 의하여 바꾸어지지 않는 것이 진리이지만 인간은 사주팔자대로 운명에 순응하며 살아가면서 진리의 순수성을 받아들이는 것입니다.

봄이 되면 씨앗을 뿌리고 여름에는 가꾸고 가을에는 추수하며 겨울에는 휴식을 하며 봄을 준비하는 것이 진리입니다.

인생의 운은 이와 같아서 겨울의 운에 씨앗을 준비하여야 봄의 운에 씨앗을 뿌려 싹을 틔울 수 있는 것입니다.

그러나 겨울의 운에 씨앗을 뿌려 싹을 틔우겠다고 고집한다면 온실을 준비 하여야 하고 난방비를 들여가면서 고생을 하여야 할 것입니다.

이러한 고생은 운의 순수성을 훼손하였기 때문에 오는 당연한 대가라고 할 수 있는 것입니다. 그러나 이러한 대가를 치르지 아니하고 봄의 운과 같은 결과를 기대한다면 운은 당연히 도와주지 않는 것입니다.

운은 선택하기에 따라 달라집니다.
이와 같이 운은 자신의 선택에 따라 달라지는 것입니다.
현명한 사람은 운의 순수성을 훼손하지 아니하고 운의 진리에 순응하는 삶 을 선택할 것이지만
어리석은 사람은 운의 순수성을 훼손하면서 자신의 욕망에 의한 삶을 선택 하고는 어려운 삶을 살면서도 자신이 왜 어렵게 사는 것을 모른다는 것입 니다.

이와 같이 운은 자신이 선택하여 사는 삶인데도 불구하고 현명한 사람과 어리석은 사람의 삶이 달라지는 것입니다.

사주명리를 공부하면서
어리석은 사람은 타고난 사주팔자의 운명을 부정하면서 부귀의 길흉만을 쫓아 스스로 어려운 삶을 살기 위한 운을 선택하고자 할 것이지만

현명한 사람은 타고난 사주팔자의 운명에 순응하면서 운을 선택하고 활용 하는 법을 배워 보다 행복한 삶을 살고자 노력한다는 것입니다.

운을 활용하는 법은 진리의 순수성을 훼손하지 아니하고
행복하게 사는 지혜를 만들어가고자 하는 것입니다.

庚子年　無空 김낙범

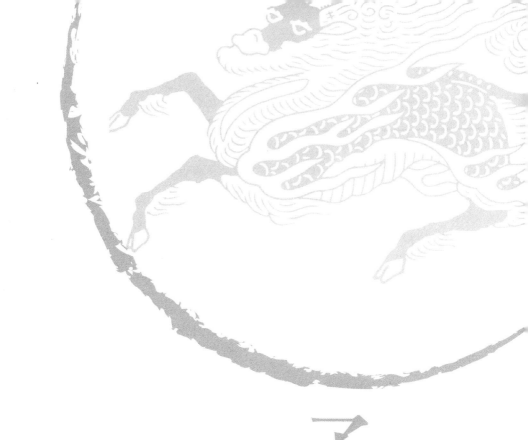

子平眞詮